ENJOY
YOUR CHILDREN
WHILE THEY ARE ON YOUR SIDE

享受孩子成长

留美教育学博士十八年教育手记

贾琼◎著

作家出版社

图书在版编目（CIP）数据

享受孩子成长 / 贾琼著. -- 北京：作家出版社，2020. 1

ISBN 978-7-5212-0363-9

Ⅰ. ①享… Ⅱ. ①贾… Ⅲ. ①家庭教育 Ⅳ. ①G78

中国版本图书馆CIP数据核字（2019）第023067号

享受孩子成长

作　　者：贾　琼
责任编辑：郑建华　李　雯
装帧设计：尚书堂
出版发行：作家出版社有限公司
社　　址：北京农展馆南里10号　　　　邮　　编：100125
电话传真：86-10-65067186（发行中心及邮购部）
　　　　　86-10-65004079（总编室）
E-mail:zuojia@zuojia.net.cn
http://www.zuojiachubanshe.com
印　　刷：玉田县嘉德印刷有限公司
成品尺寸：165×240
字　　数：395千
印　　张：24.5
印　　数：10001-20000
版　　次：2020年1月第1版
印　　次：2020年1月第2次印刷
ISBN　978-7-5212-0363-9
定　　价：49.80元

谨以此书，赠给——

我亲爱的儿子

感谢你一直以来带给妈妈的灵感和惊喜！

目 录 Contents

第一部分　幼童篇

幼童成长期是个体在生理、认知和社会性三个领域初始发展的关键时期。此阶段孩子的大脑具有很强的可塑性和回应能力。大脑发展需要激励的环境、充足的营养和看顾者的交流互动。这个阶段也是孩子们的品行、习惯、人格及归属感形成与建立的重要时期。

第二部分　儿童篇

儿童成长期是个体生命飞速成长的重要阶段。随着孩子抽象思维的发展以及经历经验的逐渐丰富，他们对周围世界的好奇心和探索欲望更加凸显，学习与体验的兴趣也因此高涨，并渴望得到同伴认可。这个时期也是培养孩子情商与逆商，以及实现其正常化与社会化的关键时期。

第三部分　青少篇

青少成长期的个体开始进入青春期生理发育阶段，孩子的自我意识和独立性不断增强，情感变得复杂与多元，与成人世界的关系也悄然发生变化。随着思辨能力和创造性思维的迅速发展，他们能够理性地判断与决策，同时也开始质疑大人的观点。这个阶段也是孩子的世界观、价值观和人生观构建的基础阶段。

序言一

有智慧的爱才是真爱

朱永新

在 2017 年中国教育学会家庭教育专业委员会主办的家庭教育国际论坛上，我做了一个题为《家庭教育需要智慧爱》的讲演。

我在讲演中提出：在家庭教育中，我们经常在爱的名义下做反教育的事情，用爱摧毁孩子的自由和发展，这是缺乏智慧的爱导致的。

什么样的爱才叫智慧爱呢？我认为智慧爱是有底线、讲规矩、守原则的爱，智慧爱是平等、尊重、充分自由的爱，智慧爱是尊重个性、扬长避短的爱，智慧爱是理性、冷静、科学进取的爱，智慧爱是身心相伴、共同成长的爱。

爱是人们内心的情感，而智慧是对客观世界正确的应对方法，以智慧爱来面对教育的挑战，是最佳的探索之道。把爱和智慧完美地结合，可能是我们永远无法企及的最高的教育境界，但只有朝着这个方向坚定前行，我们的教育才能越来越接近理想。

如果用智慧爱的标准来衡量贾琼的这本书和她的家庭教育实践，她无疑是做得优秀的。

贾琼是一名来自湖南湘西土家族的大学教授，也是一位留美的博士学者。大学毕业后，她先后在中学和大学做教师。2004 年赴美留学深造，获得美国夏威夷大学教育学硕士与博士学位。

在美国期间，她的孩子从一个九岁小学生到高中毕业考上哈佛大学，成为一名阳光帅气、善良懂事的大男孩。刚到美国时，孩子的英语摸底考试成绩几乎为零。但由于早期家庭教育奠定了比较扎实的基础，形成了良好的习惯，孩子很快就适应了美国的教育环境，第二年就考入了孙中山和奥巴马的母校 Punahou 学校。之后孩子如鱼得水，荣获美国天才少年中心的"特别天才奖"等奖项，并代表学校参加在新加坡举办的世界未来领袖峰会。高中毕业前被哈佛大学提前录取。从英语零基础到走进世界名校，她儿子的经历本身就是一个励志的传奇。

这本书，讲述的就是她的家庭教育故事，是她对儿子成长的记录与思考。按照孩子成长的三个阶段，全书由三个部分组成。第一部分记录了孩子学龄前的成长实例，通过"早期养育要科学""阅读放飞孩子""我再也不爬窗户了""生命教育不可或缺"等篇章，讨论了早期养育、安全意识、同理心、探索求真、生命教育、习惯养成等在孩子生命早期应该注意的关键问题。第二部分记录了孩子小学阶段的成长经历，通过"穿越森林的残疾人""贾氏应急三步法""妈妈的小保镖""过招网络原住民"等篇章，讲述了孩子从童年走向少年的成长故事。从初到美国的困难到当妈妈的小保镖，再到挑战第三语言。也讨论了贾琼提出的应急三步法、应对网络游戏的有效办法以及根文化的培养等。第三部分则记录了贾琼引领处于青春期阶段儿子成长的故事，通过"做师生的联络员""谁的青春不叛逆""偶遇老人摔倒""初心不改的志向"等篇章，呈现了作为母亲如何当好师生的联络员、如何陪伴孩子顺利走过青春期、如何帮助孩子建立良好的价值观以及如何指导孩子进行大学申请等关键问题。青春期经常被心理学家称为"危险期"，而贾琼带领孩子巧妙而快乐地度过这一时期的做法，是值得借鉴的。

有智慧的爱才是真爱。这本书的许多故事都显示，作为一个母亲，贾琼对儿子充满着与其他母亲一样深厚的爱。而不同的是，她的爱是充满智慧的。如中国的父母普遍喜欢报喜不报忧，希望听到的总是孩子的好消息；而贾琼则认为，对坏消息的接纳程度，可以看出父母是否真爱自己的孩子。儿子上大学前，她曾经叮嘱要"经常给妈妈报报忧"，她用"坏苹果"理论解释为什么要报忧："孩子好比一棵苹果树。苹果熟了采摘后，我们会把坏苹果挑出来，把好苹果放进筐内。因为我们不希望坏苹果影响好苹果。"把报忧比作挑坏苹果，让孩子的负面情绪有一个释放途径，从而内心正能量满溢，然后神清气爽地前行。这就是她的棋高一着。儿子幽默地说："那我岂不是把妈妈当垃圾桶了吗？"妈妈也以幽默回应："妈妈不是垃圾桶，妈妈是分析师和魔法师。我会首先对坏苹果进行分析，看看它坏掉的原因，是阳光不足，是害虫侵犯，还是飞鸟叼食。然后，我会把坏苹果放进有机肥催化器中，作为养料回馈给苹果树。"母子之间这样充满智慧的交流，满溢着爱意。

2017年年底，贾琼把这本书的提纲和部分样稿发给我，希望我能够为这本书写一个序言。她在信中告诉我：她的博导告诉她，作为一名学者，不要把自己局限在象牙塔内，只关注职称和课题，只发表学术文章。"要走出去，以通俗易懂的语言为大众服务，为推动社会进步服务。"她的这本书就是响应老师的教导，把自己的理论研究与实践探索成果，与更多的父母分享。

因为她读过《我的教育理想》，感觉自己通过结合中美教育与生活经历，在养育孩子、教育学生和帮助其他父母等方面形成的教育理念与我的教育思想比较接近，所以特别期盼我为她的书作序。记得当时看了她的书稿和简历，就把她推荐给新家庭教育研究院的孙云晓院长，觉得她是一个难得的人才，也一口答应为她的书稿写点文字。只是由于工作非常忙碌，一直没有动笔。现在图书付印在即，无法再拖，匆匆忙忙写上这点文字，聊以为序。

（朱永新，著名教育家，新教育实验发起人，中国教育学会学术委员会顾问，苏州大学教授，博士生导师）

序言二

David Ericson

　　作为琼的博导，我给予她最高的赞赏。琼开始她在夏威夷大学教育学院的博士生学习第一学期，选修了我的教育政策研讨课。由于我校博士生课程通常安排在傍晚，琼给我发邮件请求允许她带十岁的儿子进入课堂，我欣然同意。

　　有一次上课，我们讨论当时小布什政府在美国公立学校实施的《不让一个孩子掉队》法案的负面影响。因为这一法案，中小学重视统考课程而减少其他课程的时间。突然间，坐在教室后排的琼的儿子举手发言："我们学校就是这样，已经减少了我们音乐课的时间。"见我点头示意，孩子继续说："我们音乐课原来是四十五分钟，现在减少到三十分钟。"作为第一手实例，我把孩子的分享纳入我们的讨论之中。

　　课后，琼走过来对她儿子的贸然参与向我表示歉意。但是，她的儿子确实给我留下了深刻的印象，特别在得知孩子一年前才来到夏威夷，并且在他来之前没有任何英语基础。在我看来，这意味着这个孩子不仅听懂了我讲的内容，而且实际上用他的发言参与到我的课堂。研究生课堂的十岁孩子实在令人赞叹不已！

　　后来，琼继续选修我的其他专业课程。每当我公布课外辅导时间时，琼总是第一个跟我预约的学生。我们经常从比较与国际教育视角探讨基础教育、通识教育、教育哲学、家庭教育、教育机会平等与公平以及儿童青少年成长等话题。每次交流，我都能感受到她对讨论话题的兴趣与投入。

我们师生都从讨论中获得灵感，我也因此对中国教育产生了很大的兴趣。由于我们的研究兴趣相近，琼决定在我的指导下完成她的博士生学习。

每次讨论结束，我常常会问她儿子的学习与成长。琼也十分愿意跟我分享她的育儿心得，我非常欣赏她中西结合的家教理念与方法。她还会把孩子的最新情况告知我，我知道她的儿子在来夏威夷仅仅三个学期时，便通过各种考核最终被夏威夷两所最著名的私立学校同时录取。琼也开始把育儿经验分享给夏威夷当地的家长，帮助他们解决家教难题。我还知道琼最近十多年来一直在为她的《享受孩子成长》收集和整理资料。她告诉我她将把这本书送给她的儿子，同时也希望能分享给更多的家长。

非常不幸，在读博期间，琼曾经遭遇了一次惨烈的车祸。我还记得我急忙赶到医院探视她的情况。手术后不久，她坚持回到学习和工作当中。我能感受她的艰难，但是琼坚强地挺了过来。我深深为她坚韧的精神所感动。琼当时身负重伤，一年当中前后经历了两次手术。最终，她顽强地战胜了伤痛，按预定计划完成了博士论文，并顺利通过答辩。当我宣布答辩通过，热烈欢迎琼加盟学者队伍时，我看到她的眼里闪烁着喜悦的泪花。不久，我听闻她的儿子被哈佛大学提前录取。我为琼在夏威夷期间取得的各种成绩而感到由衷高兴。

作为博士学者，琼已经具备为社会做更大贡献的能力。还记得在机场送别的场景，我给琼戴上夏威夷花环拥抱告别时，鼓励她不要只局限在象牙塔里做科研，要在服务大众中获得升华与超越。夏威夷大学马诺分校的校训是人性超越国界。我希望这条校训能够在琼那里得到彰显。

临近退休，回望我职业生涯里带过的学生，琼是最聪慧好学的学生之一。我不断地听到她所做的有意义的事情，我为自己在夏威夷指导过她而感到自豪。我相信琼一定能做出更多有影响力的贡献。

最后，我希望琼的这本把东西方智慧以及理论与实践完美结合起来的教育著作能够广泛发行，希望家长、教师和其他关爱下一代成长的人士共读之。

（David Ericson，美国夏威夷大学教育学院教授，博士生导师，教育系系主任）

写在前面

　　十分幸运，读大学时，我的一位老师经常跟学生们分享她的育儿经验，她的儿子是一位小有名气的少年天才。尊重生命、陪伴孩子、早期阅读等家教理念犹如一粒粒种子，悄悄地播撒在我的心田。看着老师讲述时的神采飞扬，我相信她一定非常享受孩子成长。我暗暗在心里发誓以后也要像老师那样做一个享受孩子成长的妈妈。因为老师的分享，从大学开始，我就对家庭教育与儿童青少年成长产生了浓厚的兴趣，至今，我的热情有增无减。

　　受恩师启发，从准妈妈开始，我便如饥似渴地阅读国内外育儿与家教书籍，并在孩子出生后，把书中学来的道理尝试用于育儿实践中。孩子还是幼童时，我们一家人就一起走进书香世界，早早养成了阅读习惯；我们制定家庭公约，让孩子明白什么是规矩与界限；我们观察昆虫趋光性，了解大自然的神奇；我们走进田野乡村，感受"粒粒皆辛苦"；我们参加志愿者活动，体验服务的乐趣；我们诵读古诗词，穿越时空与先贤为伍；我们走出武陵山脉，探索外面的世界。

　　在养育孩子的过程中，我自己也从一位柔弱女性成长为一名坚强母亲，尽力去平衡事业与家庭的关系。我意识到榜样是最好的教育，在孩子八岁那年，我赴美留学深造。次年，我们一家三口在夏威夷团聚，我也开启了同时做学生和妈妈辛苦但幸福的旅程。通过专业学习、家长培训、家长学校以及学术会议等，我逐渐了解了西方的教育理念。为了更好地考察美国的教育实践，我深入当地家庭、学校和社区，去获得现场教育的第一手资料。通过中西教育比较和思想文化碰撞，逐渐形成了中西结合的独特教育体系。这些新理念新方法犹如甘甜的清泉，滋润着我的家教试验田，孩子就是其中的一株小苗。

孩子初来美国时，由于语言文化的不适应，哭闹着要回国回家乡。在日记里，他把自己比作独自穿行在野兽出没的森林里的又聋又瞎又哑的无助者，来表达他内心的害怕与不确定。在国内小学，儿子一直都是优等生。来到语言文化陌生的新环境，听不懂、看不了、说不来，他面临的挑战可想而知。但是，在我和先生的鼓励与指导下，儿子迎难而上，平稳过渡。一年后通过考试选拔，被夏威夷两所名校 Punahou 和 Iolani 同时录取。孩子选择了前者。

进入 Punahou 学校后，孩子找回了自信，重拾优秀。朋友们开始催促我写书分享育儿经验。其实，早在儿子同时被两所名校录取为初中生时，很多家长就开始跟我探讨家庭教育问题，咨询孩子成长的问题。但我认为时机尚未成熟。不过，从那时起，我悄悄启动了写作计划。

按照国际惯例，孩子年满十八岁是成年的标志，他们可以签署具有法律效力的文件，可以获得正式驾照等。孩子年满十八岁也标志着家庭教育阶段性地完成，父母也从孩子的主体责任人退居为孩子身后的目送者。因此，我认为孩子完整的成长周期有利于脉络清晰地展现孩子在不同阶段的成长特点与教育需求，也有利于运用跟踪法与追溯法相结合的研究方法。

一位重要的学术引路人曾对我说：如果你的论著试图去教育读者，或者读者有被教育的感觉，那就悖逆了教育无痕和润物细无声的原则了。但凡经典的教育著作都是通过案例、故事和经历的分享与呈现让读者产生情感连接并获得感悟，从而内化于心，外显于行。此外，如果你能把不易理解甚至晦涩的教育理论以贴近生活与通俗易懂的形式表现出来，那将惠及更多人。

对于这番语重心长的话，我深以为然。我一直相信细节决定成败。在家庭教育中，细节同样决定养育孩子的成败。因此，我尽可能注意家教案例的细节描述，希望读者从我陪伴孩子成长的点点滴滴中获得灵感和启发，用于自己孩子的教育。

最近，我还惊喜地发现，年轻的父母们见多识广，他们不再被动地接受教条式的育儿方法，也不再盲从，更愿意独立思考，从真实生动的育儿案例中吸取自己所需要的养分。他们更理性，开始更全面、更长远甚至用国际化视角来关注孩子的成长与发展。

以上，促使我完成了这本书，希望把我的经验分享给正在养育儿女的父母们以及关爱下一代成长的各界人士。这本书以时间为轴，依托三个部分记录了从胎教到幼儿启蒙直到孩子走进哈佛大学十八年的教育历程。通过自己亲力亲为的真实育儿故事，分享养育孩子，特别是养育男孩的中西结合的教育理念与实践。同时，由于所学专业背景，也会呈现一些教育评论与思考以及中西教育比较。每篇文章都配有核心提示语，文尾设有感言专栏，方便读者阅读和记录。

父母给予孩子生命，孩子丰盈父母的人生。父母陪伴孩子长大，孩子让父母遇见更好的自己。衷心祝愿天下父母都能享受孩子成长。

母亲

卷首诗

母亲[①]

我的母亲，

给了我生命，给了我灵魂，给了我力量。

像月光，把黑夜照亮；

像港湾，把风暴遮挡；

像大地，为生命付出全部营养。

我回味着您关爱我的每一个细节，

那么温馨，那么慈祥。

每当您伏案工作至深夜，

我总能看见您眼角的皱纹，

随着时光流逝更密更长。

每当我取得些许进步，

总能看见您的脸上洒满阳光。

往日您倾注全力助我成长，

而今我要让您再次神采飞扬！

---

① 这首诗是东东十三岁时在 Punahou 学校八年级下学期英语课上的习作。由英语老师推荐参加年度"美国中学生诗歌大赛"，荣获一等奖，并发表在诗集 A Celebration of Poets 上。

Mother

My mother,

Give me life,soul,and strength.

Like the moon,shining lights in a world of darkness.

Like the harbor,providing shelter during storms.

Like the earth,supplying all living things with nutrients.

I recalled all those memories where you are alway scaring for me.

But when you spend all those nights working on essays of education.

I can only watch wrinkles deepen as each minute goes by.

But I see the happiness on your face when I thrive.

You pour your heart out for me to succeed.

Now I will make you happy again.

---

① This poem was composed by Jimmy when he was an eighth garder at Punahou. The poem won first prize in a national poetry competition for students and was also published in a poetry book entitled "*A Celebration of Poets*".

第一部分
幼童篇

幼童成长期是个体在生理、认知和社会性三个领域初始发展的关键时期。此阶段孩子的大脑具有很强的可塑性和回应能力。大脑发展需要激励的环境、充足的营养和看顾者的交流互动。这个阶段也是孩子们的品行、习惯、人格及归属感形成与建立的重要时期。

迎接新生命

母亲愉快放松的心情和健康稳定的情绪，对胎儿的成长发育十分重要。对新生命的美好期盼带给妈妈满满的正能量，能有效帮助她们度过艰难的早孕反应期，并贯穿整个孕期。

怀孕初期，朋友送给我一本名为《胎儿都是天才》的书。我打开阅读后便爱不释手，被深深地吸引了。《胎儿都是天才》对我的帮助非常大，为我孩子的优生优育提供了保障。

这本书的作者实子·斯瑟蒂克是一位日裔美国人，她养育的四个孩子都被列入全美5%的高智商儿童，长大后在各自的领域卓有成就。作者用细腻生动的笔触，介绍了她和她先生对四个孩子进行胎教的经验。

他们认为胎教影响人的一生。孩子的教育应该从胎儿时期开始，怀孕期间就应该坚持与胎儿沟通与交流。胎教方法包括听音乐和阅读，将自己日常生活中发生的各种事情用自然的语调说给胎儿听等。

怀孕后我一直坚持工作，并始终保持愉快的心情。每天都会给孩子播放优美的音乐和诗词，这些也是我自己的业余爱好。我经常播放的音乐包括美国著名萨克斯管音乐家肯尼基的萨克斯曲、法国钢琴家克莱德曼的钢琴曲以及我国著名小提琴家盛中国的小提琴曲等。诗词朗诵以乔榛和丁建华的配乐作品为主。多年后，东东在音乐课上选择学习萨克斯以及荣获美国中学生诗词大赛一等奖，我相信与胎教有一定关系，应该是胎教的成果。

斯瑟蒂克指出母亲愉快放松的心情和健康稳定的情绪，对胎儿的成长发育十分重要。对新生命的美好期盼带给妈妈满满的正能量，能有效帮助她们度过艰难的早孕反应期，并贯穿整个孕期。当然，这一切都少不了家人的理解与支持。

胎儿的生长发育完全依赖于妈妈的营养供给。除了营养丰富的三餐外，我每天都要添加营养辅食，确保母子的营养均衡和能量需求。除此之外，我还每天坚持走路上下班，晚餐后坚持散步，保持规律的作息时间，尽量不去公共场所。在流行病高发季节，积极做好室内消毒和预防措施，坚持锻炼以增强免疫力。

按照斯瑟蒂克的建议，我坚持每天与孩子交流，跟孩子的交流实际上让我保持更加愉快的心情。我和先生早早就给孩子取了名字，每次交流我都会直呼孩子的名字"东东"。我和小东东随时随地保持互动。在吃东西时，我会告诉东东今天妈妈吃的是什么，有何营养价值，并叮嘱他和妈妈一起品尝美味。在上班的路上，我也会与他交流，告诉他妈妈今天的工作安排和计划，跟他分享一路上看到的景色。走进教室上课前会告诉他，妈妈要给学生上课，要他安静地乖乖待着，不要乱踢妈妈。

每天傍晚散步回来，我都要给孩子阅读，边读边讲解，采用互动式阅读方法。还会播放《鞠萍姐姐讲故事》系列，从不间断。我发现在孕期后几个月，东东对阅读故事的反应十分积极，胎动的频率也会增加，似乎在回应妈妈。

除了妈妈与胎儿的交流互动外，爸爸也一定要参与其中。爸爸妈妈是孩子生命的创造者，是孩子最亲近的人。爸爸和妈妈一起开展胎教，对孩子的发育大有裨益。我观察到东东每次听到东爸的声音后，胎动的力度和幅度都会明显加大，孩子似乎感到格外兴奋和激动。

此外，准妈妈还需要了解一些常识。人的生命在子宫里的发展分为三个阶段：胚种期（0~2周）、胚胎期（3~8周）和胎儿期（9~38周）。胎儿的头部在第四周开始发育，然后眼睛、耳朵、鼻子和嘴巴相继形成，同样在第四周，心脏开始搏动，第五周手臂和腿初显，到第52~54天时，脚、手指头逐渐分开。

胎儿期的第九周，随着性器官的发育出现性别区分。孕中期的第四、五和六个月期间，胎儿的大脑迅速发育，大脑的左右半球也开始出现，大脑皮层出现折叠，中枢神经系统开始运转，指挥基本的身体功能，比如呼吸和吸吮。第六个月结束前，高级神经系统开始工作，胎儿进入到基本生存阶段，即22周之后的胎儿具备在特殊的医疗帮助下在母体外生存的能力。[①]

在胎儿发育中存在一些关键时期，在这些特定时期内某些发育有正常或不正常之分。比如说，手臂和腿、手和脚、手指和脚趾发育的关键期是在28~54天。20世纪60年代曾有一种治疗早孕反应的药物，30个国家的孕妇服用了这种药物。孕妇如果在28~54天期间服用，孩子胳膊和腿易出现畸形或者缺失，致畸程度与服用的剂量和时间有关。如果在54天以后服用，孩子出生后则完全正常。[②]

由于一次意外事件，东东比预产期提早了24天出生。为此，我感到十分内疚，暗暗发誓要用后天的努力弥补孩子可能由于早产导致的不足。不过，尽管早产，东东的体重和身高都在正常范围之内。出生时由于哭声特别大，引起了医生和护士的围观。

据东外婆回忆，东东被东爸抱回病房的婴儿床后，眼睛居然睁开着，四处环顾，似乎在寻找什么。好奇的东外婆试着叫了几声"东东"，小东东居然顺着外婆的声音，把头转向了外婆。

大概半小时后，我被推回了病房。东东也顺着声音把头转向了门口，一直扭向妈妈这边。东外婆担心他的头偏得时间过长，又叫了东东，东东便又把头转向了外婆。

东东对外界的反应让东外婆感到不可思议。怀孕期间的很长一段时间，我住在娘家，父母知道我一直坚持胎教，但他们对胎教持怀疑态度。当初说我"本本主义"的东外婆，现在也感慨地说："看来胎教还真是有用。"

胎教显然是有用的。2000年，美国国家研究委员会与美国国家科学院医学研究所等联合出版的早期教育科普书籍《从神经元到社区：儿童早期发展的科学》里呈现了美国脑神经科学家尼尔森教授关于人脑发展的研究。研究结论表明，胎儿在第五个月时，视觉和听力感官、语言以及高级认知功能开始全面发育。视听觉感官发育在出生后第四个月达到高峰，语言能

---

① Berger, S. K.(2016). *Invitation to the Lifespan*. Worth Publishers; Third edition. p.93.

② Berger, S. K.(2016). *Invitation to the Lifespan*. Worth Publishers; Third edition.p.43.

力发展在出生后第八、九个月达到高峰，高级认知功能发展在 1~3 岁出现高峰。[1]

胎教时养成了母子交流与互动的习惯，如今面对一个活泼可爱的鲜活小生命，我的母爱爆棚。母乳是婴儿天然的营养佳品，自儿子出生后我一直坚持母乳喂养。怀孕期间，胎儿依靠脐带与母亲相连。出生后，婴儿依靠乳汁与母亲相连。这样的联结不仅是孩子生存的需求，更是母子情感交流的纽带。两小时后，我就试着给东东喂母乳，出于条件反射的本能，东东开始用力地吮吸起来。

傍晚护士来送牛奶，得知孩子下午就开始吸奶的时候，露出惊讶的神情，不断夸奖东东。她说虽然吮吸是新生儿的生存本能，属于条件反射，但很多孩子都难吸到初乳。她还补充说初乳内蛋白质含量很高，免疫球蛋白也特别高，对婴儿的免疫力有很大好处。幸好当地医院在东东出生前一个月实行了母婴同室改革，让东东在第一时间吸到妈妈的初乳。

母亲的健康和营养是母乳质量的保障，孩子关键时期的成长和大脑发育都依赖母乳。因此，我特别注意摄入营养的均衡化，并且加强锻炼，确保母乳的质量。我曾经读到母亲护子的潜意识和母爱可以促进乳汁的产生，我认为孕期的胎教、与孩子的互动可以激发母亲护子的潜意识和母爱。由于孕期与孩子美好的交流与互动，我的乳汁特别多，按照东外婆的话是两个东东都吸不完。

在给东东哺乳时，我通常会播放优美的轻音乐作为背景，营造一个温馨舒适的环境。轻松惬意的环境可以让母子保持愉快的心情，也有利于孩子的吸收和消化。在哺乳过程中，我常常会顺顺儿子的耳朵，轻轻按摩他的小胳膊小腿。东东有时也会一边吸奶，一边做趣味运动。比如他喜欢把小腿故意离开我的膝盖。当我把他的小腿放上来，他又放下去，这样反复很多次。看得出来，他非常开心。

对于孩子诸如此类的小动作，我认为大人不需要刻意去纠正。这样既让孩子有了运动，也暗示着这样幽默的小顽皮是被许可的。或许东东的幽

---

[1] Nelson, C.A. (2000). Human Brain Development. In Shonkoff, J. P., & Phillips, D.A. (Eds.). *From Neurons to Neighborhoods*: *The Science of Early Childhood Development*. National Academies Press. p.188.

默感也是从小养成的。高中十年级的年册的留言簿上，他的同学这样评价：你是我见过的最幽默的亚裔男生。在西方，评价一个人有幽默感是加分的。

东东出生后，我就开始强化他生活的规律性，坚持定时喂养，训练定时大小便的习惯。习惯的力量果然强大。比如说，他要大小便时会不停地扭动身体，给妈妈发出信号。

普利策奖获得者、《纽约时报》记者都希格在其 2012 年出版的书籍《习惯的力量》中指出，习惯回路包括暗示、惯常行为与奖赏。[①] 我认为在训练中，东东已经成功地完成了习惯回路，他获得的奖赏是妈妈的怀抱和表扬。孩子渴求的奖赏刺激了他的暗示，从而养成了他的惯常行为。

美国医学专家指出新生儿不仅仅只是吃、睡、哭和拉，他们已经具备对光线、声音和抚摸的感受能力。由于新生儿是近视的，他们只能看到 20~30 厘米的距离，这个距离刚好可以让他们在爸爸妈妈的怀抱里看到自己的父母。新生儿的眼睛对光亮很敏感，因此，他们更愿意在光线稍弱的环境下睁开眼睛。东东出生后不久之所以能睁开眼睛，也是因为病房光线较弱的原因。

如果新生儿出现对眼或者眼珠滑向两边的现象时，家长们不必惊慌。随着孩子视力的提升和眼睛肌肉的加强，这些现象会逐渐消失。除了人脸以外，鲜艳的色彩、对比的图形和运动的物品等都是新生儿最喜欢观看的东西。黑白图片或玩具比杂乱颜色的物品或图片能让孩子保持更长时间的兴趣。

孩子的听觉早在妈妈子宫里时就已经开始发育，他们能听到妈妈的心跳和消化系统发出的声音，甚至能听到自己发出的声音以及其他家庭成员的声音。出生后，外面世界的声音变得响亮和清晰，小宝贝可能会被附近的狗叫声吓着，可以通过听曼妙的音乐而获得安抚。

妈妈和爸爸的声音是新生儿最喜爱的。因为他们已经知道这个声音是食物、温暖和爱抚的来源。当小宝贝在摇篮里啼哭时，父母赶过来的声音能很快让孩子安静下来。美国著名心理学家 Flavell 指出婴儿特别偏爱自己母亲的声音，源于他们出生前九个月在子宫里与妈妈互动的经验。[①] 你还可

① Duhigg, C. (2012). *The Power of Habit: Why We Do What We Do in Life and Business*. Publisher: Random House.

① Flavell, J. H., Miller, P.H., & Miller, S.A. (2002). *Cognitive Development*. New Jersey: Pearson Education, Inc. p.57.

以留意到当你跟孩子交流或哼唱充满爱的小曲时，他们听得有多么专注。

新生儿已经具备味觉和嗅觉，他们喜爱甜味远远超过苦味。比如：新生儿愿意吮吸甜水，如果换成又苦又酸的东西，孩子会马上拒绝或者大哭起来。同样，新生儿愿意闻他们喜欢的味道。虽然新生儿喜欢甜味，但是味觉在第一年会继续发展。

事实上，研究表明母亲的饮食会影响母乳的味道。这些最早的味觉感受会帮助孩子形成后来的味觉偏好。比如：哺乳期的母亲爱好辛辣食物，那么她的孩子长大后更容易喜欢辛辣食物。这一点我十分认可，坐月子期间我吃了很多土鸡蛋和土鸡，儿子一直都特别喜欢吃鸡蛋和鸡肉。直到现在，这两样食物都还是东东的最爱。

抚摸对新生儿非常重要，新生儿通过每一次的抚摸去了解生活和周边环境。在母亲子宫里时，胎儿生活在温暖的羊水中。出生后他们会面临寒冷，会碰撞到硬邦邦的摇篮，内衣缝制的边角会给他们带来不适，因此一定要给新生儿提供柔软的衣服和绒毯，给他们温柔的亲吻、舒服的拥抱和充满爱意的抚摸，尽量让他们感觉到新世界是一个温暖的世界。②

心得体会

② Your Baby's Vision, Hearing and other Senses: 1 month. (Retrieved on June 18, 2017 from) https://kidshealth.org/en/parents/sense13m.html.

早期养育要科学

 早期经验影响大脑结构的发展，它为将来所有的学习、行为和健康提供基础。正如一个薄弱的基础会影响一栋房子的质量和强度，早期的不良经历会损害大脑结构，负面影响会持续到成年。科学的早期养育对孩子的成长十分重要。

哈佛大学儿童发展中心的研究指出，早期经验影响大脑结构的发展，它为将来所有的学习、行为和健康提供基础。正如一个薄弱的基础会影响一栋房子的质量和强度，早期的不良经历会损害大脑结构，负面影响会持续到成年。

当婴儿咿呀学语、做手势或者啼哭时，妈妈如果能够随即通过眼神交汇、语言互动或者主动拥抱做出回应，那么孩子大脑中支持交流交往的神经连接就会建立并加强。与孩子你来我往的互动就像是在进行一场场生动活泼的网球、排球或乒乓球运动，既充满乐趣，也达到了训练孩子交际能力的目的。回应孩子的养育方式被称为"回应性看顾"。

当看护人对幼儿的信号和需求敏感且反应灵敏时，他们就为孩子提供了丰富的经验。在"回应性看顾"缺失或回应不准确、不恰当的情况下，幼儿的大脑结构就不会按照预期形成，从而导致学习和行为差异。先天和后天经验共同构建了幼儿的大脑结构。所以，看护人需要掌握早期养育的科学知识和技能。否则，孩子的认知能力发展就会受影响，无法得到正常发展。①

认知能力是指人脑加工、储存和提取信息的能力，也就是我们通常说的智力，包括注意力、观察力、记忆力、思维力和想象力。在东东的早期养育中，我非常重视孩子认知能力的培养与开发，因此也对"回应性看顾"特别认同，并一直坚持把这一理念和方法用于我的育儿实践中，还分享给了东外婆和照看东东的小石姐姐。

也许是我坚持胎教的原因，我发现婴儿期的东东对他出生前听过的内容表现出特别的感情，仿佛有似曾相识的感觉。比如说当东东啼哭时，我试着播放胎教音乐和故事，听着听着，他就会自然而然地停下哭声，开始安静而专心地听。可能是我一直跟尚在母腹中的东东说话交流，出生几天后，东东就发出声音，流露出与人交流的欲望。我便运用"回应性看顾"的方法跟孩子交流，每天都会定时给孩子阅读。

除了阅读，我还采用情景教学法，运用家里的实物带着东东学习词汇，主要训练孩子把读音和实物进行联结。方法是妈妈站在东东的正前方，发音时用手指着实物反复多次。最好选择颜色鲜艳和形状醒目的实物。而且，我注意在孩子情绪良好的状态下进行。每天教给他两到三个词语。然后反复地复习并检查。

此外，带孩子学习时，妈妈要注意保持兴奋和快乐，还可以加入一些幽默滑稽甚至"疯癫"的游戏活动，以便达到吸引孩子注意力和兴趣的目的，确保孩子在开心中不经意间完成学习。还有一点值得注意的是，我们一定要使用规范的普通话准确表达，不要用儿语。

两个多月的东东就能够通过他的转头和目光，准确地把妈妈所读的单词与实物联系。比如，当我说"电灯"，他就会抬头看顶灯；说"花扇"时，我故意让东东背对着墙壁上挂的装饰扇，但他会使劲转过身去找扇子。当我说"电扇"，他就会看电扇，还会把嘴噘起发出"呼呼"吹风的声音，进一步表明他知道这个词。

实际上，我所提倡的这种情景性婴儿词汇学习，完全有别于单纯追求

---

① Center on the Developing Child Harvard University. (Retrieved on May 20, 2016 from) https://developingchild.harvard.edu/science/key-concepts/brain-architecture/.

词汇量而对幼童开展的卡片识字。情景性婴儿词汇学习不是以识字为目的，而是一种亲子游戏与互动，可以让孩子对周围环境有更多的了解和熟悉，更重要的是可以通过这样的"回应性看顾"来刺激孩子的大脑发育，为孩子认知能力的发展奠定基础。

我和东爸为了让东东感受外面的世界，刺激大脑的发育，经常带孩子上街走走看看。为了方便孩子观察，东爸让孩子的背紧贴着他的前胸，面朝前面的方向，一只手托住孩子的小屁屁，另一只手从孩子的胸前揽住，让儿子脸朝外地稳稳地背靠在自己胸前。这种姿势一来让孩子感到很安全，二来有利于孩子观察周围，三来与爸爸的身体接触有利于增进亲子感情。我们一边走一边给东东介绍。东东总是睁大眼睛，好奇地东张西望。当看到人行灯的闪烁或者霓虹灯时，东东会大声叫喊，还不断地扭头用眼神跟爸爸妈妈交流互动。

一次，我和东外婆带着刚三个月的东东出去遛弯，刚走到大门口，东东就专注地朝一个方向注目，大声发出了"wow，wow"的声音，小屁股一颠一颠的，还努力与我和东外婆进行目光的交流，试图引起我们的注意。我们顺着东东观望的方向看去，原来是远处报社的烟囱正在排烟，一股股浓烟排向空中，被机灵的东东发现了。东外婆赶快回应："是的，是的，冒烟烟了。"

"回应性看顾"的养育方法极大地促进了东东的语言和阅读能力的发展。东东不到一岁就能进行简单的对话交流，并能独立阅读简单的幼儿读物。一岁半就能非常顺利地不间断地交流，识文断字能力也飞速发展，能背诵几十首唐诗和儿歌。

根据语言习得理论，语言表达是输出。输出信息是建立在语言输入信息积累之上，由量变到质变的过程。也就是说，妈妈一定要在早期尽量多地跟孩子说话和交流，并要多给孩子阅读优美的作品，尽早为孩子提供更多更好的语言信息确保孩子语言信息的输入，在孩子开口说话之前的沉默期里，尽量扩大输入信息的储备量。

孩子都会经历语言的沉默期，但是，懂早教的家长会把孩子的沉默期变成语言信息的储存期，而不懂早教的家长可能会认为孩子不吵不闹就是没有需求，也就不会主动关注孩子，不跟孩子说话交流和阅读。美国的早期教育先驱暨哈佛学前项目创立人怀特博士在 20 世纪 70 年代的研究成果《从出生到 3 岁》中提到,从宝宝刚出生就开始和他"说话",绝对是个好主意,尽管这对你来说感觉并不非常自然。[①]

美国心理学家 Kathleen Stassen Berger 指出如果孩子在 1~3 岁期间不会运用他们的第一语言(母语)进行交流,他们以后还可以学习。但是,孩子们的语法通常会受限,将会影响到他们以后的书面表达。所以,语言的习得存在敏感期。她还进一步指出第二语言或者第三语言学习的敏感期也在儿童时期。虽然成年人也可以学习新语言,但是会带有浓重的口音。即便在目标语国度生活多年,也终究难以达到本族语人士的语言水平与能力,以至于本族语人士会问:"你从哪里来的?"[②] 由此可见,抓住孩子的语言敏感期培养孩子的语言能力是非常重要的。

幼儿从出生时就具备了最基本的情感。随着与外部环境不断地互动,他们的社会情感也迅速发展。从人的自然属性与社会属性相统一的本质看,人的情感就是社会情感。儿童的社会情感指儿童在社会生活与社会交往中的情感体验,包括积极情绪、情绪表达与控制、依恋感、愉快感、羞愧感、同情心、责任感等等。

一岁多的东东在读《贝贝百科全书》中关于青蛙的介绍时,我顺便教给他一首名为《小青蛙呱呱呱》的儿歌:小青蛙,圆眼睛,大嘴巴。捉害虫,顶呱呱,跳进水里找妈妈。东东非常喜欢这首儿歌,每次读到"跳进水里找妈妈"后,就扑倒在我的怀里。我知道东东把自己比作小青蛙了。东东能通过阅读而产生与妈妈的情感连接让我很感动。东爸是近视眼,当时流行戴大框大镜片的眼镜。学完这首儿歌的傍晚,东爸下班回到家,东东便跑过去摸爸爸的眼镜,说爸爸好像青蛙,因为都有突出的"大眼睛"。

东东喜欢把自己融进作品当中。两岁多时,东东最喜欢看的动画片是《葫芦兄弟》《舒克和贝塔》以及《大头儿子和小头爸爸》。观看《大头儿子和小头爸爸》时,他每次都会融入剧情,把自己当作大头儿子,把东爸当作小头爸爸,把我当作围裙妈妈。观看《葫芦兄弟》时,东东把自己比

---

① (美)怀特,《从出生到 3 岁》,宋苗译,北京:北京联合出版公司,2016 年 4 月第 1 版,第 27 页。
② Berger, S. K. (2016). *Invitation to the Lifespan*. Worth Publishers; Third edition. p.43.

作其中的水娃,可以把江河湖泊的水全部吸入肚子,威力无比。看《舒克和贝塔》时,把自己比作勇敢而正义的老鼠舒克。当贝塔被坏老鹰送到喜马拉雅山上下不来时,东东焦急万分,直到舒克开飞机来救援化险为夷后,东东终于松了一口气,脸上才露出笑容。

在听《好爸爸坏爸爸》这首儿歌时,每当唱到"我有一个好爸爸,做起饭来锵铛铛、锵铛铛,洗起衣服嚓嚓嚓、嚓嚓嚓。高起兴来哈哈哈、哈哈哈,打起屁股啪、啪、啪啪啪啪,真是稀里哗啦……哪个爸爸不骂人,哪个孩子不害怕。打是亲来骂是爱,那也是好爸爸……"时,我发现儿子瘪着嘴角,强忍着泪水。我赶紧过去安慰他,告诉他东爸是好爸爸,不会打儿子的。东爸确实从来没打过儿子。可见,东东已经把自己融入了儿歌中,用心在体会歌词。

早期社会情感的培养也是帮助孩子实现人际交往正常化以及社会化的重要前提和保障,家长应该与幼儿亲密互动,采取有效的策略,促进孩子社会情感的发展。

在整个生命历程中,认知、语言、情感和社会能力是密不可分的。大脑是高度整合的器官,它的多种功能相互协调运作。情绪、幸福感和社交能力是新兴认知能力的坚实基础,它们共同构成了大脑结构的基础。生命早期形成的情绪与身体健康、社交技能以及认知—语言能力,在今后的学校、职场和更广阔的社会生活中都至关重要。

美国著名经济学家、芝加哥大学教授 James Heckman 发现,儿童早期教育与其长大后的收入、智力以及行为存在巨大的联系,并指出 0~3 岁教育投入的回报率最高。他认为智力开发越早越好,越往后越难,10 岁以后就难以改进了。[1]

关于生命前一千天早期教育的重要性,意大利著名的幼儿教育家蒙台梭利早在 20 世纪初就展开了深入研究,指出早期生命引领的深远意义。她建议家长不仅要学习先进的教育理念,还要和幼儿一起学习,增进亲子感情,促进亲子交流。

美国早教专家怀特博士呼吁全社会支持孩子的早期教育。家长是孩子

---

[1]　Heckman, J.(2013). *Giving Kids a Fair Chance*. The MIT Press.

的第一位老师，也是最好的老师。孩子从婴儿期到儿童发展时期，家长不要错过生命最甜蜜、最幸福和最重要的时刻。他指出如果要发展一个人的全面潜能，在生命前三年必须让其体验一流的教育。孩子的早期教育是为孩子终身幸福奠定基础的工程，需要家长亲力亲为，家长的觉悟与素养是孩子的起跑线。

心得体会

两孩的养育策略

 　　我国已经全面推行一对夫妇可以生育两个孩子的政策。家庭养育在中国基本是通过代际传承实现的。如今养育两孩的父母大多数是独生子女，两孩家庭的孩子养育成为当下中国社会的新问题，也是教育领域的重要研究课题。

　　我一直都希望养育两个孩子，东东也一直希望能有一个弟弟或妹妹一起长大。由于受限于当时的计划生育政策，这个愿望没能实现。来到美国后，东东十分羡慕他的同学有兄弟姊妹的陪伴，并告诉我他以后一定要有两个孩子。东东的话引起了我的注意，加上国内二胎政策的启动，我便对两孩的养育策略与家庭教育进行关注并研究。

　　不久前，我们开展了一项面向我国小学生家长的网上问卷调查，回收了近五百份问卷。其中一项是询问家庭养育孩子的数目。结果显示，一孩家庭占了55%，两孩家庭42%，三孩家庭3%。从这组数据可以看出，继国家开放二胎政策后，两孩家庭的增长速度相当可观。

　　在我国，下一代的养育策略基本是通过家庭代际传承实现的。两孩家庭的家长主力军绝大多数是实行计划生育政策后的独生子女，而这些独生子女家长的父母由于没有养育两孩的经验，在两孩的养育策略上，他们没有经验去指导自己的孩子。事实上，他们这一代人在家庭教育方面可以说是最尴尬的。他们的父母在独生子女的养育上没办法给予更多的帮助，而彼时的家教书籍与专家指导也是极为匮乏。因此，独生子女的家庭教育出现了许许多多的问题。如今，当两孩政策开始实行后，独生子女的家长们也帮不了他们自己的孩子。多子女的家庭教育在当下的中国社会已经出现了教育经验与传承上的大面积断层。

两孩政策全面实施的时间刚好也是我回国服务的时候，当时不断有年轻的家长通过不同的方式向我咨询关于两孩的养育问题与方法。两孩家庭的孩子养育是家长们面临的棘手的新问题，也是教育领域的新课题。

一位来自某高校的教师，也是我微信家长群的一位妈妈，跟我分享这样一件事：她所在大学的一位大一女生于2018年年底在学校宿舍割腕自杀，幸好被及时发现，经过医生的奋力抢救才保住性命。经了解，这位十八岁女孩自杀的原因竟然是她妈妈生了二胎，为她添了一个小妹妹，她因此担心小妹妹会抢占和剥夺父母对自己的爱。作为姐姐，本该为新生命的降临而高兴，为妈妈不顾高龄为自己添了一位亲人而心存感激。可是，她却企图用结束自己宝贵生命的极端方式来向自己的父母表示抗议。

一位妈妈告诉我，她和先生原本打算生育二胎。但是，十四岁女儿警告父母说，如果他们生二胎，她就离家出走。女儿的这番话立即打消了他们夫妇养育二胎的念头。

另一位叫薇薇的朋友跟我分享了她家的问题。薇薇的老公是独子，她的公公婆婆非常希望他们能再生一个孩子。薇薇夫妇试着跟九岁的女儿商量，没想到女儿对他们这样说：你们要是生二胎，孩子一生下来我就掐死他。女儿看似开玩笑的回应，吓得薇薇夫妇再也不提生二胎这件事了。

实际上，自从二胎政策实施以来，我从媒体报纸上读到许多关于独生子女要求父母写保证书，不准父母生二胎，或者逼迫母亲打胎的报道，没想到我身边就有好些这样的真实案例。

还有一位妈妈在深夜联系我，原因是当晚八岁的儿子把四个月的妹妹弄哭后，孩子爸爸没有了解情况就直接给了儿子一顿痛打，还体罚儿子下跪认错。妈妈事后从儿子那里了解了事情的原委。当天是周末，孩子的祖父母来家里做客。晚饭后，爸爸妈妈送爷爷奶奶出门，哥哥担心妹妹独自在卧室会害怕，就跑进去照顾妹妹，不小心压着了妹妹，妹妹大哭起来。这时候，爸爸闻声赶来。了解到情况后，妈妈很担心儿子，便向我求助。

从上述的事例，我们至少可以总结出以下两个重要的问题：二胎政策究竟给家庭教育带来了哪些困难与挑战？两孩家庭的父母们需要掌握哪些养育策略？

在讨论这两个重要问题之前，我认为有必要先了解相关的教育理念。美国著名教育家德瑞克斯指出，孩子在家庭中的位置是影响孩子成长的一个重要因素。[①]其中家庭系统排序是指每个家庭成员之间的相互关系。这种普遍存在的自然排序影响着家庭中的每一位成员。每个家庭都有其独特的成员定位排列关系，这种排列关系影响到整个家庭的关系结构和每个孩子的性格。

一个核心家庭首先是由父母和第一个孩子组成。父母都承担着双重角色：母亲的角色完全不同于妻子的角色，父亲的角色也不同于丈夫的角色。孩子虽然是父亲母亲共有的，但是，由于在十月怀胎、母乳喂养以及早期养育的过程中跟孩子建立起来的特殊关系，母亲往往与孩子更加亲密。父亲、母亲和孩子的三者关系常常会出现一个家长和孩子结成联盟的情形。

当第二个孩子出生后，家庭中的三者关系出现了变化，原来一个孩子所处的小皇帝或小公主的位置不复存在。第一个孩子必须调整他在家庭中的定位，这个孩子必须接受现实，做出调整，重新定位自己。他要么放弃，要么超越。第二个孩子也是如此，他可能会妒忌第一个孩子，要么超过，要么放弃。

如果是独生子女家庭，作为家中唯一的孩子，独生子女会遇到特别的困难。除了父母，还有四位老人，独生子女犹如被巨人包围起来的小矮人。这样的孩子要么特别懂事，尽力去达到成年人的标准；要么永远长不大，低人一等，采用"永不走路，永不摔跤"的应对策略。在东东出生后，我尽量规避独生子女的"四二一综合征"，在保姆小石的协助下，亲力亲为地陪伴孩子成长。

如果在未来，生育政策完全放开后，三孩家庭有可能继续增加，那么还会出现中间儿综合征。中间儿综合征指排行在老二或者中间的孩子，由于没有老大或者最小的孩子那么受到家长重视，因此容易产生一些心理问题，比如会产生被忽略和遗弃的感觉。老大作为一对夫妇的第一个孩子，更容易受到父母的重视，并享受到一定的特权；而家里最小的孩子更有可能

① Dreikurs, Rudolf（with Soltz, Vicki）. (1964). *Children: the Challenge*. New York: Penguin Putnam Inc. p.20–21.

获得家庭的宽容和爱护。中间的孩子在家庭中的地位不确定，他们可能会采取极端的行为，或吵闹或孤僻，来表示抗议，以赢得父母的关注。

中间儿综合征在西方比在国内更受到研究人员的关注。美国心理学家对孩子的出生排序与成长阶段的人格发展的相关性进行研究。结果发现中间孩子一般会比较缺乏自信，不少调查对象在受访时透露，自己得不到和兄弟姐妹同等的关怀。尤其当孩子之间年龄相差不大时，他们自然会拿彼此的表现或所得做比较，以致感到心理不平衡。

德瑞克斯的家庭成员排序的理论为上述我们需要探讨的两个问题提供了重要的理论框架。接下来，我们一起来探讨两孩家庭教育的困难与挑战以及应对的措施。

二胎政策究竟给家庭教育带来哪些困难与挑战？

首先，家长对大宝不适应认识不足。

在二宝出生之前，大宝作为家庭的独生子女可以说是集父母的万般宠爱于一身，他们早已习惯了在父母全部的关爱下的生活。然而，随着二孩的降临，父母会在很长一段时间内把时间和精力投入到二宝的身上，大宝很容易产生被父母冷落的感觉，认为父母不再爱自己，只爱弟弟或妹妹，同时还会认为二宝的出生抢走了父母对自己的爱，因而对弟弟或妹妹心生怨恨和不满。

依据德瑞克斯的家庭成员排序理论，大宝需要在父母的帮助下做出一定的心理调整才能适应"家有二宝"的新生活。而我们很多家长没有充分认识到这一点，往往忽略大宝的内心感受。

其次，家长受传统文化思想的影响。

二宝出生后，父母一般会把更多的精力转移到二宝身上。特别是高龄产妇的备孕阶段的不易和生育过程的艰难，使父母往往更加关注和疼爱二宝，出现"重幼轻长"心理。如果大宝是女孩，二宝是男孩，家长受传统的"重男轻女"思想的影响，那二宝将完全取代原来大宝的地位，变成集父母与祖父母的万般宠爱于一身的"独子"。

同时，父母认为大宝已经长大，可以自己照顾自己，而弱小的二宝需要更多的关爱和照顾。父母的"重幼轻长"与"重男轻女"的心理以及由此带来的言谈举止很容易让大宝感觉到"爱的撤离"，造成与父母关系的疏离与恶化，还会影响到大宝与二宝的感情建立，最终导致家庭教育问题的出现。

最后，家长针对两孩教育的经验缺失。

文章开篇已经提到，我国的家庭教育基本是通过家族或家庭中的代际传承而开展的。大部分两孩家庭的家长都是独生子女，他们没能从自己的父母那里习得两孩的家庭教育方法。即便两孩家庭的父母不是独生子女，他们父辈的传统家教方式方法也不再适合 21 世纪的家庭教育和孩子成长的需求。

新的时代呼唤新的家教理念与指导，然而，国内的专家对家长的帮助还刚刚起步，远远没有普及。我认为家长成长需要经历三个阶段：觉察、领悟、行动。从我在国内举办的教育讲座来看，很多家长在自身成长与家庭教育方面都还处于未启蒙未开发阶段，因此，很多家长在反馈中都用了"感谢启蒙"的语句来表达他们的感激之情。

在美国学习与生活的十余年，我深深感受到整个社会对家长成长与家庭教育的重视程度，我也深深体会到家长与家庭之于国家和社会的重要性。美国的大学课程里就设置了有关生命成长与教育的通识教育课程，在生育中和生育后都会有专业性指导，家长成长与家庭教育的学习一直伴随着孩子的成长，直到孩子成年。然后，这些走进大学的孩子又开始新一轮的学习，为日后成为称职合格的家长奠定基础。

两孩家庭父母需要掌握哪些教养策略？

第一，动之以情，晓之以理。

作为家庭成员之一，孩子对家庭的任何计划都有知情权、发言权与参与权。因此，在生育二宝之前，父母一定要耐心细致地做好大宝的心理疏导和教育工作。父母可以陈述自己的观点，也要尊重大宝的看法。

在讨论二宝生育计划前，父母最好提前做好准备工作，把生育二宝对家庭，特别是对大宝的各种利好做一个周详的说明。在讲述过程中，父母要共情地从孩子的角度出发。比如：二宝的加盟有利于消除独生子女的孤独感；在照顾弟弟妹妹的过程中，大宝的责任心和领导力可以得到很好的锻炼；二宝的到来还可以减缓父母对独生子女的严密监控，让大宝获得更多的自由度；大宝与二宝的互动有利于培养合作与交往能力等。

同时，父母还要把二宝出生后可能带给大宝的影响开诚布公地告诉孩子。比如说，随着二宝的降临，父母会花大量的时间与精力用来照顾二宝，大宝需要加强自我管理和独立意识，要适应家里增加了一个新家庭成员的生活。

第二，公平公正，一视同仁。

孔子在《论语》里曾经指出：不患寡而患不均。这句话强调人们对公平公正和一视同仁的渴求。我认为这句至理名言用在两孩及多孩的家庭教育中也十分恰当。每个孩子都希望获得父母的关爱，特别是在两孩或多孩家庭，孩子更是希望得到父母公平公正的对待和一视同仁的关爱。

二宝出生后的较长一段时间都需要父母倾注大量的精力和时间。同时，这段时间也是大宝适应"家有二宝"的关键期。大宝会察言观色地看父母是不是把对自己的爱全部转移到二宝身上。因此，父母不能因为二宝幼小更需要照顾而把所有精力都投入在二宝那里，表现出对大宝的忽略与不耐烦，减少对其陪伴的时间和关注度。有的父母因为备孕与怀孕的艰辛，对二宝小心翼翼，特别是在大宝是女儿，二宝是儿子的家庭，父母对小儿子更是格外呵护与看重，爱的天平向二宝那边重重地倾斜，对大宝造成了严重的心理伤害。

父母一定要对二宝的出生对大宝的影响有充分的心理预期，合理安排时间与精力，通过形式多样的方法高质量地陪伴和关爱大宝，特别是亲子间一对一的互动，全方位地重视大宝的教育与成长。确保大宝能够感知到父母对自己的爱和关心并没有因为二宝的出生而减少，自己一如既往地在父母的呵护和关爱下成长。同时，还可以创设情境，鼓励大宝与二宝友好互动，鼓励大宝作为一名积极的家庭成员，参与到新生命的抚养与成长中，彰显大宝的能力与贡献。

因此，这就要求家长在家庭教育中，做到公平公正地对待双生子女。父母会看到，公平公正地对待两个孩子，有利于孩子和谐的人际交往，有利于孩子以同样的方式去待人接物。父母应关爱每一个子女，给予他们同等的爱，用爱心和耐心去引导孩子健康地成长。

第三，理性对待，规避比较。

俗话说：一娘生九子，九子九个样。由于先天遗传、后天环境、血型、性别、个性等个体差异因素，世界上没有两个完全一样的孩子，每个孩子都是独特的。哈佛大学教育研究院的 Howard Gardner 教授于 1983 年提出的多元智能理论告诉我们，每个人都会有一两项的智力长项，也会存在一两项的智力弱项。Gardner 教授的理论有效地把我们的孩子从"邻家孩子的阴影中"解救出来。两孩家长就更不应把自家的一个孩子变成另一个孩子的"邻家孩子"，让两个孩子在不良竞争中受到伤害。因此，父母不要对两个孩子进行横向对比。

在不科学不合理且毫无意义的比较下，父母往往会盲目地认为其中一个孩子更优秀，将来会更有出息，从而容易在言行中透露出对这个孩子的偏爱。父母这样的做法很有可能会给那位受到偏爱的孩子错觉，让他认为自己很了不起，助长其骄傲情绪，使其以自我为中心，不懂分享。同时，这个孩子所做的一切很有可能就是为了维护其作为父母宠儿的地位。而这样做是外部动机的驱使，并不是孩子的内部动机的作用。

内部动机是指个体对所从事的活动本身感兴趣而产生的动力，活动本身能使个体获得满足，不需要外力作用的推动。而外部动机是由个体所从事活动以外的刺激而产生的动机。简言之，活动本身并不会给个体带来直接满足。孩子的努力与付出都是为了获得父母的关注与赞赏。一旦被超越，失去了宠儿地位，孩子就会开始怀疑自己，自豪感瞬间被自卑感取代。

而没有得到父母偏爱和赏识的孩子则会变得不自信，产生自卑感。因为安全感和归属感受限，他们极有可能产生偏差目标与偏差行为。孩子的心理动机是：既然我不能通过积极的方式获得父母的认可，那么我就用消极的方式来引起他们的关注吧。同时，非父母宠儿的孩子既可能会怨恨父母，还可能会对受到父母偏爱的孩子产生嫉妒感，从而影响亲子关系以及兄弟姐妹的感情，最终导致家庭问题。因此，两孩家庭的父母一定要理性地对待两孩，避免对孩子们做比较。

第四，科学教养，健康成长。

教养是指孩子从婴儿到成年的过程中家长所给予他们在体能、情感、社会以及智能方面的促进与支持。教养方式是指家长在这几个方面所表现出的教养行为的特征总概括，是一种相对稳定的行为风格。根据美国的研究结论，教养方式分为四种，包括专制型、溺爱型、民主型以及忽略型。[①] 美国发展心理学家 Diana Baumrind 按照家长的关爱、管教、期望值和交流等方面对这四种教养进行了区分。

她指出专制型教养的家长对孩子关爱程度低，管教严厉，惩罚苛刻，期望值高。在交流沟通上，家长要求高，孩子反应低。在专制教养下，孩子容易产生自卑感，焦虑退缩，自我认同感缺失，社交困难等。

溺爱型教养的家长对孩子关爱程度高，很少管教，期望值低。在交流上，家长要求低，孩子反应高。这样的养育方式会导致孩子自律性差，以自我为中心，社交能力差，依赖性强。

民主型教养的家长对孩子关爱度高，设定规则，在爱中管教，期望值适中。在交流上，家长要求高，孩子反应高。民主型的家庭教养方式培养出来的孩子情绪稳定，乐观向上，自信独立，宽容大方，共情能力强，能够与同伴友好相处。

忽略型教养的家长关爱度极低，对孩子漠不关心，很少参与孩子成长，很少高质量陪伴，对孩子的期望值也极低。在交流方面，家长要求低，孩子反应低。这种教养方式对孩子伤害很大，孩子自控力差，被负面情绪辖制，社会交往能力欠缺，还会出现其他不良心理特征。

显然，父母在家庭教育中应该采用民主型教养方式，规避另外三种教养方式。同时，还要学会随时自查自省，通过夫妻之间的互相提醒以及亲子之间的交流互动，确保民主型教养在日常生活中的践行。

心得体会

---

① Berger, S. K. (2016). *Invitation to the Lifespan*. Worth Publishers; Third edition. p.211-212.

阅读放飞孩子

　　图文并茂的故事不仅可以帮助孩子识字，训练专注力，还可以激发孩子的想象力，促进其社会化发展。孩子阅读能力和阅读习惯的培养越早越好，阅读习惯使孩子受益终身。阅读能力是家长送给孩子最好的礼物。

2014年美国斯坦福大学的研究人员对三千多名孩子开展了跟踪研究。研究发现，孩子的阅读习惯培养越早，孩子在学校的成绩和发展越好。同年，英国爱丁堡大学研究员 Stuart Ritchie 博士带领团队开展的"双胞胎早期发展研究"发现，早期阅读能力发展良好的双胞胎孩子不仅长大后在阅读能力上要优于他们的同胞姐妹，而且在智力测试中也要表现更好。Stuart Ritchie 博士进一步指出，阅读有助于训练孩子运用抽象思维，因为他们在阅读时必须想象其他人、地点和事物。这将帮助他们提高解决问题的能力。此外，阅读可以让孩子养成坐下来并专注于一个任务的习惯。[①]

研究证明阅读对感官的刺激有利于激发幼儿大脑神经元突触的联结，有利于大脑的发育，从而促进智力发展。阅读习惯培养越早，孩子越聪慧。在美国的中小学和社区图书馆常常可以看到"阅读使人聪慧"的大量宣传。阅读有助于孩子拓展视野和增长见识，阅读习惯是可以陪伴孩子一生的好习惯。

---

① McNamee, D.(2014). Childhood reading skills linked to 'higher intelligence' in young adults. (Retrieved on August 20, 2016 from) https://www.medicalnewstoday.com/articles/280193.php.

　　说起对东东的阅读启蒙，其实可以追溯到胎儿时期。我在怀孕早期有机会读到《胎儿都是天才》这本书。作者斯瑟蒂克养育了四个天才孩子，其中重要的胎教方法就是播放优美的音乐和听力材料以及给胎儿阅读。在整个孕期，我一直都坚持给儿子进行阅读启蒙的胎教，我每天都会给他阅读一些优美的诗词、儿歌和童话故事等。东东出生的第三天，我们从医院回到家中，我尝试着播放胎教音乐和阅读材料，东东总是安静地聆听，脸上流露出愉悦和满足的神情。

　　东东满月后不久，我就为他订阅了中国少年儿童新闻出版总社发行的《婴儿画报》，正式开启了对儿子阅读的早期启蒙。《婴儿画报》每一期都是由一个生动的故事组成，每一页都是绘制精美的大幅画面。它深得儿子的喜爱，是儿子每日的必读书籍。每次带着儿子阅读时，我总能看见他眼睛睁得圆圆的、大大的，眼神跟着妈妈的手指来回移动。一个故事经过反复多次阅读后，故事情节就能够被儿子熟知。在他一岁时，我追加订阅了由二十一世纪出版社出版发行的《大灰狼》画报。我们的阅读量也随着孩子年龄的增长而增加，阅读方式也由父母带孩子阅读过渡到亲子间的互动式阅读。

　　记得东东一岁生日时，我的闺蜜送给儿子一套《贝贝百科全书》作为生日礼物。当时东东特别喜欢这本书里面的一个小故事《勇敢的消防队员》。这个故事通过介绍消防队员救火的过程，让小朋友知道119电话的功能，理解邻里之间的互助以及消防队员的勇敢精神。

　　第一次阅读这个故事时，我尽量用较慢的语速朗读，注意配合抑扬顿挫的语调，并借助生动的表情和肢体语言。图文并茂的故事一下子就吸引了儿子的注意，东东注意力十分集中地听我朗读故事。朗读结束，我给儿子讲解了这个故事涉及的相关背景知识，比如邻里关系、互助精神、灭火知识和火警119电话常识等。我耐心地解释，不仅让儿子加深了对故事情节本身的理解，同时，也附带教给孩子一些生活常识和做人的道理。

　　在讲故事的过程中，我观察到东东的心情和表情都会随着故事情节而起伏跌宕。在讲到熟睡中的小猪家里着火时，他眉头紧锁，表现出紧张和焦急。在讲到邻居小兔发现了后，一边朝窗外大声呼救，一边拨打119火警电话时，他如释重负地松了一口气。在讲到大象用鼻子喷水、山羊用扁担挑水以及松鼠从高处的树枝上倒水灭火的画面时，他高兴得手舞足蹈。最后讲到消防队员开着消防车及时赶到，把大火扑灭，救了小猪时，他激动地大声欢呼着说："大火扑灭了，小猪得救了。"

我知道他的兴奋和激动源于三个方面，首先是对掌握119火警电话的自豪。其次是被邻居们的团结和友善所感动。最后是为消防队员把一场可能是灾难的大火扑灭，让小猪一家获救而欣慰。由于故事的最后三个字是"扑灭了"，给东东留下了深刻的印象。后来，他干脆就把这个故事叫作"扑灭"。

也许是这个故事特别打动东东，一段时间内晚饭后，东东总是找来那本书，对我说："妈妈，我们一起来讲'扑灭'的故事吧。"我们几乎每天都要翻开这个故事一起读一遍。后来，由我读的部分逐渐变少，东东读的部分逐渐增多，由词汇填空过渡到整句填空，我发现东东总能答对，而且对这样的参与表现出极大的兴趣。反复阅读后，他已经基本掌握了故事情节和先后顺序，我便会把一整段留给他来阅读，发现他居然一字不落地读了下来。

为了激发儿子的积极性，我也会常常告诉儿子，妈妈特别想听"扑灭"的故事。儿子便找来书，兴致勃勃地带领妈妈一起阅读这个故事，像模像样地自己先读一遍后，也照着我教他的方式，要我填空，态度极为严肃认真，宛如一个小老师。那超可爱的样子至今记忆犹新。

每天晚上睡觉前，我都会带着儿子阅读。我们靠在床上，一般都先复习读过的故事，然后再开始新的故事。刚读一个新故事时，我总是用手指移动着读，目的是引导东东认读汉字。第二次读的时候我就不再用手指移动阅读了，而要东东用他的小手指导读。这样做的目的是培养孩子的注意力和对故事情节的把握以及认读能力。我也会结合从《勇敢的消防队员》获得的经验，让儿子和我互动。第三遍时我通常让东东带读，必要时才帮一帮他。逐渐地，东东认识了很多字词，而且是活学活用。我们走在街上时，东东经常出乎意料地读出店面的名字和广告内容。有一次，我们坐在一家餐馆吃饭，玻璃门上写着"开门"和"关门"的字样，从里面看是反过来的，但是，东东也能辨认出来，说明他已经掌握了这些字的特点了。

通过这种方式，我带着孩子读了许多故事。同时也发现，孩子通过阅读，认识了很多字词和句子。去书店，他能够挑选自己喜爱的书籍；去餐馆，也会认读很多菜单。

情景式的阅读比机械式的认读生词的效果明显更好。我们家长常常会认为识字是阅读的前提条件。事实上并非如此。集中识字脱离语言环境，会使孩子感到单调枯燥。集中识字虽然可以在短时间内大量地识记词汇，但由于缺乏必要的语言环境，遗忘也快，是典型的机械性记忆。但如果是基于儿童的语言思维发展水平与特点而进行的启蒙阅读，效果就大不一样。

阅读是借助精美的图画把故事以鲜活的形式再现的过程，从儿童的兴趣与接受能力出发，在丰富的语言环境和生动的情景下进行，孩子的兴趣和专注力会极大提升。阅读还有利于培养孩子的想象力、观察力、判断力、思考力、审美观及逻辑推理能力等，过程中孩子会不知不觉间认识很多生字。随着阅读量的增加，认识的词汇会日渐增多。

识字只是阅读的最低层面，把字词放在识字卡上，孤立地记背是没有多大意义的。学习外语都不提倡孤立地识记单词，何况自己的母语。我不赞成家长强制幼童识字的做法。法国教育家卢梭也极不赞成用识字卡片教孩子识字。大人应该想办法去激发孩子的学习欲望。只要我们赋予孩子学习的欲望，那些识字卡片完全可以抛在脑后。卢梭进一步指出，宁肯不让儿童认识一个字，也不愿意他们为了掌握这门技术而牺牲让读书有用的其他学问[1]。他甚至还提出要对孩子的词汇有所限制。孩子储备的词汇多过他们拥有的概念，孩子说的多过他们思考的，都是非常不可取的。[2]

东东对阅读几乎到了着迷的地步。20世纪90年代，国内还没有流行网购，当地新华书店的幼儿读物非常有限，很多书籍都必须去大城市购买。只要我和东爸有机会外出，都会问东东需要我们带什么礼物，他每次的回答都是一样的："给我买些好看的书吧。"除了书以外，别无所求。经过几年的积累，东东的书柜几乎被装满。亲朋好友也都知道东东喜欢阅读，逢年过节或东东生日，都会给他买书作为礼物。东东的藏书越来越丰厚。

---

[1] （法）卢梭，《爱弥儿》，叶红婷译，北京：台海出版社，2016年9月第1版，第155—156页。
[2] （法）卢梭，《爱弥儿》，叶红婷译，北京：台海出版社，2016年9月第1版，第7页。

东东三岁前，我一般每天都会陪着他阅读半小时。然后回我自己的房间备课或者整理文件。东东就会和东爸在一起，继续由东爸给他讲故事或者玩玩游戏。有一段，东东特别喜欢和东爸谈论兵器和舰船知识。上幼儿园后，东东已经具备了独立阅读能力，我们一家三口都会在自己的空间看书学习。晚上读书是东东从小养成的习惯。有了自己的小桌椅后，他更愿意在他自己温馨舒适的房间阅读了。

在上小学之前，他已经阅读了一些大部头的书籍，比如《西游记》和《三国演义》等名著。东东还爬上大书柜，找出《金庸全集》来阅读。由于大量的阅读，东东的知识面变得比较广博，写作文时素材也就比较多，能够旁征博引，引经据典。

九岁的东东来到美国夏威夷州后，就读于檀香山市的公立学校 Hokulani 小学。在英语进步的前提下，很快就展现了他的阅读优势。美国非常重视全民阅读，因此在小学阶段也特别重视对孩子阅读能力的培养，阅读也一直是美国各级各类考试的必考科目。Hokulani 小学非常重视学生阅读能力的训练，要求孩子每天都阅读书籍并记录阅读的数量，每周就阅读量进行评比，儿子的阅读量每次都是全班第一。

东东经常去学校的图书馆，以至于图书馆的老师都认识他。每天他都要借上一堆书回家看。学校图书馆的藏书毕竟有限，没过多久，他就把图书馆的书全看完了。周三下午是 Hokulani 学校教师的业务学习时间，因此，放学时间提前到下午一点半。东东便要求我每个周三下午来学校接他后，直接把车开到社区图书馆，去那里借书阅读。同时，东东还学会了在网上把他需要的图书，从别的图书馆调往我们所在的社区图书馆借阅。

东东的阅读习惯为他迅速适应新的学习环境提供了保障，并且让他很快脱颖而出。第一学期临近结束时，东东获得了由校长 Lum 女士亲自颁发的"最快进步奖"，以表彰儿子在语言方面的提高。第二学期结束时，东东再次获得了"最快进步奖"，这次是奖励他在阅读方面的提高。

此后，在备战小升初的 SSAT 考试中，东东在极短的备考时间内，阅读获得全美最近三年来参加 SSAT 考试学生前 2% 的高分，让我大吃一惊。我想这样的结果是与东东从小养成的良好阅读习惯分不开的。

阅读量大，涉猎广泛，信息储备充足，东东的写作能力自然也随之提高。东东五年级的语文老师 Cruz 女士常常向我表扬东东，说他的作文有思想有深度。她曾经写下了这样的评语："很幸运，Jimmy（东东英文名字）同学在我班就读。他勤于思考，擅长写作。"在 Punahou 学校的面试环节，要求学生十五分钟内完成一篇命题作文。招生办 Wysard 主任告诉我，东东在短短的十五分钟里写了一页半纸。由于每个学生只给了一张 A4 纸，东东不得不写到背面去了。他还告诉我，本族语学生在十五分钟内平均只能写大概半页纸。

Wysard 主任还给我分享了有关阅读和数学具有相关性的研究，即阅读成绩好的学生，数学成绩也会很好。反之亦然。可以说，阅读习惯的养成让东东受益匪浅，帮助他实现了一个又一个梦想。

通过从小培养儿子的阅读能力，我总结了家长在家里如何帮助孩子提高阅读能力的一些有效方法。

首先，家长要为孩子创建良好的阅读环境。给孩子安排一个安静舒适且固定的阅读场所，每天的阅读时间最好也能固定下来。时间和场所的固定有助于孩子阅读习惯的养成。根据孩子的年龄来确定阅读时间的长短。美国儿童协会建议家长每天陪伴学前孩子阅读二十分钟，小学一年级每天读三十分钟。一旦孩子具备阅读能力，就可以换位，让孩子大声阅读，家长当听众。二、三年级时，可以鼓励孩子阅读难度加大的有章节的书籍，激发孩子对故事情节的想象力。

其次，家长要做孩子的榜样。一方面，家长自己要保持阅读习惯；另一方面，家长要定时带领孩子阅读，特别是对孩子喜爱的故事，一定要反复阅读。还要常常引导孩子一起讨论阅读过的故事，以加深孩子的记忆和理解。阅读时要确保孩子身心愉悦。孩子上小学后，要注意培养他们默读的能力，并鼓励采用默读的方法。默读可以加快阅读速度，提高孩子的专注力。

最后，在培养孩子的阅读习惯时，家长一定要有爱心和耐心，运用赏识成功法，多用鼓励的语言和赞许的眼神肯定孩子。滴水穿石，在家长的长期不懈的坚持下，孩子的阅读能力一定能大大长进。

我国著名教育家、新教育实验发起人朱永新教授曾经说："人来到世上是为了看风景，一种是自然的风景，一种是精神的风景。自然的风景我们通过行万里路来获得，精神的风景我们通过读万卷书来感受。腿不能到达的地方，眼睛可以到达。我们一生能去的地方是很有限的，但通过阅读能去无数个地方。精神的风景是没有边界的，人生真正的财富是精神的财富。"①希望父母们把阅读作为核心习惯尽早让孩子习得，让我们的孩子成为精神富有者。

心得体会

---

① 朱永新，阅读的力量：天下第一件好事还是读书 [J]. 图书馆杂志 . 2014，（4）：9–17.

家庭公约的魅力

 家庭公约为孩子的品行设立了规则与底线，确保孩子从小在规范的环境下成长，因而，家庭公约是孩子归属感建立的重要保障；同时，家庭公约也为孩子建构健康的价值观体系提供了前提条件；家庭公约的建立还提供给家长成长和遇见更好的自己的机会。

为了培养儿子的良好习性和品德，让他从小在规范的环境下成长，东东快两岁时，我们全家商量制定了"三个原则"：做一个有诚信的人，做一个有爱心的人，做一个有担当的人。并且打印张贴在客厅显眼的位置，我们约定全家人要以"三个原则"为家庭公约，并互相监督。

家庭公约是针对全家人共同制定并共同遵守的约定。"三个原则"制定后，做了一辈子中学老师的父母埋怨我把这么抽象的概念灌输给一岁多的孩子是不实际的，是"本本主义"。当然，对于一岁多的孩子，这几个词显然太抽象，但生活中能解释这三个词语的例子无处不在。我相信只要坚持，儿子是能够理解和接受的。我把典型的实例归类，然后启发东东参与，并逐渐过渡到他自己能够判断，并主动归类。

我首先解释这三句话，然后把能够折射"三个原则"的生动事例列举出来，比如，"诚信"指诚实、讲信誉，给人以信任，以诚相待。告诉孩子诚信是做人的一张重要名片。在生活中，诚信是指一个人不撒谎，说话算数，遵纪守法，按时作息等。

"爱心"指对人以及所有生命体的热爱和尊重，特别是要有孝心和同理心，懂得换位思维和感同身受。具体事例包括对长者的尊重，对有需求人士的关心，对大自然所赋予一切的爱护，包括小动物和一草一木等。

"担当"则指有力量、有能力去承担任务和责任等。具体到生活中指自己的事情能独立完成，不依靠别人，不给别人添麻烦。勇于开展自我批评、自我反思，承担后果以及承认错误等。此外，我还把"己所不欲，勿施于人"的概念通过浅显生动的例子传达给儿子，进一步巩固"三个原则"的重要性。

任何制度和规则制定后，评估方法与激励手段显然是不能缺失的。否则，制度和规则也只是一纸空文，徒有虚名而已。这也是家庭公约的最重要的落到实处的环节，是起到教育作用的关键部分。因此，我提议每周我们一家人一起召开家庭会议，每个人都要发言，从三个原则方面来回顾自己一周的行为举止和表现，包括做得好的，做得不够好的；可以发扬的，需要改进的等。不仅发言，还要记录在成长档案里。我的提议也得到了全家人的附议。

我还提议全家一起头脑风暴，确定违反家庭公约应该承受的"后果"。注意：我这里的关键词是"后果"，而不是"惩罚"。在家庭教育中，家长不仅要注意自己的态度和语音语调，还要注意措辞。在一个平等尊重的家庭里，建议不要用"奖罚"二字，奖罚是家长把自己看成权威人物，以上级对下级的态度而设立的制度。在家里，建议用"后果"取代惩罚。其实，只要我们先设立好家庭公约，让公约客观地去约束各位成员就好。在家庭公约的框架下，每个家庭成员都是平等的，没有权威人物，只要大家遵守公约，都可以享受自由。家庭公约可以省去家长很多事倍功半或者毫无效果的管教。

结果，儿子想到了"在黑暗中面壁思过二十分钟"的"承受后果法"。还具体说明"面壁思过"的要求：身体保持直立，双臂伸展，双腿紧贴墙壁，额头和墙面亲密接触。还指出这样做的目的是让房间的黑暗和墙体的冰冷让违反家庭公约的人反思和清醒。记得当时我们正读到《头悬梁锥刺股》的故事，也许是受到故事启发，小儿才想到如此招数吧。听到儿子提议的后果法，我马上举双手赞成，爸爸也举手赞成，儿子当然也是得意地举手赞成。

一个周末，我和东爸带着两岁多的东东去东奶奶家聚餐。奶奶提前给孙子煮了鸡蛋，那时的东东最爱吃煮鸡蛋。一到家，奶奶就给他拿来煮好并放凉了的鸡蛋。小东东有礼貌地说完"谢谢奶奶"后，就跑去洗手，然后一边开心地剥鸡蛋壳，一边把蛋壳抛向空中，撒落在地板上，撒得到处都是鸡蛋壳。我语气严肃而坚定地警告东东说："东东，请把鸡蛋壳扔进垃圾桶，不要乱扔。"哪知道东奶奶护孙心切，连忙笑着说："没有关系的，他还小，不懂事。我一会儿扫扫就是了。"

听到奶奶这番话后，东东贼笑地看着我，同时还继续把蛋壳往空中抛撒。那神情分明带有挑衅性，似乎在传达这样一个信息："这里是奶奶家，妈妈也得要听奶奶的吧。"看着东东那份得意的神情，我知道这时候的他早已把"三个原则"丢到爪哇国去了。

的确，由于是在爷爷奶奶家里，碍于老人们的感受，我不便过多地管教孩子。这也是我坚持自己亲力亲为地养育孩子的重要原因。老人的一句"他太小，不懂事"就有可能把我对孩子的教育归零，甚至出现负值。对于老人疼爱孙子和隔代亲现象我持理解的态度，但他们对孙子不设限无原则的过度关注和溺爱，我是持反对意见并且不能接受的。

由于和东奶奶家相距不远，我们一般都会选择步行。晚饭过后，虽然还是一家人一起步行回家。但我并没有像往常一样牵着儿子的小手一起走，而是故意加快步伐走在前面，把儿子远远地甩在了后面，他只好和东爸跟在后头。东东一路小跑着终于追上了我，试图来拉我的手套近乎，我甩开他的手，一路上都没有搭理他。因为我心里想着一定要抓住今天这个可教时刻，用"三个原则"好好管教一下他，让他明白违反规则是要承担后果的。

回到家里，按照我们的家庭协议，我把东东送进他房间，在黑暗中面壁思过二十分钟。这时的东爸，脸上写满了对儿子的怜悯和心疼。东爸一直站在儿子房间门口守候着，不时朝门缝里瞧瞧，以便了解他宝贝儿子的情况。这里我要特别表扬一下东爸。我们夫妇在教育儿子上，向来都是思想统一，行为一致。而且，我们家的行为准则都是一家人一起商量制定，每个家庭成员都有发言权和决策权，执行起来也就简单明白。

我虽然坐在客厅沙发上等待，其实心里也很煎熬。虽然责罚的方法是孩子的提议，但究竟还是有些类似变相体罚。我担心儿子心理和身体的承受能力，也担心责罚结束会后他会是什么样的表现，是不是能达到教育的目的。

二十分钟的时间变得特别漫长，我和东爸都不停地看时间。送儿子进房间时，我告诉了他开始和结束的时间，这时不能因为心疼孩子而缩短时间。如果时间没有到，我们就结束了对他的惩罚，东东一旦看到墙上的时钟，就会认为父母在撒谎，也会给孩子传递一个信息：我们因为心疼他可以不尊重原则。

时间终于到了。当我高声宣布"面壁思过时间结束"时，东爸几乎是夺门而入，"啪"的一声打开房间顶灯，那声音让我感觉他几乎把开关拍烂掉。牵着儿子的手，父子俩一同来到客厅。只见东东满脸泪水，扑进我的怀里，边哭边说："妈妈，您别生气，是我错了，我违反了'三个原则'。"我淡定地追问："怎么违反的？"东东抬起头，眼睛对视着我的眼睛，认真而专注地说："我没有做到诚信，因为我没有遵守我们制定的家庭公约；我没有爱心，让老人做事，让奶奶劳累了；我没有担当，自己能做的事情不去做。"东东几乎是一口气说了这么一大段话。

儿子的分析着实让我大吃一惊。我没有想到东东会认定，他今天违反了"三个原则"里面的三项。我原来以为他可能会说他没有爱心，最多加上没有担当，居然还把违反诚信的原则也总结进去，的确让我感到意外。

看着小小儿子那诚恳反思和充满自责的样子，我的眼睛也湿润了，心情有些复杂。一方面，我的内心充满着对儿子的疼爱，因为在回家路上我一直对他不理不睬，我当时的态度对东东来说已经是一种责罚。回家后，又直接把他送进黑屋子面壁思过，而儿子还泪流满面地进行反省。他毕竟只是个不到三岁的小朋友。另一方面，我为我家小男子汉的那份知错就改的担当和理性智慧的反思感到自豪。同时，也因儿子对我们制定的"三个原则"的家庭公约的融会贯通和透彻理解而感到欣慰。

后来我读到了美国著名教育家德瑞克斯 1964 年出版的家庭教育经典著作《孩子：挑战》，我才知道东东在家庭会议上建议的"面壁思过"正是书中第六章里提到的逻辑结果法。美国教育专家尼尔森受德瑞克斯的启发，在 1981 年出版了《正面管教》。他们都特别强调要慎用逻辑结果法管教孩子，除非是在家庭会议上家长和孩子一致通过，否则容易引起孩子的反叛与报复。①幸运的是，"面壁思过"法刚好是在我们家庭会议上一致通过的，而且是由孩子本人提出来的。也正因为这样，东东才心甘情愿地进屋思过，并做出了较为深刻的自我反省。

我们不断地把遇到的情景和事例归纳总结到"三个原则"里，"三个原则"也就成了孩子自觉的第二天性，并在生活的点点滴滴中表现出来。东东不仅学会在规范中处事待人，自我约束，还会以"三个原则"去监督我和东爸。"三个原则"还成为东东评价周围的人和事的依据。

东东三岁那年一个冬日的早上，我们一家人要赶去参加一个活动，当我们刚走到公交车站时，正好有一趟公交车开过来。正准备上车时，东东发现马路对面有一个只有一条腿的老奶奶斜卧在冰冷的人行道上乞讨。东东不肯上车，提出要先过马路去给残疾老奶奶捐点钱，并说："妈妈，那位残疾老奶奶好可怜的，她是需要帮助的人，我们应该帮助她。"

我平日里注意把孩子的善良教育具体化，潜移默化地培养他的人文情怀和人道主义精神。此刻，东东一定是发自内心地想帮助那位老奶奶。可是，我们如果过去，显然要误车，也有可能迟到。于是，我回答说："要不等我们回来再去帮助老奶奶吧，行吗？"东东说："那万一老奶奶不在这里了，怎么办？"听了儿子的话，我赶紧牵着他的手从斑马线上横过马路走向老奶奶。

东东弯下腰亲手把五元人民币交到老奶奶手里，而不是扔到她面前的那个残损的碗里。结果，我们错过了那趟车，只好在车站等下一趟公交车。虽然要多花些时间，但是看到儿子已经把"三个原则"内化并作为他的行为规范，我心里像喝了蜜一样甜。我一直坚信：善良比聪明更重要。感恩我的孩子有那么一颗柔软而善良的心。

在"三个原则"的滋养下，东东成长为一个细心周到的小朋友，关心他人和替人着想的性格体现在生活的方方面面。在幼儿园里，当他和别的孩子同时去拿一个喜欢的玩具时，他会主动谦让，把玩具让给别人；当他在玩滑梯与小朋友出现冲突时，他会把优先权让出，让别人先滑；我去幼儿园接他放学，而他却想和小朋友多玩一会儿时，他一定会首先征得我同意，并把妈妈安顿好之后，才会重返游戏当中。

---

① Dreikurs, R(with Soltz, V.).(1964). *Children: the Challenge*. New York: Penguin Putnam Inc. p.84.

　　记得东东还在幼儿园小班时，我下班后去接他，他正和一群小朋友兴致勃勃地玩捉迷藏的游戏，远远地看见我，他就跑了过来，但不时地扭头看他的小伙伴。我看出了他的心思。这时他走到我身边，对我说："妈妈，我想多玩一会儿，可以吗？"我回答："没问题，妈妈可以等你。"这时东东一边用小手指着远处，一边对我说："妈妈，我们老师就在那边，您可以过去和她交流交流。"我心领神会，知道儿子是不希望我在等他时感到无聊而提出的建议。我答应后，他才兴奋地加入他的同伴，继续和小朋友们玩游戏。

　　我的五人博士委员会的博导 Cheng 教授毕业于哈佛大学教育研究院，她对家庭教育有着浓厚兴趣。当 Cheng 教授得知东东在高中毕业前，被哈佛大学提前录取的消息时，非常惊讶与兴奋，提出要对我和东东分别进行访谈，希望更加深入地了解我的家教理念与实践。

　　虽然被分开访谈，我们母子都不约而同地强调了建立家庭公约的积极作用。东东说家庭公约确保了他在规范有序的环境中成长。走出家门时，他已经习惯遵守规则。父母管大不管小，管粗不管细。在家庭公约的框架内，他拥有充分的自由度和选择权。

　　我和儿子不谋而合的回答让 Cheng 教授很兴奋，她这样说："我特意把你们母子分开，是为了运用同样问题不同来源的研究法。同时，东东的评论是追溯法，你的实战是跟踪法，这几种研究方法的结论完美交集，证明了你的家教理念与实践是成功的。"

　　显然，家庭公约逐渐构建起来的价值观系统，对孩子们的一生都会有重要的影响。美国家教咨询家和作家 Linda 和 Richard Eyre 夫妇联合出版的家教书籍《教育孩子价值观》曾经荣登《纽约时报》最佳出版物榜首。他们在书里提出了对孩子价值观的培养与熏陶的一年教育实践计划。上半年培训有关做人的价值观，包括诚信、勇气、温和、自持与潜力、自律与节制以及忠贞与纯洁；下半年培训有关给予的价值观，包括忠诚与可靠、尊重、爱、无私与敏感、仁慈与友善以及公正与宽容。[①] 我认为 Eyre 夫妇提出的这十二条价值观给我们家长指明了方向，可以作为家长在制定家庭公约时的借鉴，确保孩子们都能够在规范的价值观体系下健康成长，成为对家

---

① Eyre, L., & Eyre, R.(1993). *Teaching Your Children Values*. New York: Rockefeller Center.

国有贡献的一员。

后来，我把家庭公约之于孩子成长的重要性分享给国内家长们。一位家长这样给我回信："感谢贾老师，自从我们家制定了家庭公约后，孩子有了很大的改变，按时作息，独立完成学业。我们家长也因此学会以身作则，我晚上很少追剧，开始阅读育儿书籍，提升自己的家教技能。这是一个好方法，让家长与孩子一起成长，一起进步。"

心得体会

我再也不爬窗户了

 　　安全意识的培养与安全教育需要从小进行，家长应当学习儿童认知发展理论和科学教养方法，并适时找到可教时刻加以引导，让孩子深刻体会安全意识的重要性。当我们责备孩子安全意识淡薄时，首先要反省自己是不是没有培养孩子的安全意识。

　　东东出生时，我们住在东爸单位宿舍的二楼，但加上楼下的两层车库，二楼也就相当于四楼了。那时候还没有流行安装防盗窗，东东一岁多会走路后，特别喜欢爬到餐厅的窗台上，从那里看外面的世界。我非常担心他的安全，反复强调爬窗的危险性，但效果不佳。于是我开始反思安全教育效果不好的原因。我想可能是因为我的讲解太抽象，没能让孩子很好地理解和领悟吧。这个年龄段的孩子的抽象思维能力还没有建立，以形象思维为主。我便开动脑筋思考怎样帮助东东改掉爬窗的不良习惯，促使他建立安全意识。

　　我想去买一只刚孵出的小鸡，然后把小鸡从楼上扔下去，我们再去看结果。转念一想，这种方法虽然会刺激孩子建立安全意识，但未免太残忍了，与我们家庭公约当中的第二条"有爱心"是完全相悖的。于是，我打消了这个念头。之后好长一段时间也没有想到合适的方法。

　　有一次，东东用彩泥制作了很多小动物，有猴子、小兔、大象和长颈鹿等。东东告诉我他正在搭建动物园，还把他建立的动物园命名为"东东动物园"。"东东动物园"的小动物启发了我，为什么不用一只泥塑的小鸡代替活鸡来做一个高空坠落实验呢？我顺手拿起一块彩泥制作了一只小鸡，然后拉着东东来到窗户前，告诉孩子，我们一起做一个安全实验。说到做实验，东东的好奇心被激发了。我把泥塑小鸡从窗户扔下楼，随后，我带着东东一起来到楼下，检验实验结果。

砸在水泥地上的彩泥小鸡已经面目全非了。东东把小鸡从地上拾起来，捧在手心里，伤心地哭了起来。我意识到，这是一个可教时刻。于是告诉东东，幸亏是一只泥塑的小鸡，我们还可以把它重新捏回去。但如果是一只真正的小鸡，那就会失去生命，再也不能跟鸡妈妈在一起了。所以，安全最重要，安全第一。

东东一下子就明白了我做这个实验的意图，一把鼻涕一把泪地直点头说："妈妈，我再也不爬窗户了。安全第一！"说完，他紧紧地抱住我，很害怕和妈妈分离似的。这时，我知道东东已经明白安全与危险这一对抽象概念了，"安全第一"的概念已经在东东心里内化，我相信内化的概念也一定会外显于他的行动。高空坠落实验虽然让孩子哭了一场，但为了达到警示和教育的目的，家长必须采取一些直指孩子内心和直戳孩子泪点的措施，这样才有可能达到预期效果，加深孩子的理解和印象。很多家长抱怨自己的孩子不听话，总爱做危险的事情，我认为是家长没有提供让孩子受到启发和感悟的机会。

后来，我接触到瑞士著名发展心理学家皮亚杰的儿童认知发展理论。这个理论被推崇为20世纪发展心理学史上最权威的理论。认知发展是指个体出生后在适应环境的活动中，对事物的认知及面对问题时的思维方式与能力表现，随着年龄增长而改变。皮亚杰指出，2~7岁的孩子处在泛灵论时期，此阶段的儿童无法区别有生命和无生命的事物，常把人的意识动机和意向推及无生命的事物。同时，这个阶段孩子的思维还具有不可逆性的特点，即无法认识到改变了的形状或方位可以回复原状或原位。

我和儿子做的安全试验，恰好符合儿童认知发展理论。东东把泥塑的小鸡也视为生命体，所以他看见损坏的小鸡，因伤心而痛哭。从而加深了他对安全的重要性的认知。由于我是先实践再理论，所以对皮亚杰理论的理解也就更加透彻。

接受了这样一堂现场情境安全教育课后，东东仿佛一下子懂事多了，对安全意识有了深刻理解。东东出生后直到三岁上幼儿园前，我们请了一位二十岁的保姆小石在家照顾他。打那以后，每次我和东爸上班离家时，东东都会重复着"安全第一，早点回家"这句话。这句话也成了我们一家分别时一直沿用的惯用语。

在此基础上，我抓住随时出现的可教时刻，对东东进行了一系列的安全教育，巩固他的安全意识。比如告诉他不要把铅笔、筷子、冰棍、玻璃瓶或尖锐的东西拿在手里或含在嘴里到处跑，不要随便拿刀、剪或其他尖锐器物当玩具；教会他正确地使用刀、剪等用具。告诉孩子不能去触摸正在运转的电风扇等电器产品，不能触摸电插座；同时也教会东东正确使用各种电器的方法。

有一次，东爸用电水壶烧水，水烧开后，他却忘记摁下电源插座的开关。两岁多的东东发现后，走过去批评东爸说："爸爸，您忘了关掉电源插座开关。"还有板有眼地教育爸爸说："以后烧好水要记得关掉开关哦，安全第一。"东爸有一点小尴尬，但马上说："谢谢儿子的提醒，爸爸以后一定注意。"父子俩的对话让我很开心，因为我知道，我对孩子进行的安全教育，已经被他内化而后外显于行了。心理学家阿德勒说过，只有从情感上和理智上同时认可，才会形成真正的观念。

东东稍大一些后，我告诉他，购买食品时要注意食品的生产日期和有效日期，教给他辨别食物伪劣的方法。每次在商店购物时，我观察到儿子都会去看一看所购食品的安全日期。我还叮嘱东东不要随意吃别人给的零食，特别是陌生人给的。不要和不认识的人搭讪，不要随便搭乘别人的车，不要让自己处于危险之地，遇到情况要多思考多想办法等。

东东六岁上小学一年级时，我和东爸轮流接送，为了保证安全，告诉他一定要在校门内等待。但有一次，我下班较晚，快到家时，在楼下遇到东舅骑着摩托车，载着东东回家来。我赶忙问："东东，今天怎么是舅舅接你回家呢？爸爸没去接你？"儿子略带疲惫地说："妈妈，今天是您接我。您一定是忘了。"我突然间醒悟过来，原来是我记错了时间，导致儿子放学时没有人去接。东舅接着话茬说："你看你，把接儿子的大事都给忘了。幸亏东东机灵，记得我的电话号码，等我赶到学校时，就只剩他一个人了。"告别东舅后，我牵着东东的手上楼梯回家。我首先向儿子表达了歉意，并向他解释我为一个学生辅导而把接他的事情给忘了，希望他理解并原谅妈妈。

我脑海里很快涌现了这样几个问题：东东在哪里打的电话？电话费从哪里来的？他怎么记住舅舅的手机号码的？

一路上，儿子把详细经过告诉了我。放学后，东东在校门口等妈妈来接他。看着同学们一个个都被家长接走了，他心里很着急，非常想自己回家，但经过思考认为自己回家不安全。他想给妈妈打电话，但当时他没有手机，口袋里面也没有钱。于是他灵机一动，来到了学校的小卖部，把情况告诉了老板，希望借用小卖部的电话，给妈妈打电话，妈妈来了再补交电话费。第一个电话打给妈妈，可是妈妈没有接听。于是，他就打给爸爸，可是东爸也没有接听。再接着打外婆家的座机，外婆也没有接听。最后，他打通了舅舅的电话。舅舅来到后就把电话费交给了小卖部。听了儿子的叙述，我感到自责的同时，也感到非常欣慰。儿子的安全意识已经建立起来，这样一次小小的意外也锻炼了他的应变能力。

东东上小学一年级时一个寒冷的冬日，我以前的同事邬老师接到他六年级儿子班主任的电话，告知孩子没有来上学。可是他孩子明明一大早和往常一样出门上学了。邬老师的儿子从小乖巧懂事，是一个全面发展的好学生。到底出了什么事呢？孩子失踪的当天晚上，邬老师接到了他夫人一个生意伙伴的电话，告之儿子在他和同伙手上，要他准备二十万元来赎儿子，否则就撕票。原来，邬老师的儿子被绑架了。邬老师和家人们马上筹钱准备赎儿子。同时，也报了警。但是，很遗憾没能成功解救孩子。可怜的孩子被绑匪强行灌醉后活埋了。

这个案件在当地引起了不小的震动。一段时间内，大家提心吊胆，家长们都亲自接送孩子上学放学。我们常常会提醒孩子，不要吃陌生人给的东西，不要搭理陌生人，不要跟陌生人走。而这个案件的施害人竟是孩子妈妈的朋友，孩子无论如何都猜不到他们罪恶的动机。熟人作案是家长和教师对孩子进行安全教育的一个盲点和最大挑战。

要让儿子在这个纷乱复杂的世界里安全地生存和幸福地生活，我意识到要培养他周详分析和理性判断的能力，要让他懂得自我保护和寻求保护，而不能仅仅依靠父母的保驾护航，父母也不可能永远都让孩子生活在自己的羽翼之下。于是，我把近期出现的威胁儿童人身安全——类似绑架和伤害的案例收集起来，对儿子开展进一步的安全教育。

东外婆一开始很担心我把这些小概率的偶发事件以及成人社会的阴暗面过早地暴露给孩子，会给东东带来负面影响。当她知道我是把这些案件编撰成安全故事和孩子分享时，老人家就放心了，还夸赞我这个点子不错。比如在我们讨论邬老师孩子的案件时，儿子并不了解实情，因为我们没有住在一个社区。我试着还原了孩子当时的遭遇，设计了这样考查儿子安全意识的思考题。

> 十一岁的小明和往常一样，早上 6 : 45 从近郊的家里出发独自去位于市区的小学上学。刚走到离家约三百米的马路上，一辆车停在他跟前。车里下来了一个大人，小明认识这个人，他是小明妈妈生意上的合作伙伴。小明知道这个人的家跟他家是两个完全相反的方向，而且相距很远。这个人说可以送小明去上学。同时车上还有两个男人。如果你是小明，会不会上那个大人的车呢？

短暂思考后，六岁的东东给出了如下的回答：

> 我可能不会马上上车。第一，我会想，既然这个人不住在附近，为何会一大早就出现在我上学的路上？第二，我会察言观色，问他要去哪儿。为何一大早出现在我家附近？还会观察车里两个人是什么样的。第三，我可能会给妈妈打个电话告诉她这件事，跟妈妈沟通一下。

听了儿子的回答，我长长地舒了一口气。我知道以往对儿子的安全教育和安全意识培养没有白费。我不定期地利用周末休息时间，模拟一些可能威胁到人身安全的问题，一家人一起开展头脑风暴和讨论，分别给出各自认为可行的应对方法，然后再一起分析利弊，最后总结出有效的应对措施。我们虽然不能设计一切可能出现意外伤害的情况，但是这样的训练至少可以提高孩子的自我保护与防范意识，对周遭可能存在的潜在威胁引起警觉，学会识别，并机智应对。

东东八岁上三年级时，我赴美留学。由于东爸工作忙，经常加班，不能保证每天按时接送孩子，东东有时候就会自己回家。从他的学校到家里要经过杂乱的闹市区，我非常担心儿子的安全问题。儿子却在视频电话里安慰我说："妈妈，您放心，我不会吃别人给的东西，不会随意跟人搭讪，更不会跟别人走。何况我还有同学做伴呢！"

东东还跟我分享了他独自回家的一次经历。那天东爸加班不能去接他，只好让他自己回家。由于那天轮到他打扫教室，跟他一起回家的两个小伙伴先走了，他只能独自回家。走着走着，东东发现我工作单位的两位美国外教刚好走在他的前面，东东决定就紧跟在他们后面。儿子告诉我，坏人是不太敢打外国专家主意的，因为太引人注目了。跟着他们就等于给自己添了保护伞。东东就这样一直紧紧跟在他们后面，走到了离家不远的人行天桥附近。上了天桥，远远地看见东爸在天桥那头等他，他心里就踏实了。由于早期对儿子进行的一系列有关人身安全的教育，东东已经具备了自我保护和防范风险的能力。

上大学后的一个暑假，东东回国探望我和东爸。东东告诉我他非常担心妈妈不适应国内的交通，担心妈妈的人身安全。他知道我在2012年遭遇那次车祸后，由于应激后遗症而产生了交通恐惧症。于是，东东结合他所观察的交通现状对我进行了交通安全教育，告诉我绿灯亮时不要马上行走，过人行斑马线时要特别小心。他还把总结出来的一套安全过斑马线的方法告诉我。如果遇到右边车辆穿行斑马线时，建议我最好站在人流的左边。而左边车辆穿行斑马线时，最好站在人流的右边。听了儿子的安全教育课之后，我每次外出，都采用儿子的这个建议，安全感大大增加。

此外，他还教给我和东爸一些预防手机信息和网络诈骗的手段和措施。听了儿子的叮嘱和对父母反哺式的关爱，一股股暖流涌上心头。我在儿子小时候对他开展的安全教育已经成为他的思考方式和生活方式。同时，我也为儿子的细心体贴周到感到欣慰。这让我更加坚信，父母对孩子早期教育的任何投入，都不会白费，都是有价值的，都会起到春风化雨的效用。

播撒共情的种子

共情是指设身处地地认同和理解别人的处境和感受的能力。共情要从小培养，这样就更容易成为孩子的后天习惯。具备了共情的能力和同理心，就能换向思维，更好地感受理解他人。不仅可以了解别人所要表达的内容，还能够洞察对方深层次的感受和想法，从而提升孩子的合作和交流能力，使其保有良好的人际关系，不断走向成功。

在孩子的成长过程中，幼儿园实际上是他们学会共处的第一个真正意义上的社会化场所。为了让东东更多地了解幼儿园的集体生活，为正式开始幼儿园学习奠定基础，我常常带着他阅读一些介绍幼儿园学习和生活的绘本，还带他一起去幼儿园参观，并教给东东和幼儿园的老师及小朋友的相处之道。

由于我们前期的准备工作做得认真而充分，东东对幼儿园心存好感，充满期盼，愉快地等待着开学的日子。由于家长被提前告知幼儿园入学报名会有一个面试环节，我们便早早开始了面试的准备。我把可能出现的面试问题写在笔记本上，然后东爸和我轮流给东东进行模拟面试问答，并反复练习。

面试时间终于到来，那天是周六，我们一家早早就起床了。东爸买来了丰盛的早餐，我给儿子做了他最爱的鸡蛋羹。吃过早餐，东东主动去漱口刷牙，还张开嘴要我检查一下他的牙齿是否很白很干净。我给儿子换上白色衬衫、蓝色裤子，穿上白皮鞋，系了时尚小蝴蝶结和背带，还用发胶做了一个不错的发型，瞬间，标准的小帅哥新鲜出炉了。

东东走进他房间，把他的新文具放进新买的蓝色 Mickey Mouse 书包里面，然后背起书包走出房间。看着充满活力精神饱满的儿子，那一刻我满是感动和感恩，儿子似乎一下子长大了，要离开家开始他的集体生活了。一切准备就绪后，东东就不停地催促我和东爸动作快点，不要迟到了。由于我们是有备而来，此刻的东东早已是胸有成竹，自信满满，有些按捺不住激动的心情了。

我们准时赶到幼儿园，当时还有几个家庭比我们更早到。我们耐心地排队等候。轮到前面的一位小姑娘面试了，面试老师问了她的姓名，小姑娘告诉老师她叫刘璇璇。老师接着问她家住哪里，她没有回答，脸涨得通红。老师换了一个问题，问她最喜欢看的动画片是什么，小姑娘还是没有回答。这时，她的父母显得很焦急，开始责骂孩子。当时的情况比较尴尬。

这时，只见东东走上前，对老师说："刘璇璇小朋友一定能够回答老师的问题，只是她太紧张了，可能需要先休息一下，可以让我先来吗？"小东东的这番话顿时吸引了在场的所有人，也大大出乎我的意料。儿子的机智救场为那位小姑娘解了围，也赢得了老师和其他在场家长的赞许。东东的面试很成功，他对答如流，对老师提出的每一个问题都如数家珍地流利作答。或许受到东东的启发和鼓励，刘璇璇也紧跟在东东后面顺利通过了面试，还和东东分到了一个班。

回家的路上我好奇地问儿子怎么想到说那番话的，儿子回答说："因为我不愿意看到那个小姑娘难受的样子，我想她心里一定很不愿意那样的。我也不愿意看到老师的面试因为她而停下来，后面还有那么多的小朋友需要面试，所以想帮助她。"听了儿子的解释，我知道我在儿子生命早期播撒的共情和同理心种子已经在他幼小的心田里生根发芽了。

东东上中班的一段时间里，退休后的外公外婆和我们住在一起，他们习惯早睡早起，而且每天的作息时间基本一致，没有工作日和周末的区分。周一到周五上学的时间里，东东基本可以和老人们同步。但是周末，我允许他晚睡晚起一些，做一些自己想做的事情。

为了和老人们和谐相处，我在散步时告诉东东，要尊重老人的生活习惯。老人和年轻人不一样，他们身体弱，睡眠少，更需要保证睡眠质量。我们不要影响他们的休息，特别是周末，要格外注意，要么选择同步作息，要么回到自己房间待着，不能留在客厅看动画片。

善解人意的东东只要看到外公外婆回房间准备就寝，就会主动关掉电视，回到自己的房间，打开台灯看喜爱的书籍杂志。因此，懂事乖巧的东东也得到老人们特别的疼爱，一家人相处得其乐融融。

在我赴美留学的第二年，东东和东爸也来到夏威夷。我早早地给儿子在我们大学附近一所公立小学注册报名。刚开始一段时间，东东的语言跟不上进度，但在学校英语辅导老师的帮助下，进步很快。为了让东爸也尽快适应，我给他在社区成人学校报了英语班。根据二语习得理论，九岁是二语习得最佳年龄。一个学期结束后，儿子的英语基本过关，但东爸的英语交流能力还比较有限。

有一次，我们应美国朋友邀请，参加一个大型家庭聚餐活动。聚餐开始前，大家都在草坪上互相打招呼聊天。我在厨房帮助主人准备食物，远远望去，看到儿子正和几个小朋友在踢足球，东爸则拿着相机在拍摄夏威夷的花卉和植物。这时我看见一位美国友人朝东爸走过去，估计是去跟他打招呼。东东则从另一个方向飞奔向东爸。就在那位朋友快靠近东爸时，东东几乎在同一时间跑到东爸身边。我看见东东在东爸和那位美国朋友之间比划着，估计是在给东爸当翻译。站在两位高大壮实的成年人中间，九岁多的儿子显得娇小可爱。在东东的帮助下，他们的交流似乎很愉快。

午餐时，儿子跟我分享了他给东爸当翻译的经历。我和儿子正谈论此事，那位美国朋友走了过来，告诉我东东给他们当翻译的事情，夸奖东东英语进步大和善解人意，还特别点评了东东表现出来的共情能力。

东东进入 Punahou 学校初中部之后，开始系统学习音乐。针对音乐课的学习，学校给学生四种选择，包括音乐赏析、合唱、弦乐演奏和铜管乐演奏。选择器乐的学生在第一周内可以到乐器室试奏各种乐器，然后再决定自己的方向。每个学生可以按照自己的爱好，按顺序填写三种乐器。儿子在尝试之后决定把萨克斯作为他的第一意愿，长笛列第二，法国长号排第三。结果如他所愿，他被分在初级铜管乐队，学习萨克斯，一周三次，并要求每天课外练习至少半个小时。我们家居住的小区，由六栋两层楼的住宅楼组成。刚开始，儿子每天回家第一件事就是练习萨克斯。

但是，有一天，东东放学回家后正在认真地练习，住在楼上的美籍菲律宾裔老人来敲门，打断了儿子的练习。老人说东东的萨克斯练习影响了他和他太太的休息。其实，我们小区的安静时间是每天晚上 7 点到第二天早上 6:30。但是，善解人意的儿子从此就不在家里练习萨克斯了。

我担心东东的萨克斯学习受到影响，于是，想出了一个办法。在我没有晚课的日子里，放学接了儿子后，我会把车直接开到郊外空旷的公园里，让儿子安心练习萨克斯。美国的公园都有宽广的草地，而且人也非常少。虽然多花费了一些汽油和时间，但很好地保护了儿子心里孕育出来的美好的同理心之花，又能够不间断地培养孩子的爱好和特长。

共情是美国著名心理学家、人本主义创始人卡尔·罗杰斯提出的，是指体验别人内心世界的能力。共情也称为神入、同理心。所谓共情能力，就是设身处地地认同和理解别人的处境和感受的能力。共情有别于同情。同情是对别人糟糕处境的怜悯或者人道主义的关怀。而共情是换位思考，是从自己内心的真实想法深入到别人的思想，以体验别人面对事情的感受和内心世界。共情是情商的一个重要方面，也是人文情怀和人文素养的重要体现。

从 20 世纪 30 年代末期开始，罗杰斯把其"以人为中心"的理论扩展到了教育领域，提出了"以学生为中心"的教育观。指出教师要尊重学生，珍视学生，要在感情上和思想上与学生产生共鸣，通过教师对学生的共情，建立良好的师生关系和课堂氛围，启发学生的主观能动性、自主性和创造性。这些观念和精神已融入当代西方教育体系中。

共情也被写进美国各级各类学校的培养目标中。我有幸在大学时代就接触到这一理论，并积极用于自己的教育工作与实践当中。作为教师，我不仅注意自己的身体力行，还注重培养学生的共情能力和同理心。成为母亲后，我意识到共情的培养也是家庭教育一个非常重要的方面。如果我们的孩子拥有了共情和同理心，就能理解换位思考和感同身受在人际交往中的重要性，也就具备了与他人和睦相处、友好合作和有效交流的能力。

在我和东爸的引导下，东东从小就养成了善良有爱和共情的品德和能力。具备了同理心，就能常常做到换位思考，时时自我反省。一旦提升了共情能力，做到真诚交流和真情流露，那么就更容易赢得别人的信任和认可，同时也会受到大家的欢迎，成为一个别人愿意与之合作的人，人生之路也必将越走越宽，越走越远。

心得体会

低龄寄宿不可取

　　孩子成长不仅需要吃饱和穿暖，他们更需要来自父母无条件的爱与高质量的陪伴，父母尽量不要采取低龄寄宿和委托他人代管的养育方式。家长在孩子早期生命阶段的用心看顾是对孩子最大的教育投入，将来必定在孩子那里得到美好的回应。

　　有一次，我在家看电视，无意中看到这样一则报道：大象宝宝的妈妈病死了，动物园的保育员就在大象宝宝和妈妈居住的地方搭起了一块毛毯，小象每天都要在毛毯上蹭好多次，就如同以前在母亲身上蹭一样。小象陶醉其中，把毛毯当作母亲，尽情享受母爱的场面让我的眼泪夺眶而出。

　　原来，大象在两岁半前完全依靠母乳喂养，三四岁才断奶，这期间需要母亲朝夕相伴。失去家庭的小象极度渴求母爱，保育员就成了他们的"代理妈妈"。保育员们每晚轮流值日陪伴照顾小象，每隔三小时喂一次奶，清晨带它们出去，一直陪伴到天黑，再带回来一起休息。

　　大象是一种具有人性的动物，长期受到固定保育员的照顾会让小象对"代理妈妈"产生难以克服的依赖，一旦"代理妈妈"有事暂时离开，小象则可能性情大变，抑郁而死。因此，现在，保育员严格实行每天轮换照顾不同小象的制度。保育员们经常抚摸亲吻小象，在情感上抚慰这些孤儿，让它们在新家庭中重新感受失去的母爱。

　　动物尚且如此，何况有思维、有想法、渴望被爱的孩子呢？我不禁想起东东当年在幼儿园的寄宿经历。

　　东东三岁开始幼儿园的学习生活，并顺利度过了适应期。他每天都会早早起来，做好上学的准备，然后背上小书包欢天喜地去上学。每天回家，东东都会主动和我们滔滔不绝地分享他在幼儿园的所见所闻，比如他交了几个新朋友，学会了哪些新手工，中餐吃了炸鸡腿，看了新的动画片等，基本都是开心的事情。

一个多月后，我们接到幼儿园的通知，告知他们即将开设周一到周五的寄宿班。寄宿班的孩子二十四小时都在幼儿园。周五放学后由家长接回，周一早上再送回幼儿园。当时，我正接手承担工作单位的管理工作，工作繁重琐碎，压力较大。同时，也为了训练东东的独立性，我对幼儿园寄宿班的信息非常感兴趣。于是，晚上和东东商议，看他是否愿意尝试新开的寄宿班。我把寄宿的意思给他做了解释，告诉他一个星期只能在周末回家和爸爸妈妈团聚，其余时间都要在幼儿园里度过。

东东觉得寄宿班很新奇，认为可以整天待在幼儿园和小朋友一起，便满口答应。也许由于独生子女太孤独的原因，东东十分渴望有小朋友陪伴，每天晚餐后，都要出门去和院子里的小朋友玩上好一阵子。看着东东蛮感兴趣，并且乐意尝试，我就填了表格，第二天送孩子上学时交给了老师。周末，我和东东去了超市，按照清单提前买好各种生活用品。在等待寄宿项目期间，东东有些迫不及待，不断地询问开始的时间。

终于等来寄宿班开班的日子，我和东爸拎着东东的生活用品，一起去送他上学。分别时，我把东东拉到一边，反复告诉他今天放学就不回家了，要在幼儿园吃饭和睡觉，一直要等到周五放学，我们才会来接他回家。东东回答说："我知道的，妈妈都说了好多遍了。我喜欢跟小朋友们待在幼儿园。"跟我们说了再见后，他就迫不及待地跑向他的小伙伴了。离开幼儿园去上班的路上，我心里还是七上八下的。由于这是个新项目，报名参加的孩子不多，不知道第一天晚上会是怎样的情况。

来到办公室，紧张繁忙的一天开始了，我也就把儿子的事忘到一边了。那段时间是学生实习前的试教阶段，当天听完最后一个学生的试教，已经是晚上七点多了。拖着疲惫的身体回到家中，东爸早已做好晚饭，等我一起晚餐。儿子不在，家里显得格外安静。习惯了一开门儿子就扑到我的怀里，然后亲亲我脸的那种暖暖的感觉，我的眼泪一下子掉了下来。东爸见状，赶紧安慰我说："儿子是自愿去寄宿的，是他自己做的决定。先吃饭吧，吃完饭，我们一起去看看情况。"

　　匆匆吃了几口饭，我们便赶去幼儿园了解情况。找借口给门卫说我们来给寄宿孩子送东西。征得同意后，便朝寄宿班宿舍快步走去。宿舍一共三间，分别是大班、中班和小班，这时还亮着灯。远远地就能听到从小班的宿舍里传来的小朋友哭声，哭声最大的好像是我儿子。我心里顿时"咯噔"一下，一路小跑过去。

　　这时已到安静的休息时间，房间的大灯都熄了，只留下一盏地灯。为了不影响他们的作息，我只好偷偷地踮起脚，趴在窗户上看，循着微弱的灯光，我看见房间里睡了五六个小朋友，有三个孩子在哭，其中一个果然是我家东东。生活老师则躺在门口处的一个大床上，没有安慰孩子，而是任凭他们哭。当时我很心疼也很冲动，想去敲门，想进去把儿子带走，可是被东爸阻止了。他说如果这样会影响其他孩子的，孩子哭一阵子，哭累了自然就会睡着的，并拉着我离开了。在回家的路上，我跟东爸商量，明天就把东东接回家，这样下去对孩子的身心发展不利。

　　第二天一早上班，我就给幼儿园教学管理老师打电话，请求取消孩子的寄宿，老师告诉我刚好他们有三个晚上的体验时间。下午我特意提早下班，赶去接儿子。儿子一眼就看见我，丢下正在玩的积木，朝我直奔过来，紧紧地用双臂围住我的脖子，委屈地说："妈妈，你昨天怎么不来接我回家？把我留在幼儿园睡觉，你不想要我了？"我说："难道不是你自己愿意的吗？你怎么忘了呢？"东东回答："我就睡一个晚上，今天我要回家。晚上我想家，特别想妈妈。"我爽快地说："好吧。妈妈就是来接你回家的。寄宿尝试一晚就够了。"我们收拾好东西，离开了幼儿园。回家路上，东东给我讲了他昨晚的心情，说他昨晚一直哭，控制不了自己，特别想妈妈，以为爸爸妈妈不要他，再也回不了家了。我牵着他的小手，不断安慰他，告诉儿子，他是爸爸妈妈最爱的人。

　　东东因为寄宿而产生了被遗弃感，我觉得很奇怪。参加寄宿班是东东本人决定的，为什么他会改变主意，而且还产生了被爸爸妈妈抛弃的想法呢？后来我查阅资料，从瑞士著名发展心理学家皮亚杰提出的儿童认知发展理论中找到了答案。原来这个阶段小朋友的思维处在自我中心主义阶段，这个阶段的孩子通常以自我为中心看待世界，不能区别他们自己与另一个人。

孩子们坚持自己的观点，而不是考虑别人的观点。事实上，他们甚至不能意识到"不同观点"的存在。自我中心主义阶段的孩子通常这样认为："我喜欢吃冰淇淋，妈妈一定也喜欢。"所以，常常会出现孩子觉得冰淇淋好吃，就会把自己正在吃的冰淇淋强制性地喂到妈妈的嘴里。同理，当他们不喜欢什么事情时，他们也认定爸爸妈妈一定不喜欢。同时，根据儿童认知理论，这个阶段的孩子在前因果思维主导下，形成了转换推理，通常会把不相关的事情看成因果关系。

在寄宿这件事情上，儿子可能对寄宿的概念认识不足。当他看到大多数小朋友都不在幼儿园过夜时，就难以接受这个事实了。在自我中心主义和前因果思维转换推理的影响下，得出了这样令他伤心哭泣的结论：我不喜欢在幼儿园过夜，爸爸妈妈也一定知道我不喜欢在幼儿园过夜，可是他们还是让我在幼儿园过夜，一定是他们不喜欢我了，不要我了。所以，他们就把我留在幼儿园了。再看看大多数同学都已被爸爸妈妈接回家，在夜色笼罩下的宽大寝室里，只剩下几个小朋友。在这样的推论和情境下，他会越想越伤心，越想越难过。

在认真阅读了皮亚杰的儿童认知理论后，我恍然大悟。原来孩子的任何行为举止以及认知观点背后，都受其阶段性发展成长特点的制约和影响。作为家长，我们确实需要学习科学育儿的理论。我把皮亚杰的儿童认知理论分享给了东爸，我们一起安抚儿子，告诉他，我们不会再送他去幼儿园寄宿了，还表扬了他敢于尝试和体验的精神。对那天晚上我们去偷偷观察以及他情绪失控的事情，我和东爸约好了只字不提。家长要懂得对孩子遇到的小挫折采取弱化与忽略的态度，这有助于保护孩子的自尊心和自信心。同时，还可以避免孩子遇到困难就自我怜悯、寻求同情并由此形成容易受伤的性格。

在美国留学期间，我结识了一位来自中国上海的洋洋博士，她工作和事业都发展得很不错。知道我对家庭教育的研究兴趣后，洋洋博士主动跟我分享了她小时候寄宿的痛苦经历。

由于父母工作繁忙，经常加班加点，洋洋很小的时候，就被父母送去幼儿园寄宿，有时甚至周末也不接她回家。这样的经历对她产生了严重的影响并有了后遗症。她常常会有不安全感，在自我定位以及家庭认同等方面存在一些问题和障碍。

因为当时年龄尚小，她不可能做到换向思维去理解父母的难处。按照皮亚杰的认知理论，她只能从她自己的角度去推断事情。幼小的她认为父母送她去寄宿以及父母周末不来接她是因为父母不喜欢她、不爱她。以至于后来她与父母之间很难达到亲密融洽的关系。

尽管她是一个有爱心懂孝道的女儿，但是幼年寄宿的不愉快经历如影随形地跟着她，始终摆脱不掉。当然，她从来不在父母面前抱怨，所以她的父母至今可能都还不太了解他们当年送孩子寄宿带给女儿的心灵创伤。洋洋告诉我她以后有了孩子，无论如何都不会把孩子送去寄宿。

后来，我在国内看到一则由于幼年寄宿带来的阴影而引发的令人痛心疾首的真实故事。一位母亲把儿子告上了法庭，原因是在父亲去世后，母亲提出要和儿子一家一起生活，但是被儿子拒绝了。儿子在法庭上陈述了拒绝母亲的理由：他的整个孩童时期都被父母寄宿在学校，只是在周末才能回到家里。有时父母干脆周末都不来接他回家。在他的记忆里，父母的概念是模糊和淡薄的，他始终没有得到父母的陪伴和关爱。然而，他父母之间的感情却特别好，两人经常外出旅行，但是从不带他一起去。直到他自己做了家长，才意识到父母是极为自私和不称职的家长。他认为自己从来没有感受到母爱。

看了这则报道，我为他们母子感到难过，内心久久不能平静。原本最美好的母子关系变成了如此不堪的人伦悲剧。亲子关系是基于爱和陪伴的点点滴滴，是经过日积月累建立起来的。"你陪我长大，我陪你变老"，这句感言印证了美好的亲子关系。但这句话的前提条件是家长首先要陪伴孩子长大，是有顺序性的。任何关系的建立和维系都必须建立在互相关爱和信任的基础上，包括亲子关系。

我在参与国内农村扶贫工作时，认识了一家农户，他们家的三个子女都在外打工，只有一个不到三岁的孙女和他们一起生活。小姑娘的父母都在广东打工，只是在春节期间会回来住一周，陪伴孩子的时间一年也只有那几天。碰到小姑娘父母时，我也会问他们怎么舍得离开孩子。他们的回答是出去打工可以多挣些钱，让孩子接受更好的教育。可是，他们哪里知道父母的陪伴其实就是孩子最好的教育。

我每次去那位农户家里，都会抱抱孩子，跟她一起读读唐诗，唱唱儿歌。每次我都会问她同样一个问题：你想不想爸爸妈妈？要不要去看他们？孩子每次都是不假思索且十分肯定地回答："不想。不要。"小朋友坚定的回答和淡定的态度让我陡增了几分心酸。虽然她享受着祖父母的爱，可是毕竟不能替代父母之爱。这样的分离对孩子和父母来讲代价太大了。

其实，除了农村的留守儿童，城市里也存在大量的留守儿童。农村的留守儿童一般由祖父母照顾，而城市里的留守儿童有的由祖父母照顾，有的则交给幼儿托管机构代管。农村的留守儿童受到社会的一定关注，而城市留守儿童的状况还没有引起足够的重视。

孩子的成长是阶段性的，孩子的成长是需要家长投入心力的工程。李嘉诚先生曾经说过：一个人事业上再大的成功也弥补不了教育子女失败的缺憾！新加坡已故资政李光耀非常重视家庭教育，他认为家庭教育必须重视两代人的精神交流。显然，精神交流的前提必然是陪伴，而且是高质量的陪伴。

美国早期教育先驱暨哈佛学前项目创立人怀特博士曾经指出早期教育是为孩子终身幸福奠基并且需要家长亲力亲为的工程，是孩子的人生起跑线。他希望爸爸妈妈不要在孩子成长过程中有任何的缺失。

美国家庭教育专家查普曼在其《儿童的五种爱的语言》一书里指出："每个孩子都有一个情感容器，容器里装有支撑孩子健康成长所需要的情感能量。就如同汽车需要油箱来保证它的正常行驶一样，我们的孩子同样需要从情感容器里获得能量。我们必须确保提供给孩子足够的情感能量直至他们走向成年。"[1]

他提出儿童所需五种爱的语言：身体的接触、肯定的言辞、精心的时刻、接受礼物和服务的行动。这五种爱的语言实际上就是孩子对爱的需求。

身体的接触是指孩子愿意通过爸爸妈妈与他们身体的接触而感受到父母之爱。比如，拍拍他们的肩膀、摸摸他们的脑袋等。肯定的言辞是指孩子希望通过来自家长对自己言谈举止和学业成绩的肯定与赞美而感受到父

---

[1] Chapman, G., & Campbell, R. (2012). *The 5 Love Languages of Children*. Chicago, IL: Northfield Publishing.p.17.

母对他们的关爱。精心的时刻是指孩子期望得到父母的用心陪伴，从而感受到被爱。比如，陪伴孩子看电影，一起春游等。接受礼物是指孩子从家长给他们赠送的礼物中感受到家长的关爱。而服务的行动则指孩子从家长为他们提供服务中感受到被爱。比如，做孩子喜欢的美食，陪孩子购物等。

　　这五种爱显然都是儿童需要的，只是每个孩子的需求程度不同。试想，如果父母把孩子送去寄宿或代管，我们和孩子是完全隔绝的，怎么可能为孩子提供他们需要的这五种爱呢？又如何保证孩子爱的容器满溢呢？

心得体会

搭配教育法

在生活中，我们常常发现自己的孩子特别喜欢做某些事情或者特别不喜欢做某些事情。家长可以创造机会，把孩子喜欢做的事情与不喜欢做的事情巧妙地搭配起来。这样的搭配引导法既可以确保孩子突破自己的瓶颈，也可以鼓励孩子更好实现平衡发展。

东东小时候最喜欢做的事情就是阅读，他对书的喜爱程度到了只要有人说带他去买书，不管是否认识，他都可能会跟别人走。因此我常常叮嘱保姆带东东出去时要特别小心，不要被社会闲杂人员发现并利用这个特点而拐走孩子。

东东不喜欢做的事情就是理发。无论怎么劝说，他都会用大哭大闹来反抗，搅得理发店不得安宁，有时理发甚至需要在几个大人的协助下才能完成。每次理发对于东东都是一次痛苦不堪的经历，我也感到极为头痛和尴尬。

我反复思考如何解决这个问题。眼看儿子的头发又到了该理的时候了，我突然间灵感闪现，想出了尝试把买书和理发搭配起来的方法。

"东东，我们好久都没去新华书店了，下午去看看最近他们推出了什么好看的新书，妈妈给你买。"我大声对着正在玩积木的两岁多儿子说。

"好啊。那我们马上走吧。"儿子放下手中的积木，急切地回应我。

"儿子，你头发长得好快呀，像茂密的森林，快把眼睛遮住了。要不我们顺路先理发，头发短些，这样能更清楚地选书看书。"我故作惊讶地说道。

"那好吧。一定要理发师动作快点，要不然，好书都被别人买走了。"没想到东东爽快地同意了。

我赶忙带着东东，在保姆小石的陪伴下，向着理发店出发。到了定点的理发店，东东竟然主动爬上座位，破天荒地乖巧地配合理发师，赢得了大家的称赞和表扬。由于这次儿子的配合，整个过程十分顺利。理完头发，东东还主动向理发师说了声"谢谢伯伯"。

接下来，我们一行三人向新华书店走去。在路上，我抓住机会，进一步引导孩子，巩固今天的成果。

"我的东宝今天表现真棒！"我用赞赏开启了对话。

"谢谢。其实理发并不是很难受。"

"这次你是乖乖地配合理发师。以前你不配合，总是哭闹和挣扎，推剪就很容易扎痛头皮，当然不舒服。"我强调了配合与不配合的利弊。

"可能是这个原因吧。"我的解释引起了东东的共鸣。

"对了，妈妈还记录了时间，这次比以前理发的时间缩短了一多半。"我强调了配合的另一个好处。

"真的吗？那我以后理发就不哭不闹不挣扎。"东东边说边扮着鬼脸。

"真是一个明理的孩子。"对孩子的改变和进步，我都会给予赞赏和表扬。

初试成功后，我便把东东不喜欢的事情与他喜爱的事情巧妙地搭配起来。东东还有一个特点就是不喜欢试穿新衣服，带他买衣服也是比较麻烦的一件事。我会把买衣服和买书搭配在一起，东东都会欣然同意。外出购物也由一场斗智斗勇变为一次次愉快的经历。

通过几次类似的尝试，我发现把儿子不喜欢做的事情搭配一项儿子喜欢的事情，基本上都能够达到预期目的。于是，我把这样的方法称为搭配引导教育法。基于对儿子的了解，我在以后的家庭教育中，都会恰当地运用搭配教育法，引导儿子尝试自己不喜爱、不擅长的事情，让他明白其实这些事并没有想象得那么糟糕。

我发现搭配引导教育法真是一个值得推广的家庭教育方法，它可以带来以下三点对孩子成长有利的效果：第一，把好恶搭配在一起，可以把孩子对"恶"的注意力转向"好"，从而降低对"恶"的反感程度；第二，当孩子以接纳与平和的心态去面对他不喜欢的事情时，发现并没那么糟糕，这样促使他更加理性地看待他原来讨厌的事情，特别是对待可能让人不舒服却不得不去做的事情；第三，鼓励孩子对自己不愿涉足和不喜欢的领域大胆体验，有利于锻炼孩子的勇气与冒险精神。

东东六岁多时，我偶然发现他最外面的乳牙下面长出了两颗小小的牙齿，立即带他去看医生。医生检查后，告诉我东东到了换牙的年龄，那两颗小牙齿是新长出的恒牙。由于乳牙还没有动摇，必须拔掉。如果不拔掉，新长出的恒牙的位置被挤占，会影响其生长发育，影响美观，以后也需要矫正。还没等我回答，东东倒是抢先回答了医生："那就马上拔掉吧。"

由于东东从思想上认识到拔牙的重要性，同时，也从心理上接受了这个事实，因此十分配合，拔牙十分顺利。在回家的路上，我问东东为什么这么爽快地答应拔牙。他幽默地回答："妈妈不是经常用搭配引导法教育我要学会接受自己不喜欢不愿意做的事情吗？既然牙齿必须拔掉，那就配合医生吧。"听到儿子这样的回答，我内心充满了感恩。

说起拔牙，不得不说东东另外一次勇敢的拔牙经历。在美国有这样的习俗，那就是高中毕业典礼狂欢后，孩子们通常要去医院把智齿拔掉。一方面，牙齿的护理与保健在美国广泛地受到关注与重视；另一方面是为了避免孩子在大学期间因为拔牙而影响学业，暑期放假在家时拔牙，也便于家长悉心护理。

很多人采取一次拔一对的做法，恢复期间，至少可以用另外一边吃东西；但也有极少数人会选择一次性拔掉两对。东东的选择是一次性拔两对。按他的思维是反正要拔掉，还不如一次解决，要疼也就疼一回。结果两边脸都肿起来，两周内都只能喝粥和果汁。在康复期间，看着儿子变了形的脸，我很心疼他。但是，东东也没有吭一声。

没想到小时候对洗发和理发都害怕的东东，居然长大后变得如此勇敢和坚强。回忆东东的两次拔牙经历，他从小接受的搭配引导法应该起到一些作用。多次品尝到搭配引导法的甜头后，我自然而然游刃有余地把它应用于各样的教育场景当中。

在攻读博士学位期间，我一直都坚持在周末下午去学校图书馆学习。如果没有其他活动，东东一般都会跟着我一起去。从家里到学校步行大概15~20分钟。想着应该把学习这样严肃的事情搭配一些开心有趣的事情去做，我便和儿子商议在上学路上开展趣味交流。我们有时会扮演两个国家领导人就热点问题进行谈判，有时会让东东扮演公司董事长提出商业计划，有时会讲东东小时候的糗事……走到没人的地方，我们娘儿俩还会引吭高歌，吊吊嗓子。记得那时东东还没有变声，最爱用他那清亮的童声演唱《青藏高原》那首歌。

我们一路欢声笑语地走到学校图书馆。这样一方面让步行变得更轻松，另一方面，也为接下来的学习来一个热身。后来，我发现东东很善于安排自己的学习和生活。在离开家上大学后，他也懂得一张一弛的道理，学会把搭配法用于自己的日常生活和学习中。

东东很小就开始国学发蒙，来到夏威夷后，我也常常利用周末带着他学习。东东对国学也表现出较为浓厚的兴趣。但是，随着东东在学校的逐渐适应以及英语程度的不断提高，他对国学学习的兴趣出现减弱的趋势。为此，我们母子之间产生了一些冲突。为了避免亲子间的相互责备引发感情疏离，我试图通过"易子而教"和"另请高明"来继续保持东东对国学的热爱和兴趣。

经友人介绍，我们结识了一位中西兼修的国内退休教授。于是，我产生了让儿子去跟这位教授学习《论语》的想法。我首先登门拜访了这位老教授，向他说明了东东的情况。老教授非常高兴，满口答应了，并表示周六的上午可以辅导东东。回到家后，我把这件事情告诉了儿子。儿子一开始不太愿意，找借口说他周六上午可能有事情。当我提议我们可以骑自行车去老教授家时，没想到东东马上改口了。

夏威夷气候宜人，四季如初夏，行人稀少，而且设有自行车道，非常适合自行车运动。我到这里不久，就买了一辆自行车。后来，邻居韩国学友学成回国，把她的自行车给了东东。东东练习几次后就会骑了，而且非常喜欢。但是，为了安全，我们还是不同意他骑自行车上街，更不允许他独自骑自行车外出。

我再次成功地运用了搭配引导法把学习《论语》和骑自行车搭配在一起。周六上午，我们娘儿俩踩着自行车去学习国学。这样既可以让东东过过远距离骑自行车的瘾，又达到了学习国学的目的，可谓一石二鸟，一箭双雕。

经过反复在儿子那里尝试并取得明显效果后，我便把搭配引导法介绍给我周围的朋友和同事，他们在孩子身上尝试后，证明这是一个有效的教育手段。比如，我的美国朋友 Heather 运用搭配引导法，培养了她双胞胎女儿学汉语的兴趣。刚开始，两位姑娘不愿意学中文，可是她们很喜欢吃饺子。于是，我煮饺子给她们吃，还教她们包饺子。我和 Heather 把孩子们的喜欢与不喜欢巧妙地联系起来，让孩子们逐渐爱上中文。她们现在是十年级学生，计划明年暑假来中国学习汉语。

我的中国朋友霞的儿子能弹一手漂亮的钢琴，可是性格内向，不愿意与人交往，也不愿意在公众场合露面。我建议让她儿子担任我们亲子聚会的司琴，把孩子擅长与不擅长的领域用搭配引导法联结上。结果，孩子变得越来越开朗。

我们稍加注意，就不难发现美国当下最流行的全儿童教育理念实际上也包含了搭配引导法。美国全儿童教育委员会根据加德纳多元智商理论，认为孩子的成长需要采用整体方法，提出尽量保证每个孩子每天都能接触到五种学习，包括与左脑有关的认知智力活动、与右脑有关的创造性直觉活动、有组织的与自我导向的体能活动、手工制作以及与自然和社区的接触。如果这些因素在家庭和学校教育中引起足够重视，孩子们就能更加健康顺利地成长。

儿子的母校 Punahou 学校就是实施全儿童教育理念的典范学校。实际上，除了学校，家庭也是实施全儿童教育理念的理想场所。比如在课外活动上，家长同样可以采用搭配引导法。允许孩子选择一两种自己喜爱的特长爱好去学习，然后家长来搭配一种平衡孩子发展需要的特长。即使这个活动不一定是孩子喜爱的或者擅长的，基于搭配引导法，孩子通常也愿意接受。一旦孩子参与其中，他们就会发现其实即便自己不喜欢或不擅长的领域，通过坚持也能逐渐适应，并从中找到乐趣。

总之，搭配引导教育法是家庭教育里有效可行的方法。家长可以巧妙地运用搭配引导法去训练孩子做自己不喜欢的事，去挑战自己的舒适圈，这有利于培养孩子对待生活的良好态度、自信心、果敢、同理心、理性判断和坚毅品质。

吃饭吃出后果法

 对儿童的不良行为，我们只需要让他碰到一些有形的障碍或受到由他的行为本身导致的惩罚，就可以加以制止。这样做可以让孩子们认识到这些惩罚是缘于他们的不良行为。

东东从两岁开始一日三餐的正常饮食，每天的早中晚三餐都会定时定量地吃好，餐后再吃些水果。他一直都坚持得不错，而且也越来越壮实。可是到两岁半时，出现了问题。东东开始不好好吃饭，饿了就吃零食。我在那段时间带学生外出开展为期两个月的实习，为了做好学生管理工作，实习期间我一直坚守工作岗位，没有回家。东爸工作繁忙，且出差较多。这期间东东和保姆小石都住在东奶奶家里。我从与小石的电话沟通中了解到，在东奶奶家，东东原来的生活习惯受到很大影响，想吃就吃，不想吃就不吃，饿了就吃零食几乎成了生活常态。我试图与老人们沟通，但收效甚微。

实习结束后，我立即赶到东奶奶家去接孩子。回到家里，我没有批评东东吃零食的事情，而是表扬了他对妈妈工作的理解和支持。中午我做了东东最喜欢的小鸡炖蘑菇。饭菜上桌后，我对东东说："今天妈妈特意做了你最喜欢的菜，午餐要多吃点哦。"东东回答道："好香啊。谢谢妈妈。"我接着说："听说妈妈不在家，东东想妈妈想得有时饭都不想吃了，对不对啊？"听话听音，东东似乎捕捉到了我话里有话吧。只见他朝小石扮了一个鬼脸，然后转过来对我说："我真的是好想妈妈。妈妈第一次离开我，一走就那么久。"小东东闭口不提他不好好吃饭的事情。我接着说："现在妈妈回来了，东东的生活要回归正常，要吃好一日三餐，才能长得高大强壮。"

这时东东已经开始低头吃饭了。我继续补充说："东东现在长大了，都快要上幼儿园了。我们要为幼儿园生活做好准备。幼儿园是不允许小朋友随时随地吃零食的。我们以后要坚持吃好三餐饭和餐后水果，不能吃没有营养的零食。如果不吃饭，那就只能挨饿。妈妈不在家的时候，小石姐姐要负责监督。"东东抬起头乖巧地回答："妈妈，没有问题，我保证做到。"估计他已经从我的话语里领悟到我的意图。我没有使用一句带有抱怨和责罚等负能量的语言，而是用正能量的话语巧妙地从正面引导孩子，以激发东东做出自我纠正和自我调整。这样的做法也很好地保护了孩子的自尊心。

接下来是周末，在我的监督下，东东两天来都表现很不错，把碗里的饭菜吃得干干净净的。星期天的晚上，东东入睡后，我和小石开始了交流。小石是一位二十岁的苗族姑娘，麻利能干，心灵手巧。我把小石视为家庭成员，我们的关系相处很融洽。她很喜欢东东，总是尽心尽力地照看着东东。小石一直都配合我对东东开展早教。为了激发小石的学习兴趣，我告诉她将来她可以把学到的知识用在她自己孩子的教育上。我们当晚交流的重点是齐心协力纠正东东不好好吃饭和爱吃零食的不良习惯。我给小石列举了孩子吃零食的坏处。如果东东不好好吃饭，千万不能在两餐饭中间给他零食吃；要是东东不吃饭，就让他饿着。

小石疑惑地问："东东要是真不吃饭，中间还不能给他点零食吃，难道真让东东挨饿啊？"我耐心地给小石讲解："东东就是因为这一段尝到了不吃饭的甜头，爷爷奶奶怕他饿，就给他零食。你们几个大人实际上是以心疼孩子的名义在助长他的不良习惯。"我接着说："东东现在爱吃零食胜过主食。我们要配合尽快把他的坏习惯纠过来，不下点狠心达不到目的。"小石点头表示赞同。然后，我们商量了下一周的食谱，尽量做一些东东喜欢的饭菜。

第二天是星期一，我一整天都很忙，中午不能回家，东爸也出差在外。午餐时，小石给东东做了肉丸豆腐西红柿汤。其实，小石的做菜水平很不错。但是，东东见爸爸妈妈都不在家，就开始使性子，不好好吃饭，吃了两口就不吃了。因为提前给小石打了预防针，所以她就按照我们的计划执行。到了下午3点多钟，东东有些饿了，吵着问小石要零食吃。小石告诉东东家里没有零食。东东打开冰箱看看没有什么熟食，又在其他几个地方寻找，都没有找到零食。因为事先有准备，小石已将家里所有的零食都藏起来了。

下午下班回到家，小石已经做好了晚餐。东东跑过来委屈地对我说："妈妈终于回来了，我都快饿得不行了。"我说："还不到晚餐时间，怎么会饿得不行了？一定是午餐没好好吃吧。"东东把我拉到一边说："我中餐没吃完，后来饿了，小石姐姐不肯给我点心吃。家里什么都找不到，我估计是她故意藏起来了。"东东向我打了小石的小报告。为了让在厨房干活的小石听到，我故意大声地说："小石姐姐做得对，家里也确实没有零食。我们上周五已经说好了，要为上幼儿园准备的，自觉吃好三餐饭，对吗？"

东东不做声了。他马上跑到厨房去叫小石姐姐盛饭，自己把筷子顺便带了出来。可能是真的饿了，东东晚餐吃得格外香，吃完饭菜，还喝了一碗汤。晚餐结束半小时后，我奖励了东东最爱吃的草莓。在我和小石的配合下，东东很快纠正了吃零食的坏习惯。这个案例就是被称为"自然后果"的教养方法。我成功地借用"自然后果"原则，轻松地纠正了东东吃饭的不良习惯。

在这个事件中，我没有批评儿子的不良习惯。除了表示理解和鼓励，我采取了"置身事外"的态度，让儿子自己去体验不好好吃饭所带来的"自然后果"。"自然后果"原则最早是由18世纪法国著名教育家卢梭在其教育著作《爱弥儿》中提出来的。卢梭指出，对于儿童的不良行为，我们只需要让他碰到一些有形的障碍或受到由他的行为本身导致的惩罚，就可以加以制止。这样做可以使孩子们认识到这些惩罚是缘于他们的不良行为。在《爱弥儿》中，当爱弥儿损坏了家具，管理者没有马上修理或替换，而是让他感受没有家具带来的不便。

卢梭说："我们不应该只是为了惩罚孩子而惩罚孩子，而应该总是把惩罚作为他们不良行为的自然后果。[①]"就如同孩子不肯好好吃饭，最好的办法就是让他们挨饿。

又比如，孩子有丢三落四、乱放物品的不良习惯，找不到他喜爱的玩具，或者把喜爱的文具弄丢了，家长不要急于替孩子寻找或者为孩子购买。

---

① （法）卢梭，《爱弥儿》，叶红婷译，北京：台海出版社，2016年9月第1版，第123页。

而要抓住这些可教时刻，让孩子为自己的不良行为承担自然结果。卢梭认为这样做并不是对孩子惩罚，而是孩子自身行为过失而导致的"自然后果"，它可以启发孩子自觉修正自己的不良行为举止。让孩子通过切身体验来认识周围事物和现象，认识到活动与活动结果之间的关联性，从而适时恰当地做出自我调整和改正。

英国著名哲学家、社会学家斯宾塞认为自然后果是一种有效的教育手段。他认为孩子犯了错误，造成了不良后果，不需要大人去批评和责罚，而是用孩子的行为所带来的后果限制他的自由，使孩子体验到不方便和不愉快，甚至引发痛苦，从而迫使其纠正错误。斯宾塞指出惩罚是无效的，并强调要区别惩罚和自然后果。

美国著名心理学家、教育家德瑞克斯曾引用瑞士著名儿童心理学家皮亚杰的观点，他认为无论是家长还是教师，都还在期盼通过惩罚带来效果，然而惩罚却根本不能制止孩子的偏差行为，也无法起到教育作用[①]。

德瑞克斯还指出，自然后果是基于现实的压力而自然产生的后果，没有任何来自权威的强加，是源于情景和现实。因此，常常是非常有效的。[②]这时，家长或者教师应该是一个友好的旁观者，让后果的发生不是因为大人的强制执行而实现，而是让事实自然呈现。

接下来的案例同样与吃饭有关，但是和上面的不吃饭就挨饿这样的"自然后果"显然是不同的。

东东来到夏威夷后，首先是在一所公立小学读完四年级和五年级，在这期间一直都享受美国联邦政府提供的免费午餐，早餐也只是象征性地收费，而且学校人数少，只有不到四百学生。小学毕业后，东东就读的Punahou 学校是一所私立学校，也就不可能有免费午餐提供了，要么去学校食堂吃，要么从家里带。

这所学校涵盖幼儿园到十二年级，有学生三千多人，是美国最大的私立学校之一。虽然学校食堂有好几个，但午餐时必须要排队。所以，很多孩子愿意自己带午餐。美国人的午餐一般是汉堡或三明治等，无须加热即

---

① Dreikurs, R.(1968). *Psychology in the Classroom*. New York: Harper & Row, Publishers.p.75.

② Dreikurs, R (with Soltz, V.).(1964). *Children: the Challenge*. New York: Penguin Putnam Inc. p.84.

可直接食用。

关于午餐，我和东东在开学前讨论过，东东说他也不想花时间去排队，希望自带午餐。我表示赞同，并告诉儿子美国小朋友都是自己早上起来准备午餐，所以也希望他能自己动手学做午饭。接着我提出由于早上时间紧张，我只能保证早餐供应，如果他要自带午餐，那么必须自己准备。东东觉得我的提议合情合理，很爽快地答应了。刚开学的一段时间里，东东每天都会很早起来，我在做早餐时，他就在一旁准备他的午餐。

一个多月后，东东为了多睡十几分钟，不想早起准备午餐，我也没有替他准备。如果我违反约定，替他做本该由他自己做的事情，首先是不守约定，说话不算数，对今后的教育不利，其次，也助长孩子的惰性，力所能及而不为，养成依赖他人的不良习惯。早餐时我对东东说："看来你今天只能到学校吃午餐了。以后还是早点起床准备午餐吧。"东东说："我可以去学校餐厅吃。"当天下午放学回家，我询问东东的午餐情况，他说他排队排了好长时间。

次日，他还是没有起来准备早餐，我照样没有替他做。放学回到家里后，东东说他好饿，问我能不能早点吃晚饭，原因是中餐时他看到排队的人太多，不想去排队，就去小卖部买了一小袋薯片当午餐。我没有多说什么，赶忙进入厨房去做晚餐。到了第三天早上，东东很自觉地几乎和我同时起床，重新自己动手准备午餐了。由于有言在先，所以东东也没有期望我给他准备午餐，也没因为我没有帮他准备午餐而怨恨我。

第二个案例体现的是"逻辑后果"。德瑞克斯在"自然后果"的基础上，提出了"逻辑后果"。他特别指出如果使用不当，逻辑后果很可能会导致家长与孩子之间的权力较量。较量的结果很容易导致家长对孩子的惩罚，从而挫伤孩子的自尊心，给孩子带来羞辱感。因此，自然后果往往更有效，而逻辑后果则可能带来负面影响。[①]

美国婚姻家庭和儿童咨询专家尼尔森在其著作中用完整的一个章节进一步阐述了慎用逻辑后果法，她认为逻辑后果不同于自然后果，应用于家庭教育时，它要求大人或者孩子在家庭会议上介入。重要的是要决定哪种

---

① Dreikurs, R (with Soltz, V.). (1964). *Children: the Challenge*. New York: Penguin Putnam Inc. p.84.

后果能为孩子创造有益的学习体验，鼓励孩子选择负责任的合作。尼尔森还提出了在采用"逻辑后果"时必须注意"相关、尊重、合理、预先告知"。

"相关"是指后果与行为具有相关性。"尊重"指不能带有责骂、羞辱，要和善而坚定地执行。"合理"是指不能借题发挥，并且对于大人和孩子来说都是合理的。"预先告知"指预先让孩子知道，如果他选择了某种行为将会有什么后果出现。如果不认真考虑而忽略任意一项，那么逻辑后果就会演变成惩罚。因为如果不相关，不尊重，不合理，不提前告知，孩子就会认为是大人在运用权威强制执行，他们就会体验带有惩罚的四个结果，分别是"愤恨、报复、反叛、退缩"。孩子们就有可能选择其中一项或者全部来对付大人。

家长在运用"逻辑后果"原则时要特别小心，要多倾听孩子的需求，要反复论证和思考，在采用任何管教措施前，一定要邀请孩子参与决策，在一家人充分讨论商量、达成共识后再做出决定。

总之，"自然后果"是指顺其自然发生的事情，没有大人的干预，比如不吃饭就得挨饿。大人不参与孩子的决定，决定做什么和怎么做完全由孩子自己决定。在孩子承受因他们的不良行为导致的后果时，大人除了表示理解和鼓励之外，一定不要参与其中，而应该置身事外。而"逻辑后果"则要求大人和孩子共同协商，特别要让孩子参与讨论问题的解决方案，引起他们的兴趣，赢得他们的合作。

家长在开展家庭教育时，一定要尊重孩子，保护他们的自尊心和自信心。在教育过程中注意不要陷入与孩子的权力争斗之中，不要用言语羞辱孩子，不要用行动打击孩子，要尽量从正面引导以纠正不良习惯，给孩子传递正能量。家长要不断学习科学的家庭教育方法，让孩子在规范和谐的家庭氛围中长大成人。

走出奖罚的误区

奖赏的结果可能刺激孩子对物质的追求，努力是为了获得奖赏；而惩罚可能导致更多的叛逆。不奖也不罚的教育理念为开展赏识－成功教育提供了前提条件。家长要走出奖罚的误区。

在开展家庭教育时，奖励与惩罚是家长们惯用的方法。家长对孩子的行为举止常常是要么奖励，要么惩罚。然而，家长也常常发现，奖罚措施并没有达到他们预先设定的效果，有时甚至走向了反面，导致孩子出现更加严重的一系列问题。奖罚到底是不是可行的教育方法？家长要注意哪些方面呢？什么是更加有效的教育手段呢？

东东很小的时候，我就把他看成一名积极的家庭成员。作为家庭成员，东东既有权利享受家庭的福利，也有义务分担家庭的事务。关于福利，我指的是每月给孩子的零花钱、参与家里大小决定、个人生活必需品、学习成长投资、家庭旅行等等；而家庭的事务则包括打扫卫生、洗衣、洗碗等公共家务以及整理自己的物品和房间等个人家务。个人家务毫无疑问要自己承担，公共家务要所有家庭成员共同分担。当然，在分配家务时，我们会考虑孩子的年龄、身高和能力等因素，让他做一些力所能及的事。参与的目的是培养孩子担当与自立的意识。

根据儿童的发展特点，已经能走路、会说话和吃饭的两岁孩子，开始对周围的一切都产生浓厚兴趣，喜爱尝试与参与家里的各种活动。西方心理学家称两岁为"麻烦的两岁"。东东那时也表现出对做家务的热情，什么都想试试。我在厨房淘米，他也要把小手伸进来，学着妈妈的样子，用手搅搅；扫地时，他过来抢扫把，自己扫地；洗衣服时，他会把衣袖卷得高高的，然后加入。

家长在这个阶段需要耐心地指导孩子，因势利导，而不要嫌麻烦。此时家长的态度将影响到孩子将来是否愿意参与和分担家务以及成年后的服务意识与生活能力。美国教育家德瑞克斯指出：宁可打碎鸡蛋或杯子，也不要毁掉孩子的好奇心和勇气。

东东从两岁多开始学习做家务。配合着他的好奇心，我手把手地教他淘米、扫地、整理玩具和书籍等。当我做好饭菜后，他会主动把碗筷放好。看完动画片，自己把碟片从播放机中取出放回原处。不用的玩具和书籍也会整理好放回该放的地方。

基于家庭成员的福利共享与责任共担的家庭公约，在家务事上，我们一家人分工合作，我和东爸轮流买菜做饭，东东负责洗碗和倒垃圾。家里一周一次的卫生大扫除也分为三份，抽签决定。这次清扫卫生间，下次可能打扫厨房。这种民主公平的分工法既给家庭增添了乐趣，促进了家庭成员之间的互动，也锻炼了孩子学会做不同家务活的能力。

孩子做家务要不要奖励是家长们常常咨询的问题。有的认为要给予物质和金钱奖励，有的认为要给孩子精神鼓励，给孩子发小红花小星星等。根据个人经验，我认为没有必要给孩子任何奖励。

首先，家务本来就该是家庭成员人人分担的。个人家务是自己的分内事，毫无疑问应该是自己负责，公共家务大家分工合作。当家长把这样的公约交给孩子时，我想孩子没有理由不协作。当然，前提条件是同时要让孩子享受到家庭的福利。

其次，家庭是培养孩子爱心和服务的场所。做家务就是最好的训练。爱心和服务是不求回报的。如果家长给予奖励，那就把本该是自然而然的常规事情变成了不自然、非常规的事情，最终误导孩子，让他们产生自己做了什么就应该得到什么的想法，养成斤斤计较、讨价还价的习惯。

做家务不奖励有利于培养孩子长大后的志愿者精神与社会服务意识。通过个人家务和公共家务的历练，东东养成了主动承担和乐于助人的好习惯。上幼儿园后，他会帮助收拾玩具和书籍，主动帮助老师做一些事情。我回国后碰到东东上幼儿园时的一位老师，她至今还能生动地列举东东当年的良好表现。

上小学一年级，东东经常帮助同座的女孩。即使没轮到东东打扫卫生，他也会留下来帮她提水，一起打扫。那位女生是语文课代表，需要把一个班七十多人的作业本交到老师办公室，对一个小女孩来说，七十多人的作业本摞在一起实在太重，所以，每次交作业，东东都会帮助她。

我之所以知道东东的这些事情，是因为一件小事。有一次，东东回家后很不高兴地告诉我，他们班几个捣蛋男生看东东总是帮助他的同座女生，就说东东和那位女生是"一对夫妻"。听完儿子的倾诉，我表扬了东东乐于助人的精神，并鼓励他继续，不要在意别人的议论，时间长了，同学们会了解的，清者自清。

来到夏威夷后，东东更是热衷于志愿者服务活动。经过一年的适应，五年级开学后东东加入了 Hokulani 小学的少年警官队，负责维持学校上学放学时的秩序和承担大型活动的安保工作。上了中学后，参加 Punahou 学校的服务学习项目，进入本地低收入社区辅导学生，帮助国际中心小学生学习汉语。东东主动在数学科目上帮助同学。他还担任学校社团负责人，负责开展校内校外的公益活动等。这一切都是家长不知情，他自觉自愿的选择。

这些志愿者活动非但没有影响东东的学业，反而对他的学业和全面发展有极大的促进作用。首先，他必须学会管理时间，提高单位时间的学习效率，这样才能平衡兼顾。其次，作为社团领导人，他必须自己先做出榜样，以身作则。最重要的是，这样做是基于孩子自己的选择，而不是家长或者老师的要求。

对于为什么愿意投入到志愿者活动与社区服务中去，我也曾经问过东东。他只是简单地回答："我觉得能够帮助到需要帮助的人让我很开心，也许是习惯了吧。"我想东东所说的"习惯了"应该是与他从小就参与做家务以及我们对做家务不奖励分不开的。东东高中毕业被哈佛大学录取，招生官录取的若干条理由里就包括儿子一直参加并负责社区服务活动。美国高校招生采用个性化审查，名校招生非常看重申请人是否有服务意识和志愿者精神。他们的目标是培养具有服务他人和奉献精神的社会精英。

虽然东东从小就是一个乖巧省心的孩子，但也常常有说话不得体和犯错误的时候。我和东爸商量好一个原则，那就是孩子做错事不惩罚。我认为，孩子还在家长身边时，有机会犯错误，真实地暴露自己存在的不足，可以让家长捕捉到这些重要的可教时刻，有针对性地进行启发和教育。这对孩子的成长非常有利，一个人从做错的事和说错的话中学到的东西和得到的启发往往印象更为深刻。

东东九岁和爸爸初来夏威夷时，为了让他们父子尽快熟悉周边环境，了解夏威夷文化，我们一家报名参加了学校新生游览活动。参加活动的有来自很多国家的留学生，也有和我们一样拖儿带女的家庭。在同一辆车上，东东认识了一位来自北京的美女留学生莉莉。爱美之心人皆有之，在整个游览行程中，东东都一直形影不离地跟着莉莉。

假期很快过去，开学后大家各自忙碌起来。我给东东在他学校附近的公园报了一个初级游泳班，一周两次课。东东放学后就直接和同学去那里上游泳课。有一天，我去游泳中心接儿子回家，在返回的路上碰到了莉莉。刚打完招呼，东东就开腔了："莉莉姐姐，你怎么变得又黑又丑了？"空气仿佛一下子凝固了。儿子这句话如同高压电一样击中了我和莉莉。我们彼此都愣了一瞬间。确实，一开始我都没有认出是她，原来白皙的皮肤变成了棕褐色，苗条的身材也消失了。但是，东东这句话显然是不得体的。我赶忙打圆场，对儿子说："这叫 tan（太阳晒黑的肤色），是最美的肤色。"然后对莉莉说："小孩子乱说话，您可别当真。"

我们匆匆分手告别。"妈妈，我不该那样说话。你生气了吗？您会惩罚我吗？"东东也意识到自己的不礼貌，哭丧着脸对我说。

"妈妈为什么要惩罚你呢？"我故意追问东东。

"因为我那句话可能伤了莉莉姐姐的心，也让妈妈难堪了。"东东开始自我反省。

"放心，妈妈不会惩罚你的，因为你已经意识到了。妈妈也刚好可以利用这件事情，给你讲讲人际交往的注意事项。"

我打消了儿子的顾虑，一路上给他讲了如何开展得体适宜的人际交往及使用得体的语言。告诉儿子交往中必须对自己的言行可能带给对方的影响有心理预期，一个善良有爱心的人是不会用言行去伤害别人的。我还强调不要随意评价别人的高矮胖瘦、长相肤色以及语言能力等个人特征，还特别指出不要评价或取笑身体有残障和不方便的人士。东东认真地听着我的讲解，并表示他以后说话一定注意。我没有责怪东东，而是有效地利用了这个可教时刻去引领孩子成长。

在公共场合，有的家长很容易被孩子没有分寸的语言或者过分的举止激怒，认为给自己丢了面子，回家后就对孩子一顿打骂或惩罚。有的家长更是过分，可能当场就严厉惩罚或责骂孩子。对于在公共场合不顾孩子自尊心打骂或责罚孩子的家长，我要特别提醒一下，那样做是为了保全自己的面子，而完全不顾孩子的感受。可能不经意间，被家长羞辱的孩子心里就种下了一粒报复和叛逆的种子。我认为无论是家长还是老师，切忌在公开场合羞辱和责罚孩子。美国心理学家吉诺特指出，当我们试图制止孩子时必须三思，一定要把孩子的不满降至最低程度，要保留孩子的自尊。[1]

关于在人前责骂孩子，我国著名的儿童教育家陈鹤琴先生也给家长作了这样的提醒："倘使做父母的当着别人的面去骂他，他以为受了莫大之耻辱，就要怨恨他的父母了。小孩子等到怨恨父母，以后就不高兴去听父母的教训了。"[2] 因此，我的教育原则是"当众赏识孩子，私下管教孩子"。对孩子的私下管教也一定是一对一的教育与指导。关于当众赏识与私下管教，《窗边的小豆豆》里的小林校长就是最好的榜样。他不管是对待巴学园的小学生还是老师，都是用这样的方法。爱孩子懂教育的大人都应该学习小林校长，一位"真教育者"的处事方式。

受传统观念的影响，我们往往认为，为了让孩子们长记性，以后做得更好，就必须让他们为自己不当的言行买单或付出代价，试图让孩子内心产生内疚感和羞辱感，想当然地认为只有这样，才能让孩子记住教训，孩子们才有可能愿意改变。其实，这是完全错误的观念。

我们应该给孩子反思和学习的机会，教育的目的是让孩子言谈举止得到规范与进步。一个处在内疚和羞辱中的孩子是不可能理智地思考问题的。美国正面管教专家尼尔森指出孩子们在感觉更好时，才能做得更好。把孩子的不良行为转变为有贡献的行为，有利于孩子主动停止或大大减少他们

---

[1] （美）吉诺特著，《孩子，把你的手给我》，张雪兰译，北京：京华出版社，2010 年 4 月第 3 版，第 114 页。
[2] 陈鹤琴，《家庭教育》，上海：华东师范大学出版社，2013 年 5 月第二版，第 134 页。

的不良行为。[①]

关于奖罚，美国著名教育家德瑞克斯指出，在一个开放民主的家庭，家长不再是权威人物，家庭成员之间都是平等的。权威代表着凌驾于孩子之上的控制，而奖罚总是与权威相联系。他进一步用一些关键词对开放民主家庭与保守专制家庭进行了区别。前者包含知识型引导人、影响、激励、合作、鼓励、允许自我决定、指导、聆听、尊重、这样做是因为必要性、情景中心论、人跟事分开；后者包含权威人物、权力、压力、要求、惩罚、奖赏、强行、控制、孩子无话语权、你做是因我要求你做、威望中心论、涉及个人。

惩罚和奖赏不但不能给孩子带来归属感，反而不利于孩子成长。惩罚导致更多的叛逆；而奖赏的结果可能刺激孩子对物质的追求，努力是为了获得奖赏，是外驱力，不是内驱力。孩子还可能产生这样的想法："他们没有奖赏我，我应该惩罚他们。"

有的家长认为孩子做家务应该给钱表示奖励，说是为了培养孩子的财商。但我认为家庭不能等同于市场。你可以鼓励孩子参加跳蚤市场，或者与同伴做一些筹集资金的项目；但家是讲爱心讲奉献的场所，应该教育孩子做积极的家庭成员。家务活是每个家庭成员必须承担的；而家庭收入，作为家庭一员的孩子也有权利享受属于他的份额，所以建议家长每月要给孩子零花钱。

不奖不罚的教育理念为开展赏识－成功教育提供了前提条件。什么是赏识？什么又是成功呢？我认为赏识必须包含这样一些关键词：爱、人性、尊重、理解、共情、信任、生命力、独特性以及生命内核。而成功则包含灵感、潜力、喜乐、希望、成长、自信、自尊、价值、自我肯定、自我引导以及自我成就感。我国赏识教育首倡者周弘先生指出，赏识教育是生命的教育，是爱的教育，是充满人文关怀、追求个体价值的教育。人性中本质的需求就是渴望得到赏识、尊重、理解和爱。从生命内核的意义来看，每个人降临人世间，都是为了获得尊重与得到赏识而来。

[①] （美）尼尔森，《正面管教》，玉冰译，北京：北京联合出版公司，2016年7月第3次修订版，第104页。

　　赏识－成功教育有益于保护孩子的天赋，激发孩子内在的潜力，把成长的快乐还给孩子，是父母和孩子共同成长的有效方法。赏识是成功的前提，不是因为孩子表现好值得大人赏识，而是赏识让我们的孩子表现越来越好；不是由于孩子表现不好，我们需要惩罚他们，而是惩罚会让孩子变得越来越糟糕。羞辱和惩罚与教育目的南辕北辙。希望家长们走出奖罚的误区，采用赏识－成功教育法，这样会离我们的目标越来越近。

心得体会

爸爸是我的保护圈

"妈妈是我的爱心圈，爸爸是我的保护圈。"孩子的成长不仅需要母亲的陪伴，更需要父亲的参与。因为"父亲绝对不只是家庭中的另一个成年人，他对孩子教育的参与带给孩子的正面影响是不可替代的"。

东东五岁时曾说过这样一句话："妈妈是我的爱心圈，爸爸是我的保护圈。"我和东爸听后非常感动，也非常震撼。东东之所以在年幼时就总结出东爸是他的保护圈，正是对东爸积极参与对他教育和陪伴的最好评价。

自东东出生后，东爸便自觉学做称职爸爸。每天下班回家，东爸总要花大量时间陪伴儿子。东东尚在婴儿时期时，东爸就开始带儿子出门遛弯看世界，希望给儿子更多的见闻，刺激孩子的大脑发育。有好几次，我远远地看见东东被爸爸托在胸前，睁着一双大眼睛，东瞧瞧，西望望；爸爸不时会把头倾向东东跟他交流。这样的场景我至今记忆犹新。

东东先说话后走路，一岁开始说话，一岁三个月才学会走路。会说话以后，东东把跟东爸一起出门遛弯说是"看风景"。东爸一回家，东东就拉着东爸的手说："爸爸，我们出去看风景吧。"会走路后，东爸和东东的遛弯互动也从"托娃"改为"大手牵小手"了。

得到父亲高质量陪伴的孩子更容易建立安全感，他们通常表现出对周围世界更为强烈的探索欲望，也更能适应与家长的短暂分离。研究显示，这些孩子在孩童时期与其他孩子交往，往往表现得更加擅长社交和更受欢迎。

父亲是力量的象征，是坚强的后盾，是孩子心目中的英雄。学龄前阶段是每个孩子安全感建立的关键时期。爸爸的陪伴满足了孩子对安全的需求，带给孩子充分的安全感。一旦安全感建立起来，孩子就会更有勇气和自信去应对生活中的各种挑战和冒险。

东爸虽说是从事计算机工作的理工男，但他爱好阅读，兴趣广泛，对棋类、历史和军事等都非常感兴趣。东爸的职业以及爱好很快就引发了东东浓厚的兴趣，他十分佩服知识渊博的爸爸，成了爸爸的小粉丝。就连东爸在卫生间看书的习惯都学到了，真是有其父必有其子。我曾经开玩笑地向他们父子俩提议：在卫生间开辟一个读书角。

在东东大概四岁时，东爸开始教他下象棋，包括中国象棋和国际象棋。东爸还买了棋谱，鼓励东东自学。刚开始时，东爸会让东东很多子，有时还会故意输掉。这样兴趣被激发的东东也劲头高涨，经常会主动找东爸下棋比试。但为了提高儿子的棋艺，同时也为了培养东东的抗挫能力和逆商，东爸有时也会动真格和儿子对弈。到美国后，十二岁的东东还在东西方中心研究生国际象棋比赛中战胜了越南籍数学博士而获得了第一名。

出生在网络时代的东东，东爸办公室的机房成了他最向往的地方。有时候我们陪东爸加班，我发现东东都会呆呆地站在爸爸身后，不眨眼睛地盯着电脑屏幕看。看到儿子迷恋电脑，我和东爸决定在家里安装一台台式电脑。没想到，这台电脑成了东东的专属。

来到夏威夷后的第二年，东东考入 Punahou 学校，进入该校六年级学习。为了让学生们熟练掌握电脑操作和信息技术，Punahou 学校从四年级开始实行"一对一电脑项目"。所学课程的学习资料和作业都需通过网络完成，四年级也因此开设了电脑操作课程。当时学校要求六年级的东东补选《计算机操作入门》课程，东东告诉老师他很小就开始使用电脑，不需要上这门课。老师决定测试一下，结果，东东顺利过关，获得了这门课程的免修权。

父子俩共同的爱好也不断促进父子感情的增进。只要他们父子俩在一起，就会畅谈古今中外、天文地理和天下大事等，总有说不完的话题。当他们父子俩围绕某个话题深度交流时，我通常不太会参与。因为我认为他们父子间的"男人的话题"，可以让东东从爸爸那里获得对男性角色的认知，有助于培养男孩子的社会担当和胸襟格局，以顺利地实现从男孩向男子汉的过渡。

实际上，我认为父母在养育孩子的时候，需要适当地兼顾性别的差异。东爸和我在教育儿子上达成了通力合作的共识，因为我们深知父母合一的家庭教育对孩子健康成长的重要性。比如在《家庭公约的魅力》一文里提到，东爸在幼年的东东违反了家庭公约时，支持我对东东的教育。东爸虽然十分心疼儿子，但也明白责罚必须落实，否则今后的教育难以开展，一切规则可能会被儿子当成儿戏。承担后果的体验越早越好，家里的责罚是为了孩子今后在家外不受责罚，父母的管教是为了让孩子懂得规则的威力。

进入青春期后，东东身体上出现了第二性征。为了让儿子适应自己身体上的变化，我和东爸商量由东爸负责东东的生理变化部分，我负责他的心理适应部分。东爸上网查找了很多青春期生理变化的资料，并认真准备。那段时间只要有机会，东爸就会单独约儿子出去散步谈心。但为了让我放心，每次谈话内容，东爸都会悄悄分享给我。在东爸的指导下，东东顺利度过了他的生理发育期。

美国著名社会学家 Popenoe 博士是父亲角色与成长研究领域的先驱。他认为，父亲绝对不只是家庭中的另一个成年人，他对孩子教育的参与带给孩子的正面影响是不可替代的。指出：“父亲是孩子们生活中最重要的榜样之一。”[①]

美国卫生与公共服务部的一项关于“父亲与他们对孩子的影响”的研究结论指出，父亲的参与影响孩子的认知能力、学业成绩、心理健康以及社会行为。同时，还指出父母的关系影响孩子的成长。与配偶关系良好的父亲更多地参与教育和陪伴孩子，孩子在心理和情感方面也更加健康。

一、影响孩子安全感的获得。

安全感和归属感对任何人来说都是不可或缺的，对孩子来说显得尤为

---

① Popenoe, D. (1996). *Life without father: Compelling new evidence that fatherhood and marriage are indispensable for the good of children and society*. New York: The Free Press. p.12–13.

重要。从婴儿时期开始，人们一生都在寻找安全感与归属感。童年时如果父爱缺失，对孩子的安全感与归属感的建立极为不利。

美国心理学家马斯洛的需求理论把人类需求分为：生理需求、安全需求、爱和归属感的需求、尊重的需求和自我实现的需求。这五类基本需求是呈金字塔式递进上升的。在满足了基本生理需求后，人们的第二个基本需求便是安全需求。缺少父亲陪伴的孩子，往往不能顺畅地建立起安全感，那么势必会影响孩子对更高层次需求的追求与获取，从而带给家长与孩子诸多人生遗憾。

二、影响孩子健全人格的形成。

父爱缺失容易导致孩子人格缺陷。没有父亲陪伴长大的孩子在自信心和意志力方面都可能存在问题，如表现出胆小怕事、性格孤僻、缺乏担当和自信不足等特征。心理学家与教育学家们常常把这类孩子称为"钙缺乏症"患者。这些表现在人格与性格上的弱势特征将伴随孩子终身，自然是极大地影响与制约了孩子今后的发展与幸福指数。

历时七十五年之久的哈佛大学格兰特研究发现，拥有良好的人际关系的人，更容易获得幸福和成功。而能够拥有良好人际关系的人，都是懂得爱与被爱的。哈佛大学格兰特研究代言人瓦尔丁格教授在 2015 年的 TED 演讲中提到：相比金钱和名誉，亲密的人际关系更让人在其生命历程中感到幸福。

孩子最早的人际交往对象就是父亲和母亲，孩子最早的爱的体验就是源于父亲和母亲。一个人只有经历过被爱的幸福和甜蜜，才能具备爱的能力。早年的人际交往和爱的能力的建立有利于孩子健全的人格形成，而健全的人格与性格有利于建立良好的人际关系，包括友情、爱情和亲情的构建。

有爸爸参与的教育与陪伴，孩子不但可以拥有美好快乐的童年，他们的人生往往也更加成功与幸福。幼年时期母爱和父爱均衡的体验，还有助于孩子成家后更好地履行自己作为家长的职责，也能更好地享受家庭幸福和孩子成长。家长对孩子的投入不仅关乎孩子的未来，也关乎家长自己后半生的幸福。因此，确保孩子在幼年时期不仅感受到母爱还能感受到父爱，是关系到孩子终身幸福的保障。母爱让孩子情感细腻，性格温柔；父爱让孩子独立勇敢，果敢顽强。妈妈的陪伴让孩子了解女性的世界，爸爸的陪伴让孩子了解男性的世界，爸爸和妈妈的共同陪伴让孩子了解一个完整的世界。

三、影响孩子性别观的建立。

性别不仅是生理上的男女有别，更是心理上的两性差异。性别观有时还会影响到孩子的性取向。因此，孩子正确性别观的建立值得引起家长的重视。

父亲角色缺失对孩子性别观的建立与发展极为不利。家庭是孩子最早社会化和正常化的场所，家长是孩子天然的模仿对象。女孩通过父亲了解男性世界，男孩通过母亲了解女性世界。如果父亲在孩子教育上缺位，儿子容易发展成为女性化的妈宝男，女儿则容易发展为男性化的女汉子。

四、影响孩子的学业成绩。

研究显示，从婴儿时期开始就得到父亲的关爱与陪伴、与父亲互动与游戏的孩子拥有更高的智商，同时，也具备更好的语言和认知能力。获得更多父亲陪伴的学龄前幼儿，上学后的学业适应能力也更强。这些孩子比父亲陪伴少的孩子能更好地应对学业压力与挫折。这种对学业成绩的影响可以持续到少年时期和青年时期。[①]

西方还有研究表明，父亲积极且持续参与孩子的成长与孩子进入青少年时期的语言表达能力、智力发展以及学业成绩存在正相关关系。[②] 2001年，美国教育部的研究发现，有父亲高质量陪伴的孩子比其他孩子在各科

---

① Pruett; K. (2000). *Father-Need*. NewYork:Broad way.Books.

② Goldstine, H.S. (1982). Fathers' absence and cognitive development of 12–17 year olds. *Psychological Reports*, 51. p.843–848.

考试获得 A 的比例要高 43%，而在留级率上要低 33%。[①]

五、影响孩子自律和自控

德裔美籍心理学家弗洛姆在《爱的艺术》里指出：母亲是我们的故乡，是大自然、大地与海洋；父亲虽然不代表自然世界，却代表精神世界，人所创造的法律、秩序和纪律等事物的世界。[②]

弗洛姆对父爱和母爱的观点，使我想起了东东在十三岁时写的一首英语诗《母亲》。东东把妈妈比作照亮黑夜的月光、遮挡风暴的港湾以及赖以生存的大地。而关于妈妈是他的爱心圈、爸爸是他的保护圈的说法，似乎恰如其分地折射了弗洛姆的观点——爸爸代表人类的思想世界：法律、秩序和纪律。显然，在幼年东东的潜意识里，他的保护圈也是与法律、秩序和纪律相关联的。

在孩子幼年时期，爸爸与孩子一对一的互动通常比和妈妈在一起进行的活动更具活力，更有刺激性。通过这样的互动，孩子学会如何控制自己的情绪与行为。总的来说，爸爸倾向于对孩子展现外面的世界并鼓励孩子去探索和进取，而妈妈则细腻周到，这两方面都是孩子健康成长不可缺少的。

美国一个针对学生群体的调查发现，与父亲关系融洽的孩子少有沮丧、破坏性、撒谎等负面情绪，并对自己的行为举止有较强的自控力和自律性，同时还会自觉远离暴力、毒品等。[③]

我们都知道，成功人士往往都具备极强的自控力与自律性。所以，父亲的陪伴是孩子将来拥有成功、幸福人生不可或缺的重要保障。

常言道：父爱如山，母爱似海。孩子的生命历程中，父爱与母爱都不

---

① Nord, C., & West, J. (2001,May). Fathers' and mothers' involvement in their children's schools by family type and resident status. (Retrieved on April 17, 2016 from) http://nces.edu.gov/pubsearch/pubsinfo. asp?pubid=2001032.

② Fromm, E. (2006). The *Art of Loving*. Harper Perennial Modern Classics; Anniversary edition.

③ Mosley, J., & Thomson, E.(1995). Fathering behavior and child outcomes: The role of race and poverty. In W. Marsiglio (Ed.), *Fatherhood: Contemporary theory, research, and social policy* (pp. 148–165). Thousand Oaks, CA: Sage.

能缺失。在教育孩子的过程中，父母的共同参与是建立健全亲子关系的必要前提。在孩子生命早期，母亲确实不可替代，但这并等于父亲可以缺位。愿天下孩子都能在母爱和父爱的滋养下幸福成长。

　　注：此文缩略版发表于《中国教育报》2018 年 11 月 8 日第九版。

❧❧ 心得体会

同情孩子危害大

 大人同情孩子，不管理由是多么合情合理，孩子都会为自我同情找到理由，而且有可能陷入一辈子的自怜之中，不愿主动承担生活责任，还会把自己因为不努力不付出导致的种种不顺怪罪到他人身上。由于他们的注意中心是自己以及认为应该得到的利益，因而这样的孩子长大后很难对社会有所贡献。

东东是一个早产儿，那天我在家清理金鱼池的水，劳累过度导致早产。刚出生的儿子虽然体重和身高等指标都属于正常范围，但是两岁前一直体质较弱，胃肠功能不太正常，抵抗力较弱，还没满月就去了医院，成了医院注射室里最小的病号。对此，我感到十分内疚。如果孩子足月出生，各方面的发育就会更加完善，体质也会增强很多。

前几次打针，东东没有任何警觉，护士给打针部位消毒时，他还在美美地熟睡着。直到打针的疼痛把他从美梦中惊醒，大哭起来。有几次这样的痛苦经历后，东东的预警系统调动起来。走进医院注射大厅时，他都会突然醒来。或许是条件反射和记忆作用，当护士消毒时他便开始大哭。儿子哭一场，我也跟着哭一场。对我来说，每次抱儿子打针都是一种煎熬。

由于针打多了，注射部位开始有些硬块，东外婆说用生土豆片敷可以消除硬块。当我把切好的土豆片放上去时，东东便开始大哭起来。我猜想可能是东东把土豆片的冰凉感觉当作是打针的消毒步骤了。怀里那么弱小的婴儿，不仅要承受身体的不适，还得承受打针带来的皮肉之痛。

由于亏欠心理，所以我对东东格外疼爱，东东也特别亲近我。东东一岁开始说话，但是，一岁三个多月时才能独立走路。回想起来，东东之所以走路比较晚，可能是我对儿子过分同情所造成的。每次生病，东东都只要妈妈，只黏妈妈，要妈妈抱，要妈妈陪着睡觉，要妈妈陪着讲故事，要妈妈喂饭等。东东一生病，我就会把责任归咎到自己身上，感到非常愧疚。我也时常反省，发誓等儿子康复了，一定更多地让他锻炼身体。但是，一场感冒下来，吃药打针和推拿，前前后后要一周多时间。再加上身体恢复期，刚刚开始训练孩子体能和培养习惯，腹泻可能又来袭了。于是，又开始新一轮的治疗和康复，儿子刚刚培养的习惯又被打破。

东东两岁半后，身体渐渐强壮起来。看着活泼可爱苗壮成长的儿子，一直盘旋在我心头的那份亏欠也逐渐淡化，原来占据主导的同情心理也被家长应有的理性态度代替。孩子生病，家长最容易同情和心疼孩子，认为生病的孩子理所当然需要我们更多的照顾和理解。但是，家长对待孩子生病也不要过于紧张。实际上，孩子生病有利于激发身体的防御机制。比如孩子发烧其实是一种保护性反应。我们应该做的是帮助孩子，告诉他如何应对疾病，鼓励他战胜疾病，而绝不能无原则地溺爱。

生病的孩子需要家长的关爱、理解和陪伴。同时，生病很容易让孩子感到自己无能、无力和弱小，大人的无原则同情会加深孩子在这些方面对自己的认同，极有可能打击孩子的勇气并降低其承受力。家长常常会发现，孩子生病后往往都会变得很娇气黏人，由于自己的过度同情导致之前的教育功亏一篑。遇到孩子再次生病，又退回原点。感觉自己的教育都是白忙活，收效甚微。

与同情生病的孩子一样，领养家庭的家长也很容易同情领养的孩子。在美国有很多家庭领养孩子。2006 年我曾经帮助过一位美国友人 Susan 完善她领养一位来自湖北仙桃两岁女孩的文件。小女孩出生后不久就被父母遗弃在福利院门口。孩子接来后，Susan 对孩子特别关爱，甚至到了溺爱的程度。购物时，孩子看上的东西，Susan 都会给她买。吃饭时，孩子吃一口，发现不好吃，要么把吃过的东西倒到 Susan 的碗里，要么直接塞到 Susan 的嘴里，Susan 从来都是微笑着接受。我善意地提醒 Susan，但她却这样回应：这个可怜的小孩！我无论做什么都无法弥补生活给予她悲惨的开端。

我了解 Susan 的感性与善良，她希望通过她的爱弥补孩子出生时的遭遇。但是，从我的观察来看，Susan 对孩子的关爱里掺有怜悯与同情。其实，我认为领养孩子也不该特殊化对待。如果领养家庭家长过度同情孩子，这样的做法对孩子的成长存在极大潜在危害。

半年后，Susan 辞去了在夏威夷的工作，回到美国本土弗吉尼亚她的老家，离开的原因是为了让孩子更多地感受到家庭的温暖。我一直在心里默默地祝福着这对非血缘母女。2016 年暑假我在国内巧遇了这对母女，Susan 陪孩子回湖北仙桃寻根。孩子已经十二岁多了，出落得亭亭玉立，一口流利的英语。谈话时看得出来，孩子的自我中心意识很强，举手投足间表现出自己很特别，而且有视一切为应该的感觉。

短短的两个小时相处，让我仿佛回到了十年前。孩子还是把不愿意吃的食物往 Susan 的碗里拨，而 Susan 还是欣然接受。Susan 经常给我发邮件，告知孩子的近况，比如参加何种课外活动、获得何种奖励以及在哪里旅游等。Susan 希望尽她所能让孩子自信健康地成长。

谈到家长对孩子的同情心理会负面影响孩子成长与性格养成，我想到了另一个案例。如果说 Susan 女儿的案例还尚在追踪当中，那么这个可算追溯法的案例或许可以告诉我们：被同情长大的孩子很难成为家庭和社会的积极成员。

魏先生 20 世纪 90 年代留学美国，是一位事业有成的学者。他的太太菁菁女士是一位普通职员，人长得很漂亮。他们有一个帅气的儿子。由于菁菁性格内向、脾气古怪、情绪多变、以自我为中心，让这个本该幸福的家庭问题重重、愁云密布。在教育孩子的问题上，他们夫妻也存在较大分歧，使得孩子从小就在夹缝中生存。上中学后出现了厌学倾向，还迷恋网络游戏。魏先生是家中独子，几年前，父亲过世后，母亲移民到夏威夷与他们同住，婆媳关系也十分糟糕。家庭的种种不快把魏先生折磨得心神不宁，焦头烂额，以至于在工作中经常出现各种问题。

因为孩子的教育问题，经朋友介绍，魏先生找到了我。从他的陈述中得知，由于历史原因，他太太菁菁刚上小学就被迫与父母分开，被寄养在远方的亲戚家，小学毕业时才回到父母身边。父母觉得特别对不起女儿，想尽办法弥补她，迁就溺爱甚至放纵她。而菁菁因为多年与父母分离被寄养，认为受到不公的待遇，还认为父母亏欠了她，因此变本加厉地折磨她的父母，特别是她的母亲。魏先生因为了解菁菁小时候的遭遇，也特别地怜爱和同情她。这更让菁菁产生错觉，觉得这个世界亏欠了她。于是性情越发古怪，变得越来越难相处。

菁菁小时候离开父母，在农村的寄养生活确实不易。但回到父母身边后，家长应该设法积极向上地引导她，让孩子自尊自信与自强不息，而不是在孩子面前表现出内疚和忏悔。这样的同情只会让孩子走向极端，走向负面。婚姻是人第二次成长的机会。但是，为了获得她先生的同情，菁菁一股脑儿地把她的伤心往事告诉了魏先生，怜香惜玉的魏先生刚好就钻进了这个套，百般呵护太太，让菁菁失去了再次成长的机会。

孩子们对大人的态度非常敏感，尽管他们不会直接表达出来。我们如果同情孩子，孩子就会认为自己应该被同情。一旦产生了这种想法，他们的自怜情绪就会无限放大。遇到困难不去想办法克服，而是越来越多地索取别人的同情和期待别人的安慰。在这样的过程中，孩子越来越多地消磨掉他们接受事实的勇气和意愿，逐渐认为全世界都亏欠他们；不愿意主动做力所能及的事情，而指望别人替他们承担一切。

大人同情孩子，不管理由是多么合情合理，孩子都会为自怜找到理由，并很容易一辈子都自怜下去。长此以往，孩子将不愿意拥抱生活，同时也没有能力去承担生活的责任，并且怪罪让他遭遇挫折的其他人，还会抱怨命运的不公。因此，在同情中长大的孩子幸福指数也不可能高，事业的发展也不会顺利，在生活中也走不了多远。

我们不可能在生活中处处保护孩子。孩子成年后应对生活重击时所需要的力量和勇气，都是在孩童时期建立和培养起来的。如果我们希望引领孩子勇敢地面对生活，如果我们希望孩子懂得，成长的喜悦源于采取有效行动来战胜困难并获得成长，我们就一定不要对孩子同情。美国亲子教育专家斯托夫人指出，一个依靠别人怜悯而生活的人，绝不是幸福的人。[①]

在辅导家长的过程中，我发现很多家长拿捏不好同情与共情的区别。

---

① （美）斯托夫人，《斯托夫人的教育》，宿文渊编译，北京：中国华侨出版社，2013年2月第1版，第189页。

从字面上看，这二者确实容易混淆，但内涵上却千差万别。

共情是指移情、共鸣和神入的状态，是对别人处境的感同身受。家长对孩子的共情表达的是："孩子，我懂得你此刻的感受，知道你难过的心情，了解你现在处境的艰难。为此，我将全力支持你，帮助你一起战胜困难，走出困境。"而同情是对同情对象暗含一种施人恩惠和高人一等的态度。表达的是："可怜的小家伙，我为你感到难过，我将尽我所能补偿你所遭遇的一切。"共情是针对事件和处境，而同情是针对人本身。

我们很容易怀疑孩子的能力，因为他们比较弱小，导致我们可能会剥夺他们展示能力的机会，我们的同情将把他们逼进只会抱怨和要求的死胡同。说得严重一些，"同情"实际上是大人打着关爱孩子的旗号，让孩子变得无能和弱小，从而显示出自己的力量与强大。这样的方式是从大人的角度和利益出发的，聚光灯在大人身上，孩子是配角。而"共情"则是让孩子变得强大和勇敢，是从孩子受益的角度而采取的措施，聚光灯在孩子那里，主角是孩子，家长是幕后指导。

因此，家长在陪伴孩子成长的过程中，一定要注意区别同情与共情，随时检查自己的言谈举止是否在同情孩子，因此助长孩子过分自怜的心理。智慧家长一定要杜绝同情，时常与孩子共情。

心得体会

父母如何爱孩子

> 孩子需要父母的智慧爱。智慧爱是父母给予孩子的不附加任何条件的亲子之爱；智慧爱是让孩子变得越来越好的正能之爱；智慧爱是关注孩子成长与发展细节的理性之爱；智慧爱是在父母与孩子之间流动的默契之爱。

美国教育家德瑞克斯指出：作为父母，我们都本能地爱自己的孩子，这一点是毫无疑问的。孩子是我们的一部分，比任何其他生命都更亲近我们。孩子的成长依赖父母给予的爱。爱被认为是最深沉和最美丽的人类情感。父母与孩子之间的爱通常也被称为世界上最纯洁无私的爱。[1] 美国婚姻与亲子专家查普曼博士曾经说过，我们每个孩子心里都会有一个爱的容器，只有当爱的容器盛满父母之爱时，孩子们才可能健康成长。满溢的爱还可以给予孩子应对成长过程中遇到挑战和困难的力量。[2]

然而，在现实生活中，由于普遍缺乏家庭教育专业性的指导，很多家长不懂得如何去爱自己的孩子，也不知道孩子需要父母给予他们怎样的爱。结果往往事与愿违，事倍功半，甚至影响到亲子关系和孩子成长。在孩子面前，有的家长摇身变成刁钻严厉的专制者，对孩子实施高压管教，让孩子永久地抬不起头。有的家长卑躬屈膝地降低身段成为终身免费保姆，剥夺孩子的成长机会，让孩子变得弱智弱能。有的家长把自己的爱转化为孩

① Dreikurs, R. (1958). *The Challenge of Parenthood*. Published by the Penguin Group. New York: Penguin Books USA Inc. p.4.

② Chapman, G. (2010). *The 5 Love Languages of Teenagers*. Chicago, IL: Northfield Publishing.

子飞翔的双翼下沉重的负担，让孩子不堪重负，还有的甚至在孩子还没学会飞翔时，就把孩子的翅膀不可逆转地折断。

同时，由于孩子从小没有真正体验和感受到爱，长大以后，他们往往不懂得如何爱以及如何表达爱，容易产生爱的能力缺失现象。此外，由于小时候的经验影响，成年后很可能如法炮制在他们下一代的教育上，形成我们不愿意看到的代际恶性循环。

我国著名教育家、新教育发起人朱永新教授曾经指出：在家庭教育中，我们经常在爱的名义下做反教育的事情，用爱摧毁孩子的自由和发展，这是缺乏智慧的爱导致的。[①]孩子需要父母的智慧爱。只有在智慧爱的引领下，家长才有可能走进孩子内心，并唤醒沉睡在孩子心底的一切美好和潜能，确保孩子们幸福健康地成长。

在我看来，父母的智慧爱可以从以下四个方面去理解：

第一，智慧爱是不附加任何条件的亲子之爱。

不附加任何条件的亲子之爱实际上就是家长给予孩子的"无条件的爱"。我们首先通过定义来区别"无条件的爱"和"有条件的爱"。因为在辅导家长时，我发现很多家长会不假思索地望文生义或简单地从字面上去解读，从而导致了完全错误的理解和实践。

"无条件的爱"与"有条件的爱"是从家长的角度来考量的。"无条件的爱"是指家长在没有附加任何条件地爱自己的孩子，把孩子视为世界上独一无二的生命个体而给予他们关爱、陪伴、赏识、信任、尊重、理解、支持、接纳、包容等。"无条件的爱"是懂得家教的家长基于人性之美和人文情怀展现出来的对孩子的共情，彰显的是人本中心的爱。无论孩子听话还是调皮，无论孩子荣耀还是麻烦，父母对孩子的爱始终在那里，始终不变。无条件的爱是真爱，真爱永远是无条件的。

而"有条件的爱"是指带有附加条件的爱，家长爱孩子的前提是孩子

---

① 朱永新，《家庭教育需要智慧爱》主旨发言，2017 年中国教育学会家庭教育专业委员会家庭教育国际论坛，2017。

必须满足父母预先设定的标准和要求。具体来说，有条件的爱是基于孩子的成绩与表现，成绩好表现好的孩子就可以得到家长的表扬、奖赏、礼物或者其他特权。父母有条件的爱不利于孩子安全感和归属感的建立，还阻碍孩子人格的健康发展。

比如，昨天因为语文考了高分而被父母夸上了天的孩子，今天因为数学成绩不理想而备受父母的责骂，成了家长眼里不名一文的"差生"。实际上，孩子没有变，还是同一个人，只是分数变了而已。因此，家长对孩子态度的反差很容易让孩子产生父母看重的只是分数并不是自己的想法。家长如此"变脸"也会导致孩子的自我认同感缺失，从而影响孩子自信心的建立。

我和东爸从来不会因为东东考试与比赛的分数与名次去评判他，更不会因此而改变或者减少对他的爱。对于孩子来说，恰恰在失意之时他们更需要父母的理解与爱。对于父母来说，也恰恰在孩子失败之时，父爱如山与母爱似水更得以彰显。

无条件的爱是爱孩子而不宠溺、引导而不压制、关心而不包办、责罚而不嫌弃。无条件的爱基于爱的对象——我们的孩子，是家长愉快而享受的奉献，具有利他性。有条件的爱是家长把孩子物化后，从自己角度出发的自私的爱。虽然表面上看是为孩子好，实际上具有利己性。

第二，智慧爱是让孩子变得越来越好的正能之爱。

记得当年我在美国读博时，我的博导 Ericson 教授跟我们一群博士生在课堂上讨论家长及家庭对孩子成长的影响。他指出如果我们用"三七原则"来描述一个孩子，七分优点和三分缺点，那么在一个懂家教的家长和良好氛围的家庭里，孩子的七分优点会不断增加，而三分缺点会不断减少。

Ericson 教授的一席话引起了我的兴趣。在他的启发下，我提议把家长能够让孩子的七分优点变大而三分缺点变小的影响称为"正能之爱"，反之，则称为"负能之爱"。我的提法得到了教授和同学们的一致认同。实际上，我们每个人都是有能量的。能量可以分为正能和负能。有的人正能大于负能，而有的人则负能大于正能。要做一名智慧家长，我们身上必须具备能够让孩子三分缺点变小，七分优点变大的"正能之爱"。

显然，孩子是否变得越来越好是评价家长是否具备"正能之爱"的重要指标。家长的"正能之爱"鼓励和促进孩子向好的方向发展，包括在言谈举止、思想品德、学校表现、个人成长、待人接物等方面。反之，如果发现孩子正朝着不好的方向发展，比如出现脾气变坏、成绩下滑、不求上进、不思进取、好逸恶劳等现象，那么我们当家长的就要从自己身上找原因了，检查自己给予孩子的爱是否充满负能。我们必须时刻保持清醒的头脑，做到每日三省吾身。此外，家长的"正能之爱"带给孩子自由发展和轻装前行的神清气爽；相反，家长的"负能之爱"则让孩子压力山大、疲惫不堪。

后来，我还把"三七原则"用于指导年轻人的择偶，告诉他们如果遇见对的人，一个人的优点会不断增加；遇到不对的人，一个人非但没有在原来的基础上变得更好，缺点还会不断增加。我经常鼓励年轻人要不断进取，不仅自己要变得更加优秀，还要努力成为有能量让另一半变得更加优秀的人。试想，如果年轻一代都能主动向好的方向成长，将来他们为人父母，也一定能成为智慧家长。

第三，智慧爱是关注孩子发展与成长细节的理性之爱。

细节决定成败。我认为把这句话用在家庭教育上再合适不过了。智慧家长通常都会格外重视孩子成长与发展过程中的细节。关注孩子成长与发展细节的"理性之爱"是指，父母的关注中心是可以促成孩子好习惯养成、自主学习、积极参与、善待他人、热爱劳动、友好相处等的点点滴滴。

具备"理性之爱"的父母不仅通过生活细节了解和耐心引领自己的孩子，还会理智地透过孩子言谈举止上的细节来反思自己的家庭教育，随时调整自己的家教风格与方法。因此，他们不焦虑，不攀比，不让孩子生活在邻家孩子的阴影之中，确保孩子自尊、自信、自由、自主地成长。

谙熟"理性之爱"的父母深知，培养孩子的过程比结果更重要，他们注重过程胜过结果。他们懂得从过程去预判结果，过程做好了，结果也就水到渠成。何况，一旦过程把好关，结果也不会太糟糕。因此，他们不急功近利，他们静待花开，享受陪伴孩子的时光，享受孩子的慢生长。

然而，真正能做到"理性之爱"的家长虽然有，但确实太少。大多数家长都容易忽略细节，也没有心思去捕捉细节，甚至有的可能还没有领悟到生命引领中的细节决定成败的内涵。大多数家长都是重结果轻过程，他们从孩子的学校表现、学业成绩和考试分数等方面评价孩子，很少从家长自身找原因，更不会从自己的家教能力和方法找原因，单方面认为成长与发展是孩子自己的事情。基于这样的认知，孩子的内心感受被极大地忽视，亲子关系也容易受到伤害。

第四，智慧爱是在父母与孩子之间流动的默契之爱。

在抚养孩子长大的过程中，爱的给予者是家长，爱的接受者是孩子。如果我们能意识到爱孩子一定要让孩子感受到，如果我们能明白是否感受到爱不是基于爱的给予者而是爱的接受者，那么爱就自然在父母和孩子之间开始流动而达成默契。爱可以唤醒爱。一旦孩子感受到自己被父母深深地爱着，他们就会回应我们的爱，那么孩子也会华丽转身成为爱的给予者，他们会用纯洁真挚的爱反哺和回报父母。在默契之爱流动的家庭长大的孩子，他们内心充满着爱和感恩。

美国婚姻与亲子专家查普曼博士指出："你可能非常爱你的孩子，除非让他感知到。"[①] 我常把查普曼博士的这句至理名言分享给家长朋友们。但是，我发现很多家长不能理解这句话，对父母与孩子之间流动的默契之爱也感到十分陌生。我进一步解释，指出在亲子关系中，作为爱的给予者，家长应该把爱的评价权还给孩子。换言之，孩子能否感受到父母的爱是检验父母之爱的唯一标准。

记得有一位家长在我刚解释完时，便举手发问表示质疑："凭什么把爱的评价权给孩子？我们当父母的给了孩子生命，管吃管喝，送他们读书上特长班，将来还要帮他买房娶媳妇。我们为什么还得让孩子评价，看他们

---

① Chapman, G. (2010). *The 5 Love Languages of Teenagers*. Chicago, IL: Northfield Publishing.

的脸色？"

我对这位父亲的提问表示了感谢，并询问了他家的基本情况。他告诉我他孩子十二岁，刚上初中一年级，开始出现青春期叛逆现象，经常跟父母发生争执。他还坦率地说刚才自己说的那几句话也是他常常挂在嘴上教训他儿子的口头禅。

这位爸爸的质疑一定也代表着很多家长的心声，而这恰恰是很多家庭出现紧张而糟糕的亲子关系的根源。我借这位家长的质疑，继续跟家长们展开了更深层次的交流与沟通。

首先，默契之爱基于承认孩子是独立的生命个体。作为父母我们确实给了孩子生命。但同时，我们必须承认孩子是独立的生命个体。不能因为我们生养了孩子，就单方面地把他们物化为附属于我们的私有财产。

其次，默契之爱基于亲子之间美好的互动。作为鲜活的生命个体，孩子的成长必然建立在与父母互动的前提下。父母不能因为为孩子提供了较好的生存与发展的条件，就认为给予孩子足够的爱，就自认为是合格称职的家长。

再次，默契之爱基于孩子对爱的感知。中国父母特别是爸爸比较内敛，习惯用行动而不习惯用语言表达爱。在家庭关系中，爱不仅要用行动表达，也要用语言表达。爱孩子一定要让孩子感知到，孩子没有感知到的爱都是无效的爱。

最后，默契之爱基于父母对孩子爱的语言的了解。查普曼博士提出了爱的五种语言，包括身体的接触、肯定的言辞、精心的时间、接受礼物、服务的行动。

这些都是从孩子的角度出发，有的孩子可能会集中在一两种上，有的孩子可能五种都有需求。同时，孩子爱的语言还会随着年龄增长而改变。比如幼童时期的女孩可能喜欢通过身体接触感受到爸爸的爱，但是，进入青春期后女孩可能就很反感这样的身体接触。孩子爱的语言需要父母对孩子细心观察和了解。

美国心理学家 Fromm 教授指出：爱是给予而不是接受。给予比接受更快乐，并不是因为它是一种被剥夺，而是因为在给予的行为中表示了我生命的存在。正是在给予的行为中，我体验到我的力量、我的财富、我的能力。[①]

　　给孩子智慧的爱吧，因为他们在父母身边的时间并不长。当我在檀香山国际机场目送儿子去波士顿上大学时，就在他过安检后消失在我的视线里的那一刹那，我真实地感觉到养育孩子的十八年就如弹指一挥间。驱车回家的路上，陪伴孩子成长的往事一幕一幕地浮现在眼前，我感慨万千，到家后即刻写下了一首诗抒怀，也就是这本书的"卷尾诗"。真心地祝愿天下父母都能智慧地爱孩子，天下孩子都能得到父母智慧的爱。

心得体会

----

　　① Fromm, E. (2006). *The Art of Loving*. Harper Perennial Modern Classics; Anniversary edition.

善用体验教育

幼童时代是孩子与周围世界建立联系的重要时期，是孩子智力和思维发展的关键时期，也是培养科学精神的最佳时期。身临其境的亲身体验是培养孩子学习和探索兴趣最有效的途径，也是知行合一的最佳体现，家长要尽量为孩子提供能够激发其智能发展与促进内驱力的机会。

由于我对儿子阅读能力的早期开发和培养，东东从小就非常喜欢阅读，并且通过阅读认识许多字词，也极大地拓展了他的视野，增长了他的见识。两岁多的东东已经不满足于阅读单纯的图文并茂的小故事和杂志，他开始阅读具有科普性与知识性的书籍，比如《幼儿百科全书》和《十万个为什么》。东东对科学的兴趣也更好地激发了他阅读的内驱力。

我细心地观察东东阅读兴趣的不断发展和对全新领域的渴望。为了保护东东的求知欲，让他持续地保持阅读的热情，我坚持每天陪着儿子一起阅读科学方面的书籍和期刊，然后一家人一起就所学的有关科学问题进行分析和讨论。我和东爸还会同孩子一起动手做实验或者到野外开展实地考察。

在东东刚三岁的一个炎热的夏夜，我们一块阅读学习了昆虫的趋光性特点。这一特点深深地吸引了东东，他提出要去外面路灯下现场观察。尽管外面十分闷热且蚊子也多，但是，为了鼓励儿子的科学探索精神，我爽快地答应了。于是，我们往手臂和腿脚上喷上驱蚊液，带上手电筒，更是带上儿子对科学的热爱和兴趣，高高兴兴地走出了家门。

　　我们首先来到路灯下观察。夏夜的夜行昆虫特别多，围绕着灯光盘旋飞行着。东东突发奇想，问可不可以去路灯照射不到的草地，再用手电筒的光源进一步观察昆虫的趋光性特点。

　　听到儿子这样一说，我第一反应是："这下恼火了，全身上下已经被蚊子光顾好多遍了。而且，这蒸笼烘烤般的夏夜，树梢纹丝不动，热得让人窒息。儿子居然兴致高昂，还提出要到路灯都照不到的杂草丛生的地方去做实验。"但面对充满求知欲且完全沉醉于科学探索之中的孩子，我只可能给出一个答案："当然可以。"

　　借着手电筒的光线，我们顺着小径，来到路灯几乎照不到的僻静角落。为了吸引夜行昆虫的到来，东东高举手电筒朝着一个方向固定照射。一会儿，手电筒的光源就吸引过来许多飞蛾类夜行昆虫，它们围绕着光线飞扑着翅膀，不停地飞行着，盘旋着。

　　借着光亮，我看到了东东专注的眼神和眼中闪烁着的求知光芒。此刻，我想东东对昆虫趋光性特点一定有了更加深刻的认识和理解，他内心也一定悄悄地种下一颗追求科学的种子，我相信这颗种子必定会茁壮成长的。

　　回家的路上，东东继续和我谈论昆虫的趋光性和大自然的神奇。突然，东东把话题一转，很认真地说："妈妈，我发现自己有一个特点，跟昆虫趋光性很相似。"我好奇地追问："什么样的相似特点？快说来听听。"东东摇头摆尾神气十足地高声回答："昆虫有趋光性，我有趋母性。"儿子的话让我忍不住大笑起来，继续追问他为什么得出这样的结论。东东告诉我他喜欢妈妈，而且即使是在睡着时无意识的状态下，也要把头偏向妈妈。

　　我顿时明白了东东的意思。新生儿时期的东东躺在妈妈身边睡觉时，喜欢把脑袋朝着妈妈的方向。我当时并没有在意，直到有一次东姑婆来探望时，发现东东的头形有些不对称，第二天给东东买了一个固定脑袋的小枕头送了过来。但是，东东还是会想办法把脑袋移出固定枕头，继续朝向妈妈的方向。我想检验一下，东东到底是受地球自转引力的影响而偏好某个方位，还是由于感知到妈妈的体温和体味而倾向妈妈。怀着好奇心理，我试着改变自己躺卧的位置，从东东的左边转移到他右边。没想到，东东也做出了相应的调整，把他的脑袋移向了妈妈。结果，为了儿子头形的周正，我只好反复地调换位置。后来我阅读国外的早教研究，得知新生儿的感官系统已经发育，具有视觉、听觉、嗅觉、味觉和触觉等。东东一定是通过它的感官判断出妈妈的位置，而调整自己睡觉的方向。

没有想到在学习和观察了夜行昆虫的趋光性后，东东总结出自己有"趋母性"特点。这种类比的思维方式，是一个意外收获，也给了我意外的惊喜。让我明白自己的心力投入没有白费，在孩子身上的任何投入都会在孩子的成长中得到回报，种瓜得瓜，种豆得豆。

来到美国后，通过系统的专业课程学习，我深入了解了有关类比思维和发散思维等教育心理学方面的知识。类比思维方法是指通过充分开拓自己的思路，运用已有的知识与经验，把不熟悉的、陌生的问题与熟悉的、已经解决了的问题，或其他相似事物进行类比，从而创造性地解决问题。

类比思维包括两方面的含义：一是联想，是指由某人或某件事物而想起其他相关的人或事物；由某一概念而引起其他相关的概念。联想和想象是有区别的。联想是指在一个事物的基础上想到另外一个真实存在且具有相同特点的事物，而想象则是指在一个事物的基础上想到另外一个可能存在的且能够构想出来的事物。二是类比，是指由两个对象的某些相同或相似的性质，推断它们在其他性质上也有可能相同或相似的一种推理形式。

通过类比思维，在类比中联想，从而升华思维，既有模仿又有创新。发散思维表现为个人的思维沿着许多不同的方向扩展，从而使得观念发散到各个相关方面，最终产生多种可能的答案而不是唯一正确的答案，因而容易产生有创见的新颖观念。如果说想象是人脑创新活动的各类源泉，联想就使源泉汇合，那么发散思维就为这个汇集源泉的流淌提供了广阔的通道。心理学家认为，发散思维是创造性思维最主要的特点，是测定创造力的重要标志之一。

当我们在课堂上讨论如何培养孩子的类比思维与发散思维时，我分享了东东探索昆虫趋光性的故事。我的导师 Christopher 教授对我陈述的故事非常感兴趣，并且进行了点评，表示东东在学习到夜行昆虫的趋光性并在路灯下实地观察后，提出要用手电筒光源继续对这个现象进行观察，说明东东的类比思维很突出。她还进一步指出东东提出具有趋母性特点，反映了很强的发散思维能力。还顺带把我也表扬了一下，Christopher 教授指出，孩子的早期思维发展和智力开发与最早最亲密的陪伴人——孩子妈妈的素养与心力付出分不开。

在观察了昆虫的趋光性后，东东对科学探索的热情高涨。不久，我陪他一起阅读《幼儿百科全书》时学到了太阳及太阳能的功能。为了加深儿子对太阳能的进一步了解，开启他对科学探索的兴趣，我决定带着东东一起做一次放大镜聚焦取火的实验。

我们的实验引来了小区里好多好奇的小朋友。我把放大镜的玻璃平面正对太阳，在另外一侧放上干燥的卫生纸和棉球，然后不断移动放大镜使太阳光聚焦成为一点。在光束聚焦一会儿后，卫生纸和棉球都燃烧起来，只见东东大声叫："燃起来了，燃起来了。"观望的孩子们也发出了尖叫声和欢呼声。之后，我手把手地教东东如何移动放大镜聚焦，他的放大镜聚焦取火实验也非常成功。他还教会了在场的其他小朋友。

东东看到地上有蚂蚁在爬行，就试着聚焦在一只大蚂蚁上，一会儿蚂蚁就被烤焦了。我赶紧抓住这个机会，特别严肃地教育孩子们，不可把在太阳下聚焦的放大镜对着自己和他人的皮肤和眼睛，因为聚焦后既然能让物质燃烧，就有可能把人的皮肤烧伤，把眼睛弄瞎。

通过这个实验，我相信熊熊燃烧的火焰一定点燃了东东和其他小朋友内心对科学探索的星星之火。柏拉图说："好奇者，知识之门。"我国著名教育家陈鹤琴也指出：好奇是孩子获得知识的最重要门径。[1]

前苏联教育家苏霍姆林斯基也指出当孩子带着一种高涨的、激动的情绪从事学习和思考，对面前展示的真理感到惊奇甚至震惊，并且感觉到自己的智慧和力量，体验到创造的欢乐，为人的智慧和意志的伟大而感到骄傲。这样的状态便说明孩子的兴趣已经被激发起来了。[2]

带孩子一起做实验也体现了美国教育家杜威的体验教育思想。杜威认为"从做中学"是儿童天然欲望的表现。教育者应该对儿童的这种天然欲望加以引导和发展。他提出了教育即生活、学校即社会的教育理念，颠覆了传统的学科中心的教育思想。我国著名教育家陶行知，是杜威的学生，

---

[1]　陈鹤琴，《家庭教育》，上海：华东师范大学出版社，2013年5月第2版，第3页。
[2]　（苏）苏霍姆林斯基，《给教师的建议》，杜殿坤编译，北京：教育科学出版社，1980年12月第1版，第56页。

他提出了生活即教育、社会即学校的理念，其教、学和做相结合的思想为我国的体验教育做出了巨大贡献。

经过几次科学体验后，我们也刻意培养东东的动手能力，尽可能创造更多的体验机会给他。我们一起做过很多实验，比如：离心率实验、彩虹实验、颜色实验、静电实验以及水的三态实验等。

此外，我们还常常带东东到大自然这个天然实验基地去开展体验教育，春天我们会提上小桶和纱网去池塘捕捉小蝌蚪，然后带回来养，观察小蝌蚪变成青蛙的过程和需要的时间。一旦蝌蚪变成青蛙，我们就会把它们送回池塘回到爸爸妈妈身边，去帮着捕捉害虫保护庄稼。

秋天，我们一家人会去农村看农民收割稻谷，体验农民伯伯的辛苦和一粟一粒的来之不易。东东以前吃饭总是要留下很多饭粒，参观稻谷收割后，他会用"粒粒皆辛苦"来提醒自己把饭粒吃干净。冬天下雪后，我们会穿上雨鞋，戴上皮手套，去堆雪人，打雪仗，体验固态水——冰的世界。

周末，我们也会带东东一起去东奶奶家，在屋后的菜园子里种菜、施肥、除草和浇水。为了增强东东的体验意识，我们在家里养了一缸金鱼，还养了一对小鸟。每次的清理和护理，东东都会参与，他还通过查阅资料，学到了很多关于鱼类和鸟类的知识。

体验教育的理论渊源，可以追溯到卢梭、斯宾塞、杜威以及皮亚杰等人。法国著名教育家卢梭认识到教育中生命的价值，指出在个体的生命面前，教育不是万能的，是有局限的，教育必须听从生命的召唤，必须借助生命力量得以实现。卢梭自然主义教育思想体现在以行求知，在体验中学。英国教育家斯宾塞的教育理论强调了学习从实验动手开始，注重学生的学习兴趣，提倡快乐学习。

所谓"体验"就是指通过实践来认识事物，是亲身经历的动态过程，是孩子发展的重要途径。[1] 内心体验是在行为体验基础上所发生的内化。内化是将看、听、想等思维观点经过内证实践，领悟出具有客观价值的认知体系、继而升华的心理过程。注重让孩子用心去体验，去感悟，引导他们在体验中把教育要求内化为品质，外显为行为。其目的是唤醒、开发和提

---

[1]　Dewey, J. (2007). *Experience and Education*. Free Press.

升孩子的潜能，促进孩子的自主发展。

　　教育者应该对儿童的这种天然欲望加以引导和发展。如果教育者能对活动加以选择、利用和重视，满足儿童的天然欲望，使幼童从那些真正有教育意义的活动中学习，就是有意义和价值的。幼童时代是孩子生理和心理发展突飞猛进的时期，家长一定要抓住这个重要时期，在生活中通过体验教育潜移默化地培养孩子的好奇心、求知欲以及良好的品行和学习习惯。

心得体会

生命教育不可或缺

 通过让孩子了解从生到死的过程，帮助他们更好地敬畏生命、珍惜时间、珍爱亲友以及尊重弱者。生命教育还有利于孩子人文情怀和人道主义精神的建立健全。

人从哪里来？要到哪里去？诸如此类的人生问题不仅仅是哲学家思考的问题，也是小朋友常常关注的问题。特别是如何面对生命的诞生和消逝，这样的生命教育，是孩子成长过程中不能缺失的重要课程。

东东不到四岁的时候，爷爷因病去世。东东感冒咳嗽，东外婆便带他去一家老中医诊所看病。他们去的时候，天气很好，阳光灿烂，可是看完病，抓完药，准备离开时，天空却乌云密布，狂风大作，雷电交加。街道上的小贩们急急忙忙收拾摊位，路上行人也加快了步伐，一场夏天的暴风雨孕育成势，即将来临。看着这架势，东外婆决定暂时在医院门口停留观望。

顷刻间，暴雨噼里啪啦铺天盖地扑向大地。这时，东东惊恐万分，着急地对东外婆说："一定是我爷爷在天上操纵的。我不好好吃饭，生病了，他肯定不高兴了，不让我回家。"说完，小嘴一撇，眼泪在眼眶里打着转。外婆心头一紧，赶快把东东抱在怀里安慰他说："东东不怕，这是阵雨，一会儿就会停下来的。"并告诉东东雷鸣闪电和刮风下雨都是自然现象，跟爷爷没有任何关系。爷爷只会保护东东，不会做出任何对东东不利的事情。一阵急促的阵雨下完，东外婆背着东东回家了。

我下班回到家里，东外婆给我讲述了当天发生的事情。东外婆说她听了东东的话后感到很惊讶，提醒我东东是不是从什么地方或者什么人那里听到过类似的说法，要我引起注意，别吓着孩子了。东东早就从《贝贝百科全书》里学习了各种自然现象，我们还专门讨论过打雷、闪电、刮风、下雨等自然现象，东东怎么突然把自然现象和去世的爷爷联系在一起了呢？

东外婆的一番话让我想起一件事。东爷爷去世后，东奶奶按照本地习俗，陆续把东爷爷生前用过的东西，包括书籍和信件拿到院子里通通烧掉，甚至把东爷爷儿时小伙伴、当今大画家黄永玉的来信也烧了，我觉得挺可惜的，还对东奶奶的这种做法表示过不赞同。有一次，我们去看望奶奶。天黑下来后，东奶奶又开始把一批物品拿到后院里，准备烧掉。我远远在一旁听到了东东和奶奶的对话。

"奶奶，您为什么把这些东西全都烧掉呀？好可惜啊！"

"这些都是你爷爷的东西。烧掉后爷爷在天上就可以接着用。"

"我爷爷不是死了吗？怎么会在天上了呢？"

"人死了都要升天的。"

"那爷爷是不是每天都在天上看着我呀。"

"是的。所以你要好好吃饭，好好学习。不然爷爷会不高兴的。"

"那我一定做好孩子，不让爷爷生气。"

"嗯。东东是个好孩子。"

回想起那天晚上的情景，再联系当天发生的事情，我知道自己遇到棘手的问题了，而且是一个必须引起重视的问题，是关乎生命教育的重要课题。于是，我开始查阅资料，从瑞士发展心理学家皮亚杰的儿童认知发展理论中，我知道2~7岁的孩子处于万物皆有生命的泛灵心理时期，常把人的意识动机和意向推及无生命的事物。比如小朋友可能会认为人行道疯了，导致他们摔倒；还会认为星星的闪烁是因为它们很开心。

这个阶段的孩子还持有"人为主义"观点，认为自然现象的发生是人为的或者人干预的。孩子可能会说刮风是因为有人在使劲地吹气造成的；蓝天白云是因为有人涂上了相应的颜料画出来的。

这个阶段的孩子还处于前因果思维时期，即孩子不能理解原因和结果之间存在的真实关联性。有别于演绎推理和归纳推理，这一阶段的孩子以转换推理为主要思维方式，即把两个完全独立不相干的事件联系起来。比如，一个孩子听到家里的宠物狗叫了一声，然后他搭的积木房子倒塌了，他就会总结出，狗叫导致了他的积木房子倒塌。

用皮亚杰的儿童认知发展理论来看东东的情况，他把打雷下雨的自然现象和他被灌输的所谓在天上的爷爷联系在一起，认为是爷爷生气了在责罚他。由此，我感觉应该给孩子讲解一些关于生命的知识，及时补上生命教育这一课。如果没有用科学观去教育孩子如何对待死亡，孩子就很有可能被非科学的思想迷惑和误导。虽然东东之前也会偶尔问到有关生命的问题，比如：人是从哪来的？怎样出生的？人为什么会死？但是我始终没有详细认真地回答过。

经过思考，我决定对东东进行生命教育的启蒙。我希望通过生命教育让东东了解生命的形成，学会尊重生命，理解生命的意义以及生命与宇宙万物间的联系；学会积极地生存、健康地生活与独立地发展；并通过了解人与人以及人与自然之间的关系，做到对生命呵护、记录、分享和感恩；体会到作为人在其生命过程中获得的成就感和幸福感，并最大化地认识和实现自身价值乃至超我价值。

我把在怀孕期间阅读的胎教书籍，包括美国心理学家斯瑟蒂克的《胎儿都是天才》和日本的《孕产妇生活全书》等从书架顶层找了出来，把有关生命形成的章节内容集合起来。然后，找一些有关生命周期以及生老病死方面的书籍和文章，整理成一份通俗易懂的、适合小朋友的生命教育材料。在一段时间内，我们每天晚上都会花半个钟头时间在生命教育启蒙上。

我把人的生命划分为以下阶段给东东讲解：胚胎的形成、胎儿特点、新生婴儿、生命前三年、儿童时代、少年时代、青年时代、中年时代、垂暮之年。我还通过浅显生动的实例告诉他，人是大自然的一员，就如同任何生物一样，都会经历生命周期。地球上有崭新生命的诞生，就会有衰老生命的消逝。

在现实生活中，生命教育的实例不胜枚举。我带东东亲近自然，去体会春夏秋冬的更替，感受花开花谢的过程。我带孩子探望生病的亲人，甚至参加葬礼。把学到的生命教育通过现场教学，让知识落地内化。让孩子明白那些书中的描述不仅仅存在于理论层面，在生活中也随时发生。

东东上学后，我还会把国学经典引入珍爱生命的教育，比如《孝经·开宗明义》："身体发肤，受之父母，不敢毁伤，孝之始也。"我带着东东朗读，并给他讲解这句话的意思。因为有了前面教育的铺垫，东东很快就理解了这句话，并幽默地为他小时候不愿意理发的事情找到了理由，自豪地说他从小就无师自通地懂得孝道。我还会借助《论语·为政》"子曰：吾十有五而志于学，三十而立，四十而不惑，五十而知天命，六十而耳顺，七十而从心所欲，不逾矩"来介绍生命的不同阶段。在我的启发和教育下，东东逐渐对生命有了一定了解。

来到美国后，我亲身体验到全社会对生命教育的重视程度。美国的生命教育从娃娃抓起，为培养小朋友对生命的珍视和尊重，家长会在周末带孩子去动物保护协会给收留的流浪狗和猫喂食和洗澡，还把它们带出来溜达锻炼。也会带着孩子参加慈善机构组织的活动，为无家可归者发放食物和衣物。

东东入读的小学 Hokulani 小学是夏威夷州的一所优质公立小学，非常重视理论与实践的结合，经常组织形式多样的体验活动。为培养小朋友对生命的珍视和尊重，学校常常组织学生去养老院探望老人，为老人提供各种服务，包括给他们读报、推轮椅散步、协助准备食物等，身体力行地帮助老人，理解耄耋之年的不易。学校还组织学生去临终关怀医院，去关怀生命垂危的病人。在医生和护士的指导下，通过仪器上显示生命的数据了解生命逝去的过程。甚至通过让学生去抚摸临终者由温热逐渐变得冰凉的手体验生命终结的含义。同时，抓住这个可教时刻教育孩子认识生命的宝贵，懂得珍爱生命和珍惜亲情。

有一天，下午放学后我去学校接东东回家。九岁的儿子一反常态，不顾一切地扑进我的怀里，边走边说："妈妈，你要好好锻炼身体，活到一百岁。"我疑惑地问："怎么突然有这样的想法呢？"儿子回答："我们今天去了临终关怀医院，病房里躺着生命垂危的病人，他们身体都不能动了。可是，眼珠在不停地转动，充满着对生命的渴望。我非常同情他们。"接着，东东跟我分享了他们在医生指导下观摩记录生命指标的医疗仪器的经过。"看着那些波浪线从高低起伏到慢慢地平稳，最后变成一根水平线。医生告诉我们这个病人的生命已经终结，我们班有几个女生都流泪了。"

听了儿子的叙述，我觉得应该在此基础上提升儿子对死亡的认识。于是对他说："妈妈一定接受儿子的建议，加强锻炼。不过，人是自然界的一员，新陈代谢和生老病死是不可违抗的规律。正如有花开就有花谢，有人出生就有人死亡。但是，上一代可以把基因遗传给下一代，也就是说东东身上就有爸爸妈妈的基因和细胞。所以，人类繁衍子孙后代，生生不息。"东东撒娇地说："反正我不想和妈妈分离，我要好好珍惜妈妈。"说完这句话，东东把我抱得更紧了，好像他一松手就会失去我。

当时我刚开始攻读教育学博士学位，在课堂上我们讨论了有关生命教育的话题。通过与儿子的交流，我感受到美国对生命教育的重视程度。生命教育不仅是书本上的理论和在研究生课堂上出现的研究课题，而且落实在中小学的教学实践活动当中。

成为博士候选人后，一位叫 Katherine 的美国美女同学和我分在同一个博士学习小组。2009 年 10 月她的哥哥在阿拉斯加出差时突发疾病，陷入了深度昏迷。Katherine 和哥哥兄妹情深，她第一时间乘坐航班去看望她哥哥。但是，非常不幸，在抢救了一周后，她亲爱的哥哥永远地离去了。

返回学校后，Katherine 在博士学习会上告诉大家她决定把生命教育定为她的博士论文课题。原因是她见证了哥哥遭遇意外后没有来得及留下只言片语和任何的遗愿。她们全家为此感到格外悲伤，同时也感到非常遗憾。Katherine 推断她哥哥在发病但尚有知觉时一定是对未尽事宜有心愿和想法的，但是由于没有对死亡及早准备，造成了很大的遗憾。按照 Katherine 的观点，人们只有对死亡有足够的认识和准备，才能更从容、更淡定、更幸福地生活。

死亡的幽灵竟然也光顾过我们这个小家庭。2012 年是阴历龙年，也是玛雅人预言的世界末日之年，更是我的灾难年。元宵节后的第二天，我遭遇了一场惨重的车祸。一位七十四岁日裔老太太开车闯红灯，撞上了我，造成了我肩锁骨完全断开，右边肋骨六根断裂，断裂的肋骨刺伤右肺，导致右肺积液。

友人去学校把东东接到医院抢救室。看着面色苍白、呼吸急促的妈妈，东东哭了。但是，他马上擦干眼泪，坐到病床边安慰我说："妈，您一定要坚强！这里是夏威夷最好的医院，医生一定能治愈您。"当时的东东正在十年级下学期，选修了三门 AP 课程，处于学习的关键时期，直接关系到他的大学升学。我内心暗暗发誓：我一定要坚强地挺住，一定要尽快好起来。

在经历两次大手术与康复训练的一年里，东东也进入了最紧张的十一年级的学习与升学阶段。尽管学习任务繁重，课外活动密集，东东每天回家后都会为我按摩，陪我散步。还主动承担家务，洗衣洗碗，打扫卫生，清理垃圾。我看在眼里，心里觉得过意不去。东东看出了我的心思，安慰说他可以通过提高单位时间的学习效率来节约时间，还说以前都是妈妈照顾他，现在让他来照顾妈妈。

因为这次车祸，东东一年来的变化特别大，他已经从一名少年成长为成熟练达的男子汉。我无意中读到了东东的题为《我的2012》的习作。文章分享了他在妈妈车祸后的心路历程和思考。他这样总结：

> 在经历了2012年妈妈的车祸后，我改变了。现实的担当和责任重塑了我。生活中没有击碎我的让我变得更加坚强。如今，当生活中出现任何困难时，我就会想到穿越母亲右肩的钢板和疤痕。母亲的坚韧和坚强激励着我迎难而上，勇敢面对挑战。

生活的确变化无常，世事难料。2012年的车祸首次把生离死别真真实实地放在了我与儿子中间。可见，生命教育是孩子成长中不可或缺的。

在我返回学习和工作后不久，我一个美国好朋友的先生突发心脏病去世。我收到了她寄来的邀请我们全家参加葬礼的便函，实际上是一个制作精美的小册子，封面写着"××的生命庆典"。东东看到后就开始提问："妈妈，人死了为什么还用喜庆的词汇？那我们参加葬礼该穿什么衣服？"儿子的问题也是我的困惑。

于是，我打电话咨询了我的美国同学。她告诉我美国的葬礼是以回顾去世之人生命历程的形式进行的追思纪念活动。因为此人已完成了人间的使命，亲朋好友理当举办这样一个庆典。然后，她还提醒我们要着正装出席，因为这是一个非常正式的场合，要与参加婚礼一样对待。

我们一家按时出席了追思会。我观察到来宾基本都是以家庭为单位出席，很多家长带着孩子。会场入口处有迎宾台，供来宾签到。还有志愿者帮助散发活动介绍和引导来宾就座。身着夏威夷正装的男士们和穿着华丽的女士们陆续进入会场。会场内用各色鲜花装点，会场中心舞台中间安放着逝者的骨灰盒，舞台两旁摆放着逝者生前的巨幅生活照，会场左前方有一组一边弹着夏威夷四弦琴尤克里里一边演唱夏威夷民谣的歌手。

逝者的亲人们最后入场，他们由左前方的侧门进入。当亲人们进入时，全场起立，向他们行表示慰问的注目礼。礼毕，主持人首先简介了活动的安排，之后他向来宾全面介绍逝者的生平。接着是逝者的亲人、友人以及同事发言。他们发言的共同特点是回忆与逝者生前共处的快乐时光及感人故事，听众席上有时出现欢笑声，有时也会出现抽泣声。接下来，逝者女儿登台演唱了 *You raise me up* 向父亲告别。还有两位友人走上演讲台即兴分享了与逝者相处的美好往事。

纪念活动气氛既庄严又温馨、既凝重又轻松、既悲又喜。整个活动安排井然有序，没有任何喧哗和骚动。接下来的环节是答谢宴会。餐厅也经过特别布置，前方的小舞台上有三个夏威夷歌手用尤克里里伴奏演唱，充满了喜庆活动的气氛。

这是我们一家来美国后第一次参加葬礼，东东开始有些害怕和紧张，一直紧紧地挨着我。但进入会场看到整个庆典气氛浓厚的布置，一下子消除了顾虑，放松下来。葬礼结束后，东东对我说："美国和中国的葬礼简直太不一样了，哀乐被轻松的夏威夷歌曲取代，花圈被鲜花取代，黑白色被华丽色彩取代。感觉不到悲伤气氛，也不见人哭得死去活来。"东东简单明了地对比中西葬礼文化的不同之处。这次活动也颠覆了我对葬礼的认知。

葬礼是对逝者在人世间生命的赞美和总结，是为逝者举办的最后一次聚会和道别，应当办成最高规格的一次庆功会。如果上升到这样的境界，那么这样的葬礼对逝者是一个总结，对生者也是一次有意义的教育。生者应该思考当自己离开人世时，希望亲朋好友及同事在自己的葬礼上，回忆哪些往事，和历数自己的哪些贡献。基于此，生者会更加明了自己肩上的责任和奋斗的方向。

回家的路上，我一直和东东讨论这个话题，我把我的想法和观点分享给了他。我想东东一定对生命有了更高层次的认识和理解。生命教育的确是值得引起家长与教育工作者以及全社会高度重视的教育领域。

由于人们对死亡的忌讳、不了解以及死亡的不确定性，导致对死亡产生各种猜测和想象，特别是在民间术士的影响和迷信思想的渲染下，死亡更是被蒙上了神秘的色彩。我们可以非常清楚地从东东和东奶奶的那段对话以及东东把自然现象和死去的爷爷联系起来的经历中感受到。

而在西方，人们持有"未知死焉知生"的观念。苹果公司创始人乔布斯在2005年斯坦福大学的毕业典礼上，曾就生命的意义发表了颇具震撼力的演讲。他说："记住你即将死去，是我一生中遇到的最重要箴言，它帮我指明了生命中重要的道路。"他鼓励毕业生们要珍惜时间，不要重复别人的生活，不要被教条束缚，要勇于探索和进取。

死亡是无法避免的，是孩子在成长过程中必然会遇到的现象。如果家长和教师不用科学知识去解读，那么民间迷信思想就有了可乘之机。我们应该重视孩子的生命教育这一课，生命教育不可或缺。

注：此文缩略版《当生死话题猝然降临》发表于《中国教育报》2017年8月13日第二版。

心得体会

穷养孩子好处多

 穷养孩子是重要的家教方法。穷养孩子是指让孩子有机会体验生活不易，鼓励他们挑战自己的舒适圈，确保他们的意志力得到磨炼，培养他们对弱势人群的同理心。穷养孩子能让孩子更好地成长。

经济高度发展、物质极为丰富的当下，孩子基本都是被富养长大的。父母总是把最好的东西给孩子，他们吃得好、穿得好、用得好、住得好、行得好，家长把一切都替孩子安排好了。很多家长还有自己当年没有条件享受要让孩子全部享受到的补偿做法。结果孩子们把这一切视为理所当然，不懂珍惜。这样长大的孩子，往往不愿意走出舒适圈，不愿意承担责任，不懂得感恩，意志力薄弱，还有一颗脆弱的玻璃心。

我一向认为孩子需要穷养。我所指的穷养是指让孩子体验生活的不易，挑战舒适圈，磨炼意志力以及对弱势群体共情等。穷养的孩子懂得感恩和珍惜；穷养的孩子在物质生活层面低标准，但在精神层面却高要求；穷养的孩子更加坚毅，目标也更加明确。

上小学前，我随奶奶回到乡下生活了一段时间。那时山里还没有自来水，用水必须到山上的泉眼处背。山路崎岖陡峭，就是不负重行走都很艰难，何况还背着那么大一桶水。背水时要特别注意平衡上大下小的木桶，否则，不仅水会洒出来，整个人都有可能摔下山去。第一次和姑姑上山背水，她背一个大木桶，我背一个小木桶。由于没有经验，下山时，水在桶里晃动，我好不容易才能保持平衡，却无法阻止水往外洒。回到家里，发现桶里的水只剩下不到半桶。后来在姑姑的帮助下，我逐渐掌握了平衡方法，能够滴水不漏地把水背回家。

七月是山里收获玉米的季节，全寨的男女老少都出动，我也加入了摘玉米的队伍。太阳火辣辣地照在头顶，人在玉米地里感觉呼吸困难，锋利的玉米叶子不断地划伤我的脸和胳膊，在烈日下又痒又疼，特别难受。看我狼狈的样子，姑姑把我送到一棵树下休息。

玉米晒干后，大家就坐在一起掰玉米。我对掰玉米最感兴趣，先把两根玉米分别掰开一条缝隙，然后手里各拿一根玉米，从掰开处使劲对搓，玉米粒就一排排被搓下来，很有成就感。

大山是乡下孩子的寻宝地，山里有各种美味水果和食材。记得一次刮大风，在一位叔伯堂姐的带领下，我们一群小伙伴身穿蓑衣头顶斗篷相约进山寻宝，去搜罗被大风吹落的应季水果，比如桃子、梨子等，最后每人都捡到盆满钵满。我的一位堂哥最擅长爬树掏鸟蛋，他能准确地判断哪个鸟窝里有鸟蛋。只要上山，堂哥就没有空手回来的。堂哥经常会把他掏到的鸟蛋送给我。

在乡下度过的那几个月，对我后来的成长产生着重要影响。农村体验让童年的我感受了农民的不易，我的意志力也得到了一定的磨炼。更重要的是融入其中的体验让我对弱势群体有了较深的了解。服务弱势群体和促进边远地区教育进步是我一直以来不变的目标。

在经历了小时候的背水之难后，我一直对水资源特别珍惜。在家里总会把洗菜和洗脸水用桶子收集起来，用来浇花和冲厕所。我的行动也影响了儿子，他也自觉地节约用水，还会自觉地把洗脸水倒进桶子里。为了养成节约资源的习惯，我们家还规定节约用电和人走断电。习惯的力量确实强大，直到现在东东回家小住，我发现他还会把洗脸水和洗菜水收集在桶里。离开房间，他必然记得关灯断电。

在东东上小学前，我特意带他回到乡下老家。由于修建电站拦河筑坝，河水水位被抬高许多，很多村民都搬迁了，原来的竹林也不复存在，村子里面只剩下十来户人家居住。我们绕着村子走了一圈，每到一处，我都会告诉东东我小时候在这里经历的故事。

我们在河边等渡船返回镇上时，碰到一个男孩，他十来岁的样子。脚上穿一双很旧的跑鞋，鞋面上有很多泥，袜子也没有穿。背上背着一个装化肥的尼龙袋子，用稻草搓成的绳子做成了背带，在右边的草绳处拴着一个小袋子。出于好奇，我跟孩子交谈起来，东东就在旁边听我们谈话。

男孩告诉我他家住在这个村子后面，要再翻两座大山。由于村里只有初小，四年级以上要到镇里的中心完小去上。他是四年级学生，所以住校，每周回家一次。当天是周日，他刚好在这里等渡船回学校。

我问他背上的尼龙袋和小袋子里装的是什么，他略显羞涩地告诉我，尼龙袋里面装的是米，小袋子里是辣椒粉。米交给学校，辣椒粉则是他一周的下饭菜。

听到这里，我心里非常难受。一个正在长身体的孩子，因为家住大山深处，穷得没有钱买食堂的菜吃，只能用辣椒粉拌饭。我从钱包里拿出五十元想送给他，但是被他倔强地拒绝了。他说妈妈告诫他不能随便要别人的东西，说妈妈经常叮嘱他要好好读书，争取走出大山。他还告诉我他的理想是当一名小学老师，让村里的孩子就在家门前读完小学。

我跟男孩的交流给东东上了一堂生动的教育课。东东了解到农村孩子生活的艰苦，他看到了大山里的孩子们虽然身处不利环境，但仍心存理想和希望，更难能可贵的是他们身上的傲骨和自尊。因此，东东更加珍惜所拥有的一切，心存感激，常思回报。这样深入农村的体验，可以从小培养孩子关爱和服务弱势人群的意识，也会让孩子更多地关注如何消除贫困和促进公平，并树立远大理想，为推动社会进步做出贡献。

小学毕业后，东东考入了 Punahou 学校，它是夏威夷州顶级私立学校。绝大部分学生的家境都很好，个别的学生甚至来自美国顶级富豪家族。

六年级开学后不久，东东所在的团队 Y 开展户外活动。Punahou 学校的初中部采用团队制管理学生。一个团队包括四个班，一个班二十四人，每个年级由四个团队组成。这次户外活动的承办人是一位家族姓 Morgan 的家长，Morgan 家族从祖辈继承了夏威夷的一座岛屿，是夏威夷州的名门望族。

活动的主要目的是参观他们家族的传统天然鱼类养殖场。养殖场建在小岛和欧胡岛中间的水域，与太平洋联结的两端用间距相等的铁栅栏锁住。随着洋流，部分海洋鱼类进入到养殖场。铁栅栏的间距较小，当鱼类长大后就回不到海洋，而成为人们餐桌上的美味佳肴。这种方法源于古老的夏威夷土著，为了保持大自然的平衡，他们不捕小鱼，铁栅栏的密度足以让小鱼自由出入。参观结束后，Morgan 爸爸还用他家的豪华游艇，往返接送师生和家长到近海游览。

据了解，像这样的富豪家族在 Punahou 学校还有很多，从接送孩子的豪华车辆上也可以看到家长的实力。东爸好友的两个孩子也在这里读书，他家里有一辆工具车和一辆商务车。三年级的女儿明确表示不允许父亲开那辆旧工具车来学校接她，说那辆车让她很没面子。我另外一位朋友的儿子也在 Punahou 读书，由于她的车是二手旧车，她儿子每次都要求在校外某个地点下车，然后再步行一段去学校；放学，也约定在下车地点见面。

为此，我很担心东东的感受。于是，我找机会和他谈了这个话题，希望了解他的看法并疏导他。没想到东东反过来安慰我，要我放心，他根本没有任何攀比和羡慕别人的心理，他已经很知足和感恩，他说自己不知道要比当年在湘西老家遇到的那个男孩幸运多少倍。听了儿子的一番话，我安心多了。

我的美国朋友 Caroline 的女儿一直学习瑜伽，并获得了执教证，十六岁时拿到工作许可证，加盟了一家瑜伽培训中心。她每天清早 6 点从欧胡岛的东部坐公交车到位于檀香山市的培训中心教课。一小时的课程结束后，立即坐公交车去学校上课。Caroline 的女儿和东东在 Punahou 学校同一个年级学习，他们也是大学先修 AP 课程的同学。Caroline 家境殷实，她先生是律师，她本人是医生。但是，他们夫妻从不娇惯孩子。我也曾经与 Caroline 就富养与穷养进行交流，她认为即使是富裕家庭也要穷养孩子，这样的磨炼让孩子终身受益。

东东在 Punahou 学校就读时，拿到工作许可证后，也开始在一个课后学习辅导机构做教育辅导工作。因为要兼顾学习和工作，东东的时间观念和自我管理有了很大提升。据了解，Punahou 学校一边学习一边工作的高中学生很多，这也体现了美国年轻人的独立精神。这样早期走入社会的体验无疑对孩子的成长和今后融入社会都具有深远意义。

在穷养层面，家长还可以从很多方面对孩子进行教育和锻炼。比如：从小培养孩子做家务的习惯。哈佛大学格兰特研究结论之一指出，爱做家务的孩子在成年后更容易获得职场上的成功。这一点还被斯坦福大学大一新生部主任 Julie Lythcott-Haims 在 TED 演讲上引用。她建议孩子学做家务，越早越好。

哈佛格兰特研究始于 1938 年，历时七十五年。其中一个课题探索如何帮助孩子成长为快乐而成功的成年人。科研人员指出良好的人际关系和职业操守是重要因素。而职业操守的培养最早源于孩子做家务。做家务可以培养孩子的责任心，做家务可以培养孩子的奉献精神，做家务可以让孩子学会实践和培养自控能力。

在我们家里，作为家庭成员，东东从小就参与家务劳动。来到夏威夷后，他的家务活包括洗碗、倒垃圾和洗衣服。关于做家务，我曾经问过东东的态度，他的回答是："这些事总是要有人做的。虽然家务事琐碎，但作为家里的一员，我应该承担。"其实，我们也就是希望孩子能有这样的心态，这对孩子长大后走进职场、形成良好的职业操守显然是有极大帮助的。

在美国，孩子做家务是很普遍和正常的事情。而在国内，我们家长对孩子做家务认识不足。有的家长出于爱心，不忍心让孩子去做家务，干脏活累活；有的家长则认为做家务是浪费时间，只要孩子学习好、分数高就万事大吉。希望哈佛研究的结论能给国内家长以警示。

关于穷养，我们还可以从孩子选择学习的音乐或体育爱好上培养他们坚忍不拔和持之以恒的态度。东东从九岁多开始学习太极，一直坚持到现在。高中时参加了学校越野赛跑队，每天放学要越野跑训练六公里以上，他坚持了整整四年。

我常常听到家长抱怨孩子学东西不专一，蜻蜓点水，不断地更换特长学习班，遇到一点困难和挑战就打退堂鼓。在选择特长爱好前，家长一定要态度鲜明地告诉孩子：学习任何一项技能都需要付出，既然做出选择，就要为自己的决定负责到底。如果养成三天打鱼、两天晒网的坏习惯，对将来的学习和工作都极为不利。

美国学者 Kenneth Howe 在其书中引用了 1984 年由美国哲学家 Daniel Dennett 提出来的"空机会"概念[1]。这个概念最初是指狱警在半夜里打开了监

---

[1] Howe, R. K. (1997). *Understanding Equal Educational Opportunity.* New York: Teachers College Press. p.18.

狱的房门一会儿，而罪犯由于入睡根本没有意识到这个机会的存在。这个事例表明，之所以存在"空机会"，是因为拥有这样机会的人被剥夺了必要信息，或者根本就不知道它的存在。

我认为可以把"空机会"的概念借用在当下的家庭养育当中，我们的养育方式正在让孩子对体验穷养形成"空机会"。家长们生怕孩子吃苦了、受累了、流汗了、摔伤了，而竭力让孩子远离对成长极为有利的良机，亲手剥夺孩子去操作实践的机会。智慧家长深深懂得穷养孩子作为家教方法的重要性，他们知道孩子应该在真实的而不是真空的环境下长大，他们明白穷养孩子有利于促进孩子的健康成长。希望更多的家长把穷养孩子的理念引入自己的家庭教育当中，确保我们的孩子成长为全面发展，有益于家庭和社会的人才。

心得体会

让优秀成为习惯

 习惯是把暗示、惯常行为和奖赏拼在一起，然后培养一种渴求来驱动这一回路。从小体验成功与学会自律是个体成为优秀者的重要保障与前提条件。让优秀成为习惯是成功人生的法宝。

关于习惯，普利策奖获得者、《纽约时报》记者都希格在其畅销书《习惯的力量》里做了全面深入的阐述。该书 2011 年出版后，在美国引起很大反响。

都希格在书中指出，习惯是把暗示、惯常行为和奖赏拼在一起，然后培养一种渴求来驱动这一回路[①]。他还引用了美国哲学家和心理学家威廉·詹姆士的名言："我们的生活在某种程度上有固定的形式，但却是习惯的集合体。有现实生活的习惯、感情生活的习惯，还有思维习惯。这些习惯系统地构成了我们的喜怒哀乐，让我们走向自己的命运。不管最终命运如何，我们都无法抗拒。"[②] 可见，习惯的力量对一个人的影响是巨大的。

都希格还强调有些习惯具有引起连锁反应的能力，比其他习惯在生活方式上更有影响力，他把这样的习惯称为"核心习惯"。核心习惯说明成功

[①]（美）查尔斯·都希格，《习惯的力量》，吴亦俊、陈丽丽、曹烨译，北京：中信出版社，2017年 5 月，第 50 页。

[②]（美）查尔斯·都希格，《习惯的力量》，吴亦俊、陈丽丽、曹烨译，北京：中信出版社，2017年 5 月，第 269 页。

并不需要做对每一件事，而是要辨别出一些重要的优先因素，将其变成有力的杠杆。[①] 我认为让优秀成为孩子的习惯是一个重要的核心习惯。

2007 年美国学者 Clancy 和 Goastellec 对优秀给出了比较客观的定义。他们认为，优秀指学业成就与学生面临的障碍之间的距离，这些障碍或许与个人性格、家庭、学校或社区经历有关[②]。这句话的含义是，优秀是一个孩子在排除了一切客观存在对其发展的不利因素后，通过主动求知、勇于探索、积极进取以及坚忍不拔而获得的成就。

作为一名教育者，我意识到影响一个人优秀的重要因素是其原生家庭。因为优秀与否实际上都是习惯，而习惯是可以培养和训练的。这本书给我最大的启示是作为孩子的第一任教师，父母要尽早觉察，尽心尽力地投入孩子的教育，特别是早期教育当中去，让优秀成为孩子的习惯。

东东尚在母腹，我就开始为他阅读。因此，东东从小就喜欢读书，喜爱书籍，一岁就可以识文断字，讲故事读儿歌。随着家里的幼儿读物越来越多，东东阅读能力也越来越强，学习兴趣也越来越浓厚，知识面也越来越广。因此，院子里的小朋友都喜欢跟他玩，他人缘极好。东东经常跟小朋友分享他读到的故事、科学知识以及开展的实验。看到在孩子早期教育的投入渐渐有了效果，我感到非常欣慰。同时，也激励着我把培养下一代作为一项有意义的事业继续下去。

东东两岁多时，我带着他已经读完了包括《幼儿百科全书》和《幼儿十万个为什么》等书籍。为了检验儿子对知识的掌握程度，激发他继续学习的积极性与主动性，我根据我们阅读涵盖的内容，编撰一套知识考查试卷。我还把我的想法分享给了院子里的妈妈们，她们纷纷表示希望能让她们的孩子也一起参与答题，我爽快地答应了她们的请求。因为我也希望在检验自己孩子知识掌握的情况时，能够帮助到其他孩子。我把测试题设计成了口头抢答竞赛形式，人人都有参赛奖，前三名则有特别奖。

出题与制卷是教师的看家本领，很快我就设计出了一套二十道题的问

---

① （美）查尔斯·都希格，《习惯的力量》，吴亦俊、陈丽丽、曹烨译，北京：中信出版社，2017 年 5 月，第 112 页。

② Clancy, P., & Goastellec, G. (2007). Exploring Access and Equity in Higher Education: Policy and Performance in a Comparative Perspective. *Higher Education Quarterly*. 61(2). p.136–154.

答试卷。题目都是常识性的知识，比如：为什么会有白天与黑夜？夜行昆虫为什么围绕着光源飞行？太阳系有几大行星以及行星的名称是什么？为什么会发生地震？火灾发生时拨打的电话号码是什么？人为什么能浮在水面上？地球绕太阳公转一周多长时间？地球自转一周多长时间？中国有多少个少数民族？美国最古老的大学是哪所？世界有几个大洋？它们分别叫什么？中国与美国之间相隔的海洋叫什么？等等。

平时，我经常有意无意变换形式和花样考查东东对知识的掌握，有时还故意装着不懂或者忘记了，而向他咨询答案。比如：我告诉东东哈佛大学是美国最古老的大学，也是世界最著名的高等学府，是美国总统的摇篮，还给他展示了哈佛的地理位置和校园校貌。东东眼睛睁得大大地听着看着，还告诉我他以后要去哈佛读大学。过了一段，我故意问东东他以后想去哪里上大学和为什么要去那里，东东不仅响亮作答，还补充说这个问题我们以前讨论过的，笑话妈妈记性不好。这样巧妙的一问一答等于把我教给他的知识复习了一遍。所以，我想这二十道题应该难不倒东东。

在一个秋高气爽的傍晚，我们如约来到楼下院子里的一个草坪上。观众除了参与答题的孩子和家长之外，还有院子里的其他邻居。答题采用抢答形式，谁先举手，谁获得答题权。

为了避嫌，我邀请了一位爸爸宣读试题。在宣布知识竞赛开始后，孩子们进入到紧张的抢答之中。没有想到，很多题目都被东东最先抢答并答对。每答对一道题，在场的家长和围观者都会鼓掌表示祝贺。结果出乎我的意料，东东获得了第一名。我原本心想上小学的孩子一定知道很多常识性知识的，没有想到他们竟然没有这些知识储备，也许是书本里没有涵盖吧。品尝到知识的力量与成功的甜头后，东东更加自信，学习的劲头也更足。

这样的学习体验十分有利于激发孩子的元认知。元认知是个体对自己的认知过程的认知。元认知也被称为反省认知、监控认知、超认知等。元认知开创者、美国斯坦福大学心理学家 John Flavell 建议培养儿童元认知时要注意以下三方面：学会识别在情景中有意识地储存某些信息以备将来所用；学会保留与积极解决问题相关的最新信息，并准备好根据需要进行检索；学会如何开展有意义的系统性的搜索有助于解决问题信息，即使无法预测何时需要使用这些信息。①

　　元认知能力是一个非常重要的学习能力，也是上学后孩子们在学业上自然分层与拉开距离的重要原因。我常常借助各种场景激发和培养东东的元认知的习惯。

　　在形式多样的育儿方法引领下，东东把学习当成了快乐轻松的事情，且愿意主动求知，勇于探索，积极进取，从而达到"我乐故我学，我欣故我勤"的状态。我还巧妙地把优秀的概念植入到孩子的潜意识里，进一步让优秀成为孩子的习惯。

　　都希格在书中指出："小成功在实现胜利的过程中，有着巨大的影响力……小成功能够带来改造性的变化，因为它能将细微的优势转变为一种模式，让人们相信更大的胜利即将到来……所有的一切都是从一个小成功开始的。"②

　　20世纪60年代，斯坦福大学科学家Walter Mischel教授的科研团队曾在四岁幼童身上做过著名的意志力测试，即著名的"棉花糖实验"。研究人员把参加实验的幼童们带进实验场所后告诉他们，要么选择立即吃掉一粒棉花糖，要么选择等待15分钟后吃两粒棉花糖。很多幼童在大人离开房间后，迫不及待地吃了一粒棉花糖；而有30%的幼童抵制住了诱惑，15分钟后研究人员返回房间，给了这些孩子每人两粒棉花糖。

　　研究人员随后对参与实验的孩子进行了长期跟踪研究，他们发现当年抵制糖果诱惑时间最长的幼童拥有最高的平时成绩，并且在SAT考试中，分数比其他实验参与者高出210分。同时，这些自律的孩子在人际交往中更受欢迎，而且他们更少接触毒品。研究人员得出结论：如果一个学龄前幼儿能抵制住棉花糖的诱惑，上学后，他们通常能够按时上学，认真完成作业，交到更多的朋友。面对压力时，表现出比同龄人更多的自信，更加游刃有余。这些孩子后来在青少年、青年，甚至中年以后都获得了更大的成

---

① Flavell, J. H. (1976). Metacognitive aspects of problem solving. In L. B. Resnick (Ed.), *The nature of intelligence* (pp.231–236). Hillsdale, NJ: Erlbaum.
② （美）都希格，《习惯的力量》，吴亦俊，陈丽丽，曹烨译，北京：中信出版社，2017年5月，第132页。

功。他们大多学业更优秀，婚姻也都很幸福。似乎那些能抵御棉花糖诱惑的孩子所拥有的自我约束力，会让他们受益一生。[①]

自律在都希格《习惯的力量》里被浓墨重彩地提到。"棉花糖实验"的研究结论告诉我们，自律是影响孩子成长与发展非常关键的习惯，直接关乎孩子是否可以达到优秀的状态。也应验了"三岁看大，七岁看老"这句至理名言。习惯是可以培养的，而且需要从小培养。因此，父母要从小培养孩子养成自律的好习惯。

自律对一个人的成长与发展非常重要，优秀的人必然是自律的人。东东不到两岁，我们就一起制定了家庭公约；东东上幼儿园，我们就让孩子使用自己的房间；东东上小学，我们就约定做学习的主人。久而久之，自律就成了东东的习惯。

都希格指出一旦孩子养成了将渴求延后的自律习惯，这些习惯会渗透到生活的各个方面。[②] 我对都希格这样的推断深有体会。东东小时候喜欢吃冰淇淋，不太愿意吃蔬菜。我当时认为孩子大概都这样吧，也就没有过多地去纠正。来到夏威夷后的第二个学期，东东的学校开设了一门叫作"营养学"课程。学习内容包括食物金字塔结构、食物均衡性以及营养与饮食等方面的知识。通过开设这门课程，让孩子了解营养学知识以及饮食与健康的关系，从而建立良好的生活与饮食习惯。

东东经常跟我分享他从课堂上学到的知识，纠正妈妈的不当饮食习惯。有一天，东东回家后告诉我他们学习了冰淇淋的制作过程。说冰淇淋属于不健康的食品，他打算今后不再吃了。九岁的东东再没吃过冰淇淋，即便是面对他最爱的哈根达斯的诱惑，他也能克制自己。东东还开始主动吃蔬菜，每周六购物时，都要求多买蔬菜，还告诉我夏威夷的 Kale 含有丰富的维生素和纤维素，建议我们要多吃这样的蔬菜，有益健康。

后来，我问东东为什么他多年的习惯竟被一堂课改掉了，他神气十足地回答："这是科学知识加自律精神结出的果实。"我认为东东这样的评价还

[①] Mischel, W. (2014). *The marshmallow test: Mastering Self-control*. New York: Little, Brown and Company.

[②] （美）都希格，《习惯的力量》，吴亦俊，陈丽丽，曹烨译，北京：中信出版社，2017年5月，第133页。

是比较到位的。从小培养的自律成为孩子的第二天性，由此带来了一个接一个的小成功，让孩子体验到奖赏与成功的滋味，这样的良性循环有利于惯性思维的形成，有助于让优秀成为孩子的习惯。

同时，作为教育者，美国小学课程的设置引起了我的特别关注，孩子们学到了许多与生活休戚相关的知识和技能，培养了良好的生活习惯和生活态度。19世纪英国教育家斯宾塞指出："为我们的完满生活做准备是教育应尽的职责。"[①] 在斯宾塞的教育思想基础上，20世纪美国教育家、体验教育发起人杜威提出："教育不是为生活做准备。教育即生活。"[②]可见如此人性化的课程设置也是一代代教育家们付出心血的结果。

自律不仅表现在自我克制和习惯修正方面，还表现在个体对事情和承诺的坚持和坚守方面。东东来到夏威夷的第二年，我们认识了武术教练蔡师傅。在观看了蔡师傅精彩高超的武术绝活表演后，东东提出想跟他学习武术。我们一家为此开了家庭会议，我和东爸都投了赞成票，但条件是他必须坚持下去，不能半途而废。

习惯的力量真是强大。由自律带来的坚持与坚守正迁移到东东成长的方方面面。自从来到夏威夷后，东东就一直坚持做社区公益服务和志愿者工作；进入大学后，东东也一直参与公益志愿者服务活动。从小学毕业考进Punahou学校到十二年级，东东一直参加学校数学竞赛队。虽然每年都要重新考试选拔，他始终能够成为其中一员；上高中后，东东加入了学校越野长跑队，每天都要坚持训练十多里，直到高中毕业。即使在升学考试密集和大学申请的高压和繁忙阶段，他也没有放弃。

都希格在书里提到访谈星巴克CEO Howard Schultz的故事。Schultz坐拥十亿美元身家，被誉为20世纪最成功的CEO之一。当谈到妈妈对他的影响时，他说他小时候参加了学校的很多运动，回家时肘部和膝盖经常遍布血痕，母亲从不抱怨与责怪，而是为他擦洗干净并包扎，并且鼓励他要坚持，不要放弃。

在被问及如何做到"寒门出贵子"时，Schultz再次提到了母亲。他说

---

① Spencer, H.（1861）. *Education: Intellectual, Moral and Physical.* A L Burt Company, Publishers. p.16.

② Dewey, J.（1897）.My Pedagogic Creed. Massachusetts: Applewood Books. Carlisle. p.6.

母亲经常鼓励他成为家族中第一个上大学的人，争取获得事业上的成功，并且落实在他每一天的学习与生活的实践当中。Schultz说他十分幸运，因为身后有一位支持他的母亲。他还说："我由衷地相信，如果你告诉别人他具备走向成功的条件，他就真的会成功。"①

实际上，在Schultz很小的时候，他的母亲在与他的互动中，已经把优秀的基因成功地植入了Schultz身体与心智当中，也正是他母亲在他小时候就帮助他建立起的优秀习惯，促成了他今天的成就。优秀如果成为孩子的核心习惯，那么孩子就走在通向成功的大道了。

心得体会

---

① （美）都希格，《习惯的力量》，吴亦俊，陈丽丽，曹烨译，北京：中信出版社，2017年5月，第145—146页。

人小心不小

孩子的所有行为都受到一定目标驱使，其中最重要的目标就是寻求归属感。但他们常常受到偏差目标的影响，从而导致偏差行为。父母和教师都需要了解行为背后的动机，以便更好地开展教育，促进孩子的健康成长。

陶行知先生是我最崇拜的教育家之一。在他的《小孩不小歌》里这样写道："人人都说小孩小，谁知人小心不小。你若小看小孩子，便比小孩还要小。"在为人母后，我对孩子的"人小心不小"有了深切的体会。

记得那是东东上一年级后的一个傍晚，东爸出差在外，接了儿子后，我们匆匆回到家。由于要准备次日的会议发言稿，我简单地做了晚餐。晚餐后，我没有更多地与东东交流，就回到自己的房间工作。东东则回到他的房间做作业。

不一会儿，我听到东东开始用脚有节奏地敲打地板。

我隔着房间大声说："不要发出这样的怪声音来，儿子。"东东停下了。但不一会儿，他又开始了。

"东东，我让你打住，听见了没有？"我有点不耐烦了，高声喊叫。东东又停住了。

可是，过了一小会儿，他又开始了。稿子明天一早就要用，我需要安静下来尽快写完，可他却不停地在那捣乱。我当时没有控制好自己的情绪，冲了过去，一边使劲地拽儿子，一边不耐烦地大声呵斥："我让你打住，你为什么总是不听，一直不停地故意捣蛋来烦我？你为什么就不能安安静静

119

地坐在那里写你的作业呢？"

我想家长们对这样的场景不会感到陌生。家长需要专心做事情，而孩子却在一边故意捣乱，而且任凭你怎么说，孩子就是不听，最后惹得家长生气发火。

可是，我们在抱怨和责怪孩子之前，是否想到过以下这些问题：为什么孩子会不停捣乱？为什么他不听妈妈的话？

我估计很多家长都不会去思考这些问题，包括我在内。其实，当我们试图纠正孩子不恰当的行为时，我们必须先了解他行为背后的动机是什么，从而找到解决问题的方法。

到美国留学后，我接触到了美国著名教育家德瑞克斯的理论，瞬间豁然开朗。德瑞克斯指出，孩子的任何行为都是受到目标驱使的，而孩子从来没有意识到他们行为背后的动机。[①]

其实，孩子敲打地板的目的是想要引起妈妈的注意，而妈妈则通过发脾气和生气的方式关注孩子了。此时的孩子具备了较强的认知能力和是非观念，他一定知道这样做是不合适的，妈妈的反感和生气也一定在他的预料之中。可是，他还是冒着妈妈生气与自己可能挨骂或挨揍的风险这样做了。

我们不妨来仔细分析这个案例。当我对他大吼甚至动手时，注意力已下意识地全部放在他身上。此时，孩子通过敲打地板这种行为获取了母亲的足够关注，即便这种关注是负面的。可是，我当时根本没有意识到我的埋头写作、不理会他的行为实际上传达了这样信息：妈妈不关注我了。如果在制止他的同时能适当地互动一下，孩子就不太可能继续捣蛋来引起妈妈的关注。孩子蹬脚是在表达他的感受——"关注我，和我说话，不要总是埋头干自己的事。"

如果妈妈能看到这一点，她就能明白孩子的动机，也就能更好地控制局面。反省自己不恰当的家教方法后，我改变了做法。每当我要做自己的事情时，我都会给东东说明情况，告诉他我大概需要的时间，然后会建议他在妈妈不能陪伴时可以做的事情，供他选择。

同时，我会根据孩子特定年龄的专注力长度，定时用"东东，你还好

---

① Dreikurs, R (with Soltz, V.).(1964). *Children: the Challenge*. New York: Penguin Putnam Inc. p.14.

吗？""书看得怎么样了？""画画还满意吗？""妈妈还有半小时就好"等话语和他保持交流。让儿子明白妈妈虽然在忙自己的事情，但心里还是记挂着他的。即使后来儿子长大了，晚上我们各自忙自己的事情，我还保留着这样的习惯。"Are you OK？""Yes，I am OK."成了母子晚间学习过程中定时的有节奏的一问一答。

德瑞克斯指出，人是社会性动物，最强烈的愿望就是寻找归属感。孩子自然也不例外。归属感决定了安全感，安全感是孩子最基本的需求。孩子会通过积极参与和合作来实现自己的归属欲望。但是如果受到挫败，孩子的归属感受到限制，他们参加活动的兴趣就会被其他偏差行为取代，并通过它们达到自我实现。孩子的积极行为或消极行为都是为了找到自己的位置。[①]

孩子常常会有一些"偏差行为"，家长必须具备识别的能力，才能运用有效的方法对孩子进行正面引导。德瑞克斯指出，孩子的偏差行为包括过度关注、权力较量、寻求报复、完全放弃。[②]

寻求过度关注是受到打击而产生挫败感的孩子用来获得归属感的第一个错误行为。受其影响，孩子认为只有成为关注中心才能显示自己的重要性，由此引发了孩子必须想办法获得注意的心理机制和行动能力。

孩子会找到各种方法让大人以他为中心，并且为他提供各种服务。孩子可能在合作中选择表现出可爱乖巧的一面，但目标却是为了赢得注意，而不是积极参与。当家长屈服于孩子过度关注的需求时，就会无意识地强化孩子错误的自我定义，传递给孩子的信息可能会是：这种方法就是他们获得归属的有效途径。孩子需要家长的关注。他们需要我们的帮助、训练、怜惜和关爱。但是我们一定要在采取行动前，明白理性关注与过度关注的区别。

理性关注源于情景的需要。比如说孩子受伤了，或者是生病了，或者要取高处够不着的东西等；而过度关注则是以自我为中心，要求别人为自己服务。

法国著名教育家卢梭对理性关注与过度关注曾有一段经典的解释：如果

---

① Dreikurs, R.(1968). *Psychology in the Classroom.* New York: Harper & Row, Publishers. p.30.

② Dreikurs, R.(1968). *Psychology in the Classroom.* New York: Harper & Row, Publishers. p.30.

孩子提出的要求是有真正的需求引起的，家长应该认可，并立刻满足他们的需求。但是，如果家长一看到孩子的眼泪就妥协，那实际上是在鼓励孩子哭，并让孩子认为他们的无理取闹更能让家长受到影响，如此这样，孩子很快就会变得难以管教。[①]

上面的案例中，六岁的东东显然希望妈妈能陪他一起阅读，因为我们家一直保留着晚饭后陪伴孩子阅读的习惯。由于我要写发言稿，在没有交流的情况下单方面取消了当天的阅读，而东爸那时也不在家，东东一定对妈妈的打破常规和不理会他的做法不满意，希望通过捣蛋的方式获得妈妈的关注。

好友洋洋曾经向我哭诉她五岁的女儿琪琪与她较量的事情。琪琪在客厅沙发上看电视节目，妈妈已经三次提醒她该睡觉了。每次提醒，琪琪都央求妈妈，让她看完这个电视节目。妈妈让步了，因为她认为这个电视节目确实不错，可以拓宽孩子的知识面。但是，当看完这个节目妈妈再次催她睡觉时，琪琪竟然转换了频道接着看别的节目。

妈妈对孩子说："琪琪，该睡觉了。好孩子，赶快去睡吧。"琪琪回答："我不。"这时，妈妈走过来，弯下腰靠近琪琪说："我说过了，你该睡觉了，赶紧去睡。""可是我还想再看一会儿。"琪琪固执地说道。"你要不听话，小心挨揍。"妈妈边说边拿起遥控器关掉了电视。琪琪马上哭闹起来，一边说"你这个坏妈妈"，一边想去抢夺遥控器。妈妈拽住琪琪，把她拖出了客厅，送进了房间。

琪琪一直不停地哭着，脸朝下趴在床上。妈妈气愤地喊道："你太不听话了，我已经受够了。赶紧脱掉衣服睡觉。再不睡觉，明天大家都要迟到。"然后离开了琪琪的房间。一刻钟后，妈妈返回到琪琪房间，看见琪琪仍然没有脱衣睡觉，而是斜靠在床上看书。妈妈看到这一幕，气不打一处来，拽起琪琪就打，强行脱掉她的外衣让她睡觉。

很显然，琪琪一开始想通过拒绝按时睡觉去挑战妈妈的权威。而妈妈的让步刚好迎合了琪琪的意图，表明她成功地战胜了妈妈。这就是第二个偏差行为：寻求权力较量。这个偏差行为通常发生在家长企图制止孩子寻求

---

① （法）卢梭，《爱弥儿》，叶红婷译，北京：台海出版社，2016年9月第1版，95页。

过度关注之后，孩子采取用权力较量的方法来反击家长。

在这个案例中，当琪琪在看完电视节目后还不肯去睡觉时，妈妈和琪琪实际上已经陷入了一场权力竞争之中。我们可以看到不断升级的较量都是母女俩试图证明各自的权威。最后，当妈妈变得歇斯底里时，孩子却感到虽败犹荣。因为她心里清楚，她已经把妈妈逼到黔驴技穷的地步，除了动手以显示权威外再无更好的办法了。

家长一定要保持清醒，不要陷入与孩子的权力较量中。这样的失态行为既不能达到说服教育孩子的目的，还破坏了亲子关系。我们可以看到寻求过度关注和权力较量程度是不一样的。如果孩子单纯是寻求过度关注，在受到斥责后会停止其偏差行为；但是如果孩子的目的是展示其威力，家长试图阻止只能让偏差行为更加得势。从东东和琪琪的行为，我们就可以看出区别。

另外一个家有二宝的爸爸向我咨询了发生在他家的问题：妈妈在厨房准备晚餐，爸爸在书房组装给二宝新买的脚踏车。哥哥叮叮和弟弟咚咚在客厅玩，突然，咚咚发出了痛苦的叫喊声。妈妈和爸爸急忙赶到现场，看到咚咚蜷缩在一个角落，而叮叮握着小钳子的把手往咚咚的胳膊上不断地夹。咚咚的手臂已经被钳子夹伤了。爸爸不由分说走过去打了叮叮。后来妈妈和叮叮谈话，才知道原来叮叮也想要一辆新车，但是爸爸没有答应，说叮叮的车还能用。叮叮很不高兴，看着爸爸给弟弟组装新车，就悄悄地从爸爸的工具箱拿了钳子来伤害咚咚。

从此案例分析，叮叮偏差地认为爸爸妈妈更爱咚咚。咚咚出生后的这两年，家长对他的关爱要多于叮叮，这让叮叮产生了一定的妒忌心和挫败感。第三种偏差行为发生在孩子和大人的权力较量升级后。当家长和孩子不断地陷入权力较量时，彼此都希望制服对方，那么就会产生强烈的反击愿望。被妒忌心和挫败感控制下的孩子可能偏差地认为，报复是唯一让他有成就感的方法。

朋友燕子跟我分享小学三年级的儿子冰冰学习不上进的情况。燕子在叙述时一边落泪，一边叹气。不断地询问她该怎么办，孩子是否还有希望。

八岁的冰冰学习成绩不太理想，老师通知燕子去学校谈话。老师告诉燕子她的孩子考试各科成绩都是班上最差的。老师说她已经找过冰冰很多次，尝试去帮助他，但都收效甚微。老师请燕子来学校的目的是希望家长配合管教孩子。而燕子却说她实在管不了这个孩子，因为每次管教，孩子都不听，即便偶尔去做了，也做得很糟糕。

冰冰的这种行为表明他企图完全放弃，这种偏差行为是受挫的孩子用来证明自己的努力是完全无用的。他在暗示家长和老师自己很无能，希望他们不要再抱有希望，不要再去管他们。

我们可以看到冰冰是一个挫败的孩子，他选择自暴自弃，他所有的行为都是希望证明自己一无是处。这样的孩子常常无限夸大他们的弱点或者不足，回避可能让他失败而导致的尴尬状况。显然，孩子的这种自我形象是完全有偏差的。孩子都是可以教育的，大人要摸清楚孩子的内心动向，同时多反思自己，这样才能有的放矢地对他们展开教育。

从冰冰的案例来看，不当的家教最后会在孩子的学校成绩和表现上呈现出来。也就是说，孩子在家庭里养成的行为习惯通常会惯性地被孩子带到学校。如果家长不懂家教，让寻求关注、寻求权力、寻求报复和寻求放弃这四个偏差行为成为习惯，那么孩子在学校也会用同样的方法与老师和同学交流交往，这样做的受害人只能是孩子自己。

家教方法不当有可能直接导致孩子在学校的种种偏差行为，影响孩子在学校的成绩和表现。家长要学习和进步，掌握育儿知识和家教方法，确保孩子在走出家门、走向社会之前，养成良好的习惯。教育依赖于教育者对孩子的行为及其动机的了解，从而更好地帮助他们。教育始于家庭，家庭是孩子的第一所学校，家长是孩子的第一任老师。

心得体会

旅行的意义

　　在养育孩子的过程中，只有把书本知识与生活实践紧密相连，我们的教育才是有价值和意义的。在这个转换中，家长要用心准备，利用可教时刻，激发孩子的内在动机，走出家门开展现场教学，感受外面世界的精彩。这样做可以事半功倍，也有利于增强家庭凝聚力和亲子关系。

从东东四岁开始，我们家每年都会定下一个主题外出旅行。作为家庭成员，东东自然也会参与到选择旅行景点等相关策划当中。东东四岁那年，我们的旅行主题是"走亲访友"，准备国庆期间去看望在广东佛山的东大姨一家和在那里暂居的外公外婆。由于东爸临时有加班任务，结果计划的三人行，变成了我和东东的母子行了。

经过十多个小时的旅程，我们终于抵达了佛山。在家休整了两天后，按照东东事先制订的计划，我们一行七人去了广州动物园。走进大象馆，一只巨大无比的大象突然转身对着我们这个方向拉便便，噼里啪啦地拉了一大堆。东东幽默地说："大象大概是用这种方式欢迎我们吧。"东东的这番话把大家都逗乐了。靠近观察后，东东告诉我们这里的大象全部是非洲象，非洲象是陆地上最大的哺乳动物，喜欢群居，主要依靠野草、树叶、树枝和树皮等食物生存。

这时，外公给东东提了一个问题："大象耳朵有什么用处？"东东立即回答："外公，我正要说这个呢。大象身体没有汗腺，无法降温，一般是用泡澡或者鼻子洒水的方式来给身体降温。如果没有水，那就只能靠扇动两只大耳朵散热了。"

参观完大象馆，我们一行来到海豚馆。等待海豚表演时，东东滔滔不绝地给我们介绍了海豚。他说海豚是海洋里的哺乳动物，海豚有他们相互交流的语言，说海豚很喜欢与人嬉闹，还分享了海豚生宝宝和哺乳的故事。

海豚表演开始。在训练员的训导下，海豚展示各种技能，跳圈、跳华尔兹、飞跃等。表演到精彩处，东东也拍起了他的小手，激动地高声欢呼。最后的环节是游客与海豚握手，我当然要抓住这个难得的体验教育机会。于是，带着儿子排队等待与海豚亲密互动。

轮到我们了，东东用小手轻轻地抚摸海豚，海豚似乎对儿子特别钟爱，居然跃出水面亲吻了儿子的脸颊，东东露出很不好意思的样子。训练员说东东是今天的明星游客，因为被海豚亲吻了一下，还赠给他一个小礼物。

这次参观让东东巩固了很多关于动物的知识，在轻松愉快的休闲中完成了书面知识到实践的转化。常言道：百闻不如一见。相信这次经历在儿子幼小心灵里留下了深刻的记忆。另外，东东不断呈现的小幽默让大家度过了开心的一天。

为了鼓励儿子从小立志，我指导五岁的东东学习毛泽东少年立志的四句诗词："孩儿立志出乡关，学不成名誓不还。埋骨何须桑梓地，人生无处不青山。"我们还一起学习了《沁园春·长沙》。东爸给东东详细介绍了青少年毛泽东求学与革命的故事。东东提议暑假我们一家一起去参观毛泽东青少年成长与求学的地方，并把这次旅行作为本年度的旅行计划。我和东爸自然是举双手赞成，我们一起拟订了旅行主题"寻访青年毛泽东足迹"。

我建议提前商讨我们三人分工合作的事情。为了激发东东参与家庭决策和决定，培养孩子的领导才干，我首先邀请他发言。儿子思考了一会儿，提议由他来负责景点和日程安排，爸爸负责火车票和宾馆的预订，妈妈的任务是做好行李物品的准备。我和东爸欣然接受。

家庭商议结束后，东东便立即开始履行自己的职责，上网查询旅游信息和资料。此时的东东已经从东爸那里学会了基本的电脑操作，很快便确定了此次旅行参观的景点，包括毛主席的故居韶山、橘子洲、岳麓书院、爱晚亭和烈士公园，他强调这次旅行必须按照这个顺序来安排。

出于好奇，我询问了儿子为何一定要这样安排。东东做出了这样解释：

韶山是毛主席的出生地，我们肯定要作为第一站；然后从韶山去长沙，因为橘子洲、岳麓书院和爱晚亭在一条线路上，我们先去位于湘江中心的橘子洲，再去岳麓山脚下的岳麓书院，然后爬岳麓山去参观爱晚亭；烈士公园单独作为第二个游览地，这个地点更多与历史有关，参观地点是在室内。

听了东东的旅行计划解读，我知道孩子的内在动机已经完全被激发了。内在动机是心理学领域的一个术语，心理学家们给出了这样的定义："内部动机是发生在没有任何外在奖赏的情况下的自觉行动。我们单纯地喜欢一个活动，或者把它看成一个探索、学习以及把我们的潜力转变为现实的机会。"[1]

内在动机是指孩子的参与目的指向学习活动本身，学习活动本身能使孩子得到情绪上的满足，从而产生成就感。内在动机可以给孩子提供一个内在的驱动力量，使孩子采取必要的措施，来锻炼和发展他们的能力。内在动机的反面是外在动机，它是由外在奖赏和报酬提供动力的动机。1960年，美国心理学家和教育家布鲁纳在《教育过程》一书中强调了"内部动机"的作用，内部动机也因此受到了学术界的广泛重视。不仅老师需要学会激发学生的内部动机，家长也要掌握如何激发孩子的内在动机。

在橘子洲的石碑"指点江山"前，我们一起诵读了《沁园春·长沙》。我一直都特别重视现场教育。因为只有在相关性的现场，学习才是最生动和最具意义的，有利于产生共鸣和联想。我耐心地给儿子讲解着毛主席1925年创作《沁园春·长沙》的时代背景以及他青年时代在长沙的活动。

横穿湘江，我们来到四大书院之一的岳麓书院。岳麓书院建于北宋时期，1903年改为湖南高等学堂。1926年正式改名为湖南大学。南宋理学家朱熹和明代心学集大成者王阳明都曾经在岳麓书院讲学，这里更是湖湘文化的发祥地。湖湘文化的基本精神概括为以下四个方面："淳朴重义""勇敢尚武""经世致用""自强不息"。岳麓书院历经千年，弦歌不绝，育人不止，故称"千年学府"。

由于出来之前我给东东介绍过岳麓书院及其对联"惟楚有材，于斯为

---

[1]　Coon, D., & Mitterer , O. J. (2008). *Introduction to Psychology: Gateways to Mind and Behavior with Concept Maps*. Cengage Learning; 12th edition.

盛"，进入书院，东东一下子就看到了正门两旁的这副对联，并在此留影纪念。我们聆听着讲解员的解说，重走先贤的足迹，一路从讲堂到图书馆再到师生的宿舍。我在心里默默念叨：希望东东能从游览这座千年学府中获得灵感和激励。

参观结束后，我们从书院的后门来到了爱晚亭。艳阳高照下，由毛主席书写的"爱晚亭"三个红色大字格外显眼。爱晚亭位于湖南省长沙市岳麓山清风峡中，始建于 1792 年，名字源于杜牧的七言绝句《山行》。坐在爱晚亭内小憩时，我问东东是否还记得这首诗。东东一边喝水，一边使劲地朝我点头。然后大声背诵起来："远上寒山石径斜，白云生处有人家。停车坐爱枫林晚，霜叶红于二月花。"东爸接着告诉儿子爱晚亭是革命活动圣地，毛泽东青年时代在第一师范求学，常与友人一起到岳麓书院，聚会于爱晚亭下，纵谈时局，探求真理。

听了东爸的介绍后，东东提问："我坐的这里是不是毛主席以前坐过的地方呢？"东爸回答："很有可能。"东东用他的小屁股使劲地在长条凳上蹭来蹭去的，还神秘地朝我笑着，那样子很滑稽。我问他在干什么。东东说他在吸纳毛主席的灵感，毛主席是他的学习榜样。好一个幽默的小家伙。顺着山路，我们接着游览了植被茂密风景旖旎的岳麓山。东爸成为我们的义务讲解员，历史是东爸的业余爱好。

按照东东的安排，我们这次旅行的最后一站是烈士公园。我们由南大门进入，首先去了纪念区。沿石级而上便是纪念广场，两旁是挺拔的雪松，绿草如茵，远远就能看见"湖南烈士公园纪念塔"。园内东、西为陈列厅，陈列有先烈郭亮、夏明翰、杨开慧等九十人的遗像和事迹，还有全省七万六千多位烈士的全部名册。来到陈列厅缅怀先烈，东爸给东东逐一介绍了近现代的湖南历史人物和先烈。

在这里，东东亲眼看到了革命先烈舍小家为大家的崇高品德；在这里，东东近距离感受了革命先烈不怕死的大无畏献身精神。我也趁机教育儿子要好好学习，苦练本领，长大为祖国为社会做出自己的贡献。并教育他要珍惜我们所拥有的一切，因为没有先烈们的牺牲就没有我们今天幸福的生活。

英国著名教育家怀特海曾说过：如果不能经常目睹伟大崇高，品德教育便无从谈起。① 我坚信"寻访青年毛泽东足迹"之行一定在东东幼小的心里播下了远大理想和崇高品德的种子。

承担学院管理任务后，我的工作变得十分繁忙，寒暑假也经常脱不了身。带孩子看世界的旅行计划虽照常进行，不过很多时候，我们的旅行团由"三人行"变成了"父子兵"。

他们父子俩一起去北京旅行，参观了长城和军事博物馆；一起去张家界，并参观了位于袁家界的悬浮山，也就是电影《阿凡达》里面的哈里路亚山。影片在北美上映后，我们一家三口第一时间就去观看，当画面出现悬浮山时，东东激动万分，赶紧告诉我他一年级时和爸爸亲自去看过。

这就是我希望看到的结果，孩子的淡定与自信源于体验和经历的积累。我们常常会听到家长抱怨自己的孩子胆小怕事，其实一个人的胆怯是由于对事物缺乏了解而带来的不确定性导致的。旅行让东东增长了知识，锻炼了能力。十四岁后，东东便开始了他一个人的旅行。

关于旅行的话题，我曾经遇到这样两位妈妈，她们都是因国庆假期外出旅游的计划与孩子发生了冲突而咨询我。

第一位妈妈的情况是这样的：他们一家三口决定去海口游玩。正准备从网上订票时，儿子突然决定不去了。本来好好的计划，一下子泡汤了。儿子放弃旅游的原因是妈妈要他写两篇游记，儿子本来希望开开心心地玩几天，没想到妈妈还给他布置写作任务，相当于给他留了额外的家庭作业。

第二位妈妈的问题是：他们早就约好了和亲戚一起开车自驾游，妈妈要求女儿把学校的作业全部带上，要求孩子在外旅游时，每天早上要先完成作业，才能游玩。女儿听了妈妈这样的安排，索性不去了。家长无奈只好取消行程。

两位妈妈显然都是焦虑的，估计这样的家长还不少。他们没有意识到"一张一弛乃文武之道"的重要性，把娱乐与学习捆绑在一起，引起了孩子的反感。同时，这两位妈妈完全没有认识到只要用心准备，旅行可以是一次非常好的学习机会。通过询问，我还知道两家的旅行计划都是大人安

---

① （英）怀特海，《教育的目的》，徐汝舟译，北京：读书·生活·新知三联书店，2002年1月第1版，第122页。

排的，孩子根本没有参与其中。

根据我和东爸带孩子看世界的旅行经历与收获，我想给家长朋友提出以下几点建议。

制订旅行计划一定要尽量提早，并确保孩子作为积极家庭成员，参与旅行计划的讨论与决定。可以先从"去哪里？何时去？看什么？如何去？有何意义？"这五个问题开始，做成主题式旅行，激发孩子查阅和收集资料的积极性。孩子参与旅行计划的制订可以极大地提升旅行的意义。

旅行计划制订后，可以分配好家庭成员的责任。旅行责任通常包括机票或火车票以及宾馆预订、开支的管理、景点的信息等。可以根据家庭成员的人数商量决定，可采取轮岗或抓阄的方式确定。这样几次旅行下来，孩子的能力可以得到很好的锻炼。

家长还可以把准备工作细化，尽量把旅行与孩子已有的知识储备和兴趣爱好有效地联系起来，巧妙地把预订的旅行演变成现场教育，达到既温习旧知识又学到新东西的目的。

旅行还有一个重要目的，就是增进家庭凝聚力。切忌在旅行中由于意见不统一而发生不愉快。一次愉快而有意义的旅行，常常能够让家庭成员看到休闲放松后彼此更加真实的形象，从而促进亲子关系与家庭和睦。

心得体会

第二部分
儿童篇

儿童成长期是个体生命飞速成长的重要阶段。随着孩子抽象思维的发展以及经历经验的逐渐丰富，他们对周围世界的好奇心和探索欲望更加凸显，学习与体验的兴趣也因此高涨，并渴望得到同伴认可。这个时期也是培养孩子情商与逆商，以及实现其正常化与社会化的关键时期。

不上学前班

 　　涉及孩子的事情，家长应该把决定权交给孩子，同时把各种可能出现的结果告诉孩子，以便他们慎重地做出决定，并教会孩子对附带而来的付出与代价进行理性评估，让孩子学会为自己的决定付出行动并为结果承担责任。

　　东东三岁开始上幼儿园。幼儿园一般是三年完成，分为小班、中班和大班。就在东东读幼儿园中班时，本地教育部门允许小学开设学前班，把部分一年级课程比如拼音放到学前班教授。学前班不属于义务教育，可以提高收费标准，并且规定学前班学生全部直升就读本校一年级。也就是说，学前班的学生就是小学一年级的生源，学校不会再招收别的学生。在这样的政策导向下，当地重点小学的学前班名额成了家长争夺的对象，家长们纷纷终止了孩子的幼儿园学习，报名抢占重点小学学前班的名额。

　　为了让东东接受完整的幼儿教育，享受快乐的幼儿时代，我没有随波逐流，而是让儿子继续在幼儿园读大班直至毕业。东东幼儿园毕业后，我和他认真地谈了一次话：是读学前班还是一年级。当时我工作单位的附属小学是当地一所优质小学，也开设了学前班，但接受个别学生转学，一年级尚有少量插班名额，必须通过考试选拔录取。儿子面临两种选择，一是入读该校学前班，二是通过插班考试升入一年级。为了获得附属小学入学名额，儿子的几个好朋友都终止了幼儿园大班学习而转入该校的学前班就读。东东如果选择幼儿园毕业后再读学前班，对他来说要轻松很多，无须考试即可升入一年级，但是他幼儿园的朋友就要高他一届。如果想和朋友们保持在同一个年级，就必须在暑假期间准备插班考试，自学学前班一年的教学内容。

东东上小学后，我也刚好开始担任学院的管理工作。当时处于两校合并共建初期，工作千头万绪，压力挺大，寒暑假都有任务，所以我根本没有时间辅导东东的学习。我把情况详尽地告诉了东东，要他仔细考虑，自己做出选择。同时，我也明确地告诉他，任何决定都要付出一定代价。

第二天下班回来，儿子主动找我谈话，告诉我他想读一年级，因为他希望和以前幼儿园的朋友同级。我表示支持他的决定，但暑假里他必须自学汉语拼音及其他学前班的教学内容；并且再次强调了我暑假很忙不可能辅导他。儿子坚定地告诉我他已经想好了。我反复确定了东东的想法，试探了他的决心后，便和儿子一起准备了学习资料，一起制订了学习计划和作息时间，计划用一个半月完成自学任务和相关的考试准备。

把决定权还给孩子，让他明确主人公意识和主动权，有助于激发孩子的内在动力和积极性，潜移默化地培养孩子独立思考和自己做决定的好习惯，并懂得为自己的决定承担责任与付出行动。同时，让孩子自己做决定也充分体现了民主平等的家庭氛围。这样的氛围是孩子健康成长必不可少的。

在自己做决定的前提下，一个由孩子自己创建的挑战自我和挖掘潜能的情景自然而然地形成了，这就等于把孩子对待学习时的"我必须学"的被动学习态度转变为"我想学"的主动学习态度。在"我想学"的积极心态下，孩子的主动性和内驱力被完全调动起来，学习就变成了开心快乐的事情，也让学海无涯"乐"作舟成为现实。

暑假里，东外婆来到我们家，帮助照顾和陪伴东东。东外婆告诉我东东每天上午都在家按照计划坚持自学，下午才出去到院子里和小朋友玩耍。有时，东东的朋友会来楼下大声叫东东出来一起玩。东东会从窗户探出头去，告诉他的朋友不要在上午来找他，上午是他的学习时间。汉语拼音教材一共十二章，东东自己制订了学习方案，每天学习一章。并且在学习下一章之前，他都会安排一个复习环节。每一章学习结束后，东东总会主动和外婆讨论当天所学的汉语拼音知识。两周后东东结束了这套汉语拼音教材的学习，完成了全部学习任务。

在复习环节，东东跟外婆分享了他的学习心得，并向外婆提出问题：

"外婆，您知道这十二章汉语拼音教材哪一章最难学吗？"外婆回答："我不知道呢。你给外婆讲一讲吧。"东东胸有成竹自信满满地回答："最后两章最难学。"外婆问："为什么呢？"东东娓娓道来："第十一章学的是前鼻音，第十二章是后鼻音。"外婆又问，"什么是前鼻音？什么又是后鼻音？他们有何区别呢？"东东生动幽默地回答："前鼻音从嘴巴里发音，后鼻音从鼻子里发音。"接着东东给外婆进一步举例说明："比如拼音二字都是前鼻音，而苹果的'苹'和英雄的'英'就属于后鼻音。"外婆告诉我东东首先演示了前鼻音和后鼻音，然后还像一个小老师那样要外婆跟着他读。除了发音的区别，东东还总结出前鼻音和后鼻音在书写上的区别。

在暑假儿子自学期间，我每天下班回家，东东总喜欢把他的学习收获和体会跟我分享。有时会分享前鼻音和后鼻音的发音区别，有时激动地告诉我他发现的拼音识记和书写规律，有时会考我和他爸爸一些汉字的发音，特别是卷舌音的发音。东东总结出我们湘西人说话会分不清平舌和卷舌音，还纠正了爸爸把"湖南"读成"Funan"而把"福建"读成"Hujian"的"h""f"不分的毛病。

东东在自学完成汉语拼音后，还提议我们要经常用普通话交流。东东从小就热爱阅读，并且通过广泛的阅读掌握了比较大的词汇量。现在，又通过自学掌握了汉语拼音。这样一来，东东的阅读如虎添翼，他的普通话和朗读也进步很快。

为了顺利通过考试，保证升入一年级，除了自学拼音，东东每天还会背诵唐诗、儿歌，做一些数学题。整个暑假我都一直忙于学院的工作，升学考试的准备基本都是靠东东自己。决定上一年级而不是学前班是东东自己的选择，因此，他的学习积极性很高，学习效率也非常高。

很快，东东的入学考试时间到了。插班考试由分管教学的杨副校长亲自把关。杨校长首先问了东东的个人信息，包括姓名、年龄和家庭住址。我们在门外听到东东对答如流。只听杨校长说："回答得不错。个子长得蛮高的，身体也很壮实，很好。"接着问东东为什么要插班读一年级，而不选择读学前班。东东回答："我想和我原来幼儿园的朋友同级，不想低他们一级。我在暑假已经自学了学前班的课程，学前班学习的内容我都会。"杨校长笑着说："挺有想法的嘛，还会自学。好孩子！暑假里都自学些什么功课呢？"

　　显然，东东的回答引起了校长的兴趣。东东便立即把他暑假里准备的十八般武艺，包括拼音、儿歌、唐诗和数数等一股脑倒出来。他首先背诵了声母、韵母和拼读规则，接着背诵了三首儿歌和五首唐诗，然后完成了1到100的数数。几乎连内容转换时的停顿都没有。说完之后，还没等杨校长开口评价，就听见东东问："还需要考英语吗？我还会英语。"杨校长还没有反应过来，东东就开始叽里呱啦地说起英语来："How are you? I am fine, thank you，and you? I'm fine，too."东东把我早期教给他的几句简单英语会话居然也搬了出来，出乎我的意料。

　　儿子之所以搜肠刮肚地把自己会的东西全部展示出来，他一定是志在必得，希望通过考核，争取到那为数不多的插班名额，顺利就读一年级。有备而来的东东果然如愿了。"表现这么好啊。完全可以来我校读一年级，录取你了！"杨校长当场高兴地宣布了决定。

　　在这样主动学习的热情下，东东不仅在自学能力方面得到极大提升，还成为自我导向的学习者。Punahou 学校校长 Jim Scott 博士多次提到该校的一个重要培养目标就是把孩子们培养成为自我导向的学习者。自我导向的学习是孩子的内部动机被激发的主动求知过程，主动求知和被动学习的出发点不同，过程和结果显然不同。因此，自我导向学习对孩子的成长和发展十分重要。特别是在获得权威人士的表扬和肯定后，孩子的自信心和成就感会成倍地增长。

　　不上学前班的决定也是儿子第一次为自己做出的重要决定。通过这次体验，东东学会了做决定，并且为自己的决定承担责任。同时，他所承担的责任还必须经过专家的考核和认定。这样的历练过程让东东受益匪浅。回看东东每一次自己做的重大决定，包括小升初的择校决定和大学提前申请志愿的决定等，都经过了深思熟虑，并且他为此全力以赴。我想这一定得益于他不到六岁时做决定与取舍的锻炼。这样的一次人生经历让孩子懂得只要付出勤奋和努力，梦想就能实现。这样的信念一旦建立，一定会让孩子受益终身。

做学习的小主人

　　孩子的学习态度、习惯以及应对挑战的能力要从小培养和训练。家长要在引领孩子成长方面做好充分准备，特别是在孩子的适应期和转换期。家长要细心观察孩子的心理和情绪变化，帮助孩子顺利过渡。幼年的自主学习和战胜困难的体验对今后的发展和成长大有益处。

　　独立性指人的意志不受他人的影响、具有较强的提出和解决问题的能力。通俗地说，是指遇事有主见，有获得成功的愿望，不依赖他人能独立处理事情，积极主动地完成各项任务。兼顾勇敢、自信、认真、专注、责任感和不怕困难的精神独立性的培养是早期教育的一个重要方面。

　　我认为家庭环境对孩子独立性的养成至关重要。家庭环境既指物质层面的环境，又指精神层面的环境。物质层面的环境包括为孩子提供属于他自己的安全舒适的生活和学习空间；精神层面的环境包括家庭良好的生活和学习习惯，家庭成员之间的和睦相处、相互关心，但同时保持明确的边界。

　　我十分注重对儿子独立性的培养，包括独立的学习和思考能力以及不给别人添麻烦的自给自足精神等，这在我们最初制定的"三个原则"就有所体现。东东满三岁上幼儿园前，为了让他懂得学习是自己的事，建立做学习小主人的意识，帮助他顺利做好家庭到幼儿园的过渡，我利用周末去当地家具店，为东东挑选了一套可调节的桌椅，放在他房间里光线最好的位置。桌椅旁是一组书柜，方便存放书籍。我们尽量为儿子打造安静舒适的学习环境以及属于他自己的空间。

东东上幼儿园中班的一个周末下午，他把自己关在房间里很久。晚饭时间到了，我敲了敲门，叫东东出来吃饭。为了养成独立和尊重彼此隐私的习惯，我们规定，在进入别人房间前要先敲门。我敲了两次，不见动静，就直接推门进去，发现东东坐在书柜前面的地板上，在专心整理书籍。书柜的四层书架旁边贴上了标签，分别是一元、两元、三元和五元。看到这些标签，我心里想：这小子又突发奇想，有了什么新点子呢？

于是，我好奇地询问儿子："东东，你这是在做什么？都入迷了。妈妈敲门叫你吃饭都听不见了。"东东回答："哦，对不起。我真是没有注意到。我正在把我的书籍和杂志进行分类。"我接着问："这些写着标价的条子有什么用呢？"东东面带笑容自豪地说："我是按照书的价值高低分类摆放的，五元代表价值最高，是最有用的书；然后是三元和两元的；一元代表最低。"我继续追问："你这样分类的目的是什么？你打算出租你的书吗？"东东回答："方便自己识别和阅读啊。我的朋友来家里玩时，我也可以给他们介绍这些书。我不会出租我的书，标签不是定价，是代表书的价值。"

东东的解释引起了我的兴趣，我半蹲下来，查看东东的书柜。在标价五元区里，我发现了《幼儿百科全书》《十万个为什么》《唐诗三百首》《兵器世界》等；而在最底层的一元区里存放的是他婴儿时期订阅的杂志，比如《婴儿画报》和《大灰狼》等，也许在如今的东东眼里，这些杂志已属小儿科了吧。东东的图书分类法让我想起了大学时代的美国外教 Betty 老师。Betty 老师教授英文单词时，喜欢按照难易程度分出二十美元、五美元和一美元的单词。当我们正确地拼出高难度的单词时，他会在旁边标注一句：你赢得了二十美元！我惊叹儿子小小的脑袋怎么会有这样的想法，当然，我也在心里暗自赞美他的分类能力和管理能力。

三年幼儿园学习在开心和愉快中顺利结束，东东最初的社会化实践比较成功。他的幼儿园班主任童老师给东东的评价是："善良聪明有爱心，不会犯两次同样的错误。"

幼儿园教育和小学教育的本质区别是后者属于义务教育，被纳入了应试教育的范畴。应试教育的显著特点就是分数至上，学校声望和教师评估等所有的评价都与考试分数挂钩。这样一来，压力都集中在孩子们身上。东东就读的小学是当地的一所重点小学，压力自然就更大了。我早就听闻小学一年级学生每天的家庭作业量很大，几乎要做到晚上十点才能完成。作业内容基本是反复做题、抄写生词和背诵课文，周而复始。

开学前，我仔细地研究了幼小区别及注意事项，并与东东分享。幼儿园和小学完全是两种不同类型的教育机构，因此，它们对孩子的行为表现和学习生活方面的要求也是有很大区别的。

首先，在教育教学方面。幼儿园将教学内容融入游戏活动中，孩子们也不受太多规章制度的约束。而小学是正规学校教育的开始，进入系统学习的环节，对孩子知识和能力方面都有较高的要求，为了保障学习效果和学生管理，学校将会制定许多较为严格的规章制度。

其次，在人际交往方面。幼儿园里，孩子一般都是与一位教学老师和一位生活老师朝夕相处，与小朋友们一起开展活动或玩游戏。而小学课程增多，教学老师增多，每天与各位老师的相处时间就在课堂；学生之间的互动时间大大减少；原来在幼儿园大块的游戏时间被每节四十分钟以传授知识为主的课程取代。

最后，在要求方面。幼儿园小朋友只要按时吃饭，按时休息，不骂人，不打架，就是表现好的学生，可以得到老师的表扬，领到大红花。而小学老师和家长更注重对孩子能力的培养，要求更高，得到嘉奖也不那么容易了，孩子要在德智体等多方面都表现优异，才能获得奖励。

小学生活的前两周在东东亢奋的新鲜感中结束，他每天回家都会主动和我分享在学校的逸闻趣事：他的同桌是一位性格温和且善良友好的小姑娘，碰到了他幼儿园最好的几个朋友，上课积极举手回答问题等。第一周家庭作业也不多，晚上他还有时间看他喜爱的课外书籍。从第三周开始，他的情绪和前两周有了很大的反差，回到家不怎么爱说话，也不见往日开心的笑脸。每天都有一大堆家庭作业要完成，根本没有阅读的时间。我细心地观察着东东在情绪上的变化，耐心地开导他，告诉他并不是他一个人要适应新要求，而是全班和全年级所有的学生都要面临这样的挑战和艰苦。

没有学前班经历的东东刚开始很不习惯，他最怕的是抄写生词，常常会跑到我房间里来抱怨，说他不想写了，有时还会大哭大闹。我抓住可教时刻，告诉他现在不再是幼儿园小朋友，而是一名小学生，接受的是正规的基础教育，老师是给所有小朋友布置作业，不是单单给他的任务。要养成独立学习的习惯，做学习的主人，学会管理时间。我态度坚定地告诉他，学习是他本人的事情，不能依靠别人。每次我都毫不留情地把他送回自己的房间，并鼓励他挑战自己的舒适圈。

从妈妈和善的语气但坚定的态度中，东东感觉到没有商量的余地，只好回到书桌边继续他的作业，有时甚至是一边哭一边做。听着孩子的抽泣声，我心里也非常难受。但我知道，此时如果我表现出怜悯和妥协，实际上是在暗示孩子的无能弱小和不能胜任学习，他很有可能就会沮丧消沉下去，对学习失去兴趣，对自己失去信心。当东东完成家庭作业后，我会及时来到他身边，摸摸他的脑袋，对他说："真棒！我就相信我儿子能独立完成作业，因为你一直都是学习的主人。"同时，还会为他送上一杯热牛奶。

实际上，家长和善且坚定的语气与态度给了孩子三点暗示：一是我相信你能够应对；二是学习是你自己的事情；三是这件事不能讨价还价。在我的引导下，东东坚持了三周左右就顺利适应了一年级的学习。由于我对孩子早期教育的重视和关注，学习内容和难度都不是问题，当我把孩子态度层面的问题解决后，东东很快就适应了小学生活。

为了保证自己能有时间阅读课外书籍，东东对他的作息时间做了调整。以前他从幼儿园回家后，一般是先看动画片或者看他喜欢的影碟，晚餐后开始阅读课外书籍。调整后，他每天回家后，就主动到房间先完成作业，晚上还能抽出一定时间看书。几乎很少听到他再发出抱怨，也几乎不再需要家长辅导。

从家长的角度看，当孩子面临困难与挑战时，如果家长表现出大惊小怪的神情，偏颇地去怜悯孩子，实际上是放大了孩子需要面对的挑战和困难，助长了孩子的挫败感，使其有依赖思想并养成怨天尤人的习惯。久而久之，还可能形成低自尊感甚至自卑心理。挫败感让我们的孩子失去自尊自信和自我认同感；怨天尤人让我们的孩子缺乏担当和责任感，不利于调动主观能动性和内驱力；依赖思想则会让我们的孩子成为躺在摇篮里永远长不大的婴儿；而低自尊与自卑心理很难提升孩子的人生格局与幸福指数。这些都是家长最不希望出现在自己孩子身上的。

从孩子的角度看，当孩子软弱时向父母诉苦和求助，表明了孩子对自己是否能应对和战胜困难没有把握，对自己的能力持怀疑态度。此时的孩子最应该得到的是家长的理解、支持与鼓励。孩子表现出害怕和胆怯是因为未知和不确定性，家长首先要相信自己的孩子，劝说的态度一定要和善且坚定。不能批评或指责孩子，更不应该越俎代庖或者站在老师的对立面，允许孩子不完成家庭作业。

美国前第一夫人米歇尔是一位很重视家庭教育的妈妈，她曾经说过不要剥夺孩子从小学习做自己不喜欢的事情以及与自己不喜欢的人交往的机会。因为这些都是生活的组成部分。我非常赞同这一点。当孩子遭遇困难与挑战时，只要家长和善且坚定地坚持一段时间，孩子就会慢慢适应顺利过渡的。孩子早年的独立学习习惯与自我管理能力的历练会让孩子受益终身。

一旦孩子具备了这样的意识，独立学习这一核心习惯的养成就会更加顺利。我也为我在孩子还小的时候就意识到这一点而感到自豪和欣慰，幸好没有让儿子错过这一课。

来到美国求学深造，通过专业的学习，我还了解到在培养和鼓励孩子独立学习能力的同时，作为孩子的"认知指导顾问"，家长要注意把握好孩子学习活动的特点，以便通过最近发展区最大限度地提高孩子的学习能力。[1]

最近发展区是指孩子的现有认知水平与潜在认知水平之间的区域。孩子的潜在认知水平往往需要在他人的协助下得到发展。维果斯基指出，孩子在别人协助下完成活动比他们独自完成活动，对智力发展更具积极的暗示作用。[2]

家长在利用最近发展区促进孩子智力发展中承担重要角色，我们要尽力做到以下四点：给孩子布置具有挑战性的任务；提供支持但不取而代之；增加重要信息；鼓励孩子的内驱力。[3]家长在执行中要注意把握好度，更好地引领孩子成长。

---

[1] Flavell, J. H., Miller, P.H., & Miller, S.A. (2002). *Cognitive Development*. New Jersey: Pearson Education, Inc. p.25.

[2] Vygotsky, L. S. (1980). *Mind in society: The development of higher psychological processes*. Cambridge, MA: Harvard University Press. p.85.

[3] Berger, S. K. (2016). *Invitation to the Lifespan*. Worth Publishers; Third edition. P.177.

<h1 style="text-align:right">在试错中成长</h1>

犯错是人生无法避免的，犯错也是孩子成长的必经之路。每次犯错，既是一次挫折，也是一次经验的积累。孩子就是在这样一次次的犯错中得到一次次学习的机会。我们既要维护好孩子的自尊，同时也要唤醒和培养孩子的自省与纠错意识，帮助他们走向成熟与练达。

人非圣贤，孰能无过。孩子在成长过程中也会犯错。孩子看重父母在他们取得成绩时给予的赞扬，但更在意他们犯错或者经历失败时家长的态度。作为家长，我们既要保护孩子的自尊心与自信心，也要注意培养孩子的自我反省与纠错的能力，让孩子明白失败是成功之母，从而帮助孩子在试错中成长。

在东东的成长过程中，有两次犯错纠错的经历，一次是发生在东东小学一年级，另一次是他在夏威夷八年级，我至今记忆犹新。我认为这两次宝贵的体验让东东变得成熟和练达。

东东上小学一年级不久，我便外出开始了国内访问学者项目。在访学期间，我因公务回来一周。周五下午赶去接儿子放学。东东走出教室后，看到妈妈来接她，非常高兴，毕竟有几个月没见到妈妈了。东东首先向我报喜，说他数学竞赛荣获一等奖，接着告诉我他这次期中考试考得不错，还激动地说妈妈刚好赶上下周一召开的家长会。

星期一下午我和东爸提前赶到儿子的学校。透过窗户，我看到班主任老师正在分发期中考试试卷，并让学生把试卷折好放在自己的课桌上。随后宣布放学。我看见东东随着拥挤的人群，好不容易挤到了教室门口。当时，东东班上有接近八十个学生。每一组有十排，一共四组。我观察到东东脸上没有了上午送他上学时的那份轻松和愉快，表现出几分焦虑和不安。我猜可能是考卷发下来后，东东发现考试成绩没有他预料的那么好。

东东发现了我和东爸，便朝我们走来。我上前拥抱了儿子，东爸赶忙从东东肩上取下了沉重的书包。东东告诉我第三组第七排靠里面的是他的座位，还叮嘱我不要坐错了。东爸带儿子回家，我参加家长会。

翻开东东的试卷，我先看到的是语文试卷，他得了满分，放在下面的是数学试卷，卷面上是九十五分。我仔细地查看东东的数学试卷，发现最后一道应用题被扣掉了五分。东东的解题思路、公式以及答案都没有错，只是在最后一步时由于粗心把一个数字写错了，结果被老师"狠狠地"扣了五分。怪不得东东刚才情绪低落，原来是因为考试结果没有如他所愿。

家长会散会后，我刚到家里就被东外婆拉进了厨房，她把今天东东回家后的情况分享给我。东东回家后悄悄告诉外婆他这次期中考试没有拿到双百分，数学被扣分的那道题自己在草稿纸上写对了，但是因为粗心，誊写时误写了一个数字，根本没有影响整体运算和结果，还是被老师扣掉了五分。东东还把这道数学题完整地分享给了他的外婆。

东外婆是一位退休数学教师，在东东分享了他的解题思路和步骤后，她十分理解东东的心情。东外婆告诉我东东当时的心情十分复杂。他一方面为自己的粗心自责，一方面也为数学老师扣分太重感到心里不舒服。此外，他还担心妈妈开完家长会回来后要如何交代，他还跟外婆说爸爸要是知道了，一定会打他屁股的。他还担心屁股被打烂后不能坐，完成不了作业怎么办。东外婆安慰东东说爸爸妈妈保证不会打他的。为了确保我在回家后见到东东前先了解他的思想负担，东外婆建议东爸带东东出去打篮球了。

听了东外婆的这番话，我基本了解了东东此刻的心理状态。其实，东东上学后，我和东爸从来没有提过双百分的概念，也从来没有要求过他考双百分，看来这是东东给自己设定的目标。现在他已经在为没有达到目标而内疚和自责了，作为父母我们要理解和支持孩子。

这时，东东和东爸打球回来了。东东神色紧张地走到我身边，试探性地问："妈妈，家长会上老师都说了些什么？"我把家长会的信息简略地分享给了东东，还高兴地告诉他："你们班主任点名表扬了你，说这次数学竞赛全年级两个一等奖都在你们班，你是其中一位获奖者。"

看见妈妈情绪稳定，东东紧张的心情也放松了许多，并主动说起了数学考试的失误。东东说："妈妈，我原以为期中考试是双百分，没想到由于粗心，数学被扣了五分，以后我一定要改掉粗心的毛病。"我赶紧安慰说："你已经意识到了粗心带来的后果，并决心改掉，这比考双百分更让妈妈高兴。"

然后，我和东东一起打开了试卷，要他把做错的那道题更正在一个笔记本上，并写好时间和考试信息等。我们把这个笔记本取名为"成长档案"，主要用于收集作业和考试当中出现的各种错误和问题，也记录做人做事等方面的经验与教训。

后来，我还建议东东学会把错误进行分类，看看哪些错误是粗心导致的，哪些是知识点掌握不牢导致的，哪些是熟练程度不够导致的等。"成长档案"一直伴随着东东的成长。在各级各类的小考大考前夕，东东都会翻阅一下自己的记录，提醒自己不要再犯同样的错误。

来到美国后，东东也坚持记录成长档案。在备战美国高考 SAT 和 ACT 的过程中，成长档案让东东受益匪浅。SAT 和 ACT 是美国现有的两种高考，东东的大学指导老师建议他两种高考都报名参加，因为名校招生官通常会多样化多维度地考查学生。如果 SAT 和 ACT 考试成绩都优秀，显然对申报大学十分有利。由于习惯使然，每次做模拟试题，东东都会把做错的题目记录下来，并通过分类找出规律，然后分析自己在知识点上存在的不足。通过这样的演练，东东进步很快，结果两种高考都拿到了理想的成绩。

我也会给其他家长分享：作为父母，我们一定要正确面对孩子的错误，学会接纳和包容孩子，帮助孩子更正错误，从错误中吸取教训，并养成从错误中总结和提高的好习惯。

数学一直是东东的长项。来到美国后，在英语语言基本过关之后，他的数学天赋和能力很快就脱颖而出。考入 Punahou 学校后，东东就一直参加校数学竞赛队，校队分为初中队和高中队，分别由六位数学优等生组成，代表学校参加各级数学竞赛。

数学竞赛队员从数学俱乐部成员中产生，数学俱乐部面向所有对数学感兴趣的学生开放。数学竞赛队成员身份有效期为一年，每年都要重新通过严格考试，产生下一年的成员。东东在 Punahou 就读的初中三年和高中四年，一直保持着数学竞赛队员的身份，高中阶段还当上了队长。

八年级春季学期的一个周末，夏威夷州主办全州初中数学竞赛。比赛在本州的私立学校 Kamhamha 学校举办，一共有四十多个代表队参赛。比赛最后项目个人淘汰赛面向参赛学生家长开放，我和东爸也赶来参加。由于事先不知道哪些学生有资格进入淘汰赛环节，所以几乎所有家长都赶来观摩。

家长席位安排在代表队的后面，整个体育馆坐满了家长。个人淘汰赛的参赛选手是从前面三项团队赛中选出的，在团队赛每个项目中累积分较高的前二十一位学生获得个人赛资格。大屏幕上展示着参加淘汰赛的学生名单，我很快找到了东东的名字。

比赛采用选手抢答的方式进行答题，每次三道题，抢先答对者胜出，迎战下一位选手。这样的竞赛方式我还是第一次看到，过程异常紧张，较量异常激烈，较量的不仅是参赛者的数学技能，更是他们的心理素质和抗压能力。

比赛进行到最后，只剩下东东和另一个来自 Iolani 学校的选手争夺冠军。前面都是通过三轮决出胜负，而这两个男孩却较量到了三比三的平局。这时裁判宣布加赛，继续竞技以便决出冠亚军。当比赛进行到第五轮也是最关键的一轮时，对方抢到答题机会。这时全场观众都屏住了呼吸，等待他的答案。如果答对，那位学生就是冠军，比赛将结束；如果答错，就轮到东东答题，如果东东答对，那么冠军就是东东。

对方开始答题，裁判员宣布答错了。这下，东东的机会来了，只见他淡定从容地报出答案。裁判员激动地大声说："答对了！"并立即宣布东东成为本次比赛个人淘汰赛冠军。随后，宣布这二十一名学生将在下月再次角逐，冠军将代表夏威夷州参加美国国家级数学竞赛。

这次比赛，是继东东七年级参加天才儿童中心的"天才搜寻"荣获夏威夷州唯一"杰出天才奖"后，再次登上耀眼的领奖台。作为母亲，我当然为儿子取得的成绩感到高兴和自豪。然而，我想到了《周易》里的"日中则昃，月盈则亏"这句话。我又想到《尚书》里的"满招损，谦受益"。

我开始有些担心儿子。少年得志，太过顺畅。如果不保持警惕和清醒，很容易出现骄傲自满现象，也可能因为挫折教育机会的缺失，他的逆商将难以构建。逆商是指人们面对逆境或挫折时的反应方式，即面对挫折、摆脱困境和超越苦难的能力[1]。逆商缺失的孩子长大后难以应对来自生活的挑战和压力，难成大器。

有句话是这样说的：十三岁不摔的跟头一定会在三十岁摔。对于东东能否参加国家级数学竞赛这件事，说实话，我的心情是复杂和矛盾的。我既希望他参加，又不希望他参加。希望他能参加，是因为参加国家级的竞赛肯定对他将来升学有帮助；不希望他参加，是因为失败更能让孩子得到磨炼。

距离 3 月下旬的选拔赛还有一个月的准备时间，我观察到东东比赛之后似乎有些飘飘然，认为自己稳操胜券了。因此，他没有花精力去做准备。我多次提醒他应该为下个月的选拔做好准备。然而，东东对我的提醒根本听不进去。也许是天意吧，我刚好在东东比赛前要去参加比较与国际教育学会在芝加哥举办的第 54 届年会并宣读论文。算了一下时间，我返回的飞机落地时间刚好是东东比赛结束的时间。

当我匆匆赶回家时，发现儿子用被子把全身包裹着蜷缩在床上，我顿时明白了一切。我知道儿子一定是考砸了。那一刻，他正承受着骄傲自满带来的惩罚。看着眼前的这一幕，我心里突然冒出了"十三岁不摔的跟头一定会在三十岁摔"这句话，也因为这句话而感到一种莫名的轻松。那一年，东东刚好十三岁。

我坐在床边安慰东东："没关系的。都过去了。往前看，咱们有的是机会。"听了我的话，儿子突然一下子抽泣起来。掀开他的被子，看见他红肿的眼睛。我想他一定是在东爸来机场接我时，一个人在家伤心痛哭过了。此刻，法国著名教育家卢梭的教育理念在我耳边回响，他说："遭受痛苦，是孩子必须学习的第一件事，也是孩子最有必要知道的事。"[2] 儿子坐了起来，紧紧地抱着我，抽泣着对我说："妈妈，对不起。我当初没有听您的话，

---

① Stoltz, G. P. (1999). *Adversity Quotient*. New York: Wiley.
② （法）卢梭，《爱弥儿》，叶红婷译，北京：台海出版社，2016 年 9 月第 1 版，第 79 页。

没有引起重视。我失去了参赛资格。"我抚摸着东东的后背说："挫折和失败是一个人成长和学习的机会，你从中收获的东西或许比获胜更多，不必伤心了。赶快起来，洗洗脸，我们一起吃午餐吧。"听了我的这番话，儿子的心情也逐渐好转。

午餐后，我和东东继续讨论。我抓住这个难得的可教时刻表达了我的观点。学习必须是踏踏实实、认认真真的，容不得一丝一毫的懈怠情绪和骄傲思想。还特别指出胜败乃兵家常事，竞赛场上输赢难料。只要全身心地投入其中，结果就不那么重要了。过程比结果更重要，重在参与，重在学习。东东也总结了他失败的教训：由于最近连续获奖，让他产生了骄傲自满的情绪，根本没有用心为这次选拔赛做准备。

看到儿子意识到了自己存在的问题，我赶忙跟他分享了哈佛大学教育研究院教授加德纳的观点：杰出的人都具备识别自己的长处与短处的特殊才能。我鼓励东东振作起来，扬长避短，把这次的失败作为教训，重新出发。母子间的讨论让东东备受鼓舞，心情也好了很多，东东表示他一定会努力克服自己的缺点，更加勤奋地学习。

我们谈话结束后，东东便开始做他的功课，我也回到房间休息，缓释旅途劳顿。一觉醒来，感觉人非常舒服和放松。儿子的这次失败反倒比获胜更让我感到安心和踏实。因为那一跤迟早要摔的，迟摔还不如早摔。与其日后让孩子独自面对，还不如摔在有妈妈陪伴之时。

在儿子的成长过程中，我真正体会到在试错中成长带给孩子的诸多益处。

试错让孩子学会承担责任。允许孩子试错就意味着允许他们自己做决定并承担后果。如果做出的决定是明智的，他们就可以享受到由此带来的成就感；如果做出的决定是错误的，那么就要学会为决定承担责任。

试错可以培养多种能力。孩子在解决问题的过程中可以学会很多生活的重要技能，包括如何应对负面情绪、如何自控、如何道歉、如何克服粗心、如何提升专注力、如何与人相处等其他方面的重要技能。

试错会让孩子变得练达。我们允许孩子试错就是给他们不断积累经验的机会，是为他们将来能做出智慧的决定所做的演练和铺垫。给孩子们试错的自由，但家长和老师也不是完全放任不管，而是要随时跟踪，保证他们不做出有可能影响到他们今后生活的负面决定。

最后，试错可以培养孩子的自信心和勇气。我们允许他们决定和行动，而不是干预以显示我们的权威和高明，这有助于保护孩子们的冒险精神，让他们在尝试新事物、新知识时不至于害怕失败。

2016 年 7 月，两位美国心理学家 Roberta Michnick Golinkoff 与 Kathy Hirsh-Pasek 出版的著作《塑造卓越：如何科学地培养孩子》在美国引起极大的关注。这本书旨在引导家长思考未来人才所应具备的能力和素质。她们特别对自信做了说明，认为孩子一旦具备了自信，就敢于冒险和挑战自己。还特别强调：如果我们养育的孩子不敢冒险，说明我们的教育没有成功。[①]

家长对孩子犯错的态度直接影响到孩子自信心的建立，从而影响到孩子的冒险精神。当孩子听话不犯错误时，当他们取得好成绩和荣耀时，我们很容易爱和欣赏他们。当孩子因为尝试、选择、决定，甚至盲目自大和骄傲而犯错与失败时，我们还能友善而坚定地站在他们身后，依然爱他们，欣赏他们，并有能力帮助他们重新起航，这才是充满正能量的父母之爱。

心得体会

---

① Golinkoff, M. R., & Hirsh-Pasek, K.(2016). *Becoming Brilliant-What Science Tells Us About Raising Successful Children.* Washington, DC: American Psychological Association.

跨越时空亦可陪伴

　　家长在整理行囊即将离开时，千万不要忽略孩子的感受，一定要提前与孩子交流与沟通，告诉孩子自己离开的原因；还要给孩子提出周全的建议，帮助孩子适应爸爸或妈妈不在家的那段时间；并建立定期与孩子互动的计划，隔空陪伴孩子成长。

　　当今社会是一个终身学习的社会，处于事业发展重要时期的年轻家长们，随时都有可能因为学习或工作离家远行，一年半载见不到孩子。然而，孩子正处于需要父母陪伴与关怀的重要时期。面临这样的矛盾，我们常常处于两难境地。当最终决定抓住提升自我与事业发展的宝贵机会，作别孩子和家人时，我们该做哪些准备工作？离别后，我们又该怎样保持和孩子交流互动？

　　东东八岁时，我也曾面临过这样的抉择。面对出国留学这样千载难逢的机会，我当然是很难说 No 的。知道妈妈要去美国深造，东东非常高兴，还把这个消息分享给他的小伙伴们。虽然我跟儿子也多次提到离别，但是离别毕竟还没到跟前，东东也没有当一回事。

　　到我出发前两周，东东开始情绪低落，特别黏妈妈。放学回家后，只要我在家，东东总是跟在身边，有时蹭蹭妈妈，有时抱抱妈妈。我意识到在我离开前，应该和儿子好好交流一下，为即将到来的离别做好准备。我在心里为这次谈话打了腹稿，计划要达到以下三个"确保"的目标：我必须确保与儿子一年的离别带给儿子的是满满的正能量；我必须确保儿子明白妈妈不在身边时的一些注意事项；我必须确保让儿子知道妈妈和他距离虽然很远，但我们的心依然可以很近，跨越时空也一样可以高质量陪伴他成长。

基于这三个目标，经过认真思考和准备，我决定围绕以下三个问题和儿子交流。第一，妈妈为什么要离开他出国学习深造？第二，妈妈不在家，应该注意哪些事项？第三，在妈妈学习期间，母子如何保持良好互动？

临行一周前的星期六下午，我和儿子单独外出。我们先去书店买书，接着看了一场电影，最后去了他最喜爱的餐馆。我们选了二楼靠窗的安静座位，东东点了他最喜欢的烤鸭、卤牛肉和猕猴桃果汁。大概是饿了，东东狼吞虎咽地吃了起来。看儿子差不多吃饱了，我便开始了话题。

"儿子，你知道为什么妈妈要那么勤奋辛苦地准备托福考试和面试，争取出国留学深造的机会吗？"

"因为妈妈爱学习。"儿子善意地夸赞了妈妈。

"谢谢儿子夸奖。是的，妈妈要不断学习，与儿子一起成长。咱们所处的社会是学习型社会，提倡终身学习，谁不努力就会落后，谁不上进就会掉队。所以妈妈三十多岁也必须离开家，离开儿子，返回校园，去学习提高。"我试着给儿子说明为什么离开他赴美学习。

"妈妈是我学习的好榜样。"儿子乖巧地回应。

"谢谢儿子。妈妈一周后就要离开你了，你知道我们要一年后才能见面，对吗？"我开始了第二个问题。

"知道。我读一年级时，您就出去学习，但那次是在国内，而且时间是半年，中途妈妈还回来看我。我现在三年级，您又要去学习，还要去那么远，这次要一年才能见到妈妈。一年是三百六十五天，好难等，我会好想妈妈的。"东东一口气说出长长的一段话。

这段话反映了儿子内心的矛盾。一方面，他明白妈妈离开他外出学习是件好事；另一方面，和妈妈离别在即，让他感到难过，生出伤感情绪，所以话里流露出那么一点点小埋怨。

"妈妈也会想你的。但现在是互联网时代，我们可以打电话，可以视频，我们可以随时保持联系啊。"我安慰东东。

"对啊。那我想妈妈了，随时都可以找您吗？"东东高兴地说。我的话起到了转移儿子注意力的效果。

"当然可以。但是要注意时差，夏威夷时间比北京时间晚十八个小时，比如现在是 6 月 28 日晚上 6 点，夏威夷此刻是 6 月 27 日的中午 12 点。"我刚好利用这个机会把时差的常识告诉了儿子。

"时差很重要。我可不想把妈妈从睡梦中吵醒。"东东善解人意地说。

跟儿子这段对话，基本上让他接受了妈妈即将离开这件事。接下来，我开始谈第二个问题。我给儿子提出了一些注意事项。首先，叮嘱儿子安全第一。上学和放学不要独自回家，要么有爸爸陪伴，要么与同学结伴而行。其次，叮嘱儿子学会自我管理。管理好自己的学习和生活，锻炼独立性以及生活自理能力。再次，叮嘱儿子要听从爸爸的教导和安排。父子俩要齐心合力，互相关心。最后，要常常看望和关心奶奶和外婆两位老人，替妈妈在老人那里多献爱心。

东东边听边点头，还俏皮地问妈妈为何遗漏了关于他玩电脑游戏的注意事项。东东从小就是电脑游戏迷。我告诉东东，妈妈相信他的自我管理能力和自制力，一定能按照制订的计划执行，控制电脑游戏时间。

最后是第三个问题，我们一家人如何在未来一年内保持联系和增进感情。前两个问题主要是我主导，第三个问题我设计的是邀请东东参与讨论，达到调动孩子的主动性和激发他内驱力的目的。

"有这样几个问题一直困扰着妈妈，看看儿子有没有什么高招？在分开的一年里，我们应该如何持联系和良好互动呢？怎么样让妈妈在万里之遥陪伴儿子成长呢？怎么样促进我们母子一起成长和共同进步呢？"我巧妙地把问题抛了出来。

"让我开动脑筋，想想办法吧。妈妈你在夏威夷的宿舍里有 Wi-Fi 吗？"东东积极地开始了头脑风暴。

"那一定有的。"我用肯定的语气回答。

"那妈妈可以每周至少跟我 Skype 视频一次吗？"东东试探地问我。

"应该没问题。我们可以一周一次地交流一周的学习和生活，视频时间就定在北京时间周日下午 2:30 吧。"我把具体联系的时间确定下来。

"这个主意不错。可以让我随时知道妈妈在做什么，还可以了解美国的情况。"东东开启了他的发散思维。

"是的。妈妈也可以随时了解东东和家里的情况啊。"我呼应着儿子。

"我还有个提议，视频通话结束后，我们都把有关视频交流的内容总结一下，再把下一周的计划写下来，然后用电子邮件互相发给对方好吗？"我顺势提出了一个建议。

"这是不是类似周记呢？"东东问。

"有点像，但更简单些，因为主要总结一下你告诉妈妈的事情与收获，然后告诉妈妈你下周的打算。你觉得可以吗？"我依然用商量的语气跟儿子讨论。

"没问题。"东东干脆地回答。

接下来，我和东东拉钩按印，表示我们的"跨越时空的陪伴"计划顺利通过。看着东东开心的样子，我的担心也逐渐消除，甚感安慰。这次交流基本上达到了预定效果，把妈妈即将离别这件事真正提上了日程。让东东了解了妈妈出国学习的目的，让孩子明白虽然身体上离别，但可以采用不同的方式陪伴他的成长。

由于是一场远行，行李较多，东爸爸决定去北京送我。兄长开车送我们去最近的张家界机场，搭乘飞往北京的航班。当时东外婆和东奶奶都赶来为我送行，并帮忙照看东东。

与儿子告别的那一幕至今还历历在目。东东坚持要往车里钻，说要和妈妈一起走。他一会儿跑到左边车门，一会儿蹿到右边车门，一心想找机会爬上车。大家轮流劝说，他都不听，边哭边说："我就是要和妈妈一起去嘛。"

后来东舅舅告诉东东，如果他再不下车，妈妈就赶不上飞机了。东东突然被舅舅的话点醒了。他止住了哭声，慢慢爬下车。东外婆赶紧许诺他回家可以玩电脑游戏，拉着他上楼去。东东离开时大声对我说："妈妈在外面一定要注意安全，记得给我打电话和视频。"听了儿子的话，我内心感到好温暖。忍着泪水回答："谢谢儿子，妈妈会注意安全，你也要注意安全，记住妈妈告诉你的注意事项。妈妈会经常和你保持联系的。期待一年后的团聚。"东东每上一级楼梯，都要回头朝我们这边看一次。汽车发动的那一瞬间，我一直强忍着的泪水，一下子如洪水决了堤。

从北京出发经东京转机，终于抵达留学地夏威夷。夏威夷美丽迷人的自然风光与友好包容的多元文化极大地缓解了我初次出国的各种不适，但是，我却更加想念东东了。每周的视频通话成为治愈我心病的良药，可以确保接下来几天的学习和生活的正常进行。我和儿子约定的时间是夏威夷时间周六上午 8:30。我早早就把电脑打开，登录 Skype，期待着来自儿子的讯息。

电脑里准时传来了呼叫声，联通后儿子的大脑袋出现在电脑屏上。只听到他转头大声激动地对他爸爸说："爸爸，我看到妈妈了。"

出于好奇，东东首先要求我用摄像头展示我的宿舍。当我把摄像头移到窗户时，东东突然问道："妈妈，你的窗户没有防盗窗？会不会不安全？"我心里感到好温暖，儿子对妈妈的安全担心。我赶忙告诉他我住在东西方中心研究生宿舍楼的六楼，也是华裔建筑大师贝聿铭的杰作。楼内实行二十四小时门卫制，并且要凭门禁卡进入。东东听了我的说明后才放心下来。

在儿子很小的时候，我就对他进行了安全教育，所以东东的安全意识很强。我开始介绍一周来的所见所闻所感，告诉东东我们第一周主要进行了学前培训，参观夏威夷当地的风景名胜。东东特别问我有没有去珍珠港，儿子对战争史很感兴趣。我们讨论了二战珍珠港事件和美国太平洋舰队。东东说明年他和爸爸来夏威夷时，一定要参观珍珠港和密苏里号战列舰。

轮到东东总结他一周的情况了。他说在我离开的第二天，学校就放暑假了。奶奶每天都会来照顾他。上午主要做作业，下午去上毛笔书法课，回来后会和小伙伴在院子里玩游戏，晚上一般是阅读，有时还会看动画片。

最后，我和东东彼此交流了下周的计划和需要完成的任务。东东把耳机交给了爸爸，东爸告诉我在他从北京返家后，东东主动跟他分享了我们交流的注意事项，妈妈不在家，他们父子兵团要齐心合力，互相关心。东东和东爸喜欢聊军事，幽默地把他和东爸称为"父子兵团"。东东还说他和妈妈约好的联系时间，提醒东爸也要记住，不要错过时间，让妈妈担心。

听到这里，我的眼泪开始在眼眶打转了，好细心的小朋友啊。东爸还告诉我，他参加全国经济普查工作，经常加班。说儿子表现很好，仿佛一下子懂事多了，自我管理能力和独立性也大大增强。同时，还分享了一次带东东与朋友聚餐的事情。朋友劝东爸喝烈性白酒，劝酒是湘西的酒文化和餐桌礼仪。东东走过去阻止他们说："我爸爸是骑摩托车来的，不能喝白酒。酒驾是违法的。你们是大人，应该懂法，所以不能灌我爸爸白酒。"东东这么一说，他几个朋友都不好意思再劝酒。

2007年，我回国参加学术会议后回乡探亲。在一个聚会上偶遇那次与东父子一起吃饭的小彭，他跟我分享了东东为东爸解围的经过。他说东东的那几句话说得在场的大人们哑口无言。一个八岁的小朋友，能够把喝酒、酒驾、违法和安全等一系列因素有逻辑地放在一起，为大人们上了一堂教育课。

看来，只要我们做好充分的出行前准备工作，父母一方的离别，不仅不会影响孩子的成长，反而会促进孩子的成长。

一次视频，东东告诉我这样一件事。一天，东爸接他放学后临时要开会，就把东东留在办公室。这时，东爸的一位同事走了进来。看见东东独自在办公室，就和他聊了起来。这位先生逗东东说："你妈妈去美国不会回来了，她不要你和你爸爸了。不久还会给你找个长着鹰钩鼻的美国佬爸爸。"

因为有我和东东先前的交流，对于这样无聊的挑拨性逗趣孩子的无稽之谈，东东根本不当回事。他马上批评了那位大人，要他不要乱说，并告诉他妈妈是一位好老师，也是一位好妈妈。妈妈出国学习是为了提高学术水平，也是为了给儿子做榜样。还说他和爸爸很快就要去和妈妈团聚了。东东告诉我他还对那位伯伯吐了舌头，翻了白眼表示抗议。最后，那位伯伯离开时，对东东竖起了大拇指。

听了东东的描述，我内心五味杂陈。如果临别前没有细致地做通儿子的思想工作，我想那位大人说的话很有可能会给孩子带来很大的伤害，会让东东对妈妈产生很多负面看法，甚至还有可能让孩子做噩梦。我特别感恩我在离开前与儿子的那次交流，让孩子明确妈妈的离开是为了提升自己的学术能力和水平，更好地给儿子做榜样，是充满正能量的行动。这样预先的解释等于给孩子设定了一个框架，防止孩子胡思乱想，也能预防在碰到不懂事的大人胡说八道时给孩子造成心理和感情的伤害。

写到这里，我还要批评一下少数成年人，他们喜欢用低俗的方式去取笑和逗弄孩子，完全不顾孩子的感受，并以此为乐，这是非常过分的行为。孩子的认知和判断力毕竟有限，大人不当的言辞可能会给孩子纯洁的心灵蒙上阴影。孩子是需要呵护和尊重的。教育专家尹建莉老师在其著作

《好妈妈胜过好老师》里也谈到过大人无聊的玩笑给孩子带来的伤害。[1]为了孩子的健康成长，我们大人都应该反思。对孩子不利的话不要讲，对孩子不利的事不要做。

在与儿子离别的一年里，我们通过一周一次的视频通话和电子邮件保持着良好的互动。东东有时也会控制不住感情，因为思念妈妈，有几次说着说着，就哭了起来。儿子在视频那头一哭，我在这边自然也会流泪。有时候，我甚至会产生错觉，以为可以摸着儿子的脸，当触摸到电脑屏幕时，才发现是自己的异想天开。

接下来那周的视频，幽默的东东故意移动一下摄像头，我突然看到了另一个孩子的脑袋，但只看到头发部分。我赶紧问那个孩子是谁，东东用手把他小伙伴的脸托起来放进了视频。原来是他的好朋友冉冉。冉冉比东东小一岁，是一个比较腼腆善良的男孩，很喜欢跟东东一起玩。冉冉爸妈离婚了，他跟爷爷奶奶一起生活。东爸爸带东东去餐馆或者购物时，东东总要带上冉冉。我猜想可能是因为上周视频，我和东东都因为思念而哭过。可能是为了让妈妈开心，这次特地邀请冉冉来家里，活跃一下气氛，为我们的视频增加一些色彩。

为了东东在一年后来到夏威夷后能尽快适应，我常常会介绍本地的小学、游乐设施、图书馆和游泳馆等，从照片到语言再到文字。并以我本人为例，告诉儿子我所遇到的语言和文化的障碍冲突，但我会强调这些困难都是可以战胜和克服的。希望通过我的提前介绍，一方面让东东对过来后的生活和学习环境有一定的了解，另一方面也让他对将要面对的挑战有一定的思想准备。由于我在前期做了一系列准备工作，东东来到夏威夷后，虽然遭遇了语言和文化的挑战，但各方面的适应都非常迅速。

总之，我认为家长在远离孩子求学深造或者工作时，千万不要忽略孩子的感受，一定把与孩子开展一对一的沟通交流列入重要的行前准备工作。不能想当然地认为孩子还小，说了孩子也不一定懂。孩子也许不一定懂大人的事情，他们也不必去懂。但是，家长可以让孩子明白自己离开的原因，确保得到孩子的理解与支持，消除其被遗弃感，并以父母为荣。

---

[1]　尹建莉，《好妈妈胜过好老师》，北京：作家出版社，2012 年 9 月第 2 版，第 10 页。

要让孩子知道父母对他们的关爱之情，给孩子提出各方面的注意事项，帮助孩子适应父亲或母亲不在身边的那段日子。那些彰显亲子之爱的临别嘱咐不会因为家长的离开而消失，反而因为父亲或母亲不在身边，孩子们会点点滴滴感受和回味父爱母爱。当我们离开孩子后，这些细节性的关爱就会成为联结家长和孩子的纽带。

建立定期与孩子交流互动的计划。通过定期交流，既可以让家长了解孩子的学习、生活以及思想动向，也可以让孩子了解家长在外面的情况，提供给孩子一个增长见识、拓展视野、探索外面世界的窗口。

实际上，只要家长用心，亲子间的分离并不会导致心理上的疏离，反而有利于亲子关系的加深。父亲或母亲的缺席还有利于培养孩子的独立性与自理能力。正因为跨越时空陪伴的养育方法，与孩子分离的那一年我依然能够陪伴孩子，也确保了我对孩子十八年完整的养育未曾中断。

心得体会

穿越森林的残疾人

转换环境对成年人来说也是一种挑战，何况年幼的孩子。在这样的特殊场景下，家长要掌握文化适应理论，做好充足准备，帮助孩子尽快适应环境，顺利过渡。家长一定要相信孩子，来自父母的信任是对孩子最大的支持。

在分别一年后，我们一家终于在美国夏威夷檀香山团聚。接机那天，东东远远就发现了我。只见他猛地撒开腿，拿出百米冲刺的劲头朝我一路奔跑过来，直接冲进了我怀里。那一刻，我成了世界上最幸福的妈妈。

东东和东爸来的时候正值暑假，我也刚好有时间陪他们父子俩。我们一起去图书馆，到海里嬉戏，品尝当地美食以及参加烧烤聚餐等。东东每天都在亢奋中度过。开心的时光总是显得特别短暂，一个多月的暑假很快就过去了，新学期开学就在眼前。

半年前我就开始为儿子选学校。美国的公立学校水平参差不齐，有的不输贵族私立学校，有的质量却很糟糕。我首先从网上找资料，了解到我们所在的辖区学校是一所 B 类学校，考察后，感觉不理想。于是，锁定了檀香山几所 A 类优质公立小学。后来从美国友人处获知，我们可以从理想的学校那里领取一份跨学区就读的表格，申请跨学区就读。几经周折，东东最终获得了入读夏威夷大学马诺主校区旁边的 Hokulani 小学的资格。

美国公立学校通常在 8 月初开学，东东作为小留学生也开启了在美国的留学生涯。Hokulani 学校是夏威夷州檀香山市最好的几所公立小学之一，非常庆幸儿子能够入读这所学校。该校一年级到六年级每个年级有两个班，每个班大概25~28人，全校学生不到400人，学生主要来自夏威夷大学马诺主校区附近的几个社区。

开学第一天，我和东东早早就赶到学校。Lum 校长脖子上戴着夏威夷花环 Lei 面带微笑站在校门口，迎接学生和家长的到来。按照要求，我们首先到学校办公室秘书那里填表签到。完成签到手续后，我们去餐厅吃早餐。东东被分在了四年级一班，班主任 Oshiro 老师是第三代美籍日裔。她同时还承担两个班的语文兼社会学课程的教学。第一天上学，儿子特别激动，同时也非常紧张。语言不通，环境陌生，一切都是未知。

来到教室，我们发现教室非常宽敞明亮，班主任的办公桌就在教室靠窗户的角落里。教室的另一个角落是图书角，放着两个大书架，上面整齐地摆放着各类书籍。教室的墙上贴有很多名人名言，空中悬挂着很多漂亮的装饰物。与其说是教室，还不如说像一间供孩子游戏的活动室。看着花花绿绿的教室，东东似乎松了一口气，看得出他紧张的情绪有所缓解。

课桌的摆放很特别，每张桌子坐两人，每两张桌子拼在一起，四人一个小组。由于美国每个年级都要将学生重新编班，所以在每个桌子上都有学生的姓名卡。学生们有序地进入教室，找到自己的座位后就安静地坐下来。东东被安排和一个三年前来美国的中国小姑娘 Cindy 同座。Oshiro 老师告诉我她特意这样安排，希望 Cindy 能够在东东的适应期给予帮助，因为她能讲一些中文。我心里还是挺担心儿子的，因为他毕竟没有英语基础。

下午 2:30 我和东爸赶到学校去接东东。孩子们被安排在多功能室统一等家长，很快我就从人群中看到了儿子。他和 Cindy 坐在长条凳上，一脸凝重的神情。东东也很快发现了我们，就立即告别 Cindy，急急忙忙朝我们走来。见到爸妈后，东东长长地舒了一口气。

回到家后，东东一下子扑进我的怀里，放声大哭起来。我知道他内心的痛苦，在国内，他一直是重点小学的优等生。现在来到了一个文化语言迥异、人际关系完全陌生的新环境里，开学第一天的经历，对孩子肯定是一个不小的冲击。

哭了一阵后，东东开始给我讲述当天在学校发生的事情。下午阅读课时，东东和其他几个插班生被带到语言辅导室进行英语考试。整套试卷东东只在看图写话的部分写下了两个单词 man 和 woman。因为图画上有两个人，看得出一个是男的，另一个是女的。除此之外，他什么都看不懂，所以基本算是一个题都没有做。可怜的东东只能傻傻地在考场陪着其他孩子呆坐了一个半小时。

由于东东不会说英语，无法告诉老师他没有英语基础这一事实。东东很担心他的考试成绩，说他明天不想去上学了，还嚷着要东爸带他回国。我安慰东东，给他分享了我刚来时经历过的困难，并告诉他次日早上送他上学时，我会找老师谈谈他的情况。

第二天早上，我约见了该校的英语辅导老师 Okumura 女士。Okumura 老师六十岁出头，中等身材，待人和蔼可亲，说话轻言细语。与老师交流后，我才得知开学的第一天，都要对插班生进行英语能力摸底测试。考查内容涵盖词汇、语法、阅读以及看图写话。

Okumura 老师还跟我分享了昨天下午考试的小插曲。她当时也感到很纳闷儿，担心东东大脑有问题，可能需要特殊教育，而不是语言辅导。因为她带过很多学生，也主持过很多次摸底考试，从来没有遇到过像东东这样几乎是交白卷的孩子。阅卷后，Okumura 老师来到校长办公室汇报情况。

Lum 校长是一个细心周到的教育者，为了避免出差错，她找到一位懂中文的家长，对东东再次用中文进行了面试。这位家长告诉校长，东东的主要问题是没有英语基础。因此，东东被安排进了语言辅导班，而不是特殊教育班。

需要语言辅导的学生通常在阅读课的时候离开班级，来到辅导班学习四十分钟。Okumura 老师给东东量身定做了教学计划，从字母、语音和拼写开始。虽然同时辅导的有四个人，由于程度不一，辅导是按复试班的教学模式进行的，所以，基本上也算是一对一的辅导。

当时我在攻读教育学硕士学位，对英语作为外语或第二语言习得研究很感兴趣，因此经常会去向 Okumura 老师学习和取经。久而久之，我们成了朋友。Okumura 老师在 1968 年美国联邦政府颁布《双语教育法》不久，就在 Hokulani 小学从事英语辅导工作，至今，已经在英语语言学习领域教学近四十年。

东东在 Hokulani 小学上学后，刚好遇上《不让一个孩子掉队》法案在美国各州如火如荼地全面推广。此法案由小布什政府在 2002 年颁布，试图解决美国中小学教育质量低下的问题。为了实现此目标，自 2002 年起，各校必须根据学生的学业水平与目标之间的差距，为学生制定一个逐年递增的"年度进步率"。各州每年都要统一组织三至八年级学生进行数学和阅读考试，2007—2008 学年后开始增设科学学科的考试；高中阶段学生则需要组织至少一次统考。并规定学生的参考率不能低于 95%。考试结果要与当年定的进步率进行比较，审查是否达标。不达标的学校要进行整改，连续五年不达标的学校将被取消办学资格。

东东本来就是零语言基础，来到美国却赶上了大力推行"应试教育"的政策。四年级所学的课程包括英语、社会学、数学、科学、体育和音乐。东东虽然是英语辅导班学生，但是常规课程都得上，作业也得做，考试还得考。东东刚开始听课都很困难，更不用说做作业了。虽然数学问题不大，但其他学科基本上都需要辅导。每天回家他都会着急大哭，但每次他都会擦干眼泪，坚持把作业完成。或许是对自己的失态感到不安，东东曾幽默地对我说："妈妈，我之所以哭是把体内淤积的毒素排掉。"

在最初的两三个月里，我每晚都会陪伴在儿子身边，鼓励他，支持他。等儿子完成作业上床睡觉后，我才开始自己的学习。因为我非常清楚这个阶段是儿子的关键时期，顺利适应对他自信心和自我认同感的保持与发展至关重要。在这个特殊时期，妈妈成了他精神上的最大支柱。在那段时间，我经常用正能量的言辞鼓励东东："儿子，这种经历对你是一次难得的考验。经历过这样的历练后，以后没有什么能打垮你。加油，胜利一定属于勇敢坚强的东东！"

东东在最艰难的日子里，在他的日记本上写下了这样的话："我犹如独自行走在充满野兽森林里的又聋又哑又瘸的残疾人，幸好手里有一根拐杖，这根拐杖就是我的妈妈。"东东日记中的描述恰如其分地反映了他当时的真实情况。但我坚信儿子九岁时所遇到的挑战会让他受益终身。重庆师范大学教授、家庭教育专家赵石屏指出，家长容易做到在孩子顺利和成功时给予信任，但家长要懂得孩子在遭遇失败和挫折时，才是最需要信任的时候，这时候家长不吝啬信任，才是懂得爱孩子。[1]

东东面临的困境让我想起了自己刚来美国读研时的遭遇。由于英语思维的缺失，在听课过程中习惯了把教授的英文讲课通过心译转化成汉语去理解。这样就常常跟不上教授的讲课节奏，刚开始非常吃力。有时班上的美国同学哈哈大笑，我却不知道他们为什么笑。那种同在一间教室上课却是局外人的感觉非常难受。语言与文化障碍以及学习压力如同三座大山，当头压下来，再加上思乡与思亲，我的情绪一下子跌落到冰点。每当黄昏来临，我的内心都充满无尽的愁绪。

但是，值得庆幸的是东西方中心的管理老师了解国际学生艰难的适应期，经常会举办各种辅导培训，内容包括心理、学习方法以及跨文化交际等方面。还常常组织形式多样的缓解压力的课外活动，比如周末音乐会、聚餐、沙滩烧烤等，每周六上午还安排专车载我们去中国城和超市购物。这些周到细致的安排，很大程度上起了缓解压力的作用，缩短了我们的异国文化适应期。

儿子和我本人作为留学生最初的适应过程刚好折射了文化冲击的四个阶段的理论。这四个阶段包括蜜月期、协商期、调整期与适应期。协商期与调整期阶段是对一个人的逆商、意志力与坚毅品质的最大考验。了解文化冲击的四个阶段理论，新环境下的学习与生活，无论是对大人还是孩子，都非常重要。

一、蜜月期。

在这一时期，旧文化与新文化的差异在浪漫的时光中得以体现。例如，初到一个新的国家时，一个人可能会喜欢新的食物、当地人的生活节奏和习惯。在最初的几个星期里，大多数人都对新文化很着迷。他们与当地人交往，与人相处彬彬有礼，想尽快建立新的人际关系。但是，对新环境的接触还很肤浅，各种认识或文化学习也只是停留在浅显的表面或行为上的模仿，尚未深入。像大多数情侣的蜜月期一样。

---

[1]　赵石屏，《做个懂家教的好家长》，北京：作家出版社，2017年5月第1版，第222页。

二、协商期。

经过一段时间（通常三个月左右，因人而异），旧文化和新文化之间的差异变得明显，并可能导致焦虑。当一个人连续经历不愉快的事情时，最初的兴奋感会逐渐消失，最终会让人感到沮丧和愤怒。语言障碍、文化不同、食物差异以及社交困难都可能产生挫折、困惑和失控感。

到一个完全陌生的环境里，会因为沟通技能的需求而产生压力，也会有许多实际困难需要克服，比如节奏混乱而导致失眠，肠道对有着不同细菌群的食物和饮用水的不适应，寻医问诊的困难等。对于留学生来说，有些人会产生孤独感，最终影响到他们的生活方式。由于生活在不同的国家，远离父母的支持，缺乏熟悉的朋友陪伴，国际学生经常感到焦虑，压力倍增。

三、调整期。

再经过一段时间（通常是六到十二个月），留学生们习惯了新的文化。他们知道在大多数情况下能做什么与怎么做，对东道国不再感到那么新鲜了。个人开始关注基本的生活，事情变得常态化。同时，开始掌握新文化下解决问题的技能，并开始以积极的态度接受新文化，对新文化消极的反应也随之减少了。

四、适应期。

进入适应期，个人能够完全舒适地参与到东道国文化之中。留学生知道如何处理周遭的人跟事，学习东道国人的行为模式，以新的角度来看事情。这时会发现更了解自己的文化了。生活也开始步入正轨，自信也慢慢地恢复。感觉自己的能力增加了，在各种场合都比较适应自如，能正常应对各种挑战和问题。同时，完全适应并不意味着完全转换，人们往往保留许多特点，比如他们的早期文化、口音和语言等。这个阶段也通常被称为双文化阶段。

我们生活在地球村，经济、教育、科技与文化的地区与国际的交流合作越来越频繁，出国留学与交往的机会也越来越多。无论是短期互换与交流，还是长期的学习与生活，了解文化冲击的四个阶段理论，都有助于大家提前做好准备，并适当调整自己尽早适应新环境。

心得体会

告别旱鸭子

孩子的潜能是无限的，家长要静下心来仔细地了解自己的孩子，并找机会发现他们的独特之处。同时，家长在帮助发掘孩子的潜能时，要注意激发他们的内驱力和主观能动性。做到以孩子为中心，积极为孩子创造一切有利于他们智能发展的条件和机会，让孩子的潜能得到最大化发展。

游泳是夏威夷四季皆宜的运动，游泳也是东东的一项爱好和特长。然而，刚来夏威夷时他并不会游泳。

东东五岁那年的暑假，我们一家外出去省会长沙旅行，最后的活动安排是参观长沙烈士公园。那天下午天气非常好，阳光灿烂。看时间富余，我提议去人工湖上荡舟，我们一家三口愉快地登上了租来的小木船。

突然间乌云密布，电闪雷鸣，狂风大作，湖上的游客顿时都慌张起来。我们的小船开始在湖中摇摆不定，湖水几乎要进入船里，情况非常危险。看到这危急的情形，东东吓得大哭起来，我也是惊慌失措地大叫起来。我们三人中，只有东爸会游泳，我的那点狗刨式游泳技术显然难以应付汹涌的波涛，而东东根本不会游泳。东爸最镇定，他不断地调整方向，企图掉头往回划。不料天灾无法躲避，人祸又来袭。湖面有一艘快艇肆无忌惮快速疯狂地在湖面上转圈。一开始我还以为是来营救游客的，殊不知他们是来故意捣蛋的。每次东爸费了好大劲把船的方向调正后，又被疯狂的快艇带来的波浪推到相反的方向。最后，东爸找到了规律，尽力躲开快艇的波浪，先划到岸边，趁着波浪袭击前猛地向前滑。波浪袭来，再依托岸堤控制小船，然后再抓紧空当赶快划。最后好不容易回到租船点。到了岸上，我和东东已经彻底崩溃了。

那次经历后，东东就很怕水，也不愿意学游泳。我尝试给他报名，由于烈士公园划船事件导致的应激后遗症的影响，他胆子变得特别小，常常都是待在浅水区玩玩水，学游泳的兴趣一点也不高。

东东刚到夏威夷的第二天傍晚，来自西藏的扎西学长带我们去著名的威基基海滩看夜景。若隐若现的月亮和天边尚未散去的火烧云让威基基海滩充满浪漫而神秘的色彩，耳边不断传来听不懂的奇奇怪怪的语言，来自世界各地的游客们在这里尽情享受着大自然的美景。我们索性都把鞋脱掉，让脚丫与沙粒亲密接触。看着银色沙滩上留下一串串脚印，儿子特别开心。

扎西学长问东东要不要到海里去游泳，东东还没来得及回答，就被扔到了海水里，紧跟着扎西学长自己也下到海里去。我被这一幕惊呆了，东东还不会游泳啊。东东本来就对水有恐惧心理，加上没有下海的经验，狼狈不堪，吓得一边挣扎，一边用湘西粗话骂人。不过，海水很浅，东东站起来不过齐胸高，安全绝对不成问题。

经过这两次惊心动魄的事件后，东东下决心要学游泳。东东这样给游泳定义："游泳不仅是一项体育运动项目，更是一个生存技能，特别是要在太平洋上的夏威夷生存，必须掌握它。"东东性格的一个明显特点是一旦认识到了事情的重要性，他敢于挑战自己，倔强地不畏艰难地把这件事做到最好。后来在九年级的英语课上，要写改变人生的一次经历时，他写下了不会游泳的他被扎西叔叔扔进大海的经历，这次经历促使他挑战自己，最后变成了一个游泳健将。

东东和东爸来到夏威夷时刚好是暑假。东东主动提出他想在暑假学习游泳，请求爸爸教会他游泳，并发誓一定要学会游泳这项技能。东爸耐心地一个技巧一个技巧地教，东东学得很快，不到一个月的时间就学会了，最后可以从水底顺利地把东爸扔下去的硬币一个一个拾上来。

为了让东东继续巩固和提高他的游泳技能，开学后，我给东东在他学校附近的社区公园报了游泳课程。在那里，东东从第一级的启蒙班一直学到第六级的高级班。游泳班通常一个教练带六个孩子，教练专业水平很高，东东在专业游泳教练的指导下，泳姿更加规范，游泳技能也突飞猛进。一年后，东东参加檀香山举办的社区少儿游泳大赛，获得了自由泳第一和蛙泳第三；接着参加了欧胡岛的游泳比赛，荣获自由泳第二和仰泳第一。东东小学毕业考入了夏威夷 Punahou 学校初中部学习，并进入该校的初中部游泳队，游泳一直是他最喜爱的体育运动。

回想东东从"被水吓哭"和"被水吓骂"事件到发誓学会游泳再到成为游泳健将的历程，我得到的启发是：孩子的潜能有时会隐藏起来，只有在适当条件的驱动下，才有可能被最大化地开发出来。

哈佛大学教育研究院加德纳在 1983 年开发了多元智能理论。加德纳提出八种不同的智力，包括语言智力、逻辑数学智力、视觉空间智力、身体动觉智力、音乐节奏智力、交往交流智力、自知自省智力、自然观察智力。[①]

语言智力是指能有效地运用口头语言和书面语言来表达个人的想法，与人交流和沟通的能力。作家、诗人、记者、主持人以及新闻发言人等都是语言智力很高的人。

逻辑数学智力是指能有效地运用数字和逻辑推理的能力。逻辑数学能力突出的人包括数学家、程序员、金融师以及科学家等。

视觉空间智力是指准确地感觉视觉空间，并把所感觉到的表现出来的能力。具体包括对形状、线条、色彩、空间等的敏感度，还包括把视觉空间的想法在大脑中勾画出来的能力。具有这项智力特长的人包括画家、建筑设计师、雕塑家、飞行员等。

身体动觉智力是指擅长运用身体来表达想法和感觉，以及通过灵巧的双手创造的能力。手工艺术家、手术医生、运动员和舞蹈家都属于具有身体动觉智力的人。

音乐节奏智力是指对音律、音调、节奏以及音色的感知度和敏感度。具体包括感知、辨别、表现、欣赏以及创造的能力。很明显，作曲家、指挥家、歌唱家以及其他音乐爱好者属于音乐节奏智力高的人。

交往交流智力是指善于察言观色，善于换位思维，区分他人情绪、意向、动机以及感觉，并依据对方的暗示做出适当应对的能力。这项能力对教师、咨询师、心理医生以及政治家显得格外重要。其实，我们家长也需

---

① Gardner, H. (2011). *Frames of Mind: The Theory of Multiple of Intelligences*. New York: Basic Books.

要不断学习去提升这项能力，才能更有效地实施家庭教育。

自知自省智力是指认识、洞察和反省自身的能力，表现为能够正确地感触和评价自身的情绪、动机、欲望、个性、意志，并在正确的自我意识和自我评价的基础上形成自尊、自律和自制的能力。心理学家、教育家和哲学家在这个方面做得更好。

自然观察智力是指对自然界中的动物和植物的分辨能力，以及表现出来对动植物以及自然现象的强烈兴趣和情怀。生物学家和植物学家就需要这样的智力。

加德纳教授指出，人们身上都潜在地具有这八项智力，但不是同等程度地同时拥有它们。每个人都会有两三种比较突出的，也会有两三种比较弱的。多元智能理论强调多元性、差异性、创造性和开发性。作为家长我们要了解自己的孩子，发现孩子独特的智能，并因势利导，个性化地培养孩子。

心得体会

贾氏应急三步法

我们无法控制生活中突发事件的发生，但是，我们可以教给孩子掌控自己情绪和思维的原理和方法。这样可以确保孩子在世事无常的世界里，始终保持以不变应万变的从容与淡定。

当我看着稚嫩年幼的儿子，我时常想，如何让他在这世事无常的人世间保持以不变应万变的从容淡定？特别是儿子来到异国他乡之后，解决这个多年来藏于我心底问题的心情愈加急切。英国有句谚语：做最坏的打算，抱最好的希望。我常常思考如何把它表达的信息恰到好处地传达给儿子。

英国著名教育家怀特海的教育思想犹如一把金钥匙，为我打开了探索之门。怀特海指出，真正有价值的教育是让孩子透彻理解一些普遍性的原理，这些原理适用于各种不同的具体事例。我想他所指的"各种不同的具体事例"就是指复杂多变的生活，而"普遍性的原理"就是我一直以来想要找寻的、能让我的孩子面对各种复杂情况保持从容淡定的"定海神针"。

在这样的逻辑思路中，这些想法通过简单易掌握的三步法表现了出来，即：不要惊慌、头脑风暴 ABC、行动。

第一步不要惊慌是指遇到任何的意外、挫折和困难时，不要惊慌失措，更不要心灰意冷，要感恩生活给予我们现场分析问题和解决问题的宝贵机会。这样的际遇也是锤炼我们情商和逆商难得的可学时刻。

第二步头脑风暴 ABC 是指在非常时刻最大化地运用发散性思维和联想思维等，在头脑保持清醒理智且活跃而快速地运转状态下，找出可运用的 ABC 三个方案。这三个方案是根据可行性由高到低排列的，A 的可行性最大，

B 在其次，C 在最后。

第三步行动是指把头脑风暴的 ABC 方案付诸实施的过程。我们首先从 A 方案开始尝试，如果可行，问题得到解决，行动到此为止。如果不可行，我们则需要启用 B 方案，以此类推。

2006 年春季学期的一个周三下午，我准时赶到 Hokulani 学校接东东。东东当时是小学四年级学生，也是他来到美国的第二个学期。按照他们学校的规定，每个周三下午是教师培训时间，下午放学时间提早到 1:30。那天下午我预约了教授 3:30—4:30 的辅导，讨论我的硕士论文的修改。我接了东东后，把他带到我在东西方中心办公楼 Burns Hall 四楼的学习室。因为那里非常安全，整栋大楼只有一个进出的大门，而且有前台值班人员。东东可以在我和教授见面时留在那里完成家庭作业，等我的讨论结束再赶回学习室接他一起回家。从我的学习室到教授办公室骑自行车大概十分钟。我 3:15 离开学习间，当时我没有给东东留钥匙。临走时，我嘱咐东东赶紧把作业完成，万一需要去洗手间，只需要用垃圾桶抵住门就行，周围都有人在上班。

与教授的讨论会结束后，我于下午 4:50 左右回到学习室。见我进门，东东一下子就从椅子上蹦了起来，跑过来给我一个大大的拥抱。然后，带着他经典的眉眼上扬强忍住高兴和自豪的神情，神秘兮兮地跟我分享了刚才发生的意外事件。

在我离开后不久，东东想去一趟洗手间。他按照我交代的方法，用铁皮垃圾桶放在门和门框中间。但是，由于垃圾桶没有放好，再加上办公室的门太过厚重，等东东回来时发现门已经锁上了。

这时，东东突然想起了妈妈曾经告诉过他的应急三步法：不要惊慌、头脑风暴 ABC 和行动。于是，他坐到我学习室前面的会客区大沙发上，让紧张的心情平静下来，然后，便开始了头脑风暴。东东绘声绘色地描述着他的三个方案的思考和形成过程。

东东仔细地观察了周围环境。他发现图书馆最近，就在学习室的斜对面。既然是图书馆，那么应该是对所有人开放的。东东决定把向图书馆员求助定为 A 方案。他的 B 方案是去同层大楼左侧的新闻媒体部的秘书那里求援。秘书的办公地点就在大厅，比较方便问询。C 方案是去找妈妈。他曾经去蹭过我的课，知道我们教育学院的地址。但他觉得这个方案不太稳妥：一是担心一个人外出不安全；二是不到十二岁的孩子必须有监护人陪同；三是他不能确定妈妈的具体位置。

三个方案形成后，接下来就是行动。东东忐忑地走进了图书馆，有礼貌地和图书管理员打了招呼，并用英语做了简单的自我介绍：我是 Joyce 的儿子，我叫 Jimmy。东东知道在东西方中心，人们都更愿意用我的英文名字。然后他把自己的问题向图书管理员做了陈述。当时东东的英语能力已经能确保他把意思表达清楚。

那天图书馆刚好是我的朋友 Teresa 女士值班。看着焦急的孩子，友善的 Teresa 立即站起来安慰东东说："孩子，你找对人啦，我可以帮你。请跟我来吧。"东东跟着 Teresa 来到新闻媒体部找到了他们的秘书 Marilu，因为她保管整个四楼办公室的万能钥匙。Marilu 一下子就把锁打开了。

东东得意地说他的 A 方案和 B 方案居然还有关联性，即使 A 方案不灵，B 方案也是可行的。看得出来，东东的内心充满自豪感和成就感。一个在陌生国度才半年多的九岁小朋友，在一个成年人的办公大楼里，依靠自己顺利地解决了问题，确实是一件值得自豪的事情。

听完东东的叙述，我一下子把儿子举得高高的，着实表扬了他一番。首先，表扬他记住了妈妈告诉他的应急三步法，并且成功地运用在解决实际问题的实践当中。其次，表扬了他英语交际能力的提高，能够让美国人明白他的意思，成功完成了交际目的。最后，表扬了他的沉着冷静和大胆寻求帮助的勇气。给予孩子表扬时，父母一定要做到表扬具体的细节，实事求是地肯定孩子分析和解决问题的能力，避免表扬孩子本人而让其产生骄傲自满情绪。

没想到，我的话刚说完，东东竟然表扬了我。他说妈妈不愧是教育专家，妈妈的应急三步法太厉害了。还特别提议要把妈妈的应急三步法正式命名为"贾氏应急三步法"，还建议我去申请专利。东东还说一定要把这个好办法分享给他的同学和朋友们，儿子的这个想法让我颇感欣慰。

那天我真的很高兴，也很感动。我一直在思考着的、儿子有可能遇到的、需要应变能力和对策的场景果然出现了，儿子急中生智地运用了妈妈教给他的方法，尤其是他能够理智地把应对方案按照可行性强弱的顺序排列，经过检验，他的判断是合理和可行的。从问题出现，到分析问题，再到解决问题，最后再到对自己的实施方案进行评估，这个完整的过程就是对孩子最好的锻炼。这将对孩子的自信心和自我认同感的建立起到极大的促进作用。而当孩子反过来给予妈妈褒扬，并提出要把妈妈的应急三步法分享出去的想法，实际上是对妈妈家教方法的最好肯定。如此美好的亲子互动真是让我陶醉和感动，养育孩子的过程也是发现更好自己的过程，我享受着孩子成长的每一刻、每一天。

2013 年暑假，东东和另一名女生代表 Punahou 学校赴新加坡参加在那里举办的国际高中生领导力峰会。会议结束后，东东经新加坡回国参加为期六周的志愿者活动。充实而忙碌的暑假活动完成后，东东于 8 月 20 日经日本东京转机返回夏威夷。

东东搭乘的航班预计到达夏威夷的时间是星期六上午 9 点。我一早起来，准备提前去机场接儿子。刚跨出家门，就接到东爸爸从国内打来的视频电话，告诉我不要去机场接机了。原来东东换乘的由东京成田机场飞往夏威夷的班机因为安检没通过，不能按时起飞，东东和其他旅客都被迫滞留在机场，由机场负责安排食宿。东爸爸还告诉我，由于时差缘故，东东担心打扰我休息，只好想尽各种办法把这个消息及时转达给我，他不希望妈妈因赶到机场接不到他而焦急。东东还考虑到妈妈有可能因急急忙忙赶去机场接机而没有机会查看到他留给我的所有信息。于是东东联系了爸爸，要爸爸计算好时差，一定要赶在妈妈出门去机场之前把航班延误的消息告诉妈妈。

听了东爸的说明，我赶忙查看了手机，发现东东给我发了短信，还有微信留言。我接着再打开电脑，发现他给我的两个私人电子邮箱和工作邮箱都分别发了信息。看来，东东是穷尽了一切办法，希望把信息及时传达给我。为了确定东东换乘的航班的最新信息，我联系了檀香山国际机场，获悉东东搭乘的飞机将于第二天同一时间抵达。

第二天飞机顺利抵达。接到东东后，我首先询问了他被告知飞机不能起飞时的心情和想法，问他是不是特别着急和担忧，或者怨天尤人，抱怨沮丧。东东告诉我，虽然同班机的很多旅客都流露出类似的情绪，但是这个消息却并没有影响到他，因而没有出现任何消极情绪。东东还告诉我，妈妈的应急三步法在第一时间就闪现了。在潜意识里，东东已经学会接纳生活中随时有可能出现的意外状况。

东东告诉我他唯一担心的就是如何把航班推迟的消息传达给我。因为当时已经是夏威夷时间的凌晨三点，他不可能那时跟我联系。儿子知道我的手机一直都是二十四小时开机状态。如果愿意，他随时都可以联系上我。但东东知道我睡眠不好，所以不想把我吵醒，而且担心妈妈知道后会一直担心到天亮。他当时的想法就是既要保证妈妈能够安心休息，又能在妈妈出门接机前把消息传达给妈妈。

基于此，东东头脑风暴的 ABC 方案分别是：A 方案是给妈妈手机和微信留言；B 方案是给妈妈的私人和工作邮箱分别发邮件；C 方案是委托在国内的爸爸赶在妈妈出门前和妈妈取得联系。因为情况的特殊性，东东说他必须把三个方案同时启用以确保万无一失。事实上，最后是他的 C 方案起了关键作用，是爸爸的视频电话及时传达了信息。

从机场回家的路上，我们母子一直在交流着。从教育学的角度来看，任何学习和体验都必须经历评价与反思阶段，才能有效地被内化和吸收。我们的交流实际上轻松而巧妙地让东东完成了这个阶段。同时，我也相信"贾氏应急三步法"早已融入儿子的血液，成为他处理突发事件的法宝。

心得体会

火山岛的礼物

　　孩子成长的点点滴滴都凝聚了他们身边大人的关怀、付出及心血。孩子是否愿意主动回赠、是否有感恩之心都是检验我们教育的重要指标。在孩子那里表现出来的可圈可点的行为需要我们大人去发现并交流反馈，这样的过程有助于孩子的可持续进步与发展。

　　东东来到夏威夷后，很幸运地入读了本州的一所优质公立小学Hokulani。该校四年级社会科学课程的一个重要组成部分是学习夏威夷土著文化，其中有个教学实践环节是去夏威夷岛参观。夏威夷岛有世界著名的火山公园，通常也被称为火山岛，那里至今仍然保留着原生态的夏威夷土著文化。东东他们这一届两个班去火山岛考察的时间距离东东就读这所学校还不到四个月。

　　美国的教育特别重视理论与实践的结合，注重知行合一的践行。社会化学习在西方十分流行，他们相信世界是教材，学习在窗外，他人即老师。中小学经常会举行各种各样的社会学习和实践活动。学校往往会很早就做好计划和相关的安排，通常是在前一个学期结束前就制订好下一个学期的各项教育教学活动计划，还会在放假前以书面形式让家长知晓，或者在学年过渡家长会上通知。因此，在开学的时候学生们已经知道夏威夷土著文化大岛考察活动，学校同时以书面形式把考察内容和活动安排详细通知了家长。

　　随着考察时间的临近，学校陆续发放了一系列书面材料。首先，需要家长在同意书上亲笔签字，表明同意孩子参加。其次，需要填写孩子的健康表，填写孩子的健康情况，是否在考察期间服药与服药注意事项，医疗保险信息和家长联系方式等。最后，还有一张表格是要求家长签署有关孩子肖像权的同意书。因为在考察活动期间，摄影师会跟进摄影和录像，主要用于存档，也可能会用于学校的对外宣传或者媒体报道等活动。最后一周发放的是学生需要携带的行李物品清单、考察期间的天气情况和保暖衣服的准备，还有活动的详细日程安排，包括每天的行程、学生的分组、入住的宾馆以及每日三餐的信息。这些资料的收集与这样的步骤一方面体现了 Hokulani 学校教育管理者高质量的管理水平，另一方面也可以看出法治社会中教育管理者严谨的法律意识。

Hokulani 小学四年级两个班的学生被分成 6 组，每组 7 到 8 人，分别由 6 位老师带队，另外还有两位家长作为志愿者参与。东东和另外 6 名学生被分到了由 Lum 校长带队的那一组。我没有去调查了解分组的依据，但是从名单上看得出，校长应该是自愿承担了重任的。她带队的那一组学生有两个来自中国的，包括东东和另一位来自中国的女生，他们都是需要语言辅导的学生；有两位需要特殊教育的学生，包括一名接受特殊教育的泰裔美籍学生和一名经常挑起校园欺凌事件的美籍白人男孩。作为学校的最高管理者，Lum 校长除了负责学校的宏观管理外，竟然参与到学校如此微观具体的学生考察活动中，而且还挑起了重担。

校长的垂范使我想起了《仆人式的领导》。[①] 作者罗伯特·格林里夫是美国"仆人式领导"运动的发起人，长期从事管理和教育领域的工作和研究。他认为，仆人式领导首先是仆人，怀有服务为先的美好情操，用行动和热望来鼓舞人们，确立领导地位。

东东开心地做着各种准备工作，我陪着他去超市买了手电筒、小行李箱、一次性相机等物品。这次火山岛之行对于东东来说相当于一次探险。首先，东东的英语还没有完全过关，一直还在语言班上辅导课。其次，他和老师同学们的相处才三个多月，彼此都还不太熟悉。再次，这也是他第一次完全离开父母的旅行。出发的时刻终于在东东的等待和盼望中到来。

---

① Robert K. G., Hamilton B., Julie B., & Larry C. S. (2003). *The Servant-Leader Within: A Transformative Path.* Mahwah, NJ: Paulist Press.

由檀香山飞往夏威夷岛的航班起飞时间是凌晨5点钟，学校要求家长在3：30把孩子准时送到机场。我们送行的车刚刚停下，东东就迫不及待地开门跳下来，从后备厢里把自己的行李搬下来。我也立即下了车，把东东亲手交给了Lum校长。

老师们早早地都到齐了，在我们前面大概有十几个学生，陆陆续续有家长送孩子来。我特地和校长交流了几句，主要是担心儿子的语言和交流问题。Lum校长心怀共情地对我说，要我尽管放心，她对东东的情况已经非常了解，相信东东一定会十分开心地完成这次考察学习任务的。

虽然东东只是出去三天，虽然有Lum校长带队，我还是十分担心。在家等待的三天似乎很漫长，终于等到东东回家的时间。他们返回的航班是下午5：30。东爸那天需要加班，赶不回来接东东，所以我请了一位朋友开车一同去机场接儿子。没想到那位朋友不熟悉机场的路，错过了机场高速的出口，耽误了近两个小时，到达时天已经黑了下来。由于学校规定考察期间，学生一律不能带手机，我没有办法和东东以及校长取得联系。

进入接机厅时，远远地就看见出口处路灯下一大一小两个身影。只见东东伸长着脑袋，焦急地朝车辆过来的方向观望，身后站着Lum校长。车停下后，我赶快下车跑向他们，首先向校长表示了歉意，然后表达了谢意。Lum校长依旧展现出她招牌式的微笑，说没有关系，和东东在一起挺开心。

回到家里，东东兴高采烈地把他给我和东爸买的礼物拿出来。我的礼物是一条嵌花夹脚小拖鞋的蓝色夏威夷特色坠链和一个珍珠手链，至今我还一直珍藏着。爸爸的是一套精美的火山明信片，上面写了他的思念和祝福。最后东东把给自己买的小海螺拿给我们看。

这些礼物实在出乎我和东爸的意料，因为三天的活动费用早就统一缴给了学校，我们只给了东东不多的零花钱，更没有要求或者期待他给父母带任何礼物，这次活动毕竟是涉及学科的一次户外学习，并不是旅游与购物。结果，没有想到东东那么贴心，还给父母带了礼物回来。

吃过晚饭，东东迫不及待地拉上我陪他去Walmart冲洗照片。回来后如数家珍地给我介绍他们的活动情况，还把他写的日记拿给我看。东东当时的日记还是用中文记录的。其中一篇是在第二天参观了夏威夷岛的宇航馆和国家火山公园后写的。现摘录部分分享。

> 今天上午我们参观了夏威夷岛的 Onizuka 宇航馆，这是以夏威夷籍挑战者号的宇航员 Ellison Onizuka 的名字命名的，以作纪念。这里陈列有 Ellison 穿过的宇航服和大幅照片，他是第一个进入宇宙空间的亚裔。作为亚洲人，我也感到几分自豪。我自己也要好好想想，长大后要做一个有所成就的人。
>
> 参观结束后，我们驱车前往火山公园。看着不时冒出火山熔岩的活火山，顿时觉得大自然的力量是那么巨大，整个夏威夷群岛都是火山喷发而形成的……
>
> 夜深了，躺在床上就开始想念爸爸妈妈了，在家的时候好像没有这种感觉……

从东东的日记中我已经看到了社会化教育的部分成果。首先，通过参观宇航馆和了解挑战者号航天飞机英雄的事迹，激发了东东对自己成长与未来的思考。其次，通过参观火山公园，东东感受到大自然的力量。最后，通过离家外出的活动，让东东加深了对父母的感情。

火山岛之行结束后大概一周，我去学校接东东放学，恰好遇见了 Lum 校长。她主动和我打招呼，兴致勃勃地跟我谈起了在大岛跟儿子互动的点滴趣事。

Lum 校长告诉我日程安排的第三天下午是购买纪念品。细心的校长观察到当其他学生都在忙着挑选自己喜欢的礼物时，唯独东东在女性首饰的商铺前徘徊。校长发现东东首先挑选了一条夏威夷特色的项链，然后又选了一个珍珠手链。东东的购物引起了校长的兴趣，她便走过去和东东交流。

"你好，Jimmy。多漂亮的项链和手链，是给妈妈的礼物吗？"

"是的。"

"你不打算给自己买礼物吗？你的同学们都在那边给自己挑选礼物呢。"

"我还要给爸爸买个礼物。如果还有余钱，我也会给自己买一个礼物作纪念。"

Lum 校长讲到这里时，我看见她的眼圈泛红了。她说她每届都会带队去火山岛，还从未看见这样细心周到的九岁孩子，竟然首先想到给父母买礼物，而把自己的礼物放在了最后。校长说孩子这样做一定是因为父母先爱了孩子，而且孩子感受到了父母的爱，然后才可能有孩子对父母爱的回馈。她还不断夸奖我的育儿方法好，家庭教育做得不错，是一位好妈妈。

我对校长对东东的关爱以及对我作为母亲的肯定表达了衷心的感谢。说实话，作为家长，我为 Lum 校长的教育情怀深深感动。当初要不是她的细心，东东可能就被安排进了特殊教育班而不是语言辅导班了。这次火山岛考察对东东如此地关注关心，并捕捉到孩子身上的闪光点。不仅如此，Lum 校长还不忘鼓励家长。孩子的成长离不开如 Lum 校长这样的教育者的指导与引领。

接到东东后，我跟他分享刚才和校长的交流。东东对校长在火山岛考察学习期间对他的关注感到惊讶，流露出了惊喜的神情。但关于自己给父母买礼物，他却平静地说："妈妈，我觉得这没什么。您和爸爸是给我生命的人，给我那么多的爱和关心，我首先想到你们是应该的。你们每次出差回来都给我买书、买礼物。这次我也算是出差，给你们买点小礼物是很正常的呀。"

东东对校长表扬的平常反应让我感到欣慰，表明孩子的行为是出于本能，是内化于心外显于形的行为。是他的行为引起了校长的关注，而不是为了引起校长的关注而行动。孩子的自觉行为恰恰又意外地引起了这位懂教育有情怀的校长的关注，并分享给了家长。这个过程是以最真实最自然的形式完成了一次教育评估，评估结果不仅促进了教育对象——孩子的成长，也促进了教育者包括老师、校长和家长的成长，实际上达到了多赢的教育效果。

儿子从火山岛带给父母的礼物已经超越了礼物本身的意义。这份来自火山岛的礼物如同涌动着夏威夷火山般的热情，带给我无尽的温暖和感动。

家长需要道歉吗

 勇于认错是一种担当，敢于道歉是一种美德。道歉不应受长幼顺序和地位高下的制约。身为父母，做得不对时，也要有勇气真诚地向孩子承认错误，求得原谅。

美国麻省医学院院长 Aaron Lazare 在他的著作《论道歉》中，对道歉给出了这样的定义：发生在人与人之间最深刻的互动之一，道歉有能力医治屈辱，释放心灵深层的罪恶感，消除对报复的渴望，并最终恢复破碎的关系[1]。

或许，我们曾多次对别人道歉，也可能收到过很多的道歉。但真正能直击内心、戳中泪点的道歉可能不会太多，发生在家长和孩子之间的就更少了。当年我以书面形式，给九岁的儿子郑重地道歉，可以算是我一生中最明智的决定之一。

东东开始他小留学生生活的那个秋季学期，对我和孩子都是非常重要和关键的阶段。对我来讲，首先是学习压力大。除了常规的研究生课程学习外，我需要在本期完成硕士论文开题、数据采集与分析以及毕业论文初稿的写作，以便在第二年春季开学后顺利答辩和毕业。同时，我还有申请读博的任务。我需要为申请继续攻读博士学位做各种准备工作，包括申请材料和备战考试等。其次，帮助孩子学习的责任重。这个学期是东东来美后的第一个学期，自然也是他最艰难的一个学期，我需要花费较多的精力和时间来帮助东东适应和过渡。

---

[1]　Lazare, A. (2004). *On Apology*. New York: Oxford University Press, Inc. p.1.

临近期末的一个晚上，下了晚课的我拖着疲惫的身体回到家里。匆匆地吃了几口饭，便回到房间开始学习。东东见我没说什么话，估计是想看看妈妈的情况，便拿着课本走进了我的房间，顺便询问学习上的问题，和妈妈亲近亲近。而在此刻，我的思绪和儿子的想法完全不同频。由于身心俱疲，心情极度不好，面对东东的提问，我没有耐心为他解答，反而一边责骂他为什么自己不去动脑筋思考，一边居然动手打了他一巴掌。东东惊讶地看着我，然后伤心地哭着离开了房间。

东爸赶忙过来，一边安抚儿子，一边批评我的粗暴。我则傻傻地坐在书桌前好长一段时间都没回过神来，心里像打翻了五味瓶一样，很不是滋味。儿子从小到大，我和东爸从来未动手打过他。我和同学们刚刚在课堂上讨论了儿童中心论，回到家里后，居然动手打了九岁的儿子，而且是在他没有犯任何错误的情况下。我想在动手打孩子的那一刹那，我一定是被魔鬼撒旦附身了。

东东在东爸的安慰下，按时完成作业，洗漱完毕后去睡了。而我的心情整晚都没有平静下来。东东是一个善良有爱心的孩子，我猜想他一定是想进来问候妈妈，了解一下妈妈为什么今晚显得不太高兴，为什么健谈的妈妈突然寡言少语了。我也一贯能透过东东外显的行为洞察到他的内心，可是当时的我却如暴君般，不分青红皂白打了他。这一巴掌打在儿子的脸上，痛在我的心上。

我和东爸约定过不准打孩子，无论孩子犯多大的错误都不能动手。自从孩子出生后，我们就一直践行这个约定。我和东东的母子关系更是亲近融洽，而今晚莫名其妙的一巴掌，一定会把以往所有的美好都打没了。这一巴掌，可能会打掉儿子对妈妈的亲近感和信任感，甚至可能会让幼小的儿子误认为以前从不打人的妈妈如今因为读了研究生变了，从而打掉儿子对研究生学习的认同感。

转念一想，我觉得在中国，家长打孩子是很正常的事，常言道：棍棒底下出孝子，不打不成才。然而，现在我们是在美国，家长打孩子属于家庭暴力和虐待儿童。这不仅是在我们《教育法》课程里学过的知识，更是人人皆知的常识。而且，邻居还有权揭发家长的暴行。我越想越害怕，越想越自责。

悄悄地，我来到儿子床边，透过床头的灯光，看着熟睡中的孩子，略带着婴儿肥的圆脸上，还若隐若现地留着我的手掌印，我内心充满了愧疚，准确地说应该是一种负罪感。心疼、难过、内疚、自责、无知、悔恨以及罪恶等关键词一连串地出现在我的脑海里，轮番轰炸着我，我的泪水止不住地往下流。那一刻，我真想叫醒儿子，然后对他说声"对不起，请原谅妈妈"。

清醒之后的我，疲惫感荡然无存，开始思考应该以何种方式向儿子道歉。按我们的商定，临近期末阶段我有晚课的那几天，由东爸接东东上学放学。也就是说，我当晚没能道歉，第二天早上也碰不上东东，我再见到他应该是第二天晚上下了晚课之后。如果等到第二天晚上再向儿子表示道歉，我想一定会影响他一整天的心情，而且延迟的道歉不一定能达到道歉的效果，难以弥补对儿子造成的伤害。

经过再三思考，我决定给儿子写一封道歉信，这样既能表明我真诚的道歉态度，儿子还可以在起床后第一时间看到。于是，我找出信纸和信封，写下了给九岁儿子的致歉信，也是我平生第一封道歉信。虽然处于汉语思维向英语思维的过渡阶段，但是当时东东的中文还是要比英文好，所以我选择直接用中文书写。完成后装进信封，并写下了"东东亲启"，落款是"永远爱你的妈妈"。然后悄悄地放在儿子的书包上面。

由于睡得太晚，第二天我醒来时已经快8点了。想到昨晚发生的事情，我本能地从床上快速爬起来，跑出房间查看情况。东东和东爸早已离开家去学校了。我赶忙查看儿子的书包和我写的道歉信。书包当然是不见了，我的信也不见了。我猜想一定是东东发现了这封放在他书包上面的信，然后放进书包一起带到学校去了。或许他已经阅读了，或许此刻他正在阅读。突然间，我感觉自己像一个犯错的小学生在等待老师的原谅。

我顿时体会到了Lazare教授的书里描述的道歉能够释放心灵深处的罪恶感的效应。我更希望这封信在释放我心灵罪恶感的同时，能洗刷由于我的无知和冲动带给儿子的屈辱，消除他对报复的渴望，并最终恢复我们母子间有可能破碎的关系。我在内心不停地祷告着、期盼着。

晚课结束回到家里，东东听到我锁自行车的声音，早已打开家门，站在门口等我了。后来东爸悄悄告诉我，儿子晚饭时就问妈妈晚课结束的时间。做完作业后，估计妈妈该回来了，就一直在门口等着、看着，只要听到有人骑自行车经过，他都要推门往外看看是不是妈妈回来了。我走进家门，东东立刻就从我背后一下子把我紧紧抱住，就那样一直紧紧地抱着，我走到哪儿他就跟到哪儿，就是不松手，也不说话。我心里知道，儿子是在以他的方式表达他对妈妈的原谅。

这时，东爸心照不宣地说："好了好了，妈妈还没吃晚饭，一定非常饿了。快松手，让妈妈先吃饭吧。"听到东爸这样一说，儿子才把手放开。我吃饭时，儿子也过来坐在餐桌边，跟我分享他当天在学校里的逸闻趣事。整个晚上，我们都没有再提起昨晚发生的事情，一场事故最终平和地化解了。

一年多后，东东已经是夏威夷 Punahou 学校的一名自信满满的初中生，而我也开始了博士学位的学习。同时，因为我的教育专业背景，以及儿子从零英语基础到被夏威夷两所最好的私立学校录取，不断有家长向我咨询有关家庭教育和孩子成长的问题。通过理论与实践，我开始对比较教育视角下的中美育儿理念的研究产生浓厚的兴趣。比如：中国家长鲜少主动向孩子道歉，而美国家长则相信作为生命个体，家长与孩子是平等的，因此，他们认为为自己不合适的言语和行为向孩子道歉是很正常的事情。

我找机会跟儿子谈起了一年多前发生的那件事，考虑经过时间的沉淀，我们彼此都能够更加冷静地面对这件事，从而更为理性和客观地评价。我主要对两个问题感兴趣：妈妈当年动手打他时，他的第一反应和感受是怎样的？他发现妈妈的道歉信以及阅读之后的心情是怎样的？

东东很坦然地回答我的两个问题，仿佛在谈论发生在邻家孩子身上的事情那样淡定。他告诉我，那天晚上他看见我回来闷闷不乐，精神疲乏，也不愿意说话，有些担心妈妈，想进房间去看看妈妈。但觉得应该找一个事由，问学习方面的问题，显得更合情合理，然后顺便问候并亲近一下妈妈，因为毕竟一整天没有见到妈妈了。没有想到，一贯耐心帮助自己的妈妈却一反常态，话没说上几句，就一巴掌过来，几乎把他打蒙了。

说到这里，东东有一点小激动。他说当时简直不敢相信打他的人是他的妈妈，而且是在他没有犯任何错误的情况下动手。我这时插话解释说那段时间可能是压力太大，任务太重，把积压起来的负面情绪一下子发泄在最亲近而又最弱小的孩子身上了。东东接着说他的感受，莫名其妙地挨了母亲一巴掌后，他内心受到了很大的伤害。他觉得妈妈变了，妈妈不再爱他了。

接下来东东告诉我他有许多疑惑：为什么要来夏威夷？为什么那么艰苦地适应环境和学习英语？妈妈是不是已经不再是以前的妈妈了？以后的日子将会怎样？将来还会有什么样的责罚？既然妈妈都可以随便打人，这世界还有什么可以相信呢？倾听着东东回忆他当时的想法，我感觉脊背蹿出飕飕的冷风，即便在温暖的夏威夷。

东东继续分享，说在第二天早上被爸爸叫醒起床时，他的心情还是很沉重的，不知道迎来的将是怎样的一天。就在准备拿书包上学时，他意外地发现了妈妈的信，他一方面感到好奇与意外，一方面感到惊喜与期盼。他没有告诉东爸，而是不动声色地把信塞进了书包。我问他为什么没有告诉爸爸，东东回答说他看到信封上写有"东东亲启"的字样。同时，他认为这是他和妈妈之间的事情，不必把爸爸牵扯进来。

到了学校后，东东立即拿出了妈妈的信。他仔细地看了看信封，看到了右下角的"永远爱你的妈妈"。东东说到这里，特地停了一下。然后说，他看到这行字时内心感到特别温暖，也基本知道了信的内容，已经决定原谅妈妈了。因为他知道妈妈是一位善良的人，妈妈的好学上进和坚忍不拔一直激励他前进，妈妈一直都是他学习的榜样。

他小心地拆开信件，看到了妈妈那熟悉的字体："亲爱的儿子：妈妈相信冰雪聪明的你，在打开信件前就已经猜到了这封信的内容，并愿意选择理解和原谅妈妈了。儿子，妈妈在此为昨晚的粗暴行为，向你表示最诚挚的歉意！"读完这封短信，东东说他的泪水已经悄悄地流下来了，他已经百分之百地理解和原谅妈妈了。所以，当天晚上完成作业后，东东就一直盯着时钟看，计算着妈妈回家的时间。当看到夜幕下妈妈锁自行车的身影时，他内心涌动着一股暖流。但东东是一个内敛的孩子，他选择从身后抱住妈妈的方式表达对妈妈的谅解。他一定不想让我看到他眼里的泪水。其实，儿子从背后抱住我时，我的眼角也湿润了，眼泪也悄悄地流了下来。也许这样的方式就是最深刻、最动人的吧。通过妈妈的主动道歉，正如Lazare教授所说的那濒临破碎的关系得以完全修复。

回想这桩发生在许多年前的往事，我现在还在为我当时的鲁莽行为感到自责。仔细想想就知道，动手打孩子其实是暴露了家长最脆弱、最无能的一面。试想：一位无法管理自己的情绪、极度冲动和缺乏理智的家长如何能够教育自己的孩子呢？如果我当时没有采取及时道歉的措施，我多年对孩子的培养和教育将统统归零，甚至会带给孩子更多的负面影响，让他怀疑世界，不再相信世间还有爱，继而有可能怀疑人生的意义。实际上，只要当时东东脑海里浮现的任何一条疑惑主宰了他，后果都可能是不堪设想的。

孩子是父母生命的延续，孩子是父母的希望，养育孩子给了父母再次成长的机会，养育孩子让父母成为更好的自己。让我们在陪伴孩子成长的过程中，不断学习，不断进步。

心得体会

别样的家长会

家长会是学校提供给家长了解自己孩子在学校学习和个人表现等情况的宝贵机会，也是家校共育必不可少的环节。家长会作为教育教学的重要手段之一，应该体现以学生为中心和学生为导向的教育理念。家长、学生和教师三方共同参与的家长会值得学习和借鉴。

我曾经当过班主任，也多次组织过家长会。孩子上学后，我作为家长也参加过家长会。家长会组织形式都差不多，大同小异。东东来到夏威夷的第二年，我参加了他就读的 Hokulani 小学五年级一次别开生面的家长会。这次家长会颠覆了我一直以来对家长会的认识，也让我深刻地认识到他山之石可以攻玉的道理，认识到走出国门学习深造和开展学术交流的必要性。

进入五年级后，从 9 月下旬开始，我观察到东东每天完成家庭作业后，就开始整理他的各种学习资料。他把资料按语文、数学、综合三门课程进行分类，整理后装进三个不同颜色的文件夹里面。语文是红色的，数学是绿色的，综合是黄色的。这三个文件夹都是用来收纳三孔 A4 纸张大小的纸质资料的。儿子告诉我这三个文件夹是班主任 Cruz 老师统一发给他们的，但是他没有告诉我这样做的目的。

有一次，我看见儿子把书包底朝天地倒空，从书包最底层翻出了几张皱皱巴巴的学习资料，还特地找来剪刀和透明胶把破损的地方补好，弄平整后再放入文件夹。说实话，我还从来没有看到过儿子如此认真地清理和整理他的学习资料，心里想这位 Cruz 老师的本事还真不小，能够如此这般地调动孩子的积极性。

前面的两周，儿子主要在收集和整理旧资料。在接下来几周里，儿子每天对号入座地把资料放入文件夹。后面的任务要轻松很多，只是把当天的学习资料往文件夹里放就行了。资料整理完毕后，儿子便开始一页页地翻开仔细研究，然后对照老师发放的一个评价体系，伏案做好记录。

儿子几周来的认真和坚持引发了我的好奇心，便询问他究竟在做一个什么样的特别项目。儿子冲我神秘地微笑，始终没有告诉我原委。从儿子上学开始，我就要求他独立完成功课，让他从小明确对自己学习的责任，做学习的主人。良好的学习习惯一旦养成，家长基本就不用太操心了。在此基础上，我们会从学习效果和结果上把关。同时，做到定时与各科老师保持联系，了解儿子的学习情况和表现，做到心中有数。因此，对于儿子的缄默，我也没有再追问下去，知道他在用心做老师布置的有意义的事情。

实际上，五年级开学后不久，从东东带回家的学校活动安排计划书中，我看到有一项是教师、家长和学生三方见面的个性化家长会。我猜想东东一直以来的忙活也许与家长会有关吧。

10月上旬的一天，儿子回家后告诉了我参加家长会的时间。分配给我们的时间是10月中旬那周的星期三下午2：45，也是当天的第一个家长会。个性化家长会给每个学生的时间是三十分钟，其中二十分钟发言，十分钟提问。

我按时到达了东东的教室。只见教室的中间和黑板平行的位置摆放了一张长桌，面向黑板放了一张椅子，背对黑板放了两张椅子。这时，东东和班主任 Cruz 老师以及实习的 Maria 老师都在教室。看见我进来，两位老师都过来和我打招呼。寒暄之后，她们回到位于黑板旁边角落的办公桌摆放区域。美国小学里语文和数学是两门主课，班主任往往由这两科的教师担任。班主任的办公地点就在自己教室讲台边上的角落。两个班学生走动换教室上课，两位老师则原地不动。儿子引导我坐在背对黑板的椅子上，他则坐在我的对面，斜对着他的两位老师。长桌上显眼地摆放着儿子几周来认真准备的红绿黄三个文件夹。

当时我觉得奇怪，明明是教师、家长和学生的三方家长会，为什么老师反而退回到办公桌的角落去了，而把家长会的重要位置交给了学生，难道这场家长会将由学生主持吗？正在我纳闷儿时，只见儿子微笑着朝老师们所在的方向看了过去，我用眼角的余光看见 Cruz 老师满脸笑容地对儿子点点头，应该是表示可以开始了。这时，儿子用流利的英语，开始了一场生动活泼的家长会。

在礼貌地问候在场的三位女士后，儿子简单地介绍了会议议程：家长会时间为三十分钟，他将用前二十分钟向家长做汇报，后十分钟是提问和讨论时间，老师会在这段时间参与进来。他还特别嘱咐我，如果有问题可以随时打断他提问。有板有眼地交代清楚之后，儿子正式开始了由他主导的家长会。

儿子首先介绍了五年级开学以来自己在出勤、课堂参与、公益服务以及师生共处等方面的表现；然后重点介绍和总结了语文、数学、综合三个学科的学习情况。他按照红绿黄的顺序分别介绍了每科在本学期以来所学的内容、重点和难点，自己在各科学习上采用的学习方法以及取得的成绩，他还特别对每门课程学习需要改进的方面、努力的方向以及具体指标做了详细的说明。

二十分钟的汇报顺畅流利，东东语言表达清晰，准备充分。我几乎不敢相信我对面坐着的小学生是我来到美国才一年多的儿子。回想东东最初的不适应，再看看他现在的从容淡定、沉着自信，我感到由衷地高兴和欣慰。

"Excellent！""Well done！"Cruz 老师和 Maria 老师的话打断了我的思绪。这时两位老师走了过来，向儿子表示祝贺。我也起身向两位老师表示了感谢。

接下来是交流沟通的时间，大家都坐了下来。我简单地向两位老师说明了东东去年刚来夏威夷以及开始学习英语才一年多的情况，没有想到 Cruz 老师早就知道东东的情况，她们也为东东今天出色地完成任务感到十分惊喜。之后我分享了自己作为一名教育工作者，参加这次家长会的收获和启示。

在回家的路上，东东告诉我一个多月前 Cruz 老师就把家长会的事情告诉了学生们，还叮嘱他们不要提前告诉家长，希望给家长一份惊喜。Cruz 老师首先把学生需要收集的各种学习资料、评价标准以及汇报材料的要求和时间表等打印出来，发给了全班学生，还组织学生们逐一学习，确保每个孩子都清楚明白。然后，按照时间表来检查学生们完成任务的进度，没有达到要求的及时返工重做。最后，在家长会前几天进行预演，由老师把关，要求人人过关。

一路上，儿子兴奋地给我介绍他们师生为这次家长会所做的精心准备。作为同行，我打心眼儿里佩服 Cruz 老师。她竟然能够让一群十来岁的孩子把一个难度系数不低的自评项目做得如此完美，而且保持一个月的专注力和热情。家长会上，东东和 Cruz 老师之间的眼神交流，老师信任鼓励的笑脸，儿子自信沉着的表现，让我看到了一位教师的专业水准、职业素养和教育情怀，也看到了一位教育者的收获与成就。

这次家长会带给我极大的震撼，我不由自主地把我在美国参加的家长会与我国传统家长会进行了比较。

第一，美国家长会是老师、家长和学生三方共同参加的会议；中国家长会常常是老师和家长两方参加的会议。

美国基础教育阶段一直提倡以学生为中心的教育理念，最近，美国学术界更是提出了"孩子导向学习"的教育革新运动。无论是学生中心还是孩子导向的教育理念，其宗旨都是希望通过让孩子参与教育教学活动，来激发孩子的内部动机和内驱力，让他们对自己的学习和成长负责。家长会由学生主持彰显了这些先进的教育理念。

我国传统家长会通常是以班主任主持和家长参与的形式开展。换言之，就是一群大人在一起集会商量和讨论孩子教育的事情。在孩子的成长与发展上，孩子们成了局外人。教师往往还当着家长的面分别表扬和批评几个学生。孩子被老师表扬的家长扬眉吐气，孩子受到批评的家长则垂头丧气，回家少不了责罚孩子一顿。

家长会的目的是通过家长、学生和教师的共同参与来讨论如何更好促进孩子的成长与发展，让教育相关的三方同频是非常重要的。

第二，美国家长会由学生主持，听众是家长和老师；中国家长会通常由老师主持，听众只有家长，学生不列席会议。

美国老师在开学不久就让学生知道他们需要主持家长会，需要向家长和老师汇报和总结自己的学习。这样的形式可以让学生更加客观地对自己的学习情况、优势与不足进行全面检查，从而更好地确定努力方向和制订整改计划，让学生由被动变为主动，有利于提升学生学习的主动性。

中国家长会通常由班主任主导并主持，听众是家长。有时候，科任老师也会列席并发言。大多数情况下，家长会基本上是老师的独角戏，家长只是被动地聆听。虽然也安排家长提问环节，但在最后几分钟里，提问者和回答者很少就问题进行深入细致的探讨。以至于很多时候，家长会仅仅流于形式，并没有达到预期的教育效果。

第三，美国家长会的形式和时间老师和学生提前知道，家长不知道；中国家长会的形式和时间基本是固定的，老师、家长和学生都知道。

美国家长会的形式和时间很早就由教师通知了学生，却对家长保密。这给家长会所做的准备工作蒙上一层神秘的面纱，极大地刺激了孩子们的好奇心，进而带动了他们的积极性。使得本来一个对于成年人来说都单调乏味的评估活动，让小学生们开展得如此生动活泼、有滋有味。并且为了做好家长会的准备工作，师生之间开展了为期一个月的合作。

这样的做法十分有利于学生与教师之间的心理教育同盟关系的建立。心理教育同盟关系是指教育者与教育对象之间的教育合作伙伴关系，体现在他们之间的情感协调和相互沟通之中。在心理教育同盟关系的框架内，教育者与教育对象都会自觉而积极地维系和发展这种美好而愉快的联盟关系。实际上，心理教育联盟对师生双方的发展和成长都具有十分重要的意义。

中国家长会通常会安排在期中考试之后，这个时期家长和孩子都处于焦虑和紧张之中。一般全校统一时间，分别在各班级召开，由教师主持，家长聆听，这种形式不利于教育者和教育对象之间的心理同盟关系的建立。

第四，美国家长会有利于在高阶教育目标上加强对学生能力的培养；中国家长会还没有上升到高阶教育目标的水准。

美国教育家布鲁姆提出认知领域的教育目标包括知识、领会、应用、分析、综合和评价等六个阶段。前三个教育目标通常被称为初阶目标，后三个为高阶目标。布鲁姆教育目标分类法在美国各级各类学校得到广泛的运用，也在家长会的策划上得以体现。作为学习的主体，学生参与家长会的准备和主持恰到好处地为孩子们提供了完成教育目标的机会，特别是分析、综合和评价这三项高阶目标。

这种做法的好处有三。其一，在这个过程中，学生们必然要开展分析、综合和评价等，这个参与的过程实际上已经让学生巧妙地实现了高阶教育目标。其二，参与教育评估活动，让学生们掌握了教育评估量表以及必须具备的知识和技能。其三，开展自我评估对孩子们来讲是一次宝贵的了解自己和自我提升的实战演练。

总之，这样的家长会可以促进学生对教育目标、评价量表以及评价手段的理解与掌握。特别是自查自评，使得评价过程更加有意义。学生通过老师手把手教会的评估能力，还可以用于其他项目的评估。这个过程本身就是一项重要的学习。

在召开家长会之前，中国的老师们也会让孩子们准备资料，比如：考试试卷和家庭作业本等。家长会当天会交代学生把这些资料放在自己座位上，以便家长参加家长会时翻阅和查看。显然，收集资料和参与评价根本不在同一个层面。就评价而言，收集资料只是评价的一个前期准备过程而已。没有经历评价环节，教育目标就没有实现，或者至少是不完整的。

第五，美国家长会需要师生一对一较长时间合作互动的准备；中国家长会基本由老师负责，师生互动特别是一对一的准备环节缺失。

在美国，为确保家长会顺利进行，教师对学生开展长达几周的指导、交流和沟通，有利于师生之间增进了解、培养感情、建立良好的师生关系。家长见面会采取一对一的方式，体现了教师对学生同等的爱护和对学生自尊心的保护。在教师一对一的指导过程中，学生是教师的唯一，教师也是学生的唯一。教师这份付出必定会触及每一位学生的心灵，教师的这份用心也必定温暖每一位学生的心田。

当然，我们还需要考虑到中美的国情差别。比如：美国公立中小学的班级人数大概 20~30 人，私立学校的班额更小一些。学生人数少，举办这种形式家长会的可能性更大。国内中小学的班级人数至少是美国中小学人数的两倍，开展如此形式的家长会难度就大。我也曾跟国内中小学教师交流过，如果完全照搬美国的一对一家长会不现实，那么我们可以采取小组家长会的形式，举办 3~5 个学生为一组的家长、学生和教师的三方家长会。

在与国内教师的交流交往中，我发现有很多敬业优秀的教师，他们也尝试用不同的方法与家长沟通交流，开展形式多样的家长、学生和教师三方家长会。不仅如此，很多学校还会邀请教育专家走进校园，为家长举办家庭教育和家长成长讲座，帮助家长提升家教知识和技能。

教育是指向未来的，也是面向世界的。教师和家长肩负着培养下一代的重任。由家长、学生和教师三方共同参与的家长会无疑对孩子们的健康成长有积极的推动作用。他山之石，可以攻玉。在教育教学第一线的教师们可以结合自己的实际情况，因地制宜地吸收他国先进的教育理念。让大家共同携手，促进家校共育，合力培养更强大的年轻一代。

注：此文缩略版《我在美国参加家长会》发表于《新教师》2019 年第 7 期。

心得体会

妈妈的小保镖

家长要善于把握周围各种有利于孩子成长的机会和可教时刻，潜移默化地培养孩子的自信心、自我挑战意识以及志愿者精神。

"妈妈的小保镖"是东东来美国前给自己起的外号。关于这个称呼的来历，还有一个有趣的故事。

在国际奖学金项目的支持下，我于 2004 年秋季开始了在美国夏威夷大学马诺旗舰分校的学习深造。夏威夷是东方遇见西方神奇而美丽的地方，拥有美国五个之最：最健康之州、最幸福之州、最宜居的城市、最安全的城市（檀香山）、空气质量最好的地区。夏威夷还培养了中国早期民主革命先驱孙中山和美国前总统奥巴马。夏威夷大学马诺分校位于夏威夷州府檀香山市，建立于 1907 年，由美国西部学校与学院联合会（WASC）授予办学资格，也是中国教育部备案学历认证的美国州立（公立）大学。

夏威夷的多元文化和自然风光与夏威夷大学马诺分校"人性超越国界"的校训吸引了来自世界一百三十多个国家的学生。我非常幸运地成为其中一员，重回校园的我仿佛重新回到了单纯美好的大学时代。虽然享受不到家庭的温暖，但却享受着集体的快乐。

当时，我们国际留学生被安排住在学校附近的东西方中心的研究生宿舍楼。这栋楼是由美国著名华裔建筑师贝聿铭于 1960 年设计建造的。建筑采用复式设计，走进电梯间，你会发现电梯只会在 3、6、9、12 层停留。电梯停留层是公共活动区域，设有厨房、洗衣房、电视房、活动室等。

宿舍安排在上下两层，按照单元设计，每个单元由六间单人宿舍和两间双人宿舍组成，十人共享两个卫生间和两个沐浴间。这里居住着来自包括美国在内的五十多个国家在夏威夷大学马诺分校攻读硕士和博士的学生。大家在公共厨房做饭，常常有机会品尝到各国的美味，一起参加大学和中心的各项活动。

愉快的暑假很快结束，新学期开始，研究生院的学习也正式开始，我们也怀着忐忑不安的心情走进了课堂。第一学期在语言与文化适应中跌跌撞撞地快要结束了。临近期末时，却意外地出现一个小插曲。有一天，我收到一封来自一位美国学长的电子邮件，希望我能给他更多了解和交往的机会。我赶紧回邮件告诉他我是一位九岁孩子的妈妈，先生和儿子很快就会来夏威夷。

我一时纳闷儿，他怎么会产生这样的想法呢？后来我想到可能是由于我没有戴婚戒的缘故。在美国，已婚人士，无论男女，通常会在左手的无名指戴婚戒。在周末与家人视频通话中，我提到了这件事，叮嘱先生几个月后和儿子来夏威夷时记得把我的婚戒带来。这时儿子的大脑袋出现在视频中，他大声地说："妈妈，不用带婚戒来，爸爸把我带来就可以了，这位多情的美国博士自然就要败退，以后就让我做妈妈的小保镖吧。"

不久，东东和东爸来到夏威夷和我团聚。儿子果然成了我名副其实的小保镖，除了上学外，他基本上都和我在一起。在美国，法律规定十二岁以下的儿童必须时时有人照看，以免发生由于孩子不懂事而造成的各种危害。

为了照顾在职研究生的学习，美国大学的研究生课程大多数安排在下午 4 : 30 以后，因此，我的课程都是在下午 4 : 30 以后。在我们家里，主要是我接送东东上学放学。东东放学时间是下午 2 : 45, 周三放学是下午 1 : 30。放学后他会去学校附近的游泳馆学习游泳一个小时。虽然接送的时间没问题，但是接到孩子后怎么办成了我必须面对的难题。我试着给教授们写邮件，讲述了我面临的困难，咨询是否可以带着儿子上课，没想到教授们不约而同都同意了。我非常高兴，一来解决了儿子放学后没有地方去的问题，二来也让他有机会感受美国研究生的课堂氛围，三来晚上下课回家的路上有儿子做伴。

教育学硕士毕业后，我继续在夏威夷大学马诺分校攻读教育学博士学位。博士学习开始的秋季学期，我选修了 Ericson 教授的"教育政策研究"课程。一次，我们讨论的主题是小布什政府《不让任何学生掉队》法案对美国公立学校的影响。东东坐在教室一个角落专心地做着他的家庭作业。

当时全美各州都在执行 2002 年小布什政府颁布的这项教育法案。教育向来被美国视为国家的第一道防护墙。这部教育法案的实施虽然使学生在阅读和数学方面有了显著提高，但在年度测评、达标评价和逐步升级的惩罚压力下，各中小学都不同程度地采取了应对措施：加大对统考科目数学和阅读的重视，不参加统考的科目比如音乐和体育课的时间则被减少。不少中小学放学后补课，缩减学生的休息时间。

我们正在展开讨论，有的同学说这个法案对提高教育质量有益处，有的则指出这项法案实际上导致了应试教育。这时，东东把手高高举起，表示请求发言。我当时感到很突然，也有几分尴尬。没想到 Ericson 教授竟然示意东东发言。东东问："您说过政府给公立学校加大了资金投入，您也说了教育的目标是培养全面发展的人，现在我们学校的音乐课从每周的四十五分钟减到了三十分钟。我认为小布什的法案不好。"Ericson 教授表扬了东东，还把东东学校的情况纳入我们的讨论当中。后来，我每次见到 Ericson 教授，他都会问及东东，或许是东东那次举手发言给他留下了深刻印象吧。

回家的路上我问东东怎么有勇气提问。东东告诉我，他们学校这个学期把音乐课缩短了，他很不开心。因为他很喜欢上音乐课，也很喜欢音乐老师。我们的讨论他都听到了，刚好和他学校的情况相关，因此他迫不及待地想把他们学校的情况跟我们分享。东东曾多次抱怨学校把他喜爱的音乐课缩短了，而且午餐后的十五分钟休息时间也被剥夺了。

作为博士学员，我们有义务参与到东西方中心各种学术及其他活动当中。同样，我事先征求了负责人的同意，东东也获准参加我们的各项活动。在我的记忆里，我的请求从来没有遇到过 No。因此，东东便有机会一直"混"在夏威夷大学马诺分校和东西方中心教授、学者和研究生中成长，成就了他的超级混龄成长的经历。

东西方中心是美国国会于 1960 年成立的公益性教育、文化与研究机构。虽然地理位置处于太平洋中心，但连接着世界。每年都有来自世界各地的政要、学者、学生来此访问访学和深造,是一个不折不扣的多元文化社区。每个周三晚上中心都安排有"周三晚间论坛",主讲人都是大咖级别的人物,包括美国大法官、香港前特首以及诺贝尔奖获得者等。东东也是一次不落地随我一起参加。

为了丰富学者学员的文化生活,东西方中心时常举办各种文化活动,比如常年开放的艺术展厅、每年一次的国际文化节和研究生趣味运动会、周末草坪音乐会等。一年一度的万圣节活动是中心最放松最疯狂的活动,在这个活动期间可以"没大没小,无长无幼"。大家都穿上买来的或自己设计制作的奇装异服和化装面具,尽情地狂欢。东东第一次参加东西方中心的万圣节活动时获得了传统项目咬苹果的第一名,成了活动的小明星,也让中心的人员认识了我的这位小保镖。

还有一次,东东参加了中心研究生趣味运动会的国际象棋比赛,一路淘汰好几个选手,最后和一位来自越南的博士争夺冠军,没想到这位数学博士居然败给了一个不满十二岁的小朋友。那天刚好是我的生日,东东说这个荣誉是送给妈妈最好的生日礼物。

我一直推崇志愿者精神,也认为它是家庭教育的一个重要方面。大学毕业后在农村中学任教当班主任时,我就常常带领学生参与服务学校和社区的各种志愿者活动。来到美国后,我发现整个社会都在弘扬志愿者精神。大学教授到中小学指导教学,为师生服务;律师和医生为低收入人群服务;学生到老人公寓服务;社区组织家庭打扫公园、宣传交通规则、保护水资源、回收垃圾等。作为妈妈的小保镖,东东自然也成了一名小小志愿者。志愿者精神也在他幼小的心灵里深深地扎下了根。

每年春节,檀香山市艺术博物馆都会举办春节游园活动。我都会带着儿子参加,做志愿者教美国小朋友写毛笔字。出国前东东学习过几年毛笔书法,而我从小在父亲的指导下学习书法,也算有些基础。我和东东手把手地教小朋友在红纸上写四个字的春节祝福语。有的家长还请求我们给他们的孩子起中文名字,然后教他们书写。

东西方中心每年都会举办国际艺术节,其中包括文化艺术展台、美食展台和节目表演三大块。国际艺术节吸引了当地民众参加,成为檀香山社区的一个重要活动。东东来的第一年便参加了中心学员孩子表演队,一位印度艺术家学者的夫人担纲指导老师，孩子们在艺术节上的出色表演赢得了观众持久的掌声和欢呼声。

第二年，我申报了一个文化展台并获准。我认为这是一个推介本民族文化的好机会。我们全家忙碌了好一阵子，精心准备，把我们从家乡带来的各种和文化艺术相关的，包括吃的、穿的、用的、听的、读的、挂的全部收集起来，还从互联网上下载了许多资料，制作了醒目的中英文 Logo 和宣传资料。当天，我们一家三口穿上了土家族盛装，一大早就来到东西方中心杰弗逊会展大楼布置展台。我们做了明细分工，东东负责迎宾和分发资料，东爸负责音响设备和物品，我负责解说和答疑。小小的展台前挤满了好奇的民众，见我忙不过来，东东也当起了小解说员。

还有一次，艺术节组委会面向学员招募主持人，我回复邮件询问可否接受学员的十三岁孩子，同样得到了肯定答复。东东不仅作为夏兴武术队一员参加了太极表演，还作为一名小主持人，和几位来自不同国家的研究生同台主持艺术节汇演。

妈妈的小保镖逐渐成为我们社区受人关注的小名人。多次的参与和体验也让儿子的自信心倍增，学习劲头十足，他健康阳光地成长起来。

心得体会

养育孩子需要一个村庄

养育孩子需要一个村庄，参与孩子成长的各方人士都要认识到这个理念的重要性，意识到孩子的教育是一个需要大家齐心合力的大事业大工程。家庭、学校和社区三方面力量缺一不可。唯有三方合力，我们才有可能培养出优秀的孩子。

"养育孩子需要一个村庄"原本是一句非洲谚语，指教育孩子是一项需要全社会力量来支持的事业。流传到美国后，美国人深以为然，并体现在家、校、社区共育及公共政策等方方面面。

在美国人的教育观念里，学校教育是家庭教育的延续。首先，家长充分意识到自己对孩子成长所承担的主体责任，对孩子的教育往往都是亲力亲为，绝不推诿，家庭责任感较强；其次，家长与学校都坚信"家校共育"理念；最后，政府逐步完善了一系列教育辅助设施，协助家长与学校开展对孩子的教育。总之，在建立共识的基础上，全社会都在自觉自愿地参与培养下一代和助力孩子教育事业。

一、父母共同承担家庭教育的责任。

尽管美国的离婚率居高不下，但不管是原配家庭还是再婚家庭，绝大多数美国人都比较关注孩子的成长，注重家庭教育。

1. 养育孩子的主体责任比较明确。

在美国，养育孩子普遍是夫妻二人协同合作进行的。与中国父亲相比，美国父亲在自觉参与孩子养育方面要做得更好。我来到美国后，观察到很多父亲都亲力亲为地参与孩子的成长。孩子处于婴儿阶段时，父亲是自豪的奶爸，喂奶喂水换尿布都是行家里手；孩子稍大，父亲变成了运动场上的教练，训练一队刚会走路的小运动员；等孩子再大一些，父亲又变成了童子军的监护人，与孩子一起开展野外生存和探险。陪伴孩子成长是父亲们乐此不疲的美差。

美国的公共政策也为孩子健康成长开了绿灯。脸书老板扎克伯格在妻子生育后，休了一段时间陪护假，陪伴妻女，每天为女儿换尿布。在夏威夷期间，我通过友人结识了一位从沃顿商学院毕业的投资商，他三十八岁便从公司辞职，举家从纽约搬到夏威夷，因为他不愿错过三个孩子成长的美好时光，希望高质量地陪伴孩子长大。

我还记得在读博士时，从夏威夷大学马诺分校的校报上读到一篇本校美式橄榄球队主教练的访谈文章。这位教练每天驱车近一小时赶到学校，行程中要穿越一个比较长的隧道。他告诉记者这条隧道成为他每天工作与生活的分界线，上班途中穿越隧道时，他脑子马上转换为工作状态，下班穿过隧道后，他的脑子又马上就会转到家人那里。文章还特别记录了他照顾家庭与陪伴孩子的点点滴滴，如，他和妻子育有五个孩子，因为孩子们更爱吃爸爸做的饭，每天下班后，他都会亲自下厨给家人做饭，还关爱每一位孩子的成长。作为州立旗舰大学的橄榄球队主教练，他的工作压力可想而知，但他时刻不忘自己对家庭和孩子的主体责任。

在美国，隔代养育基本不存在，即便有也是短期行为，一般出现在夫妻二人外出旅行、庆祝结婚纪念日、夫妻一方出差或者家庭出现变故等情况。我认识的美国妇女教育协会夏威夷分会会长 Ann 和她的先生 David 就在女儿婚变时，第一时间赶到西雅图帮忙照看外孙女和协助女儿处理搬家等事宜。一个月后，女儿安顿好了，他们夫妻二人就离开了。为此，我还专门访谈过 Ann。她告诉我，作为成年子女的家长，她和 David 绝对不会介入女儿和女婿的感情纠纷，但是，当女儿有困难时，他们会伸出援助之手，包括在人力与财力方面的援助。

美国家庭还十分注重家风传承。每个家庭都会把祖辈上传承下来的家庭教育方法与家风继承发扬。我所在的美国妇女教育协会曾经组织的一次活动就是让大家分享家族教育理念与家风传承，其中一位会员分享了她从妈妈那里得到的家教真传，被她称之为"妈妈的清单"。还有一位会员分享了她的外婆传承下来的家长给予孩子无条件爱的种种做法。

2. 在孩子成长关键期家长自觉付出心力。

0~3岁是孩子认知、语言、运动与情感等方面发展的最关键最敏感时期。在中国，0~3岁的孩子通常是由祖父母照看，隔代养育现象十分普遍。美国十分重视0~3岁孩子的养育，基本都是父母亲自照看孩子。

早在20世纪初，意大利著名的幼儿教育家蒙台梭利对生命的前三年展开了深入研究。美国的早期教育先驱暨哈佛学前项目创立人怀特博士在20世纪70年代的研究成果《生命的前三年》在美国受到广泛重视。怀特博士指出："没有任何问题比人的素质问题更加重要，而一个孩子出生后头三年的经历对于其基本人格的形成有着不可替代的影响。"[①]

怀特博士1981年还在 Globe 上发表文章呼吁不要过早地把孩子交给早教机构，母亲最好亲自照看孩子而不是在职场打拼。因为这关乎孩子的起跑线。[②]说到起跑线，国内也有一句流行语"不要让孩子输在起跑线"。显然，这两道起跑线的概念是不一样的。怀特博士的起跑线指孩子的父母，指早期的家庭教育。

在学者们的呼吁和倡导下，很多美国妈妈选择在孩子出生后离开职场，回归家庭，在孩子关键的成长期里，亲自养育与陪伴孩子成长。当然，这样的选择与美国家庭友好型的公共政策和职场文化密不可分。在公共政策方面，只要一位家长工作，就可以保证全家人享受到医疗保险。报税也可以全家人一起报。为了鼓励生育，美国的税收政策也有所偏向，生育家庭不仅可以获得税费减免，还可以获得个税返还甚至政府补贴。与之相对的，达到一定年龄不结婚、不生育的个人或家庭则要缴纳更多的个人所得税。在职场方面，制度也相对灵活，转换职业和重新入职十分普遍。在法律的保护下，用人单位不能有任何的性别、年龄和种族等歧视。我的一位好友

---

① （美）怀特，《从出生到3岁》，宋苗译，北京：北京联合出版公司，2016年4月第1版，第1页。

② White, B. (2013). Wrote of Child Development. (Retrieved on January 16, 2017 from) https://www.bostonglobe.com/metro/2013/10/17/burton-w hite-believed-children-should-avoid-day-care/DAH01Lkp5efC8pDKOWlKfI/story.html.

和她先生育有三个孩子，好友决定回归家庭，陪伴孩子成长。几个月前，在最小的孩子上小学后，四十六岁的她决定返回职场，很快就找到了一份称心如意的工作，她告诉我这份工作竟然比她硕士毕业时找到的工作还要好。

3. 享受孩子的成长。

关于孩子的养育在美国流行这样一句话：趁孩子还在你身边时好好享受他们吧。这句话恰如其分地概括了美国家长养育孩子的心态。在美国养育孩子时，我也深有同感。

基于享受孩子成长的心态，美国家长表现出对孩子无条件的爱与尊重。家长给予孩子无条件的爱是建立在以孩子的福祉为中心的爱，凡事从是否有利于孩子健康成长的角度考虑，而不是家长的权威。比如说家长会和孩子一起制定与执行家庭公约，蹲下来和孩子说话以达到彼此眼睛平视与眼神交流的目的，耐心地倾听孩子的声音，尊重孩子的选择，视孩子为独立生命个体与积极的家庭成员等。

夫妻配合共同打造民主的家庭氛围，为孩子成长提供优质的家庭环境。家长不断学习，与时俱进，学做知识型引导人。他们通过身教与言传去影响和激励孩子，普遍采用合作和鼓励的教育方法，无论是表扬或者批评孩子，都采用情景中心论，把人与事分开。表扬孩子时，他们会指出值得表扬的具体行为与表现；批评孩子时，他们也会基于有利于孩子具体行为举止的改进与提高的目的，而不是人格打击。

在留美期间，我从来没有看到家长在公众场合责骂和教训孩子的事发生，看到家长们不攀比，孩子们也不会生活在"邻家孩子"的阴影中。家长更不会为孩子的学业焦虑，他们基本持有慢成长和静待花开的态度。因为享受孩子成长的心态，亲子感情与关系往往建立得比较牢固和友好。家长都以自己的孩子为骄傲。我在妇女教育协会认识一位妈妈，她的儿子从一年级开始就在本州最好的一所私立学校学习，学费也比较昂贵。她儿子高中毕业去了本州的一所社区院校。众所周知，社区院校基本是门槛极低的开放式学院，但是她仍然非常以她儿子自豪，因为孩子顺利高中毕业，选择了自己想去的学校，这就足够了。

当然有一点需要说明的是，只要达到一定要求，学生在完成两年的社区学院学习后，可以自动转入本州或者别州旗舰研究型大学。此外，美国的优质大学，无论公立还是私立，每年都会发放一定的转学指标，为希望转学的学生提供机会。后来，那个孩子成功转入了加州大学伯克利分校学习。

4. 愿意不断学习与孩子一起成长。

阅读习惯在美国受到全社会的推崇，有关孩子成长与家庭教育的书籍自然是家长必读的。家长主动参加学习与培训，主动购买家教书籍，"育儿先育己"的理念蔚然成风。每个家庭的书柜里总会有一些关于科学育儿与家庭教育方面的书籍，每个家长都在努力成为懂家教的智慧家长。家教书籍成为节日亲朋好友互相赠送的礼物。

在美国，家庭教育指导是一个严肃的专业与职业领域，家庭教育指导从业者必须经过严格的学习与训练。他们往往需要经过硕士以上的专业学习与培训才能获得从业资格，包括咨询顾问与出版书籍等。我阅读了大量的教育书籍，发现作者基本都具有博士学位，基本都既有理论水平又有多年实践经验。因此，家长与教育专家、学者之间有着较好的信任。家庭教育专家凭借他们的职业道德和学识水平助力家长成长，小班培训，一对一辅导，长期跟进。这样的课程与咨询可以从社区、学校、大学以及社会获得。此外，家庭教育学术团体举办的各种学术会议也面向家长开放。我就多次作为家长参加很多类似的学术会议，并得到著名家教专家面对面的指导。由于不断学习与积累，美国家长在开展家庭教育时就更加游刃有余，效果也就更好。

二、家校共育构建大家庭。

美国学校和家长的联系十分紧密，家校共育的理念深入人心。学校的很多活动都邀请家长参加与协助，而家长也乐在其中。在夏威夷，人们通常把家校共育的构建称为 Ohana，夏威夷语指"大家庭"的意思，表示师生和家长都是这个大家庭的成员。在儿子接受基础教育的九年里，我积极参加孩子学校组办的各类家长活动。一方面作为教育学博士，我希望更多地了解美国教育，学习他们先进的理念，回国后可以促进祖国教育事业改革与发展。另一方面作为家长，我希望更多地了解孩子学校和老师以及孩子本人的学业与表现情况，同时也是给孩子做榜样。

1. 家长开放日。

通常会安排在每年秋季学期开学三周后，目的是让家长了解孩子本学年所学课程以及认识新教师。

美国中小学教师一般只负责教固定某个年级的课程。也就是说，孩子每年都要换教师。这样的设置一方面有利于教师更好地驾驭所教内容，更好地开展教育教学活动；另一方面有助于学生接触性格迥异与教育方法不同的教师，并从他们那里获取知识与技能。不仅如此，学生每升一级，同一年级的学生还会被打乱重新分班，也就是说孩子每年都会遇到不同的教师和同学。这样做的目的都是为了促进孩子们的社会化进程。因此，家长开放日就显得十分重要，家长们都会按时参加，认识孩子的新教师，了解新学年的规章制度和各种要求等。

2. 家长与师生会议。

这项活动开展的频率和目的往往视各校的具体情况而定。

首先，实行班主任制的小学一般每年都会有至少一次的家长会。美国的家长会以学生为主开展，而且是一对一的。这样的以学生为主导的家长会有利于明确学生对于他们学习的主体责任，阶段性地开展自我分析与总结十分有利于孩子的个人成长与进步。

其次，进入初中后，学校通常实行导师制，一位教师负责12~13个学生。如果家长认为有必要与教师见面，可以随时申请，但需提前预约。孩子进入高中后，继续实行导师制，而且在高中四年内由固定的导师辅导固定的学生。美国的高中学制与高校相似，学生在导师指导下选修不同的学分课程，实行走课制。除了普通的家长开放日，高中第一年还增加了大学指导委员会举办的面向全年级家长的大学申请准备预热家长会。高中最后两年的一对一家长会，主要包括2~3次规定的家长和孩子与大学指导老师的见面会，主要是围绕孩子的大学申请的话题而开展。

3. 家长家教培训。

美国中小学不仅承担教育学生的职责，他们还非常重视家长养育技能的培训。无论公立或私立学校都设有专职的具有教育学或心理学硕士学位的指导老师为学生的健康成长保驾护航。

我在美国的家庭教育导师 Becker 博士就是儿子所在的 Punahou 学校的教育心理指导教师。他是美国著名教育家德瑞克斯的学生，虽已退休多年，仍坚持为学校服务。家庭教育是我多年来最感兴趣的领域，遇到像 Becker 博士这样的专家，我当然会抓住机会，拜他为师。从儿子考进该校入读六年级开始，我就一次不落地参加了由 Becker 博士亲自授课的家长成长课程与培训。

除了在上课时提问外，在遇到家庭教育问题时，我总是会给 Becker 博士发邮件咨询，每次都很快得到他的耐心指导和帮助。Becker 博士还会每天通过电子邮件发布一则有关"积极养育"的分享与家长们互动，使我受益匪浅。

回国前夕，我跟 Becker 博士道别。Becker 博士将他的积极养育教本和德瑞克斯的经典教育著作赠送给了我。这位年届八十的老学者还诚恳地表达，希望我一定要把在美国的所学用于帮助中国的家长和教师，让孩子们能够更加幸福健康地成长。

4. 家长教师联合会。

家长教师联合会是由家长、教师和学校其他工作人员组成的学校分支机构，目的是促进家长参与学校的教育教学与实践活动。家长教师联合会在学校有固定的办公地点，负责组织家长参与的各种活动以及志愿者工作，比如募捐义卖、课外实践、文体活动以及一年一度的嘉年华等。在众多的活动中，我印象最深的是 2006 年春季参加儿子学校 Hokulani 小学的春季嘉年华活动。

每年的 4 月初，夏威夷公立学校通常会举办春季嘉年华。这个活动是由学校和家长共同举办的，通过义卖和付费性狂欢活动为学校筹集经费。这些经费用于学校组织的教学活动。学校提前给家长发放了有关活动的资料，希望家长抽出时间来做春季嘉年华日的志愿者，并捐赠家里的闲置物品。

我作为家长志愿者参与了此次活动，第一次看到师生一起狂欢的场面。收获极大，感慨颇多。首先，通过这样轻松愉快的活动，满足了儿童身心发展的特点与需求，一张一弛乃文武之道。其次，促进了家校合作和大家庭 Ohana 的建立。再次，也使学校获得一定经济收入，以便支持教育活动的开展。最后，嘉年华活动还吸引了公众的参与，带动了社区消费，也相当于向社会推介了学校。

通过参与学校举办的各种活动，我观察到儿子特别希望妈妈与学校保持良好互动，儿子还为妈妈的志愿者行为感到自豪。母子之间已经达成了对志愿者行为的认同，参与和服务是我们生活的组成部分的理念已经根植在孩子的内心深处。家长希望孩子成为什么样的人，就必须首先成为那样的人。

三、社区协育，建设家庭友好型社会支持体系。

社区协育也是"养育孩子需要一个村庄"教育理念的重要组成部分。所谓社区协育就是以孩子成长为中心的所有有形与无形的家庭友好型社会支持体系，有形的包括图书馆、社区中心、公园以及其他体育娱乐设施等，无形的包括公共政策和福利制度等。孩子的家长所在的工作和学习机构也被纳入孩子的成长社区，提供各种福利支持下一代的成长。所在社区的各个机构也常常向家长和孩子们开放，为孩子和家长成长提供受教育机会。

1. 社区的支持体系。

首先，每个社区都设有免费图书馆，可以借阅各类资料。遇到本社区图书馆没有或已经借出的书籍时，还可以通过图书馆联网系统从其他社区图书馆借阅。每周社区图书馆都会举办形式多样、生动有趣的儿童阅读活动，由图书馆工作人员或者志愿者负责组织开展。

其次，每个社区都建有社区中心，工作人员绝大部分都是志愿者，只有少数全职或兼职人员。很多志愿者是退休人士，在很多人心中，志愿服务行为是从幼儿开始的终身事业。他们的服务范围包括课后托管、课外活动、特长学习等，设有免费及付费服务，即使付费也是价格低廉、物超所值的。社区中心还负责组织举办各种文化教育活动，比如每年的社区圣诞游行及评比、万圣节雕南瓜灯比赛等等，让人们感受到除了自己的家外，还有一个社区大家庭。

再次，每个社区都有一个由政府出资的公园教育机构，培训项目包括游泳、篮球、网球、足球、棋类以及暑假的全天或半天托管等，对社区居民完全免费。我儿子的游泳技能就是在社区游泳馆里学会的。当然，想报上这样的免费课程，家长需要半夜就在报名处排队，有的家长干脆支起帐篷在那里过夜等待。虽然后来采用了更加人性化的网上报名方式，但是时间却安排在凌晨零点开始，也是需要熬夜等待的。此外，还要看谁下手快，谁家的网络更好，电脑配置更高。

最后，每个社区都建有多个小型的供儿童游乐的公园，以方便家长带孩子游戏互动，也为社区家庭之间的互相了解与孩子们之间的交往提供了场地。社区的教育机构还包括博物馆、艺术馆、动物园、水族馆和科技馆等，他们都会以免费、家庭免费日或学生优惠折扣的方式为孩子们提供教育服务。

2. 工作单位的支持体系。

首先，美国的法律明文规定允许员工在工作时间参加孩子学校的活动，以及带领孩子体检和照顾生病孩子等。

其次，机构为家长提供灵活的人性化的弹性工作时间。比如，美国的大学为了满足师生员工的需求，通常会在校园设立孩子看护中心，面向全校师生开放，费用比社会上的托幼机构要便宜很多，时间也是依据家长需求灵活安排，以服务本校师生为宗旨。这样人性化的服务为本校的教职员工和学生们提供了极大的帮助与支持，有利于家长们安心工作和学习。

最后，哺乳期孩子的父母还可以根据孩子的需求，在与单位领导或相关人员交流与沟通的前提下，弹性地安排自己的工作时间。我的一位好友产假结束后，在她宝宝的哺乳期间，她和她先生调整了工作时间，轮班照看孩子。她本人从清早5点开始工作到中午，然后回家接替她先生照看孩子，她先生从下午1点工作到晚上7点左右。这样的弹性工作时间可以保证父母做到工作和照看孩子两不误，兼顾了工作与陪伴照顾孩子。

3. 全社会的支持体系。

在美国，很多其他社会机构也会自觉地加入养育孩子的"村庄"，主动给孩子成长提供更多开阔眼界的机会。比如，高等院校会面向高中生开放一些实验设备，课外辅导部分有特殊需求的学生，还鼓励大学教授深入中小学校指导教育教学活动，允许中小学生走进大学课堂听课等。社区的其他机构比如政府部门、消防站、邮局、医院、农场、敬老院及临终关怀医院等等，都是孩子们接受教育和了解社会的场所。比如：美国小学会组织学生去临终关怀医院，在医生的指导下，观摩生命终结的过程，现场开展生命教育，培养儿童对生命的敬畏之心，激发他们对生命的珍爱和对光阴的珍惜，促进人文情怀的建立。

社区协育形式多样，各行各业之所以都愿意为孩子成长提供力所能及的帮助，笔者认为主要是"养育孩子需要一个村庄"的理念已经被全社会接纳和认同，一代又一代的人就是在那样的"村庄"里成长起来的，已经形成了家庭友好型的社会。当然，机会和资源放在那里，也需要家长主动去感知、获得，根据孩子的需求和特点最大化地利用。

回忆养育孩子的过程，作为家长，无论是在国内还是在国外，我都非常重视家庭教育、家校共育和社区协育的教育理念，坚信养育孩子需要一个村庄，并且十分认真努力地为孩子找到适合他成长的"村庄"。如果说那个"村庄"是孩子成长的外部环境，孩子的原生家庭是孩子成长的内部环境，那么我认为在内部环境与外部环境的共同作用下，孩子会幸福健康地成长，最大化地实现他们的生命价值。

注：此文以《养育孩子需要一个"村庄"的美国实践》为标题，发表在《少年儿童研究》2019 年第 3 期。

心得体会

智斗校园欺凌

冰冻三尺，非一日之寒。校园欺凌者的暴力行为绝非一两天形成的。孩子早期接受的教养和形成的习性对成长具有极大的制约性。家长要掌握科学的家庭教育理念和方法，从小培养孩子的良好品质。

校园欺凌是指发生在校园里的以大欺小、以强欺弱、言语侮辱以及敲诈勒索甚至殴打的行为。美国的校园欺凌现象通常发生在公立学校的中小学，私立学校要相对少很多。根据文献，在美国公立中小学校园，那些看起来身材弱小、性格内向胆小、转学的新生，以及母语为非英语的移民后代常常是校园里被欺凌的对象。

东东刚来美国不久，虽然身材不算瘦小，但当时他的语言还没完全过关，同时又是插班新生，很快就被同班一个大个子白人男孩 James 给瞄上了。有一次午餐后，James 把刚从卫生间出来的东东强行带到操场的一个僻静角落，问东东要钱，在动手翻东东的衣服和裤子口袋未发现现金后，还推搡了他几下。东东当时身上没带钱，因为学校里早餐和午餐都是用卡支付，在学校里没有机会用现金，所以平时我们也没有让东东带钱上学。

就在十分危急的时刻，东东灵机一动，用不太流利的英语对 James 说："你的足球踢得很好，是我们班的 NO.1，我想学足球，你可以教我吗？我们交个朋友吧。"James 听到东东的这番话后，居然立刻松开了手，对东东说："好啊，我们交个朋友吧。刚才的事情就对不起了。"接着，两个小朋友拳头对着拳头碰撞了一下。这个动作是夏威夷当地男性友人之间的礼节。

一场校园欺凌事件，被东东戏剧性地扭转了局面，及时地控制在萌芽阶段。

当天下午放学我接到东东后，他第一时间告诉我了这件事。我对东东的沉着冷静和机智大胆的应对给予了肯定和赞扬。我同时也想了解一下，东东是如何想到说那番话的？是什么令一个捣蛋分子停止他的暴力行为？为什么James愿意和东东交朋友？东东当然乐意满足妈妈的好奇心，因为此刻的东东内心充满着自豪感和成就感。

原来东东早就观察到James是他班上的另类学生。由于学习成绩不好，上课不专心听讲，不愿意做作业，常常被老师点名。James还经常捉弄、欺负同学，多次被老师和学校辅导员找去谈话教育。因此，在班上根本就没有朋友，老师和同学都不喜欢他。东东说他猜测James一定感到很孤独，内心也一定渴望友谊和朋友。

东东告诉我在他被James带去操场的路上就一直进行着头脑风暴，思考应对措施。平时对James的观察一幕幕浮现出来，就在他企图动手的时候说了那些话。结果证明东东结合平时的观察采取的处理方法十分到位。东东的那番话可能直击James内心，并深深打动了他。因为东东也许是这个班上，愿意与这个在老师和同学眼里的捣蛋分子交朋友的第一人吧。

为了防止类似事件再次发生，我约见了东东的班主任Oshiro老师。从她那里得知James的父母在他三岁时就离婚，他随母亲生活。后来母亲再婚，James就跟着母亲和继父以及继父的一对儿女一起生活。James是这个组合家庭里最小的孩子，哥哥姐姐比他大很多，所以得到的关爱自然就最多，全家人都溺爱他，对他有求必应，于是养成了一些不良习惯。同学们都非常讨厌他，不愿跟他来往。

看来东东的观察和分析没有错。就当时的情况看，James和东东其实都是被边缘化的孩子。经历那次事件后，他们俩后来真的成了好朋友。James在课外活动时教东东踢球，东东则帮助James学习数学。

逐渐地，东东在学校交到了不少朋友。不仅如此，他还会设法调解James和那些曾被他欺凌过的同学之间不融洽的关系。James也不再欺凌别的学生，学习也取得较大进步。

东东智斗校园欺凌事件过去没过多久，Hokulani小学组织家长参加了一次关于校园欺凌的专题培训会。专家给家长介绍了校园欺凌的定义、分类、欺凌行为中的学生角色分类以及欺凌行为的特点，并详细地讲解了学校预防校园欺凌所采取的措施，家长如何配合教育自己的孩子等。通过培训，我对校园欺凌现象有了更深入的了解。

校园欺凌分为以下三类：第一类，语言欺凌，指通过口头或书面的戏弄，叫受害者侮辱性绰号，指责受害者无用，侮辱其人格，嘲弄，导致伤害的胁迫；中伤、讥讽、贬抑评论受害者的体貌、性取向、宗教、种族、收入水平、国籍、家人或其他。第二类，社交欺凌，有时也指相关性欺凌，通常是伤害别人的名誉和关系。包括有意孤立别人、告诉其他孩子不要与受害者做朋友、传播散布关于受害者的消极谣言和闲话，以及公开羞辱受害者。第三类，身体欺凌，对受害者进行重复性的物理攻击。包括拳打脚踢、掌掴拍打、推撞绊倒、拉扯头发、吐口水、掐拧，使用管制刀具、棍棒等伤害受害人，并强取或损害受害人物品等行为。

在校园欺凌中，涉及的学生分为以下六个角色：欺凌者，指主动发起欺凌行为者，通常还带领其他同伴参与其中；受害者，指校园欺凌的对象，是欺凌行为的受害人；协助者，指欺凌者的跟随者，协助欺凌者完成对受害者的欺凌行为；附和者，指在现场呐喊助威起哄者，他们虽然没有直接参与欺凌行为，但起到了支持、附和的负面作用；保护者，指在现场试图制止欺凌行为发生的学生，他们尽力保护和安慰受害者；局外人，指置身事外、冷漠的旁观者。

校园欺凌有两个特点：一是力量不均衡性。欺凌者和受害者往往存在力量上的不均衡。这里所指的力量可能是身体层面的，也可能涉及心理、经济、地位等层面。欺凌者借用这些方面的优势而获得权力，对受害者施加控制或者伤害。如果是力量对等的双方相互伤害，就不属于欺凌的范畴。二是反复性。欺凌行为不止发生一次，通常有可能反复多次发生。受害者会担心在未来继续遭受欺凌者的攻击，从而产生很多涉及身心健康的问题，比如出现失眠、易怒、恐惧上学等急性应激反应。

参加完东东学校的培训回家后，我把学到的有关校园欺凌的知识和应对措施分享给了东东。还没来得及等我问他，他马上总结了James对他的欺凌习惯属于第三种类型"身体欺凌"，这种欺凌体现了力量不均衡的特点，主要是身体力量的不均衡。

东东还补充说，他不知道不恰当的语言也是欺凌行为。他还向我坦白了他曾经伙同他的好友 Dan 取笑一位个子高大，但说话斯文、性格内向的男生。还给这位男生取了一个女性化的绰号。显然，用女性绰号叫男生是不对的，属于语言欺凌。

东东给我讲述这个事件时，有一种感同身受的心情，因为他本人不久前曾有被欺凌的经历。我同时还观察到他为此感到深深的内疚，那种自己不小心从欺凌行为的受害者变成了欺凌者的内疚。我赶紧拍了拍东东，对他说："知道反省就是好孩子。明天见到 Dan 告诉他以后不要再用这个绰号了。有机会你们俩应该向那位男孩表示道歉。"东东如释重负地点点头。

东东小学毕业的那个暑假，我的同学青莲一家三口从国内来到夏威夷。她的儿子天天刚好也要就读东东曾经学习了两年的 Hokulani 小学。有一天，我和东东开车带青莲一家外出购物。在等待他们时，东东跟我开展了如下交流。

"妈妈，天天个子瘦瘦小小的，而且性格有点内向，说话轻言细语的，英语也不好，您觉得他会成为校园欺凌的对象吗？"

"我觉得你的担心有一定道理。你刚来时虽然语言不好，但还算高大，还成你们班上捣蛋分子 James 的欺凌对象了。"

"是的哦。所以我认为应该把我的经验告诉他，提醒他注意，免得他受到欺凌。"

"嗯，我赞同。好好总结一下，过两天邀请他们一家来家里做客时，你把如何应对校园欺凌的方法分享给他。先来的人要多帮助后来的人。"

周末，我们邀请青莲一家来家里聚餐。东东把他总结出来的校园欺凌应对措施分享给了天天。

1. 仔细观察。学会识别校园欺凌者。校园欺凌者一般个子都比较高大，体格健壮，好动调皮，学习成绩不好，课堂纪律性差，不专心听讲，经常被老师点名批评。有的还会组建小团体，自己当老大。

2. 结交朋友。校园欺凌者通常不会随意欺负朋友多的学生，快速地结识新朋友，也就自然不会成为被欺凌的对象了。

3. 不要落单。课余时间，不要独自去校园里偏僻的地方，尽量和朋友们在一起，争取出入教室都有朋友陪伴。

4. 学会求助。一旦被欺凌了，一定要学会求助，大声呼叫"Help! Help!"校园欺凌者就会放手并跑开。然后一定要及时向老师报告。

此外，东东还把我在 Hokulani 小学参加校园欺凌的专题培训会的学习笔记也分享给了天天。后来青莲告诉我，天天按照东东的建议去做了，效果很好，过渡和适应都比较顺利。

东东主动把如何应对校园欺凌的方法分享给天天，带给我很多思考。我想到在东东小时候我们就制定的"三个原则"以及对他进行的安全教育和同理心的培养。这些早期教育如同播撒在孩子心田里的种子，已经慢慢长大，逐渐开花结果了。

校园欺凌是各个国家校园都可能发生的现象，中国也不例外。百度输入校园欺凌四个字搜索，有数不胜数的相关新闻和信息。国内的校园欺凌主要发生在中小学阶段，而且呈现出低龄化趋势。除了对校园欺凌做好预防和干预措施外，我们作为家长，需要更多思考和反省：我们是不是正在培养潜在的欺凌者、协助者、附和者或者局外人？我们在指责校园欺凌者们的冷酷无情和残忍霸道的同时，需要冷静下来，理智地分析欺凌行为背后的原因，包括欺凌者的家庭背景、生活环境以及成长经历等。

仔细翻阅一下校园欺凌的案例，我们会发现无论是发生在美国还是中国的欺凌事件，都无一例外地可以追溯到原生家庭的养育问题。当校园欺凌发生时，人们通常是关心和同情受害者，谴责和痛骂欺凌者，而极少去关注欺凌者的经历。如果不是东东急中生智说出让 James 感动的那番话而改变了他，估计他还会继续他的欺凌行为，最后很有可能成为社会的负能量。这是值得我们教育工作者认真思考的问题。

除了家庭养育方法以外，防范校园欺凌要从小抓起，家长和学校应该合作做到以下几个方面：

首先，给孩子示范交朋友的正确方式。比如，在一起游戏时友好地邀请其他孩子参与，鼓励轮流参加活动，让参与活动的大孩子做好示范带头作用。表扬孩子们的礼貌和友好行为。帮助低龄幼童认识到什么是友好的行为举止。

其次，帮助孩子了解某些不良行为会产生的后果，并注意以他们能够理解的方式进行讲解。比如：如果你不愿意与小朋友分享玩具，那以后小朋友也不会跟你分享他们的玩具了。还要告诉孩子，当他们遇到自己感到不舒服和难过的行为，受到不愉快和不公正的对待，或者看到其他孩子被伤害时，一定要尽快告诉家长、老师或者在场的其他大人。

再次，制定清楚的行为规范，仔细监督孩子们的行为。对过激行为必须快速制止，做到防患于未然。

最后，对侵犯性行为采取措施，鼓励低龄幼童说"对不起"。无论何时何地伤害了同伴，包括无意伤害，都必须表示歉意。道歉必须付诸行动，比如，弄倒了小朋友的积木房子，要主动帮助重新搭建；赔偿损坏的纸张、书籍、蜡笔以及其他物品等。

❛❛ 心得体会

教育投资收益大

 对孩子的教育投资是家庭最有价值的投资，也是最有意义的投资，理应作为最重要的投资被放在首位。教育投资有可能在短期内没有显著回报，但是，从长远来看，它一定会积极地影响孩子的成长。

东东和东爸来夏威夷第二年的暑假，我要去美国首都华盛顿参加一个会议。于是，我建议利用这次机会，一家人一起去美国东部游览。夏威夷虽然是美国的一个州，但毕竟远离美国政治经济文化中心。这次旅行也是让儿子了解美国历史和文化的教育旅行。

说实话，当时我们的经济并不宽裕。东爸英语没有完全过关，一时半会儿难找到对应他能力的理想工作。但是，转念一想，这是一个难得的机会。经过一年的适应，东东的语言和学习都取得了很大进步。8月份开学就要读小学五年级，也是小升初的一个重要过渡时期。如果这时有增长见识和拓宽视野的机会，无疑将对孩子确定学习目标和调动学习积极性产生极大的帮助。

我始终坚信教育投资不会白费这一理念。与其拼命积攒钱财以便将来留给孩子，不如提前用在孩子的教育上。如果孩子成才，他们也不需要父母的经济援助；如果孩子不成才，父母留下的钱财也不够他们挥霍。

我们一起讨论了这件事，一致通过这次旅行计划，决定把从国内带来的一笔家底用于这次宝贵的美东之行。然后策划了旅游路线和行程，我们计划游览美国首都华盛顿、纽约、匹兹堡以及尼亚加拉瀑布等。

　　去匹兹堡的理由是拜访我的中学同学石博士。石博士当年是我们全年级的学霸，无论是大考还是小考，他几乎包揽了所有的第一名。最后以高分考进了国内一所著名高校。本科毕业就来到美国攻读硕博学位，并在匹兹堡安了家。我也常常给儿子讲石叔叔当年的学霸故事，东东一直对他充满了景仰与崇拜。我特意安排去匹兹堡，一来是见见这位二十多年未曾谋面的老同学，二来希望儿子能够以石叔叔为榜样，并从他那里获得灵感与启发。

　　我们的美东旅行计划足足让东东兴奋了好几天，并主动承诺景点的信息搜集由他负责。东东积极性高涨，不停地在网上查询旅行资料。每天回家后就开始做家庭作业。因为他需要花很多时间查找信息资料，电子游戏时间在那段时间内也大大减少了。我在一边偷着乐，这难道不就是我期盼达到的效果吗？

　　由于我的机票是组委会统一购买，我们一家人只得分开走，他们父子俩在另外的航班。第一周是我的会议时间，大会采用封闭式的培训方式，虽然同在华盛顿，但我们是分开吃住和行动的。分开的那一周，他们父子俩几乎把华盛顿特区以及周边的博物馆和艺术馆转了个遍。东东的十岁生日刚好也在那一周，他和东爸在餐馆小小地庆祝了一下。很遗憾，虽然同城，但我只能在电话里祝儿子生日快乐。

　　会议结束后，我们一家顺利会合。东东见到我后，就无比自豪地说："妈妈，我的第一个双位数生日是在美国首都华盛顿过的。值得纪念吧！"东东接着宣告："既然都过了双位数生日。那么说明我长大了，不再是小孩了。"

　　我们随即从华盛顿乘坐灰狗巴士前往纽约。下车后我们准备搭乘地铁去酒店。东东自告奋勇去刷卡购票。这时，我发现一位白人老人靠近东东交谈起来。由于环境嘈杂，我听不清楚他们的谈话。但估计是老人购票遇到了麻烦，过来求助东东。东东耐心地手把手地指导老人刷卡购票，最后购票成功，老人和他握手再见。

　　回到我们身边后，儿子眉飞色舞。东东告诉我们那位老人是法国人，英语不太好，不会刷卡买票。他指导老人成功购票，那位老人对他说了"Thank you very much."我伸出了大拇指，表扬了儿子的乐于助人精神和他的英语交际能力的进步。

如何表扬和批评孩子是一门学问。我认为有三个注意事项：一是及时性，二是细节性，三是事件中心性。及时性是指家长表扬和批评孩子要抓住第一时间，趁热打铁。细节性是指家长在表扬和批评孩子时要从具体细节上着手，让孩子明白他们为何受到表扬和批评。事件中心性是指家长表扬和批评孩子是基于孩子的行为举止和事件本身，而不是孩子本人。

有的家长往往会把事情和孩子混在一起。孩子表现好时，不是赞扬孩子勤奋吃苦的精神、热爱学习的态度、解题的严谨仔细或者乐于助人的精神，而是很浅显地表扬和夸赞一下孩子。这样的方式容易让孩子滋生虚荣心。一旦孩子出现问题，就开始数落和批评。不是从问题本身出发去分析原因，而是抓住孩子不放，甚至把人身攻击都用上了。这样的教育方法是不利于孩子成长的，是极不理智的。

在纽约，我们首先参观了自由女神像和帝国大厦，纽约的两大地标性景观。自由女神像位于纽约海港内自由岛的哈德逊河口附近，是法国于1876年为纪念美国独立战争胜利一百周年而建造的，1886年10月28日落成。铜像高四十六米，加基座为九十三米。我们乘渡轮去自由岛，自由女神像由小逐渐变大，那种变化非常壮观。

随着渡轮的不断靠近，神秘的自由女神也在我们眼前全面展现。但见她身着古希腊风格服装，头戴光芒四射的冠冕，七道尖芒象征七大洲。右手高举象征自由的火炬，左手捧着《独立宣言》，脚下是打碎了的手铐、脚镣和锁链，象征着挣脱束缚和获得自由。自由女神像是美国的象征、美法人民友谊的象征，表达美国人民争取民主、自由的崇高理想。

同去参观的还有一批纽约的上暑假学校的小学生。在我的鼓励下，东东大胆地跟他们用英语交流起来。行驶到最佳拍摄角度时，大家纷纷以自由女神像为背景拍照留念，我们也留下了珍贵的纪念。当渡轮把我们送到岛上时，我们只能仰视自由女神，站在岛上反而看不到她的全貌了。自由女神像底座下是美国移民史博物馆。东东幽默地说："我不想进去，我怕自由女神生气了，把我们踩在脚下，不让我们出来了怎么办？"

接下来，我们去参观帝国大厦。参观者众多，我们只好耐心地排队等待。帝国大厦楼高三百八十一米，共一百零三层。我们进入帝国大厦时天气晴朗，可是从第八十六层观景层电梯口出来时，突然间乌云翻滚，狂风大作，人几乎都站不住了。虽然观光层安装了很高的安全网，我还是担心狂风把儿子吹走，紧紧地牵着他的手。

由于我们几乎是最后被允许进入的游客，电梯只有下去没有上来的游客，观光层的游客逐渐减少，我们也就能够靠近安全网俯视曼哈顿和纽约的全景。曼哈顿的街道上的大楼都变得很小，间距也很近，就像一根根竖立的笋子。东东说地面上行驶的车辆变成了他收集的迷你玩具车那么小。

我们顺着明信片里世贸大厦的方向，找到了两栋大厦的位置。没有了世贸大厦，感觉比明信片里的景色逊色多了。"9·11"恐怖主义袭击时，东东虽然还很小，但他已有一定的记忆，所以他提议一定要去参观世贸大厦遗址。

我们想看看曼哈顿的夜景，一直在上面拖到最后安检人员上来通知游客十五分钟后电梯即将关闭。当时的场景让我想到了1993年由汤姆·汉克斯和梅格·瑞恩主演的电影《西雅图不眠夜》里的那个平安夜，爸爸赶在电梯关闭前冲到帝国大厦观光层来寻找儿子的画面。

位于华尔街的纽约股票交易所也是一个不得不去的景点，据说用手摸摸那头铜牛就会时来运转，财源滚滚。来到这里才知道，纽约股票交易所也不过是普普通通的一座建筑，华尔街也不过是一条很小很窄的街道而已。可是每天都会迎来世界各地的游客。来到铜牛前，东东很激动，一会儿攀着牛角，一会儿拍拍牛肚子，后来还跑到牛屁股那里摸摸。我赶紧跑过去，不让他触摸牛尾，这是我们老家的习俗，摸了牛尾巴的人读书不上进。但东东故意捣蛋，趁我不注意，还是去摸了铜牛的尾巴，小朋友的逆反心理占了上风。

我们还去了时代广场和世贸大厦遗址。在世贸大厦遗址处有很多工人正在"双子大厦"遗址修建"9·11"国家纪念广场。我把世贸大厦原景明信片拿出来给东东看，再与现场做比较，告诉他"9·11事件"是发生在美国本土的最为严重的恐怖袭击行动，遇难者总数多达2996人。东东神情凝重地听我讲述，我特别希望通过这样的现场教育能让世界和平的种子在他心里生根发芽。

美国自然历史博物馆早在东东的计划之列。美国自然历史博物馆是世界上规模最大的自然历史博物馆，地下两层，地上六层，馆内展品跨度从地球诞生之初、生命起源，到今天的科技爆炸时代，涵盖了史前生物和人类文明的整个进程。

天文馆最吸引东东，有一个圆形大厅里面安装了不同星球上测量人体重的电子秤。当东东踩在月球上的两个脚印后，电子秤显示他在月球上的体重为7.2公斤，他特别开心，非要把周围的各种星球上的体重都试试。因为儿子的浓厚兴趣，东爸和他讨论起万有引力和地心引力这些有关物理的知识。接着，我们进入神秘的圆形太空剧场，和普通剧场不一样，太空剧场的屏幕设在整个顶端，我们几乎需要躺在沙发式的座位上观看。影片是探索宇宙，一下子把我们带进了繁星点点的浩瀚莫测的宇宙空间，场景非常震撼。

从自然历史博物馆出来，我们去了大都会艺术博物馆参观。因为这是美国最大的艺术博物馆，也是世界著名的博物馆。内有五大展厅，分别是欧洲绘画、美国绘画、原始艺术、中世纪绘画和埃及古董展厅。我更喜欢参观艺术博物馆，但东东则更喜欢自然历史博物馆，不停地在我耳边嘀咕着说："妈妈，快点。我们还有几个地方要参观。"

我们接着去参观了联合国总部大厦。刚进入公众入口，一座弯曲打结的枪管雕塑特别显眼，也吸引了东东的注意。前后左右都观察后，东东说了这番话："这支被打结的手枪表示人们对和平的向往吧。要是世界上都没有战争，没有恐怖分子多好啊。那我们这次就可以看到双子大厦，那么多无辜的人也不会遇难了。"

来到联合国安理会会议厅，当时正有会议召开，讲解员要我们保持安静。东东压低嗓音激动地对我说："这就是我在国内时在电视上经常看到的联合国安理会会议厅啊，我居然能进来参观。"他要求东爸以会场为背景给他拍照留作纪念。

参观结束，我们乘灰狗班车去匹兹堡。接下来的一周，在石博士一家的陪伴下，我们游览了昔日的"世界钢都"匹兹堡市，参观了匹兹堡大学和卡内基梅隆大学。最开心的是乘游轮游览著名景点尼亚加拉瀑布。当我们穿上蓝色的雨衣在《蓝色多瑙河》背景音乐下被游轮送到瀑布底下时，游客们都兴奋地高呼起来，感慨大自然的神奇与美妙。

　　美东之行给十岁的东东留下了美好回忆和深刻的影响。东东在六年级语文课《我的理想》的手抄报里，把他和石博士的合影放在正中间。东东告诉我他的创作思路源于我们的美东之行。东东在出发点处贴上了 Punahou 学校校徽，画上了夏威夷特有的独木舟，贴上了游泳世界冠军菲尔普斯展开双臂奋力划游的照片，还配上点点星辰，中间是大海，上方还贴了爸爸妈妈的合影，画面最右边贴着哈佛大学校徽，还画上了从海上升起的太阳。手抄报的背面是用英语对这幅画的解释。

　　按照东东的解读，这幅手抄报表达了他的理想：他将从夏威夷的 Punahou 学校起航，借助波利尼西亚人的独木舟和菲尔普斯的灵感，劈波斩浪奋力向他的目的地——位于美东的哈佛大学奋进。在这个过程中，父母和石博士都是他的指导者。他也将从繁星点点的夜晚走向艳阳初升的黎明。这次作业老师给了东东一个 A-Plus，即最高分。

　　没有想到，在美东之行的七年后，东东果然梦想成真，就读于哈佛大学。美东之行的教育投资恰到好处地证明了，教育投资不会白费，教育投资收益大。

心得体会

备战小升初

孩子成长过程中有一些转折期，小升初是孩子成长的一个重要转折期，孩子们将由浪漫阶段进入精准阶段的学习。择校、备考和升学等环节一定要孩子参与决定，这样有助于训练孩子对自我成长的责任感，还有助于激发孩子学习的主动性和内驱力。家长要做好孩子的参谋，助力孩子小升初。

东东九岁来到夏威夷入读 Hokulani 小学四年级。经过一年的学习，逐步战胜了文化和语言障碍，重新获得了学习上的自信。然而，五年级刚开学，家长被告知夏威夷州小学改制，不再设立六年级，六年级将纳入初级中学。这意味着 Hokulani 小学的五年级和六年级的学生要同时毕业离校。

在家长开放日的会议上，校长说毕业生有三个选择。可以选择本校直升初级中学 Jarret 学校，可以就读家庭住址辖区内的初级中学，也可以考虑本州的私立学校。和东东商量后，我们决定先考察直升的 Jerret 学校和辖区内的 Washington 学校两所公立初级中学。我一直认为关乎孩子成长与发展的决定，一定要让孩子本人参与，一定要重视孩子的意见。

我们先去了 Washington 学校。走进学校，刚好碰到课间休息，一群学生打打闹闹从教学楼冲向操场。我们到学校的各处都看了看。东东露出不满意的神情，对我说："我不看好这所学校。""怎么有这种想法呢？"我追问东东。"凭感觉吧，感觉这里不该是我读书的地方。"

的确，这所学校的校园氛围远远不及 Hokulani 小学。有的学生在说粗话，有的在打闹。凭我多年做教师的职业敏感度，我也不太看好这所学校。孩子进入青春期后，同伴影响是非常显著的。

接下来，我们又去了 Jerret 学校。这所学校的生源很大部分来自所在社区的低收入家庭。由于位于山谷边，环境要比 Washington 学校好很多。但是，东东还是感觉不太好。我也认为与 Washington 学校一样，存在同伴的负面影响和学术挑战性不强的问题。

这两所学校都不满意，当时私立学校根本不在我们的考虑范围内，首先是因为各种严格的入学要求，其次是昂贵的学费。儿子小学毕业到底去哪里读书的问题一直困扰着我。如果把儿子送去不合适的学校，那一定是不利于孩子发展的。

12 月中旬放寒假前夕，我去东西方中心与负责国际学生事务的指导老师 Valerie 见面，顺便谈及儿子的升学问题。Valerie 告诉我，一位来自尼泊尔的博士的儿子和东东的情况很相似。她的儿子参加了 SSAT 考试，被夏威夷著名的私立学校 Iolani 学校录取，并获得奖学金，高中毕业后被哈佛大学录取。

Valerie 建议我马上上网查询，看看是否还有可能注册本年度的 SSAT 考试，然后再查询本州私立学校的报名截止时间。SSAT 的全称是 Secondary School Admission Test，即全美私立学校入学统一考试。主要考查学生的数学、语文以及阅读理解能力。

告别 Valerie，我赶紧上网查询。谢天谢地，还剩下最后一次 SSAT 考试，离考试还有三周左右时间。我赶快为儿子注册了 SSAT 考试。接着我发现 Iolani 学校的报名截止日期是 12 月 31 日，推荐信和资料提交截止日期是第二年的 1 月 31 日。

我心中大喜，一切都还来得及。我常常愿意把信息分享给别人，也会把自己的问题和困难告诉别人。与人分享是我的性格特点，与人分享常常带给我意外收获。这样想来，我特别感激 Valerie。

考试时间很快到来。那天是周六，考点就在 Iolani 学校。东东对考试的压力似乎没有太多感知，加上初生牛犊不怕虎，我看不到他有任何紧张和压力。东东笑眯眯地和我说了再见，要我按时来接他。

11:30 我准时赶到学校接儿子，刚走到考场边，就远远看见东东第一个走出了考试大楼，在他后面跟着几个高大威猛的美国男生。SSAT 考试分为高级（upperlevel）和低级（lowerlevel），前者针对就读 8~11 年级的学生，后者针对就读 5~7 年级的学生。SSAT 两个等级的考试都在同一考点和同一时间进行，所以考生的年龄各异。

"感觉如何？"我问东东。

"还不错。题目全部做完了。"

"你一定是第一个交卷的吧，不然怎么第一个走出考场？"

"对啊。我把每道题目都检查了两遍，时间还有多的。我等到铃声响了才交卷的。"

儿子充满自信的回答让我感到欣慰。心里默默祷告，希望儿子能考出好成绩，有机会入读优质私立中学。

有了尼泊尔博士的儿子做榜样，儿子信心倍增。一家人商量后，我们决定申报夏威夷州最著名的两所私立学校，分别是 Iolani 和 Punahou 学校。不久，我们陆续收到这两所学校的面试通知。面试都安排在周六，Iolani 学校在前一周，Punahou 学校在后一周。对我来说，我希望儿子能去 Iolani 学校，因为该校就在我家附近，步行只要 5 分钟。因此，我对 Iolani 的面试很重视，根据要求，在家里对儿子进行了模拟面试。

Iolani 学校面试结束，东东告诉我面试分为两个部分。一个是问答环节，内容有最喜爱阅读哪本书，有何爱好和特长，喜欢交往什么特点的朋友等。另一个是分组游戏活动，面试官员在一旁观察。可以看出，面试的目的是希望更加全面了解孩子。

Iolani 学校面试后，我感觉任务完成，产生了松懈感，没有对 Punahou 学校面试做任何准备，以致差点误事。Punahou 面试时间是早上 7:50，我忘了设置闹钟，7:30 才醒过来，赶紧叫醒东东父子俩。慌乱中，东东没来得及洗脸就被我催着出了家门。当我们急急忙忙赶到学校时，已经快 8 点了。签到后，东东还没来得及喘口气，就被点名面试了。

大概半小时后，东东笑眯眯地走了出来。我发现他有些不对劲，细看才发现由于早上出门太匆忙，东东把运动裤穿反了。我赶紧让他去洗手间把裤子换过来。接着，在志愿者的带领下，家长和面试学生一起参观了 Punahou 校园。

东东主动告诉我他的面试很不错。Punahou 面试也分为两部分。第一部分是问答，和 Iolani 的问题差不多。不过 Punahou 老师问了他的梦想大学，东东告诉面试老师他的梦想大学是哈佛大学，而且还说哈佛是他从三岁就立志报考的大学。第二部分是十五分钟的写作，要求考生从三个命题中任选一个。东东选择了"我的冒险经历"，他眉飞色舞地给我和东爸介绍了他的写作内容。为了庆祝儿子小升初笔试与面试的顺利结束，参观结束后，我们一家去了中国城的越南餐馆聚餐。

在儿子准备 SSAT 的那三周，刚好也是我的寒假，公立系统学校寒暑假基本一致。我的主要任务是为儿子整理申请材料。在他们父子来美之前，我让东爸把儿子在国内的学业成绩和各类获奖证书全部扫描带了过来。没有想到，小学插班没有派上用场，小升初用上了。我把这些资料逐项译成英文，并且把所有原件扫描资料与英文翻译合并后，复印在同一张 A4 纸张上，这样方便招生官的审查。然后，把东东在 Hokulani 的四年级和五年级上学期资料仔细整理出来，并逐一复印。完整的申请材料很快就整理出来了。

两封教师推荐信都必须由近两年的英语和数学老师亲自撰写。除了教师推荐信，还要求课外活动或社区服务项目指导老师的两封推荐信。我和儿子商量了提供推荐信的人选。教师推荐人选分别邀请了四年级的数学老师和五年级的英语老师。另外两个推荐人分别是东东所在的 Hokulani 学校的少年警官队的指导老师和社区游泳中心的游泳课老师。

少年警官队的任务是，每天早上上学高峰期时，提早到校帮助维护校门口和校内的交通和秩序，在学校有重大活动和集会时负责维持秩序和安全。东东在英语过关后的第二学期就主动参加了该组织，成为一名少年警官。每天早上都要早到学校 30~40 分钟。东东从不迟到，风雨无阻，因此还受到过表彰。

而对于游泳指导老师的推荐信，我们也有足够的自信。因为东东在社区游泳中心从启蒙班开始，一直学到最高级，四种游泳姿势——蛙泳、自由泳、仰泳和蝶泳全部掌握，还多次代表游泳中心参加比赛并获奖。

鉴于东东的特殊情况，小学前三年都在国内就读，在夏威夷的求学经历很短，才不到三个学期，我决定为儿子写一封推荐信，从母亲的角度介绍东东。此外，我还决定请 Lum 校长为东东写一封推荐信。因为 Hokulani 学校规模较小，像东东这样的插班生非常少，加上插班考试和火山岛考察，Lum 校长对东东有了更加深入的了解。

美国校长的职责相当于一个机构的 CEO，工作非常辛苦和繁忙。对于 Lum 校长是否会为儿子写推荐信，我不是很有把握。于是，在五年级下学期刚开学时，我试着给 Lum 校长写了邮件表达了我的想法。没想到她很快就回复了我的邮件，说非常愿意为东东写推荐信。与校长见面的时间到了，下午 2：00 我按时来到校长办公室。我把东东关于小升初的想法以及报考 SSAT 和申报学校的事情向校长做了汇报。接着把事先准备好的资料和贴有邮票的信封交到校长手里，并告诉她推荐信的截止日期。

本来请 Lum 校长写推荐信是给她增添了麻烦，然而 Lum 校长不仅不认为是麻烦，反而说她被我的行为感动了。校长说如果家长都能像我这样，那么孩子的成长要顺利得多，孩子成功的背后必然有家长心力的付出。这恐怕是家校共育最好的境界吧。

3 月下旬，我们分别收到了 Iolani 和 Punahou 两所学校的录取通知书，而且都给东东提供了奖学金。这两所学校都是夏威夷州最好的私立学校，Iolani 学校规模小，全校约一千八百名学生。Punahou 学校规模大，有学生三千七百多人，是美国密西西比河以西最大的私立学校。

两所学校都是夏威夷州顶级的私立学校，到底选哪所呢？为了帮助儿子做出明智的选择，我决定带着儿子进一步了解这两所学校。

这次我们打算从校园氛围和学生特点方面展开调查和比较。我们先去了 Iolani 学校，时间是下午放学前后。这时一位男生走过跟前，我故意向他询问学校图书馆的位置。那位亚裔男生礼貌而腼腆地给我们指了方向，但眼睛不太愿意与人对视。来往的学生也基本是低头行走，不会注意他人。我观察到学生们都在不同地点安安静静地等待家长，都专注于自己的事情。放眼望去，学生绝大多数是亚裔，有行走于国内重点中学的感觉。虽然校园内到处都是学生，但没有人发出噪声或者打闹，一切井然有序。

第二天同一时间，我们又去了 Punahou 学校，该校学生是美国白人和亚裔各一半。迎头碰面的学生会对你礼貌地微笑，并且有目光对视交流。

我同样在校园随机截住了一位男生，询问他学校初中部图书馆的位置。这位男生微笑着耐心给我们讲解路线，后来他十分友好地为我们带路，直到确保我们一定能到达时，才与我们说再见。

同样是放学时间，到处都是等待家长来接的学生。但不同的是 Punahou 学生更喜欢三三两两在一起，轻声讨论，也有围在一起的男生们在大声说笑。通过随机观察发现，两校学生的特点有比较明显的区别：Iolani 的学生更内向、保守、专注和严谨，而 Punahou 学生更外向、开放、放松和自然。真是各具特色，各有千秋。

我曾经在 Punahou 学校见习了一个学期，我知道学校崭新的初中部于几年前刚启用，教学设施一流。高中部教学与大学教学方式一样，采用选课制和走读制。这样有利于学生在高中毕业后更快地适应大学学习。

东西方中心也曾经组织我们参观过 Iolani 学校。他们从小学到高中采用小班制授课，班级和学生固定，教师走课。两相比较，感觉 Punahou 学生需要更强的自控力和主动性，而 Iolani 学生可以一直得到教师的看顾和管理。

在最后做出决定前，我决定与 Punahou 学校招生办负责人 Wysard 先生见一次面。这次见面也最后促使我由原先的 Iolani 而转向了 Punahou。

Wysard 主任首先给我介绍了东东的考试和面试情况以及评审专家的评语。Wysard 主任特别提到东东告诉面试官他的梦想大学是哈佛大学，并说 Punahou 一定能够帮助东东实现他的梦想。他接着打开东东的升学档案，逐一介绍了东东的特点和优势，热情地表达了希望我们能选择 Punahou 学校的愿望。通过与 Wysard 主任的交流，我认为 Punahou 学校应该更适合东东的成长和发展。

东东知道我最后同意他选择 Punahou 学校，非常高兴。摇头晃脑地诵读："鱼，我所欲也；熊掌，亦我所欲也。二者不可兼得，舍鱼而取熊掌者也。"那一段时间，我刚好与儿子一起学习《孟子》，他就恰如其分地用上了。

小升初是孩子的一个重要转折期。小学阶段的主要任务是培养探索的兴趣与良好的习惯，是著名教育家怀特海提出的教育周期之"浪漫阶段"。而中学阶段则要开始进入到"精确阶段"，在这个阶段，知识的广泛性的关系居于次要地位，从属于系统阐述的精确性。孩子们将按照有条理的顺序系统地学习知识，从而对浪漫阶段的一般内容做出解释和分析。[①]

小升初的择校对孩子的成长显然是十分关键的。家长除了要认真调查研究所在区域的学校情况外，还要让孩子参与到学校考察和做决定的过程中来，这样有利于调动孩子的学习积极性，对其自身的成长与发展负责任。

心得体会

---

① （英）怀特海，《教育的目的》，徐汝舟译，北京：读书·生活·新知三联书店，2002 年 1 月第 1 版，第 34 页。

把浪漫还给孩子

 　　人的生命本质是周期性的，因此教育也是有节奏的。在孩子生命的前十二年的浪漫阶段里，大人要顺应孩子天性，尽量保证让他们在不设限的前提下去探索世界，培养自己的兴趣，激发好奇心。没有完成浪漫阶段的储备就直接进入精确阶段的孩子，他们的创新思维发展会受到极大的限制。

　　"教育周期"这一术语出自英国著名教育家怀特海的著作《教育的目的》。他告诉人们生命本质是周期性的，生命中还存在一些更微妙的涉及智力发展的周期，它们循环重复出现，每个循环期中都会再次出现从属的阶段，但是每个循环期都是不同的。[1]

　　教育周期包括浪漫阶段、精确阶段和综合运用阶段。从婴儿到成年的整个发展时期形成了一个大循环周期。在这个循环期里，浪漫阶段覆盖了儿童生活最初的十二年，精确阶段包含青少年在中学接受教育的整个时期，而综合运用阶段则是青年迈向成人的阶段。[2]

　　在孩子生命的前十二年的浪漫阶段里，大人要顺应孩子天性，尽量保证让他们在不设限的前提下去探索世界，培养自己的兴趣，激发好奇心。没有完成浪漫阶段的储备就直接进入精确阶段的孩子，他们的创新思维发

[1]　（英）怀特海，《教育的目的》，徐汝舟译，北京：读书·生活·新知三联书店，2002 年 1 月第 1 版，第 31 页。

[2]　（英）怀特海，《教育的目的》，徐汝舟译，北京：读书·生活·新知三联书店，2002 年 1 月第 1 版，第 47 页。

展会受到极大的限制。我们很多人在教育孩子时违反科学，把重要的浪漫阶段完全忽略了，导致我们培养的孩子后劲不足，缺乏思辨能力与创新精神。

怀特海曾指出，教育必须是将已存在于大脑中的活跃而纷乱的思想进行有序的排列，你不能教一个空洞的头脑。当我们思考教育时，往往容易将其局限于周期的第二阶段，即精确阶段。而这样的限制对整个教育是极为不利的。我们应该对大脑最初获得的活跃纷乱的思想、对掌握精确的知识以及随后的综合运用成果给予同等重视。①

怀特海认为蒙台梭利教育法的成功在于其承认浪漫在智力发展的这个阶段的主导地位。浪漫阶段的精髓是在知识王国里漫游和激发充满活力的创新，没有受到精确阶段的限制与约束。②

怀特海指出在儿童的浪漫阶段，各种概念、事实、关系、故事、历史、可能性、艺术性，它们以词语、声音、形状和色彩的形式涌入孩子们的生活，唤起他们的感情，激起他们的鉴赏力，并引导他们去尝试类似的活动。③

显然，我们很多家长没有按照科学的方法养育孩子，对处于浪漫阶段的孩子，我们也基本把孩子的课余时间塞得满满的，生怕孩子因为有点休息时间而落于人后。浪漫阶段的浪漫估计也只可能在孩子的梦境中出现。

我庆幸自己早早地就意识到浪漫阶段的存在，学习到先进的育儿理念，把生命前十二年的浪漫阶段完完整整地交给了孩子。我和东爸陪着东东阅读，讲故事，读历史，望星空，做实验，诵古诗，习武术，做家务，亲近自然，体验乡村，外出旅行以及社区服务等。并且，东东对于这些活动开展的时间和地点以及先后顺序有发言权和决定权。

这些在很多家长看来，可能会认为都与学习和考分无关，是在浪费孩子的时间，甚至不屑一顾，嗤之以鼻。殊不知，处于浪漫阶段的孩子恰恰需要这样的启迪和激发。

---

① （英）怀特海，《教育的目的》，徐汝舟译，北京：读书·生活·新知三联书店，2002年1月第1版，第39页。
② （英）怀特海，《教育的目的》，徐汝舟译，北京：读书·生活·新知三联书店，2002年1月第1版，第33—34页。
③ （英）怀特海，《教育的目的》，徐汝舟译，北京：读书·生活·新知三联书店，2002年1月第1版，第41页。

不管家长是否意识到，生命前十二年的浪漫阶段如期而至，真真实实地存在。这个阶段的孩子对周围的世界充满好奇，充满想象，随时期待着动脑动手以及运用全部感官系统去体验，去尝试。意识到浪漫阶段存在的家长是智慧的，他们的孩子是幸运的。有意识的家长理解浪漫阶段孩子的特点与需求，懂得抓住可教时刻与创设情境，陪伴与引领孩子成长，确保孩子在进入精准阶段与综合运用阶段前达到充足的知识与信息储备。

没有意识到浪漫阶段存在的家长是可悲的，他们的孩子是可怜的。无意识的家长由于不主动学习家教知识和技能，不愿意自我成长，因此没有机会掌握先进的教育理念与实践。这类家长既然没有意识到浪漫阶段的存在，便很难意识到浪漫阶段的重要性，也就不懂得如何去陪伴孩子度过人生最重要的时期。

既然好奇心和体验欲是浪漫阶段孩子的天性，如果家长不去主动引导和影响，那么孩子就很有可能被其他力量牵引和诱惑。当我们纳闷儿孩子为何迷上了网络游戏或者有暴力倾向的动漫，又或当我们抱怨孩子的种种偏差行为和不良习惯时，我建议家长们好好自查是否把握好了孩子的浪漫阶段。

我的孩子之所以能够快乐健康地成长，勇敢地朝着目标奋进，实现自己的梦想，我认为与他在浪漫阶段的多元化与多维度的尝试与体验密不可分。正是早年丰富多彩的经历让孩子的大脑获得了活跃纷乱的思想，而这些活跃纷乱的思想正是进入到精确阶段必备的物质条件。

没有前面的浪漫阶段，精确阶段是不会有结果的。怀特海指出，如果对事实的一般规律缺乏前期的模糊理解，分析就会毫无意义。它不过是一系列关于单纯事实的无意义的陈述，是人为制造出来的，没有任何更多的意义。浪漫阶段的事实提供了可能具有广泛意义的各种感念，而在精确阶段，我们按照有条理的顺序获得其他事实，从而对浪漫阶段获得的内容做出揭示和分析。下一步就是综合运用，也是精确训练追寻的目标和结果。这个阶段补充了分类概念和相关技能，在此基础上，又开始了新一轮的循环。

欧美国家十分注重保护孩子的浪漫阶段，在幼儿园和小学阶段，教育教学任务都是为着培养孩子的学习兴趣与探索能力而服务，且实行小班教学。而在中国由于班级人数较多，很多小学教育很难保证按照孩子的浪漫阶段的需求开展教育教学活动，往往是直接进入精确阶段和综合运用阶段。

我们常常会发现，为什么同时发蒙的孩子，很快就自然分层了呢？其实，那部分优秀的孩子在早期重要的浪漫阶段，家长已经为他们提供各样的体验和经历。这些孩子的发展后劲会越来越显现出来，将来在生活中也就会越走越远。

而大部分没有觉醒的家长，还偏执地认为优秀是补习出来的，强行让孩子疲于奔命地游走于各种课外补习班，那就相当于完全剥夺了孩子的浪漫阶段。而补习班为了短期效应，势必高强度机械地训练孩子，以迎合学校的考试，获得好的考试分数和排名，满足家长的功利心。

这样补习的经历很容易损害孩子的自尊心和独立性，他们可能认为自己取得的进步是依靠补习得来的，从而降低自我认可度和自信心，长期下去，滋生依赖思想，独立自主的意识不强，创新和冒险精神更加缺乏。

东东来到夏威夷后的第二年，由于学校改制，小学不再设立六年级。也就是说东东那一届在五年级结束时就要与他们学校的六年级学生一起毕业，升入初中学习。东东不愿意去免试的公立学校。后来，我得知东东可以尝试参加美国私立中学入学统考 SSAT 考试。如果足够优秀，就有可能入读本州的私立学校。很幸运，我成功地给儿子注册上了本年度最后一次考试，但是距离考试的时间只有三周。

考虑到东东才来一年多，考试时间就在眼前，我想给他报一个补习辅导班，突击复习一下。由于我们在东东很小的时候就训练他独立学习的能力，东东在国内从来不曾上过任何补习班。所以在他看来，补习班是不够优秀的学生去的地方。听说要去补习班，东东一口就回绝了。在我再三劝说下，他勉强答应去听一节试听课。

放学后，我陪着东东去补习班听课，第一堂试听课也向家长开放。这是一堂阅读课，老师带着学生做 SSAT 阅读理解题。下课后东东告诉我他不打算上这个补习班。原因是老师讲解得太慢，那些方法他在学校都学过，自己在家复习一下就可以。

东东还开玩笑地说那位老师像在给病人做推拿按摩一样，慢条斯理的。东东还说他不是病人，不需要这样的治疗。他身体素质好，可以自己健身。

我觉得东东把参加补习比作按摩、主动学习比作健身的说法还蛮有意思的。按摩是借助外力，健身是借助内力。按摩是被动的，健身是主动的。

面对东东自信而坚定的态度，我只好打退堂鼓。但是，还是挺担心的。因为他对两所公立学校都不满意，这次考试也就是唯一的机会了。结果，东东的 SSAT 成绩证明了他的"健身"是非常有效果的。内驱力一旦被激发，孩子的潜能是巨大的。

怀特海曾批判 20 世纪初的英国学校教育，"令人悲哀的是，儿童时代的金色年华却常常笼罩在为应付考试而进行的填鸭式教学的阴影里"[①]。实际上，时至今日，孩子们的儿童时代还是笼罩在应试教育的阴影下。既然孩子们在学校已经承受着应试教育的各种负担，家长一定不要再把孩子送进死记硬背和机械操练式的补习班。

家长在设计和安排孩子丰富多彩的课余生活时，要特别注意教育留白。家长要留给孩子充裕的时间和空间去阅读、感知、探索和体验，不要把孩子的生活节奏安排得过紧，时间挤占得过多。家长应该把课余时间更多地留给孩子，让他们做自己喜爱的事情，看自己喜爱的书籍。要确保孩子有思考的时间和想象的空间，让孩子有自我教育和自我成长的机会。

孩子是自然之子，家长应该顺应天时地利，顺应孩子们的身心发展规律，掌握教育的节奏。在开始领悟的浪漫阶段里，尽量为孩子提供开阔眼界和增长见识的机会。让孩子更多地阅读优秀作品，以便陶冶他们的情操；让孩子更多地目睹伟大崇高，以便树立他们的道德感；让孩子更多地参与志愿者活动，以便养成他们的服务思想；让孩子更多地帮助弱势人群，以便激发他们的同理心；让孩子更多地参加集体项目，以便培养他们的合作精神；让孩子更多地走进大自然，让他们感受美丽的自然风光，增强他们的环保意识。

苏联教育家苏霍姆林斯基曾指出大人教给儿童如何利用自有支配的时间，原则上要注意尽量让有趣的、使儿童感到惊奇的东西，同时还能成为儿童的智慧、情感和全面发展做需要的、必不可少的东西进入孩子的世界。换

---

① （英）怀特海，《教育的目的》，徐汝舟译，北京：读书·生活·新知三联书店，2002 年 1 月第 1 版，第 40 页。

言之，应该使儿童的时间充满使他们入迷的事，而这些事又能激发他们的思维，丰富他们的知识和技能，同时又不破坏童年的情趣。[①]

　　孩子之间的差距，其实都是他们身后家长的综合素质和心力付出的差别。希望家长们努力提升自己的家庭教育技能和科学养育知识，和孩子一起成长，一同进步，把浪漫还给处于浪漫阶段的孩子吧。

心得体会

---

① （苏）苏霍姆林斯基，《给教师的建议》，杜殿坤编译，北京：教育科学出版社，1980 年 12 月第 1 版，第 74 页。

过招网络原住民

　　当今的孩子都是出生在网络时代的网络原住民，而绝大多数家长和老师却是网络移民。显然，网络原住民和网络移民存在代沟和差异。所以，大人需要学习和了解年轻一代所经历的一切，尝试去改变我们的教育风格与方法，并做到自我教育，与时俱进。

　　2001 年美国教育咨询专家普林斯基的一篇名为《网络原住民与网络移民》的文章在教育界广为流行。此文指出，当今学生是以计算机、录像、游戏、社交媒体以及网络的其他方面的数字语言为母语的网络原住民。网络原住民是指出生并成长于数字时代的新生代，他们一出生就面临一个无所不在的网络世界。对他们来说，网络就是他们的生活，数字化生活方式是他们从小就开始的生存方式。[①]

　　普林斯基认为 20 世纪末快速发展的数字信息化科技改变了学生的思维和信息加工的方式，如果继续运用过时的教育方法，将难以帮助他们取得学业上的进步。[②] 由此，对家长提出了新的挑战，对孩子的日常生活的指导与引领，特别对孩子使用电脑和手机的管理，是要面临的新课题。

　　东东也是一名典型的网络原住民。他从一岁起就跟着身为计算机工程师的爸爸泡在电脑上，是一名电脑操作和游戏高手。学龄前的东东最喜爱

① Digital native.（Retreated on July 25, 2017 from）https://en.wikipedia.org/wiki/Digital_native#cite_note−7.
② Prensky, M. (2001). Digital Natives, Digital Immigrants. *On the Horizon*. 9 (5): 1−6.

的电脑游戏是《帝国时代》《三国志》系列和《星际争霸》等。

我和东爸一致认为这几款电脑游戏需要战略上的运筹帷幄和战术上的足智多谋，有利于开发孩子智力，培养手脑合一能力，适合作为小朋友的益智娱乐活动，但我们注意有节制地让东东接触，不让他深陷其中。东东上小学后，我们一家就作息时间包括游戏时间专门开了家庭会议，确定东东只能在周末玩游戏，而且限制时间在一小时。

东东就读的中学 Punahou 学校实行"一人一电脑计划"。六年级开学后一个月，我去接东东回家时看见他手上多了一个笔记本电脑包。刚坐进车内，东东就迫不及待地取出电脑，把贴有他名字标签的崭新的苹果笔记本电脑拿给我看。到家后，一进门，东东就插上电源打开他的电脑，还郑重地宣告，他们学校的家庭作业都会通过电脑传送，并通过电脑进行师生互动。这分明是宣告他使用电脑的"合法性"。

六年级是小学到中学的过渡学年，课程设置几乎与小学一样，主课就是数学和英语两门。所以，家庭作业不多，可以在一小时内全部完成。Punahou 初中部下午 2:45 放学，东东一般都是在放学后和他的同学去初中部的 Bishop 图书馆学习，直到下午 4:00 图书馆关门，家庭作业基本上可以在学校完成。

但是，据我观察，每天晚上东东都会打开电脑至少使用一小时，有时会更久。而且，他习惯把他的笔记本电脑背对着房门，而他本人则面朝门口。我觉得不太对劲，但由于我们以前定好的规矩，学习时不去互相打扰，我就没有过多地去干预他。

后来，我去学校接东东时碰到他小学同学 Ben 的妈妈。Ben 和东东在 Hokulani 小学就经常玩在一起，考上 Punahou 学校后，两人关系更加好。Ben 的妈妈同我说起了孩子们的笔记本电脑的事情。互通信息后，才知道孩子们回家后都花了大量时间玩电脑游戏。

接东东回家后，我和他就此事认真地进行了交谈。东东也承认他每天都确实花一定时间玩游戏。我提出要他戒掉游戏。听到妈妈不准玩游戏，东东着急了，马上说他的同学们都在玩，课间休息时，男生的话题都是关于游戏。如果不让他玩，他就不能参与同学的谈话了，就会变成没有朋友的局外人。

听了东东的叙述，我觉得也有一定道理。我虽说不希望儿子被孤立，但也不能让他把宝贵的时间都浪费在玩游戏上。于是我想到了"逻辑后果"管教原则，刚好可以用在十一岁的东东身上，这时的他已经具备抽象逻辑思维了。

经过全家人商量，我们跟东东达成这样的协议：首先，每天要认真完成家庭作业，保证一定的阅读量；其次，电脑游戏可以玩，但玩多久，要视作业完成情况和考试情况，进行评估决定，还要与各科老师的评价挂钩，妈妈会不定期与老师取得联系，了解情况；最后，玩电脑时要做到在规定时间和规定地点进行，时间是晚饭前，地点是客厅的餐桌，而且要保证爸妈能看到他的电脑屏。

东东是一个明理的孩子，他知道这是为他好，而且父母也是通情达理的，并没有全面禁止他玩游戏。我首先和东爸统一了思想，一家三口，爸妈已经达成一致，也迫于现实压力，东东便欣然同意了。在 Punahou 学校初中和高中阶段的学习中，启用这样的"逻辑后果法"，东东基本能做到把电脑主要用在学习上，即便是适当的娱乐放松，也是控制在约定的时间范围内的。

显然，孩子玩电游和手机是家庭教育绕不过去的问题。我认为作为家长，我们首先要认清形势。数字化时代，我们必须认识到并接受孩子们的"原住民"身份，他们是在互联网时代出生的，剥夺他们对电脑和手机等现代化信息工具的使用是不现实的，也是违背社会发展规律的。特别是当孩子进入青春期时，家长更要注意方法，杜绝专制的家长作风，切不可使用简单粗暴的方法羞辱和打击孩子。属于孩子隐私的物品，家长未经孩子同意尽量不要触碰。

已经读大学的儿子知道我正在写这篇文章，他通过手机传给我一篇美国国家广播 NPR 网上标题为《不断增加的网络时间与青少年抑郁和自杀想法的相关性》的文章，并建议我纳入本文，以提醒家长注意。

文章介绍了美国时间 2017 年 11 月 14 日在《临床心理科学》公布的一篇有关青少年使用网络电子产品的研究文章。研究结论指出：随着电子产品，特别是电脑、手机或者平板使用时间的不断增长，青少年产生抑郁或自杀想法的概率也会同步上升，这点在女孩身上表现得更加明显。该项研究由美国加州大学圣地亚哥分校心理学家 Jean Twenge 担纲，2010—2015 年间，通过对全美五十多万 13~18 岁青少年的问卷调查结果分析指出，长时间的上网与疏离现象存在相关性，虽然不一定是因果关系，但可以给家长一个警示。Twenge 教授具体指出："每天一小时，或者两小时不会有很多危害，但如果到三小时，特别是四小时以及五小时以上，自杀企图、自杀想法和明显抑郁症状的危险性将大大增加。"[1]

我国研究"网络原住民"网络化生存的学者、中山大学网络心理学的研究学者程乐华认为，数字原住民不认为网络和现实有任何区别，虚拟空间并不虚拟，网络世界就是现实世界。"对上一代人而言，网络是工具，对这代人来说，网络就是世界。"程乐华在 2009 年 9 月接受《青年周末》记者采访时说，"网络就是他们依赖的生存方式，甚至有时，网络比网络之外的现实生活更具意义。"

程乐华关于网络游戏中的角色死亡问题的研究发现，对网络游戏比较认同的人，一旦让他想象自己的角色丧失，甚至让他想象他所加入的游戏身份丧失，都会提升他的死亡体验。也就是说，网络中的群体意义和网络中的个体意义对他来说非常重要，亲人死亡带给他的体验都不如网络角色的死亡带来的体验强烈。这个实验发人深省，尽管听起来实验结果很残酷，但我们不得不接受这样一个现实：网络对于网络原住民的重要性并不亚于网络之外真实世界的重要性。[2]

年轻一代的孩子们出生并成长在互联网和手机时代，他们同时生存于网络社区和现实社区中。他们同时切换于各种各样的数码电子设备之间，还具备多任务处理能力。他们可以一边戴着耳机听歌，一边写作业，然后还和朋友聊天。作为网络移民的家长和老师，常常看不惯他们的行为习惯，看在眼里，忧在心里，我们想要知道：这些孩子到底会创造出一个怎样的社会，更美好还是更糟糕呢？但历史发展的车轮是不会因为我们的担心和焦

---

① Grcia-Navarro,L.(2017).The Risk Of Teen Depression And Suicide Is Linked To Smartphone Use, Study Says.（Retreated on December 25, 2017 from）https://www.npr.org/2017/12/17/571443683/the-call-in-teens-and-depression.

② 青年周末：网瘾是对数字原住民的偏见。http://www.techweb.com.cn/column/2009-09-11/438340.shtml.

虑而停下的。孩子们不可能生活在真空，我们也不可能禁止他们接触网络。

网络时代也完全改变了权威对知识的垄断。以前我们不懂去问老师、家长，而在当下的网络时代，我们可能需要向孩子们求教了。我们花了数十年所积累下来的知识经验，现在的孩子们只要打开电脑一键搜索就知道。互联网打破了传统的父子和师生泾渭分明的关系。家长不能在孩子面前动辄摆出所谓的资历优势，老师也不能再自我陶醉在"闻道有先后"及"传道授业解惑"的心理优势感之中了。

香港著名学者梁文道在凤凰卫视中文台的《开卷八分钟》节目里曾经介绍过《生于数字时代：理解第一代网络原住民》的书籍。他谈到现在大部分学生都带着笔记本电脑去上课，甚至只要用手机就可以随时聊天，上课的时候一边听一边与网络上认识的朋友进行沟通，这样教育还怎么进行？

面对这些问题，很多大人都非常苦恼，这已经不是简单的年龄代沟，而是一个网络代沟。这本书为需要与网络原住民共处并合作的父母和教育工作者提供切实可行的建议。网络移民不应该因为两代人的不同而疏远网络原住民。相反，网络移民需要学习和了解年轻一代所经历的一切，并尝试去改变教育风格，做到自我教育与自我成长。

家长和教育工作者需要与学生建立开放的沟通渠道，而不要试图限制他们的行为。家长或老师在与网络原住民交谈时需要掌握必要的信息量和具备足够的可信度。如果我们对网络原住民所关心的话题毫不知晓，如果我们没法取得他们的信任，那么就没有办法分享我们所拥有的知识和常识。

了解网络原住民最有效的方法是细心周到地关心孩子，运用共情和同理心，真正走进孩子的内心。出现问题时，一家人心平气和地坐下来，商量解决的对策，注意倾听孩子的需求和心声，并恰到好处地使用"逻辑后果法"，真心的付出一定可以收到理想的教育效果。

然而，在现实生活中许多网络移民听到与技术相关的术语时，内心就会处于封闭状态。我们首先需要克服对技术的恐惧感，怀揣终身学习型社会应有的开放心态去学习新的技能，与时俱进，这样才能取得孩子们的信任，从而保持沟通的畅通。否则，如果我们对孩子的世界完全陌生，那么我们就很难走进孩子的内心去了解、帮助他们。

智优儿童的培养

　　美国天才儿童中心的天才搜寻项目旨在用科学的手段把智力超常的孩子选拔出来。在没有让这些孩子离开他们熟悉的学习环境的前提下，开展对天才儿童形式多样的特殊培养。这样尊重儿童发展规律的教育方式值得我们学习和借鉴。

　　东东上七年级后不久，我们收到一封来自 Punahou 学校七年级主任 Lucus 先生的信件，告诉我们 9 月份 Punahou 学校采用美国 ERB 测试对全体七年级学生进行了考核。目的是希望通过与全国的同年级学生学习程度相比较，了解本校七年级学生的进步情况。信里还介绍了考核评价方法，并指出学生在任何测试项目上的得分达到当年国家标准最优秀排名的前百分之五，就具备参加美国约翰·霍普金斯大学天才儿童中心（CTY）的"天才搜寻"项目的选拔资格。达标的学生必须在第二年的 2 月前参加美国高考 SAT 或 ACT 考试。

　　我和东东仔细查看来自 ERB 考试机构的成绩单，整个测试涵盖七大类二十六个小类的测试题。包括语文推理、词汇、阅读理解、拼读书写、写作思想与技能、数理逻辑和数学。东东的考试成绩显示他的逻辑推理的测试全部达标。我立即进入 CTY 网站给儿子报名注册，仔细阅读了关于"天才搜寻"的介绍，CTY 要求入围的学生在 12 岁时参加美国 SAT 或 ACT 高考。东东决定参加 SAT 考试，并进入 SAT 网站，按照要求注册了年初的考试。

　　东东的第三语言西班牙语的学习使得他的压力要比他的同伴大得多，语言入门需要花费大量时间和精力，挑战确实不小。除了其他学科的作业，东东每天都有西班牙语作业，也就基本上不可能花时间准备 SAT 考试，天才搜寻毕竟属于课外活动。

七年级上学期终于顺利结束。春季学期开学不久的一个周六，东东参加了 SAT 考试。也许是初生牛犊不怕虎的原因，东东没有丝毫紧张情绪，开心地和同学打招呼说笑。上午 9 点开考，中午 12 点左右结束。考试结束，东东面带微笑地朝我和东爸走来。问他考试情况，他还是那句口头禅"不错"，充满着自信。

大概在 2 月中下旬，我在信箱里发现了从大学委员会寄来的东东 SAT 的成绩。他的数学超过了 700 分（满分 800），阅读和作文考分也不错。刚好那天我有晚课，顺便把东东的 SAT 考分告诉了统计学老师 Heck 教授。Heck 教授是夏威夷大学马诺分校专家委员会成员、教育管理系主任、博士生导师，兼任夏威夷州教育厅指导专家。

Heck 教授看了看成绩单说，单凭 SAT 分数，东东已达到很多大学的要求，开玩笑问我舍不舍得让我 12 岁的孩子去上大学。当然，我知道 Heck 教授是极不赞成跳级的。在课堂上讨论时，他就陈述过他的观点。他认为孩子的成长不单是智力发展，更是一个综合性的发展过程，包括生理、心理、社交等方面。

4 月下旬，在 Punahou 学校的推荐下，东东接受了《檀香山日报》记者的采访。因为我是监护人，他们事先征得我的同意。从 5 月下旬报刊发表的文章中我才知道东东是当年夏威夷州唯一入选 CTY 天才搜寻项目的"杰出天才计划"（SET）的学生。文章指出全美 50 个州共有 341 人获得 SET 奖，其中包括来自夏威夷州的唯一学生东东。CTY 外联部主任 MattBowden 说："入选 SET 的学生都是万里挑一的，我们的任务是帮助他们挖掘潜力。"

一周后，我们全家应邀参加了 CTY 在夏威夷州的合作机构夏威夷太平洋大学（HPU）的本年度 CTY 天才搜寻项目的颁奖典礼。主办方邀请了获奖学生和家长及亲友参加。颁奖典礼在 HPU 分校主教学大楼的一楼大厅举办，这次颁奖还包括五、六和八年级参加 CTY 其他考试的获奖者，但最耀眼的还是 SET 的颁奖仪式。当主持人宣布最高奖 SET 颁奖时，全体都起立向东东表示祝贺。

CTY 是一个专门为智力超群的中小学生设立的教育计划，作为现有中小学教育的补充。近十年来，这个项目在美国得到极大发展，同时在国际上也得到很多关注，也吸引了来自国内家长的兴趣，越来越多的中国孩子参加到该中心形式多样的暑期教育项目。CTY 参与培养了很多杰出人才，包括谢尔盖·布林（谷歌创始人），马克·扎克伯格（脸书创始人）和特里陶（菲尔茨奖获得者）等。CTY 的很多学员已经成为科学家、发明家、创造家和著名学者。

CTY 成立于 1979 年，创始人是约翰·霍普金斯大学心理学教授朱利安·斯坦利。斯坦利教授认为排名前 3% 的 12~14 岁年龄段的初中生，在 SAT 的数学和语文都获得高于大学录取新生的平均分。他指出很多天才学生并没有受到足够挑战，即便是学校开展的天才项目对他们的挑战也不够。斯坦利教授创建了补充性的暑期教育中心——CTY，为期三周。这些课程开设在约翰·霍普金斯大学、哈佛大学、普林斯顿大学、斯坦福大学等 24 个大学校园。还为学习能力超群的学生设立了网上学习项目，为学生和家长提供服务。

凡数学或语文分数超过 700 分（满分 800）的学生可以进入到"杰出天才计划"中，享受特殊的辅助教育和指导，以便最大化地发掘天才孩子的潜能。SET 入选学生可以免费享受 CTY 提供的杂志《想象》。《想象》杂志邀请学生们探讨有关科学、艺术和人文学科的大话题，每年共发行五期，每期都会有一半内容集中在一个广泛的主题上，给孩子们展示，他们可以通过开展某些活动来激发自己在相关领域的兴趣，以及得到未来该领域的职业机会。

CTY 天才儿童甄别包括以下五个步骤。

1. 资格审定。教师和校长以及学生指导给 CTY 天才搜寻机构提名年级排名前 5% 的学生，并且确保他们达到州和国家的测试要求，比如在 ERB 测试中达标。

2. 网站查询。学生父母访问 CTY 天才搜寻网站，为学生报名和参加选拔考试，支付一定的管理和测试费。有关测试日期等信息会通过邮件寄给家长。

3. 选拔测试。选拔考试用来判断学生能否进入 CTY 计划。测试内容远远超出学生所在年级的知识水平，测试的目的不是检验学生学过什么与知道什么，而是侧重他们的能力，特别是数学和语文能力。测试方式包括美国高考 SAT、ACT，或者 CTY 自己的考试 SCAT 和 STB。SCAT 针对不同年龄段设计，学生可以选择参加适合自己年龄段的考试。STB 用于考查学生的空间感知、空间推理、空间记忆能力和天赋。各州都有指定的考试地点。

4. 确定对象。正式选拔考试结束后，CTY 的天才搜寻项目会依据学校提供的学生名单，结合查看这些学生在选拔测试的得分情况，最后确定天才儿童中心的培养对象。

5. 颁奖表彰。结果公布后，CTY 会向合格学生寄发录取通知书，告知可以参加的项目。被录取的高分学生将在美国许多大学校园内举办的"颁奖仪式"上获得表彰。

CTY 的教育计划是对常规学校教育的补充和完善，也就是说，CTY 的天才培养也是学校天才儿童甄别和教育的补充。CTY 天才儿童培养模式包括以下方面。

1. 入选的天才学生聚集在大学校园进行为期三周的全寄宿制培训。在此期间，每个学生学习一门精品课程，每个培训点有 200~500 学生，一般设立 15~30 门课程。

2. 提供速成课程。在这些课程里，学生学习高等级的高中课程，比如 AP 物理、AP 数学等。

3. 提供超前课程。这些课程是大学水平的课程，通常不在中学教授。比如认知心理学、爱因斯坦相对论等。

4. 选拔和培养教师。教师都是相关领域的专家，并能运用适合天才学生最好的教学方法。教学方法包括小组讲座、讨论、学生陈述、实地调研和反复辩论等开放式教学形式。寻找和培训教师是 CTY 培养计划的关键。他们特别强调选派的教师要能够接受某些天才学生在某些领域超过自己的事实，具备激发天才学生的智力和好奇心的能力，并利用学生被激发出来的智力和好奇心完成教学任务。

5. CTY 鼓励学生探究，并帮助学生寻找解决问题的方法和答案。涉及范围可能是学科前沿的知识和技能。CTY 课程的目的是鼓励天才学生跨越课堂与学科的限制，去思考和探索更宽更广的领域，使学生的批判性思维和创造性思维得到最大化的发展。

6. 创建同类学生的社区。在这个社区里，天才的想法得到认可和鼓励；学生需要有自己的观点和思考，并大胆地表达出来。

7. CTY 快速发展网络课程，为天才学生创建网络社区，指导老师和天才学生进行网络互动。CTY 也会与学校合作，为需要更多挑战的学生引入更高级的课程，为学校课程拓展选修科目。

朱利安·琼斯博士是 CTY 国际发展部的高级主任，她指出搜寻和培养天才儿童是 CTY 的宗旨，但是 CTY 同样致力于让每个天才学生——即便他的家庭无法支付 CTY 的学费——都有机会接受 CTY 的教育。她还借用了《教育周刊》史莱格教授的文章观点：美国人获得的诺贝尔科学奖和数学菲尔茨奖数量，与美国人口规模相比极有优势，而美国公立中小学学校教育仅仅处于国际中游水平，落后于芬兰、新加坡、中国上海和韩国等。她指出导致美国公立学校教育不尽如人意的原因在于：没有向最有天赋的学生提供特殊课程。约翰·霍普金斯大学的天才儿童中心在为美国培养杰出人才方面做出了巨大贡献。[1]

天才儿童在我国被称为"超常儿童"。其定义是"智能明显超过同龄常态儿童发展水平会具有某种特殊才能的儿童"[2]。我国于 1978 年 3 月，在中国科技大学创办了少年班，正式推广超常儿童教育。1985 年开始，北京大学、清华大学等十三所高校增设少年班。自此在很长一段时间，超常儿童教育得到快速发展。1994 年"中国人才研究会超常教育人才专业委员会"正式成立，开展对超常儿童教育的研究。然而，1995 年新《义务教育法》规定，学校不得用考试、测试选拔学生，超常儿童教育自此进入低谷。2003 年，超常儿童教育迎来了新的发展机遇，停止工作的学会开始于 2004 年重新运作。2010 年，我国颁布了《国家中长期教育改革和发展纲要》，提出"培育创新人才"和"人才中长期规划"，标志着我国超常儿童教育得到国家充分的重视。[3]

现阶段我国仍然是一个人口大国，要发展成为人力资源强国，需要更多能够从事尖端研究与发明的特殊人才。按照史莱格教授的观点，中国人

---

[1] （美）琼斯，约翰霍普金斯大学天才教育中心的天才培养计划 [J]，创新人才教育，2013（5）：80。

[2] 顾明远，教育大辞典 [M]，上海：上海教育出版社，1998 年增订合编本，第 149 页。

[3] 石梦良，国内"超常儿童教育"发展现状及展望 [J]，社科学论，2017，（3）：177—178。

获得的诺贝尔科学奖和数学菲尔茨奖数量，与中国人口规模相比还没有显示出优势。因此，加强超常儿童甄别和教育不容忽视。借鉴美国天才儿童教育的经验，我有以下几点建议。

1. 从国家层面加强对超常儿童教育的重视，加大对这一领域的研究投入。

在兼顾公平与优秀的基础上，从国家政策上制定与超常儿童的甄别与培养相关的法律法规，发展我国超常儿童教育这一特殊领域。加大对基础教育阶段学校超常儿童教育的资金投入。超常教育要从基础教育阶段抓起，教育部门划拨专项资金发放给各级中小学用于超常儿童的甄别与培养项目。由各地市的教育研究院所超常儿童研究项目专业人员进行微观跟踪和考核。

2. 训练和培养从事超常教育的合格教师。

超常教育离不开培养超常儿童的教师。他们不仅要在知识和技能层面上适应超常儿童的培养，同时，他们必须对天才教育事业有情怀和乐于为学生服务。超常教育师资的选拔和培训应该由超常儿童专业研究机构负责。

3. 重视少年儿童的身心发展特点。

超常儿童教育应该注意不要把孩子从他们熟悉的环境和同龄人中剥离出来，可以借鉴美国天才教育的做法。以学生就读的学校为培养基地，利用课余、周末和寒暑假对超常儿童开展密集性培养；还可以利用区域和全国性的超常儿童教育共享资源，对他们进行特殊训练。

4. 拓展超常教育范围以确保边远地区超常儿童获得同等关注。

根据正态分布理论，智力超常的儿童在人群中的分布相对稳定，大概在1%~3%，不受家庭出身和地域影响与限制。因此，超常儿童教育的范围应该扩大至边远落后地区，最大限度地开发少年儿童的潜能。

5. 鼓励高校与社会力量参与超常教育。

高校师资和办学资源等很多方面要优于基础教育，高校除了培养由基础教育输送的高中毕业生，还可以利用寒暑假和业余时间参与基础教育阶段的超常儿童甄别和培养。此外，应当鼓励社会有识之士参与超常教育，协同高校共同为国家选拔和培养杰出人才。

我从哪里来

家长作为孩子最亲近的大人，自然是孩子关于性方面问题的咨询对象，在给孩子讲解性知识时既要把握好知识层面所涉及的程度，还要考虑孩子的年龄阶段。同时，学校也应该承担起性教育的职责，开展相应的教育教学活动，促进性教育的开展。

东东小时候经常会问一个问题：妈妈，我是从哪里来的？这个问题估计每个小朋友都会问。大人的回答可能也是千奇百怪，而我一般会选择不回答，然后想办法转移儿子的注意力。卢梭曾说过："一位母亲如果要回避这个问题，同时又不欺骗他的儿子，最便捷的方法就是对他沉默。"[①]

这样的沉默直到东东四岁时发生的一件事才被打破，我在《生命教育不可或缺》一文中提到过，东东在科学与伪科学中产生了迷惑，竟然相信一场夏天的暴风雨是他已经去世的爷爷在天上操纵的。我给儿子补上了生命教育这一课。我从精子和卵子结合形成新的生命开始讲起，讲到生命终结，让东东基本上明白了生命的形成，也知道了生命是有限的。

关于生命形成，我形象地介绍了受精卵的形成过程，精子外形上很像小蝌蚪。我们常常去池塘里观察小蝌蚪，所以东东一下子就能联想到。上亿的精子像小蝌蚪那样游向卵子，第一个到达的精子获得进入卵子的机会，形成受精卵，再慢慢发育成胚胎，最后在妈妈子宫内长大。听到这里，东东激动而自豪地说："妈妈，那我一定是跑得最快的那个精子，一碰到卵子

---

① 卢梭，《爱弥儿》，叶红婷译，北京：台海出版社，2016年9月，第352页。

就钻了进去，然后马上把门关上，不让其他精子再进来了。我好厉害的，对吧？"

东东从小就有幽默感，想象力也十分丰富，一定是想到了小蝌蚪找妈妈的故事，把自己当成了跑在最前面的小蝌蚪了。关于精子和卵子在哪里相遇，还没等我开口说，东东便开启了他的发散性思维，认真地对我说："一定是医生从爸爸身上取下精子，再从妈妈身上取下卵子，然后放到实验室里，像做实验那样，让精子找到卵子，最后通过注射把受精卵推进妈妈的子宫。"小东东一口气把他想象的过程讲完。我顿时感到一阵轻松，长长地舒了一口气，在心里说：谢谢儿子，你可算帮了妈妈个大忙。

东东以他四岁小朋友的想象力，把试管婴儿的科学手段作为生命构建的形式表述了出来，这让我感到很惊讶。同时，东东的想象力的确为我解了围。东东后来很长时间没有再关注这个问题，大概是他认为，关于生命形成的问题已经得到了解决吧。他开始更多地关注其他方面的知识，包括天文、地理、科学、历史和军事等。

东东上小学一年级时，有一天上学前，他突然要去卫生间，但是进去一阵子还不出来。我催他动作快点，否则我们要迟到了。东东却大声回应："妈妈，我有点便秘。耐心等等吧。"话音刚落，他又接着说："妈妈，生孩子是不是也是和便秘一样费劲，也是从肛门生出来的吧？"我顿时语噎，赶快转移他的注意力，催促他赶快出来。之前我常常会提起孩子出生时母亲所经历的痛苦，让他懂得妈妈的不易。而东东的想象力也太丰富了，把他便秘的痛苦与生孩子的痛苦居然联系在一起。

还有一次印象深刻的是，东东刚来夏威夷时，我们在超市购物时碰到一位即将临盆的孕妇，东东看见后又和我讨论这个问题，用十分肯定的语气说："我想小宝宝应该是从妈妈的肚脐眼生出来的。"听了儿子童言无忌的猜测，我顿时忍俊不禁。东东之所以自言自语，是因为他没有期待我的回答。所以，我这次还是决定不作回答，并且试图转移他的注意力，提醒他赶紧过去买他喜爱的生鱼片。

有一次，我们研究生课堂刚好讨论关于孩子性教育的话题，一位美国女同学分享了她和她先生给学龄前女儿进行性教育时遇到的问题。他们夫妇非常重视对孩子的早期智力开发和家庭教育，经常给孩子讲解各种科学现象和知识，并一起动手做实验，培养孩子的批判性思维和创新意识。

在女儿上小学前，他们决定给孩子讲授性知识，于是找来印有男女性器官和性交插图的书籍。出乎夫妻俩的预料，女孩竟然提出要亲眼看看爸爸妈妈的性器官，并要求他们当场性交让她看看，以求证书上介绍的真实性。她和她先生一下子愣住了。这位女同学的分享引发了大家对儿童性教育的思考。

对于性教育，我个人觉得，在孩子未进入抽象思维的孩童时代，大人不需要讲解得太具体、太详细。当然，大人需要让孩子明白他们身体上的隐私部位，更要让孩子明确隐私部位必须受到保护，是不能被人窥探的。可以粗线条概括性地介绍一些科学理论性的、非操作层面的常识。一定不能够配合插图，更不需要有性器官与性交的插图，哪怕是漫画或儿童画。这样做是为了不把孩子往具体化与细节化方面引导。否则，性教育很容易陷入被动与失控的局面，出现像我同学夫妇遭遇的尴尬场面。

如果我们把那些图片展示给具有惊人的"照片记忆"能力的幼童，就会被他们收藏在记忆中。家长是希望孩子们了解科学常识，而不是那些具体画面。如果孩子继续追问细节，家长可以采用转移注意法干预。对世界充满探索欲望和好奇心的孩子们，能够吸引他们注意力的事物多种多样，只要家长用心，总可以发现转移孩子注意力的新目标。

根据瑞士著名发展心理学家皮亚杰的儿童认识发展理论，十一二岁以前的孩子的思维是客观事物直接作用于感官，而在头脑中产生对事物整体的认识，需要具体内容的支持，处于用直观形象和表象解决问题的形象思维时期。大人如果对处于这个年龄段的孩子，采用有性器官和性交插图的图书来介绍性知识和生命形成，孩子就可能产生更大的好奇心。这是孩子的形象思维使然，他们很有可能就如同那位美国小姑娘那样希望通过亲自做实验去检验和印证。

既然是科学常识，那就是可以观摩和可以实验的，就如同孩子在学习了其他科普知识后缠着家长做实验一样。但是，这个客观物体能随便给孩子观摩吗？这个实验具有公开的操作性吗？一旦孩子出于好奇而尝试去做这个实验，那后果又会怎样呢？如果你告诉孩子，他们长大成年后才能去体验，那么又何必如此早地具体介绍呢？家长对孩子开展性教育的目的是科普，但如果方法不当，很有可能适得其反地为孩子打开潘多拉魔盒。

那么，关于更为详细正式的性教育应该在何时开始呢？我认为应该在青春期到来的时候。据美国专业机构认定，青春期是指 11 岁到 21 岁整个成长阶段，分为青春期早期（女生 11~13 岁，男生 12~14 岁）、青春期中期（女生 14~16 岁，男生 15~16 岁）、青春期后期（女生 17~21 岁，男生 17~21 岁）。[①]为了处于这一特殊时期孩子的身心健康，专业机构及学者们从孩子们自身、家庭、朋友、学校以及社区等影响因素，系统而全面地提出了建议。

孩子的青春期第二性征的出现一方面可以根据他们的年龄来确定，另一方面需要根据他们的行为举止来判断。进入青春期的孩子不希望在公共场所被发现与父母在一起，特别是不愿意被他的朋友们撞见。原因不是孩子不愿意和家长在一起，而是他们希望看起来更练达、独立。妈妈可能会在某一天发现，以往出门总是主动牵着自己手的儿子，突然间不再愿意拉妈妈的手，也不愿意让妈妈靠近自己。而爸爸可能也会在某天发现，以往总是喜欢要自己抱抱的女儿，突然间就和爸爸保持了一定距离。这些现象的发生表明孩子的身体荷尔蒙在萌动，第二性征已经出现，表示我们的孩子进入了青春期。不知不觉间，女儿身高超过了妈妈，小帅哥的嘴上也悄悄长出毛茸茸的胡须。但是，家长的心态转变和心理准备往往跟不上孩子成长变化的速度。我们一定要做到与孩子的身心发展同步。家长在教养方面，不仅需要与时俱进，还要伴随着孩子的身心发展而成长。

美国特别重视孩子的青春期教育。学校、家庭以及家庭医生共同承担了青春期孩子的性教育任务。东东九岁来到美国夏威夷州，因此他的青春期也是在美国度过的。东东十一岁入读夏威夷州 Punahou 学校。Punahou 学校以学生年龄为依据，以学生为中心，非常重视学生的生理和心理健康。根据青春期阶段的划分，初中的三年刚好是孩子们处于青春期的早期阶段。七年级上学期的一个重要主题便是性教育。征得学校同意，我有幸亲历了 Punahou 学校针对青春期孩子的独特的性教育。

---

① Jellinek, M. Patel, B.P., & Froehle, M.C.(Eds.). (2002). *Bright Futures in Practice: Mental Health-Volume I. Practice Guide*. Arlington, VA: National Center for Education in Maternal and Child Health. p.125.

纳入到青春期性教育专题的课程包括英语、科学、数学、社会、体育等。采用集体备课的方式，在同一时间段内同时把青春期生理和心理常识、性知识以及注意事项融入各门学科的教学当中。学生和家长都会提前知晓教学计划和安排。

由于涉及青春期男女第二性征及性与生育等方面的词汇，这些基本都是专业术语或冷僻单词，所以英语老师就以教授新词汇的方式介入青春期性教育专题。老师会把那些词汇全部板书在白板上，由老师稍作释义后带读，而后由全班同学一起大声朗读，要求把每个单词分别朗读十遍。据说，这样的大声朗读可以消除那些有关身体隐私部位的专有词汇带来的羞耻感。

在熟悉了有关词汇后，科学老师则从生理学角度，借助幻灯片图像资料和人体模型，进一步介绍青春期男女身体发育的特点。还会介绍有关性与生育知识、避孕措施以及艾滋病预防措施等。数学老师用数学统计方法，展示美国专业机构提供的与青春期有关的数据，并与本州数据做比较。这些数据包括青少年早孕、吸毒、车祸、犯罪、受伤以及自杀率等。

社会课老师会从男女性别差异、社交交友、青春期情感、伦理道德和法律法规等方面介入。体育课老师则从男女身体发育和男女在体育运动项目的区别方面参与青春期教育专题。由于各科教学人员的精心准备与通力合作，青春期性教育专题教育顺利开展，圆满成功。

我不仅自己去现场观摩，还从东东那里得到很多积极反馈。Punahou 学校把对青春期孩子的性教育提升到学术高度，在严肃的课堂、正常的上课时间进行，极大地引起了学生对这一专题教学的重视。同时，专题教育通过各科结合起来开展的内容丰富形式多样的教育教学方法，满足了学生从不同课程不同角度对青春期常识的学习需要，也让学生感受到学校和老师对他们的关爱。

这样的专题教学在集体备课和资料准备阶段，老师们一定费了不少心力。但是，带给学生们的福祉和益处却是长久的，甚至会对他们成年后的幸福产生积极影响。当然，这种集体备课的方式对老师们来说要求更为严苛。

除了直接给学生进行青春期性教育，Punahou 学校还邀请家长参加关于如何应对青春期孩子性教育的讲座。在讲座上，家长得到了很多建议和指导。

第一，家长在性教育上要持有开诚布公的态度，这样会给孩子传递你愿意在这方面给予孩子帮助的信号，也表明这个话题是可以跟父母交流的。

第二，经常性地评估孩子的成长与发展，给孩子提供有关生理发育方面的资料，并给予操作层面的指导。根据孩子的个体需求，家长要具体指导发育变化、性行为、性疾病传播以及自我保护等。不要等孩子们主动找我们，家长要主动关心孩子，主动提起这个话题。

第三，女孩子的家长要特别注意，最新的研究表明女孩的第二性征的发育要比预料得早。也就是说女孩情感和认知发展跟不上身体的发育。因此，女孩的家长要对孩子提前开始青春期发育和性方面的教育。

第四，强调家长在给孩子提供性知识方面的重要角色，鼓励家长意识到自己应该是孩子的指导者。要以孩子们感到舒服和易于接纳的方式，为孩子提供准确的信息以及获取信息的途径等。

第五，家长要了解孩子的交友情况。经常询问孩子是否有亲密好友，鼓励孩子建立与同性朋友间的友谊。同性好友可以在青春期困惑时互相支持。如果孩子没有这样的好友，家长要评估孩子所面临的社交困难及情绪状况。

此外，美国的家庭医生也承担着对孩子成长发育和青春期问题的指导。每个家庭都有自己的家庭医生，家庭医生那里保存着每个家庭成员的健康资料。当孩子进入青春期后，家庭医生会在进行第二性征发育的检查以及性知识谈话时要求家长回避。家长必须配合医生，为孩子的健康成长保驾护航。

总之，孩子的性教育是伴随着孩子成长与发展的一个重要话题。家长是孩子的教师，自然也是孩子关于性方面问题的提问对象。我们自己要认识到这个话题的重要性，要提早备课，做好准备。同时，也要特别注意把握时机和程度，因为性教育可能影响到孩子对待性的看法、性取向，以及今后的幸福。学校和社会也应该积极承担起孩子的性教育和青春期教育，只有采取多方合作的方式，才能确保我们的孩子快乐健康地成长。

同伴影响

 　　智慧家长懂得同伴影响对孩子的重要性，他们善于利用积极的同伴影响促进孩子的成长与发展，并鼓励孩子建立带给其正面影响的朋友间的友好互动。同时，尽量减少消极同伴影响给孩子带来的危害。

　　当人们发现某种行为已经成为一种流行，他们往往会跟着学，跟着做。心理学家将这种影响称为"同伴影响"。同伴影响力是同一社会地位或相同年龄的人影响另一个人决策过程的能力。

　　虽然处于任何年龄阶段的人们都会受到同伴影响，甚至婴儿都希望自己所做的事情能够被同龄人接受，但是同伴影响对于处于青春期阶段孩子的作用更加明显。同伴影响分为积极影响和消极影响。来自同伴的积极影响对孩子成长有利，消极影响对孩子成长不利。

　　家长要善于把握孩子的同伴影响，特别是处在青春期的孩子。父母想要知道同伴对青少年的影响，最好的办法就是每天都参与孩子的生活。注意他们的衣着、个性或朋友的细微变化；还要注意保持与孩子老师的联系，老师更容易注意孩子的行为或态度变化，而这些变化是难以在家里看到的。

　　家长也可以经常邀请孩子的朋友到家里来，以便了解孩子结交朋友的情况。家长还可以去认识孩子的同学或朋友的父母，了解他们的家庭背景以及家教理念等。家长还可以鼓励孩子与同学或朋友建立一种相互交流的关系，在成长中互相关心，抱团取暖。

　　东东六年级进入 Punahou 学校后，在初中数学俱乐部里认识了小马，一名华裔男孩。因为经常一起接送儿子参加比赛，我和小马妈妈也就熟悉了。从小马妈妈那里得知，小马爸爸很多年前从中国来美国留学，随后她和六岁的儿子小马也来到美国。小马爸爸博士毕业后留美工作，在小马考入 Punahou 学校一年后，小马爸爸调往加州工作。由于小马已经适应并非常喜欢 Punahou 学校，不愿意转学，小马妈妈就决定留下来陪伴孩子。

小马勤奋好学、善良懂事，学习成绩在全年级名列前茅。或许因为爸爸不在身边的原因，他显得比同龄人要成熟老练很多。不仅品学兼优，还是一个非常有责任心有孝心的孩子，经常帮助妈妈分担家务，我们几次去超市购物时都碰到骑自行车为家里采购物品的小马。他还一直坚持在学校兼职做助教。

东东一直以小马为榜样，包括学习表现与接人待物方面。由于个人兴趣爱好和性格特点以及家庭背景等方面的相似，他们很快成了好朋友。小马比东东大一岁，高一级，刚好在各方面都成为东东的引路人。小马学完的课程刚好就是东东要开始学习的课程，他常常把学过的资料留给东东，东东也会从他那里购买二手课本。他们都擅长理工科，特别是数学。在初中数学竞赛队里，小马一直是领军人物。在小马进入高中后，东东也成了初中数学队的骨干。

由于他们中文名字有一个字的拼音发音接近，校内校外很多人容易把他们俩混淆，以至于小马考上斯坦福大学后，好几位华人朋友都向我表示祝贺，误认为是我家东东考上了这所位于美国西部加利福尼亚州的名校。

小马考上名校这件事对东东是一个极大的鼓舞，特别是被别人阴差阳错地把他们俩混淆这件事，也对东东产生了一定的激励作用。他曾幽默而自信地对我说："妈妈，您的朋友们只是把明年的祝贺提前了一年而已。等着我的好消息吧。"

第二年，东东顺利拿到了哈佛大学提前录取的通知书后，写邮件告诉了小马，小马立即回信向他表示祝贺，还寄来了一条印有数学公式的围巾和一本关于哈佛大学历史的书籍。东东和小马一直都在交往互动，我为儿子有这样一位好朋友而感到欣慰，我相信他们的友谊一定会维系终身。

智慧的家长懂得同伴影响的重要性，了解孩子结交的朋友，善于识别孩子身边的同伴可能带来的潜在的积极或者消极影响。积极的同伴影响所产生的对孩子成长极为有利的心理效应是"如果他可以，为什么我不呢？"但是，如果交友不慎，给孩子带来的负面影响也是巨大的，很有可能让家长前期对孩子的正面影响功亏一篑。

小鸣是我在美国读博时认识的中国留学生，她的儿子 Jack 从小就非常优秀，是一位出色的小提琴手。与东东同在一所小学，比东东低两个年级。小升初虽然 Jack 没能如愿进入夏威夷的优质私立名校，但最后通过跨学区申请进入一所比较好的公立学校读书。由于离家较远，孩子自己乘坐公交车上学，每天早出晚归。

小鸣是单亲妈妈，既要攻读博士学位，还要挣钱养家与管教孩子。可想而知她有多忙，有多累。孩子初中入读的学校不仅离家远，而且与小鸣的学校是完全相反的两个方向。小鸣一直没有机会考驾照，她儿子只好每天坐公交上学。同时，小鸣与孩子老师的互动也很少，对儿子在校情况和表现也知之甚少。小鸣的儿子早出晚归地在家校之间来来回回，一切还算平安顺利。这样平静的生活在她儿子上八年级开学后不久，被彻底地打乱了。那天上午，小鸣接到儿子学校的电话，辅导员老师告诉小鸣，她儿子聚众吸食大麻被警察局抓了，通知她去警察局把孩子领回家。那一刻，小鸣才知道孩子误入歧途已经很久了。

小鸣后来跟我分享，她儿子发生变化主要是交友不慎造成的。Jack 升入初中时，成绩优异，各方面都表现不错。七年级开始，结交了年级里表现不好的学生，成绩和表现均开始下滑。感恩节的黑色星期五那天，她儿子和那一帮朋友外出购物，竟然通宵未归。第二天回家时，小鸣发现儿子买了一堆奇形怪状的黑衣黑裤。当时，并没有引起小鸣的特别注意，认为进入青春期的儿子有了自己的审美。

后来小鸣才知道，她儿子经他学校那几个同学的介绍，结识了当地的不良团伙成员，并且一起加入了他们的团伙。团伙成员为了表现他们的与众不同，要求统一黑衣黑裤着装。她儿子吸食大麻也是在那个不良团伙里学会的。

了解了这些情况后，小鸣如梦初醒，心急如焚。为了把孩子从负面的同伴影响中拯救出来，小鸣通过朋友介绍，联系了位于美国宾州的一个寄宿制私立学校，儿子初中毕业后即被送到那所学校去继续高中学习。听说孩子后来进步很大。幸好小鸣采取了有效的隔绝措施，否则她儿子将有可能滑向一个可怕的深不可测的泥潭，最终成为家庭和社会的累赘。

常言道：物以类聚，人以群分。首先，如果我们希望孩子结交到能够给他们以积极影响的品行端正、好学上进的朋友，那么家长就要保证自己的孩子从小在一个良好的家庭环境下成长，并培养自己的孩子具备那样的属性和习惯。孩子自然会去寻找能够跟他们同声相应、同气相求的伙伴。

其次，家长一定要学会倾听孩子的声音，并让亲子交流与互动成为常态和习惯。倾听可以建立亲子之间的信任，倾听可以让家长随时了解孩子的交友情况。

再次，家长还要特别注意培养孩子的社交免疫力、审时度势的眼光以及识人的智慧。家长可以找一些与孩子成长相关联的事件和报道跟孩子分享与讨论。当谈论不是发生在自己身上的事件时，我们更能做出相对客观的评价，也更能够反映出内心的真实想法。这样的讨论有利于家长掌握孩子的思想动态，便于家长适时引导。

最后，青春期的孩子受同伴影响最大。家长一定要掌握青春期常识，比如，孩子对独立性的追求、对自我形象的看重以及对自我身份的重视等。在这个特殊时期，家庭教育的方式需要正面管教、正面疏导，家长一定要跟孩子交朋友。交流时要注意更多地呈现客观事实，而非主观上的判断。说话的语气要尽量温和，不是要求孩子怎么做，而是用商量的口气给孩子提建议，以供参考。家教方法与策略要与孩子的成长发展保持同步同频，父母不能再用对待小朋友的办法来对待进入青春期的孩子。很多处于青春期阶段的孩子就是因叛逆与家长发生矛盾，结交了社会不良分子而走向歧途。

总而言之，我们的孩子在成长过程中都会受到同伴影响，要么是积极的同伴影响，要么是消极的同伴影响，只是程度不一而已。作为家长，我们当然希望自己的孩子结交到积极上进的朋友，获得积极的同伴影响。只要家长做到以上几点，基本能确保孩子在健康成长的同时，还能够结交到互相帮助、彼此激励并且维系终身友谊的同伴好友。

第三部分
青少篇

青少成长期的个体开始进入青春期生理发育阶段，孩子的自我意识和独立性不断增强，情感变得复杂与多元，与成人世界的关系也悄然发生变化。随着思辨能力和创造性思维的迅速发展，他们能够理性地判断与决策，同时也开始质疑大人的观点。这个阶段也是孩子的世界观、价值观和人生观构建的基础阶段。

让孩子有一颗中国心

传统文化和国学是中国的瑰宝，是中华子孙的文化身份和根基。家长要从小培养孩子对自己的根文化和祖国传统文化的认同感和自豪感，让孩子保持一颗中国心，也是家庭教育的一个重要组成部分。

我从小就在有国学功底的父亲的指导下诵读唐诗宋词学习书法，耳濡目染的熏陶和滋养，使我逐渐对博大精深的中华传统文化产生了浓厚的兴趣。父亲常常教育我们：无论将来学什么专业、做什么工作、在哪里生活，都要了解祖国传统文化，传承和吸纳国学精华。因为这是中国人的根，人走到哪里都不能没有根。还要老老实实做人，勤勤恳恳做事，因为这是安身立命之本，人不能没有本。父亲的教诲在我幼小的心灵里早早地扎下了根，一直伴随我的成长。

有了孩子后，我自然而然地把父亲的教导用在孩子的教育当中，传统文化和国学素养的学习与培养也成了我自己小家庭的重要任务。东东一岁开始说话后，我就开始教他诵读古诗词。因为古诗词浓缩了传统文化的精髓，且韵律优美，朗朗上口，非常适合作为孩子的国学启蒙读物。

我首先借助图文并茂的诗词绘本，逐字逐句地带儿子朗读。然后给孩子做简单的背景介绍和文字解释，这样有利于发展孩子的联想记忆和发散思维，东东从小就表现出了对诗词的喜爱。此外，我还会抓住可教时刻进行现场情景教育，这样的方法常常产生出乎意料的效果，不仅可以帮助孩子加深对所学诗词的理解，还能刺激孩子的识记力，并且更容易把短时记忆转变为长时记忆。同时，现场教学还可以让孩子明白许多人生道理。

为了培养孩子的独立精神，在东东一岁多时，我就开始训练他自己吃饭，但东东总是会不小心撒一些饭菜在饭桌或者地上，还常常在碗里剩下许多饭粒，不吃干净。我纠正过多次，还借助《悯农》这首诗来提醒，但是效果都不太理想。经过反复思考，我决定带儿子去农田亲眼观察稻谷的生长周期，把抽象的概念具体到现实生活当中去，现场感受农民的不易。这堂课一定不能错过！为此，我做了周详的计划。现场教育的地点就在我大学毕业后工作了两年的一个乡村。在一个早春的周末，我们一家开启了第一堂现场教育课的计划。

春天我们去看农民耕田、插秧；夏天去看农民施肥、杀虫；秋天去看农民收割、晒谷。最重要的稻谷变大米的过程，我们更不会错过。这堂重要的人生课，虽然耗时较长，费心较多，但非常值得。经过三番五次地来田野调查，东东终于体会了劳作的辛苦和不易，懂得了爱惜粮食的道理，真正理解了"锄禾日当午，汗滴禾下土。谁知盘中餐，粒粒皆辛苦"。自此，东东在吃饭时都会注意尽量不掉饭粒，把碗里的饭吃得干干净净，还常常摇头晃脑地背诵这首诗。

我们一家外出春游，看见在池塘里嬉戏玩水和引吭高歌的白鹅，我就会提起话题对儿子说："东东，池塘里的白鹅会让你想起哪首我们学过的古诗词呢？"两岁的东东立刻回答："我想到了骆宾王的《咏鹅》。"然后大声地背诵起来："鹅，鹅，鹅，曲项向天歌。白毛浮绿水，红掌拨清波。"我和东爸不约而同地为儿子鼓掌，称赞他出色的表现。

重阳节登高时，我们会复习王维的《九月九日忆山东兄弟》，去了解传统文化习俗，感受古人的遗风，找寻山间的茱萸；游览橘子洲时，我们一起诵读毛泽东的诗词《沁园春·长沙》。通过站在湘江畔诵读"恰同学少年，风华正茂；书生意气，挥斥方遒。指点江山，激扬文字，粪土当年万户侯"，去领悟伟人青年时代的豪情壮志和博大胸怀。

久而久之，东东不用我启发，就能自觉主动地把学过的诗词和眼前的情景联系起来。来到家乡风景区流沙瀑布前，东东情不自禁地大声背诵李白的《望庐山瀑布》："日照香炉生紫烟，遥看瀑布挂前川。飞流直下三千尺，疑似银河落九天。"

　　记得东东五岁那年的夏天周末，我们去东奶奶家。奶奶正在屋后的菜园里收毛豆，我们就去帮忙把毛豆从豆枝上剪下来，然后，奶奶把毛豆枝拿到太阳下面晒。这时东东提问："奶奶，我们已经把毛豆都剪下了，这些乱七八糟的枝叶还有什么用？"奶奶回答："晒干了可以当柴火烧，好给你做毛豆炖肉啊。"东东若有所思地说："这让我想起了曹丕的《七步诗》，写的就是豆秆在锅下燃烧，豆子在锅里哭泣的事情。"奶奶好奇地说："那你给奶奶读读吧。"东东略带愁绪地朗诵起来："煮豆燃豆萁，豆在釜中泣。本是同根生，相煎何太急？"

　　东东和东爸来到夏威夷后的第一个中秋之夜，我们一家去了著名的威基基海滩赏月。面对皓月当空、繁星点点、潮起潮落，还有远处美轮美奂的霓虹灯，我的脑海里突然间涌现出了许多关于月光的诗句。于是，我提议把包含月光的诗词都复习一遍，比比看谁记得最多。

　　我的话音刚落，东东就抢先背诵了李白的《静夜思》："床前明月光，疑是地上霜。举头望明月，低头思故乡。"那时的东东刚刚开始他的小留学生生活不久，语言还没有完全过关，正处在文化冲突和语言障碍的煎熬之中。我想这首诗一定反映了他此刻复杂的心情吧，他一定在思念国内的亲人和他的小伙伴们。我想他也一定对李白的《静夜思》有了更深的理解和领悟。

　　东爸朗诵了唐代诗人王昌龄的《出塞》："秦时明月汉时关，万里长征人未还。"而我则是用歌声演绎了李煜的《虞美人·春花秋月何时了》。我们一家三口你来我往地背了好多关于月的诗，其中唐代诗人张九龄的《望月怀远》的名句"海上生明月，天涯共此时"完美印证了此情此景。最后，我提议一起诵读苏轼的代表作《水调歌头·明月几时有》，体验"但愿人长久，千里共婵娟"的意境之美。

　　回国后，我受邀在国内举办过多场家庭教育公益讲座。在讲座的提问环节或讲座结束后，常常会有爸爸妈妈向我咨询如何培养孩子对诗词的兴趣，有的父母还抱怨自己的孩子不喜欢读诗词。我通常会首先询问他们是如何教孩子读诗词的，有没有让诗词与生活发生联系。他们的回答大体一致，学前小朋友的父母通常是借助书本带着孩子朗读，而小学生的父母则要孩子们自己看拼音读古诗。学习场地都是在家里。

通过他们的回答，我分析了孩子不喜欢读诗的原因。主要是父母在引导孩子读诗词的时候，只局限于单一的学习形式和学习场地，没有通过生动的生活场景让诗词彰显其独特的魅力。只有将所学应用于生活，学习才有意义，要让孩子感受到书本学习与现实生活的关联性。

关于这一点，以卢梭、杜威以及皮亚杰等为代表人物的教育思想中有很重要的论述。法国著名的思想家、教育家卢梭认为，应该让大自然和事物进入儿童的生活，使儿童通过参与活动，积累对周围事物的感觉经验，为发展判断、形成理智打下基础。同时，他还认为，对于儿童而言，"周围的事物就是一本书"①。

美国教育家杜威认为，"从做中学"能够让所学知识与生活联系起来，并建立一定的联结，从而有助于儿童的成长和发展。

瑞士儿童发展心理学家皮亚杰指出，对于抽象思维还没有完全建立起来的儿童，他们的学习必须借助具体形象的实物，或者在亲身参与的实践中才能完成。

上述观点从认知的产生与发展的视角阐明了在生活的现场开展情景学习的必要性，是学习过程中不可或缺的方法，也为我们养育孩子提供了宝贵的指导。

书法是我小时候就从父亲那里习得的一个爱好。东东小时候也常常看到我在家里练字，每次他都站在旁边观看，表现出对书法的好奇心。东东五岁多时，开始在一个书法学校学习毛笔书法，一周三次。执教老师是当地书法界知名的书法家杨老师。由于杨老师教学得法，东东进步很快。

东东初来夏威夷时，由于要应对语言与文化的挑战，一度停止了毛笔书法练习。进入 Punahou 学校初中部学习后，又重新拾起毛笔，开始练习书法。Punahou 学校特别推崇多元文化。为了给 Punahou 学校中文班的美国学生讲解毛笔书法，东东每天回家都要练习，认真备课，还常常和我讨论把书法笔画和运笔技巧译成英文的问题。

春节期间，东东常常和我一起加入宣传中国文化的活动中，教美国小朋友毛笔书法。东东一直保持对书法的热爱，也一直坚持练习书法，暑假

---

① （法）卢梭，《爱弥儿》，叶红婷译，北京：台海出版社，2016 年 9 月第 1 版，第 145 页。

返回中国家乡，还会利用休息时间继续拜师学习书法。

　　来到夏威夷的第二年，我们偶遇了来自福建泉州的武术大师蔡志坚师傅。东东便开始跟着蔡师傅学习中华武术，加入了蔡师傅组建的夏兴武术社，先后学习了少儿武术基本功、太极拳、太极扇、刀、剑、棍等。不久，我也参加了太极拳学习班。2015年10月，第一届世界中华武术大赛在夏威夷举行，我报名参加了杨氏40式和陈氏56式太极拳的竞赛，两项均获铜牌奖章。正如北京大学访问学者杨教授所说："太极拳可以从九岁练到九十岁。"我想从这个角度来看，应该没有哪项体育运动可以与太极媲美。我的太极功夫也算是与孩子一起成长的一个副产品，让我受益无穷。

　　趁着东东高涨的学习兴致，我建议东东把国学的学习也续上。抓住时机教育他：虽然身在美国，但必须要有一颗中国心，要坚持学习祖国的传统文化精髓，因为那是中国人的根。

　　2015年年底，我随我们夏威夷大学的大学生服务学习与公民参与课题组赴波士顿参加国际学术会议，我的发言是《服务学习的中西比较》。我不卑不亢地介绍服务学习与知行合一的教育理念并非西方专属，中国早在两千多年前就已经提出来并践行。我的发言获得了与会学者的称赞。我也以此经历为例，引导儿子理解"民族的就是世界的"这句话的深刻含义。让他明白只有热爱自己的祖国并积极发扬祖国文化，才能真正获得大家的尊重。同时，这样做也是为世界丰富多彩的多元文化做出一份贡献。

　　有学者指出，当今世界已经由大熔炉文化时代转向了色拉盘式的多元文化时代。色拉盘可以让人清清楚楚地识别盘子里呈现的各种食物，而大熔炉里的食材都被熔化其中，无法辨认，只剩下预先设定的这道菜的味道。因此，色拉盘文化是建立在对来自各国各民族文化的尊重和欣赏的基础上，是真正意义上的多元文化。而大熔炉文化是基于强势主流文化垄断性的覆盖，弱势文化只能消失其中。

　　诺贝尔经济学家、哈佛大学美籍印裔教授阿玛蒂亚·森指出，在多元文化的当下，每个人的身份都可能是复合型的，认可自己身份的重要性而不否定他人身份的重要性。人们可以对自己的身份做出选择，一个人可以通过其出身及其后来所在的组织机构而隶属于多个团体。这些多元的身份综合起来带给一个人归属感与身份感。[①]我认为在孩子幼年时代父母应该尽早让他们受到传统文化的熏陶，培养孩子对根文化的认同感和亲近感。这样，在孩子长大后可以做出身份选择时，他们也不至于迷失和困惑。因为不管将来我们的孩子选择在哪里生活、在何处发展，他们都是黑头发、黑眼睛和黄皮肤的炎黄子孙。

上中学后的东东，学习任务加大，校内外活动也逐渐增多，但他依然坚持学习国学。我们约定每周六上午为国学学习时间，学习的范围也从古诗词扩展到《论语》《诗经》《道德经》《孟子》《孝经》等。那时，我们认识了退休后来到夏威夷定居的中国教授周老先生。周老先生饱读诗书，是一位难得的国学大师。经友人介绍，我们拜周老先生为师，每个周末都去他家学习国学。

我自己本来就对国学有着浓厚的兴趣，同时，为了更好地引导儿子学习国学，我决定在学校的哲学系选修几门有关中国哲学与国学的课程。比如我选修过成中英和安乐哲两位哲学大家的课程。在教授的专业指导下，我的国学知识和素养有了一定的提高，帮助东东的国学学习也更加自信了。

东东进入高中学习后，我把国学里有关立志成才以及责任担当的名人名篇论述引入我们的学习和讨论中。比如，我引用北宋大家张载的"横渠四句"来鼓励东东，让他明白"为天地立心，为生民立命，为往圣继绝学，为万世开太平"的内涵，帮助东东树立远大理想，也帮助他理解作为一名社会人所需具备的责任担当。

我们还讨论《易经》的"天行健，君子以自强不息；地势坤，君子以厚德载物"，鼓励东东发扬坚毅执着、发奋图强的进取心，培养有容乃大、海纳百川的包容心。我们一起学习《道德经》的"上善若水"，让东东懂得水造福万物，滋养万物，但却不与万物争高下，这才是人才应该具备的品性和美德。

东爸虽然是理科出身，但十分喜爱阅读，涉猎广泛。我在教东东古诗词、典故、成语以及国学读本时，东爸总是能给我们提供有用的历史背景

① Sen, A.(2006). *Identity and Violence*. New York : W.W. Norton &Company, Inc. p.19–20.

知识，帮助东东更好地记忆、理解和思考。

在东爸的影响下，东东小学三年级前就阅读了《三国演义》《西游记》《水浒传》《金庸全集》等。初到夏威夷，由于阅读的习惯使然，暑假期间东东跟着我到学校图书馆借了许多中文书籍阅读，包括《中国通史》《世界军事史》等。

虽然在孩子的重要成长阶段，我们远离了祖国，远离了故土，但是并没有因为距离的遥远而让孩子缺失根基文化的教育。距离反而让我们更加热爱祖国和民族文化，我们更主动地抓住一切宝贵的机会学习传统文化的精华。

东东在一个有利于他健康成长的环境下长大，既掌握英汉双语又了解中美两国文化，又为自己的本民族文化自豪。我相信不论将来去哪里发展，东东一定会把国学经典传承与发扬。因为，这些瑰宝从他还是幼童起就一直陪伴他成长，早已融入他的血脉，刻进他的生命，成为他生活的根基、人生的航标。

心得体会

外语课的选择

在未成年孩子权益受到威胁时，家长理应站出来据理力争以保护孩子。但这些行动必须在孩子知情并同意的前提下进行。在孩子成长过程中，偶尔遇到的没有选择余地的选择，可以激发孩子勇敢面对挑战与迎难而上的决心。

美国小学阶段虽然开设了世界语言这门课程，但是课时安排不多，基本上属于让学生感受和体验的选修课。外语作为一门主要课程，通常是在初中阶段的七年级开设。在外语教学上，中美两国情况基本一致。国内虽然从 2003 年起就统一在小学三年级开设了英语课，但也属于体验式教学。正式的系统性外语课程的学习也是从初中一年级开始。中国的初一相当于美国的七年级。

东东四年级时，Hokulani 小学开设了夏威夷语体验课，五年级时又开设了日语体验课。六年级时，东东开始了他在 Punahou 学校的学习。六年级是小学到初中的过渡时期，没有开设任何外语课程。七年级学生们开始正式学习一门外国语。

六年级快结束时，我们接到 Punahou 学校关于外语课程学习的信件。告诉家长学校将在七年级开设五门外国语，学生自主选择其中一门学习。这些外国语分别是夏威夷语、汉语、法语、日语和西班牙语。我想英语已经是东东的外国语，还需要进一步学习和提高，而他的汉语程度只不过是小学三年级水平。如果除去汉语和英语，任何一门语言对于东东而言都是第三语言了。同时学习三门语言本来就不容易，何况还有其他学科，而且外语课程必须一直学到高中毕业，越往上越难学，要求也会越来越高。如果选修第三语言，毫无疑问东东的学习压力将会很大，对他太不公平了。基于这样的考虑，我们一家人商量，决定选择汉语作为外语。

没想到过了几天，我们收到了年级主任 Lucus 先生的信件，告知我们东东的汉语课程申请没有被批准。Lucus 先生要我们尽快重新选择一门外语，如果有问题，可以联系他。我决定按照信上提供的联系方式，预约 Lucus 主任见面谈谈。东爸和东东也认为应该见见 Lucus 主任，把东东的情况向他做一个详细的汇报，他可能不了解东东的情况。

三天后，我来到 Punahou 学校跟 Lucus 主任见面。我告诉 Lucus 主任东东三年前来到夏威夷，从零起点开始学习英语，他的英语尚在学习当中，而汉语也刚刚在国内打了一点基础就停止了。对于东东来说，随着时间的推移，由于在英语语言环境里，他的英语会越来越好，而他的汉语将会越来越弱，所以我们才让东东选择学习汉语。

Lucus 主任是 Punahou 学校的资深教育者，在 Punahou 学校已经工作四十多年了。他耐心地听我把情况陈述完，然后询问我，孩子在家里是讲中文还是英文。我如实地回答在家里我们一家人都是讲中文。Lucus 主任告诉我，在家里交流的语言是母语，不能算作外语。如果东东把母语当作外语学习，对其他学生是不公平的，因为起点完全不同。

听了 Lucus 先生的一番解释，我感到基本没有希望了，但是，还是做了争取。我据理力争地说，如果说我的孩子选汉语会对其他学生造成不公平，那么不允许我们选汉语，也是对我孩子的不公平。鉴于孩子的实际情况，另选任何一门语言，对他来说都是第三语言。

尽管我准确到位地进一步申诉了我的观点，但是 Lucus 主任依然不为所动，始终坚持他的立场。同时，他表示特别理解我的心情，也能理解孩子即将面临的挑战。因此，他建议让东东自己在除了汉语以外的任何外语语种里，选择一门他喜爱的语言学习。他还说孩子的适应力很强，相信东东一定能够学好。

我非常沮丧和失望地离开了 Punahou 学校。我没能说服 Lucus 主任改变主意，那就意味着七年级对东东又是一个重大的挑战，并且第三语言的学习将伴随他一直到高中毕业。三年前，东东刚来夏威夷时遭遇语言与文化适应期的情景还记忆犹新。刚刚学会英语，如今马上被要求学习第三语言，又将被推入"不成功便沉沦"的艰难境地。

我们都知道，学习一门新语言刚开始需要花费大量时间和精力的。我当时刚好在学校选修了日语，每天早上7:50赶到学校上课，学习五十分钟，每天都有口语练习和家庭作业，相当辛苦。因此，我十分担心儿子。当天下午，东东放学回到家，我很无奈地把上午与Lucus主任会面的结果告诉了他。说完，我马上补充说我明天再去找Punahou学校的初中部校长进一步争取。没想到东东反而安慰我说："妈妈，没关系的。多学一门语言不是坏事。"我了解儿子，他不希望妈妈为了他的事情那么操心。

看着东东轻松淡定的态度，我便问他是不是考虑选日语。因为他小学五年级时学过一年，毕竟有一定基础，可能会稍微轻松一些。但是，东东告诉我，他不想继续学习日语，而想学习西班牙语。为了减轻我的顾虑和担心，东东继续安慰我说："妈妈，不用担心。我既然能够把英语学好，就一定能把西班牙语学好的。"

听了东东那么肯定的语气，再看看小男子汉脸上坚毅的表情，我整个下午焦虑不安的心情一下子平静了下来。也许是妈妈找Lucus主任受挫的事实，触发了东东内心深处奋发向上的能量。在孩子成长过程中，偶尔出现的没有选择余地的选择，反而可以激发孩子勇敢面对挑战与迎难而上的决心。

就这样，在接受了英语学习挑战的三年后，东东再次勇敢地迎接西班牙语学习的挑战。由于是自愿接受和自主选择，东东的学习主动性很强，学习态度也非常端正，因此学习成绩自然就很不错。因为成绩优秀，高中被老师推荐上了"大学先修课程"AP西班牙语。十一年级参加全国AP课程统考获得最高等级分数五分。后来，东东又通过Punahou学校中文部的测试和评估，获得直接参加AP汉语全国统考的许可；同样，东东得到了最高分五分。东东参加汉语AP考试是在我完全不知晓的情况下进行的。拿到考试结果后，他才告诉了我和东爸。东东说他这样做既是为了测试一下他的中文水平，也是为了给妈妈一个圆满的结果。即使当年Lucus主任不同意他参加学校汉语课，他一样可以拿到AP汉语的最高成绩。

十二年级上学期结束前，东东就被哈佛大学提前录取了。哈佛大学本科学院实行通识教育，他们认为本科阶段要让学生全面发展，广泛涉猎。既学习专业领域的知识与技能，又为未来的生活打下坚实的基础。因此，外语同样是必修课之一，同样采取学生自主选择的原则。哈佛对所有新生所选外语课程分别进行了摸底测试，达到一定标准就可以免修。东东通过了西班牙语的考试，达到了免修的标准。这样的结果一方面证明了Punahou学校的教育质量，另一方面也证明了东东在六年西班牙语学习中确实付出了心力。

当孩子的权利和利益受到威胁时，由于爱子心切，家长通常不愿意看到孩子受到委屈和吃苦，不管孩子是否可以自己应对，也不考虑我们是否应该先跟孩子商量，很容易一厢情愿地为孩子打抱不平，替孩子出面争取。结果非但不能解决问题，反而有可能伤害孩子的自尊心和自信心，还可能造成别人对孩子的轻视，认为他是长不大的孩子，总是需要家长保护。孩子当然是需要家长保护的，但是，在我们采取任何行动之前，一定要先听取作为当事人孩子的意见。

在外语课的选择这件事上，东东的确处于非常不利的境地。作为家长，我的态度很明确，坚决维护孩子的权利和利益。然而，我并没有单方面做出行动决定，而是事先和东东商量，确保孩子的知情权和发言权，特别是东东那样即将进入青春期的少年。后来，在Lucus主任那里没有得到满意的结果，我也没有继续去找校长反映情况，虽然校长的办公室就在一步之遥，而是先把情况反馈给东东，继续我们的沟通与商量。这样做既是尊重孩子，也相当于把孩子放到决策的位置上，更是对孩子的一次考验。东东显然理解妈妈已经尽力了，同时，他也不希望把这件事反映到校长那里去。Lucus主任先拒绝后鼓励的话语，连同妈妈为了他还需要花更多时间和精力去应对，而且并不一定能实现我们愿望的事实，促使东东勇敢地做出了决定，并且成为他不断挑战自我的强大动力。

通过外语课选择的风波，我在引领孩子成长上获得了两点启示。

第一，我们在维护孩子的权益时，一定要让孩子参与商量和决策。因为孩子是当事人，任何行动的结果，不管是好还是坏，都必须由孩子独自去面对。所以，孩子的感受和意见是重要的，家长的意见只能作为参考。家长采取行动要得到孩子的认可和同意，要让孩子感到舒服和自在，不要让他们产生压力。

第二，有时让孩子处于适当的不利处境不一定是坏事。家长要善于分析和把握，适度应对。这样做可以激发孩子隐藏起来的能量。这种能量一旦发掘，如火山爆发，让孩子发现一个全新的自己，促进他们的自我成长。

心得体会

人性化的颁奖典礼

专项奖的颁奖典礼通常在课余时间进行，而且只邀请获奖学生及其父母参加。综合奖则在上课时间择时举办，而且要求全体师生参加，还会邀请获奖学生的父母和其他家人参加。这样的颁奖才是照顾到全体学生的人性化颁奖。

东东进入高中九年级的第二个学期临近期末的一天，与往常一样，傍晚回到家时，我首先到家门外的信箱里取信。其中有一封信来自儿子学校 Punahou 高中部校长办公室。

信的内容包括两部分。前一部分是告知东东荣获了本期的数学单项奖，邀请我们于 5 月 19 日晚上 6:30 参加在 Punahou 学校室内体育馆 Hemmeter fieldhouse 举行的颁奖典礼；还要求获奖学生都穿 Aloha 衬衫（夏威夷正装）出席。后一部分的内容告知东东还获得了综合奖高中校长大奖，颁奖典礼将于 5 月 26 日星期四下午 2:30 在 Hemmeter fieldhouse 举行；特别指出东东并不知道他获得这项特别的嘉奖，希望家长配合学校保密到颁奖时刻，并确保东东一定能在那天出席颁奖典礼。

这封信让我感到非常高兴，一扫我一天埋头学习的疲惫。在美国，高中阶段的学习和表现将直接影响大学的申请与去向。与国内不同的是，美国的高校招生采用个性化的审查方式，招生官看重整个高中的学业与表现，而不是最后的高考。所以，高中阶段的学习是很辛苦的。东东在高中第一年的获奖表明他顺利适应了高中学习，良好的开端是成功的一半。

学科奖颁奖典礼那天，我们一家按时赶到颁奖地点。东东与其他获奖学生坐在指定的位置，老师们坐在获奖学生们的中间，后面是家长席位。我和东爸在家长席位靠前的位置坐下。这次是 Punahou 高中部的学科单项颁奖典礼，只有获奖学生及父母和亲友参加。

6:30 典礼正式开始，高中部助理校长 Hodges 女士致辞，她介绍了这次获奖的共有一百四十人，是 Punahou 学校的杰出学生。学术奖以学科为单位颁发，包括艺术、英语、后备役初级军官训练队、语言、数学、音乐、科学、社会学以及戏剧。此外还有三个奖是由校长 Scott 博士亲自颁发的，包括 Punahou 校友奖、约翰·福克斯成就奖和迈克尔·迈克菲奖。

校友奖颁发给毕业班的男女生各一名，奖励他们杰出的学业成绩和对社区的贡献。约翰·福克斯成就奖是奖励在学业、体育以及课外活动三个方面表现俱佳的学生，九年级、十年级和十一年级各一名。此项嘉奖由总校长直接提名产生。迈克尔·迈克菲奖颁发给十一年级的男女生各一名。此奖项是由前任校长的兄长 Michael McPhee 设立，用来表彰在性格、领导力以及生活等方面表现突出的学生。

颁奖按照学科字母先后顺序进行。每个学科颁奖仪式都会由该学科主任致辞，介绍奖项的评选标准，然后宣布获奖名单。获奖学生依次到主席台前领奖，由科任老师颁奖。整个过程井然有序，庄严热烈。九年级有十位学生获得英语单项奖励，全部是女孩。可见是完全按照标准评判的，没有刻意去平衡性别。

数学单项奖评出的学生人数最少，九年级四百三十多人只有四人入选，东东是其中之一。我注意了奖励没有名额限制，有的学科多，有的少，纯粹按照评选标准奖励。东东获得了数学课"荣誉几何学"的单项奖励。评选的条件是："获奖者必须在该课程一年的学习过程中表现杰出，并对班级有重大贡献。此外，心怀真诚和善良，总是无私地帮助周围的同学。"

当晚获奖最多的是东东的好友，数学代表队的学长，十年级的华裔男生小马，他共获三项奖：第一项是大学预备课初级微积分，第二项是大学先修（AP 课程）化学课程，第三项是社会学。小马也是唯一一个荣获三门学术奖的学生。

颁奖结束后，总校长 Scott 博士做了总结发言。会议结束，家长与自家孩子会合，给孩子戴上夏威夷花环以示祝贺。

东东见到我和东爸后的第一句话便是："我这是在吃老本啊。"我大概明白了东东的意思，他是想表达他只是获得了数学奖而已，而数学一直是他的强项。我接过东东的话，鼓励他说："儿子已经很不错了，妈妈以你为豪。明年的今天咱们还会来参加这个典礼的。"东东回答说："那是必须的。我要像小马那样，拿更多奖项。"

作为美国一所著名的基础教育示范学校，Punahou 学校一直是我关注的焦点。我仔细地聆听着各个学科主任的介绍，发现每个学科评选条件都十分相似，既看重学生在本课程一年来的学习成绩，还注重学生对集体和他人的贡献和帮助。这样的评价体系我认为要优于国内的单一注重个人学业成绩的评优体系。其次，所颁发的奖项都有详细严密且严格的评选规则和条件，并由任课老师、校长和评委会共同决定。显然符合条件的学生人数不会太多。

作为一所私立学校，Punahou 学校必须面向市场，其社会影响力和声誉需要通过有望升入名校的优等生得以彰显。因此，他们需要把优等生选拔出来予以表彰，鼓励他们不断进步，考入名校深造，成为社会精英，为社会做贡献。但同时，为了照顾大多数没有获奖学生的感受，他们没有公开张贴表彰名单，也没有公开举办颁奖典礼，只是通过个性化的书信邀请获奖学生及家长参加，颁奖典礼安排在学生都离开学校后的晚上进行。当然，选拔优秀和表彰优秀体现了学校的有效管理和教学水平，也不能躲躲藏藏的，他们会在一学年结束后，把获奖情况刊发在学校校刊的暑假版上，以淡化因此带给没有获奖学生和家长的压力。这样周全的考虑可谓用心良苦。

从每年的暑期版校刊上，我注意到还有其他名目众多的奖励，比如各种体育项目、音乐、艺术、机器人、辩论以及社区服务等，还有很多孩子成为这些奖项的获奖者。对孩子们多样化的培养、认可与表彰充分体现了 Punahou 学校教育者对由哈佛大学 Howard Gardner 教授 1983 年提出的多元智能理论与多元成功路径的认同，并将之践行于实践。因此，Punahou 学校的孩子们都能自尊自信地成长。

5 月 23 日上午 10 点我接到 Punahou 学校打来的电话确认我是否收到关于东东获校长奖的信件以及东东是否能出席颁奖典礼。我和东爸按照要求，没有透露半点风声给东东。我特地提前邀请了我的美国友人 Ann & David 夫妇，与我们一起见证东东的成长。从校方严谨的安排和认真的态度来看，我意识到校长奖应该是一个比较重要的荣誉。但是，我还不太明白为什么校长奖要安排在全体师生大会上颁发？为什么要特别把校长奖与其他奖项分开？

终于等到了颁奖的那一天。我和东爸准时到达了学校，远远地就发现了站在大门外等待的 Ann & David 夫妇。颁奖场地室内体育馆的一端按照夏威夷风格设置主席台和发言台，一个用铁艺铸造的两米高的指挥台安置在主席台正前方，场地中间分三行摆放着四百多张折叠椅，家长席位的周围用彩带装饰起来，有二十多位家长已经坐在看台上，他们个个脸上都洋溢着高兴而自豪的神情。

家长们入座后，学生们也开始陆续入场。九年级学生刚好被安排在家长席对面的看台上。这时我发现东东和一位男生边说边笑地走了进来，他根本没有发现我们。

2:30 分会议正式开始，会议由 2011 届毕业班的学生会主席 K 同学主持。会议议程的第一项是毕业班全体学生合唱，歌曲名称是《值得铭记一生》。音乐老师 L 女士在两位男学生的保护下，爬上了高高的指挥台。四百多人的合唱非常有气势。美国的基础教育阶段一直非常重视学生的音乐素养培养，音乐课是纳入课程大纲的必修课。

接着 Conway 校长开始颁发高中校长奖，他首先介绍了此奖的评奖原则和程序："校长奖一年一度地颁发给九、十及十一年级的学生。首先由学生和教师提名获奖候选人，然后由年级主任组织教师最后评出获奖人选。该奖项表彰卓越的领导品质和公民精神，以及在学校某些领域包括学生会、体育、戏剧、服务团体以及社区项目等方面的出色服务。获奖者同时在以上几个方面都有杰出的表现，并因为他们优秀的态度、正面的形象、强烈的责任心和乐于奉献的精神而获得此项荣誉。"

介绍完毕后，Conway 校长开始宣布获奖名单。从九年级开始，按照姓氏首写字母的顺序颁奖。第一个读到的名字就是东东。我远远地观察着东东，当听到校长点名的那一瞬间，只见他本能地站了起来，看得出来他感到十分意外，同时，也感到非常惊讶与激动。

在一片欢呼声中，东东连蹦带跳地从体育馆观众席上下来。九年级的两位主任 Fletcher 博士和 Herzer 先生负责颁奖。校长奖是一个铜铸的奖章，放在一个精致的礼盒里。两位主任都和东东拥抱表示祝贺。九年级共评出五位获奖者，十年级六位，十一年级七位。获奖者领奖后被安排坐在主席台旁边的获奖者席位上。

Conway 校长最后对所有的获奖者再次表示祝贺，并补充说校长奖只能评一次，不能重复获得。也就是说，获奖者在高中阶段只能获得一次校长奖，而九年级是第一次开评，可见九年级校长奖评选的激烈程度。

接下来是毕业班 2011 届展示他们的毕业班班旗，然后庄严地把班旗交到了十一年级的学生代表手里。班旗交接仪式显得神圣而正式，仪式感很强。交接仪式结束，毕业班学生全体起立合唱另一首歌曲《起点》。再下来是总校长奖的颁奖仪式，由总校长 Jim Scott 宣布获奖名单。Scott 博士的开场白非常感人，这些话既体现了学校校长的专业素养与职业情怀，还饱含着长辈对年轻有为青年的肯定与期望。

　　"总校长奖"不仅仅是对学生杰出服务的嘉奖，不仅仅是对那些已经在学术和领导力方面展示了自己的学生的一种认可，也不仅仅是对奉献、毅力和成就的奖励。那些乐于奉献、坚忍不拔以及取得成绩的学生已经在生活中践行了，他们实际上不需要任何的奖赏。从某种意义上说，"总校长奖"是为那些已经不需要奖励的学生颁发的。

　　当我宣布获奖人名单时，了解他们的同学就会知道他们为什么会被选上。他们的学习成绩一直是最好的；他们一直非常勤奋与努力；当我们需要领导者时，他们便担当起引领人的职责；当我们需要跟随者时，他们便成为有合作精神的跟随者。他们乐于奉献自己，为学校和他人提供了无私的服务。

　　这批毕业班的获奖者是由学生和教师共同提名，最后委员会评选。"总校长奖"的颁发不是因为你做了什么，而是因为你是谁；不是你给予学校多少，而是你作为个体带给我们的热情和爱，温暖与尊重，以及信任。你已经向我们展示了，虽然在还很年轻的时候，但你身上就具有我们看好的能够创造幸福和美好生活的品质。

最后,"总校长奖"不仅仅是一个奖项,它是通过你的同学和老师对你们做出的承诺,那就是我们永远不会忘记你所做的贡献、你以你独特的方式带给我们的以及我们从你身上学到的一切。

Scott 总校长的一席直击人心的话赢得了全场热烈的掌声,从毕业班学生那里发出的掌声最为响亮。十二年级共有二十六位获奖者。他们都是本届及往届高中校长奖的获得者。颁奖后,Scott 总校长发表了与毕业班的告别演说。最后环节是全体学生大合唱校歌 O'AHUA WA。

在这次颁奖活动后的第三天,我们再次收到一封高中部校长办公室的来信,详细介绍了评选原则和程序以及对东东获奖个性化的评价。作为中国的同行,我一次次被 Punahou 教育者的职业精神和教育情怀所感动。在此,我把评选委员会对东东的个性化评价摘录如下:

周到、认真、自省和热情,东东是九年级的一位杰出学生。他的老师们对他天生的好奇心和学习热情给予了高度评价,他的同学也十分欣赏他的才智、领导力和内驱力。一位老师这样描述:"有独到见解,有洞察力,充满爱心",她赞扬了他对学习的热爱和他对班集体的关心。他的同学们形容他为"出类拔萃的人",赞扬他的领导力、才智、敏锐和谦逊。东东给九年级的学生带来了较大的影响。

校长奖之所以公开颁奖,主要原因是获奖者是由学生和教师联合提名后,再经过评审委员会评选产生的。也就是说,校长奖的选拔条件和提名过程都是公开透明的,并且全体学生都有参与的机会,选出他们认为符合条件的候选人。公开表彰由师生共同推选出来的获奖者,既达到了褒扬那些学业优异、有奉献精神和服务意识全面发展的优秀学生,还给全体学生提供了一次有意义的现场教育,为广大学生树立了正面的学习榜样。

此外,校方没有提前张榜表彰,而是提前私信获奖者家长,并要求家长配合保密,还巧妙地把颁奖典礼融入毕业班的班旗交接仪式和告别仪式的全体师生集会当中,这样精心的设计与安排充分展示了 Punahou 教育者的教育情怀和学校的教育品质。

5月份参加的这两次风格不同的颁奖典礼让我感受很深，Punahou学校之所以吸引了全美的名师来此工作，之所以成为美国名列前茅的学校，从他们颁奖典礼的周到安排、选优评优的条件和过程、给家长个性化的邮件和对学生的评语以及对全体学生的一视同仁上不难找到原因。

作为来自中国的教育者以及美国教育专业的博士生，我免不了把我亲历的表彰与颁奖典礼与国内的表彰与颁奖典礼进行比较。由于应试教育的压力，我国中小学教育阶段更多地关注学生的成绩和分数，因此，表彰也基本集中在学业表现和考试分数方面，并常常通过张贴光荣榜、在全校师生大会上公开颁奖的方式对优秀学生进行表彰。近年来，这样的表彰方式在开放发达的城市有所改变，但在内地一些省份的学校还在继续沿用。

我认为Punahou学校的表彰方式有两个方面值得借鉴。

第一，基于多元智能理论，设立多样化的奖励机制。每个孩子都是独特的，比如，有的孩子擅长数理逻辑思维，有的孩子擅长体育运动，有的则擅长语言表达。让更多的学生有机会获得嘉奖和认可，让多元成功路径的理念在校园普及，让孩子们都能自尊自信地成长。

第二，按照奖励的评价标准和方法，把奖励分成两大类别。一是彰显个性的单项奖，单项奖主要奖励在某一领域擅长且做到最好的学生。基于单科成绩与成就的单项奖可单独邀请获奖学生与家长参加。二是彰显共性的综合奖。综合奖主要奖励在公民素养、道德品行和服务意识等方面的杰出表现。基于综合表现与贡献评比标准的综合奖可公开颁奖，并邀请家长参加。这样的区别表彰更科学更贴近教育本质，可以激励学生挖掘自己的潜能，并在其擅长的领域超出一般，张扬个性。同时兼顾综合评价方面的优秀表现，做到全面发展。还有利于确保全体学生的健康成长与发展。邀请家长参与颁奖仪式体现了家校共育的重要性，也是对家长参与孩子教育与成长所取得成绩的认可。

我要特别感谢儿子东东。如果不是因为他获奖，我也不可能有机会深入了解Punahou人性化的颁奖典礼及其先进的教育理念和实践。我真实地感受到了陪伴孩子成长的幸福与收获。

<h1 style="text-align:right">做师生的联络员</h1>

 　　孩子的成长是一个系统的长期的大工程，除了父母的养育和家庭教育之外，还需要良师的指导与引领。家长既要意识到自己肩上的责任，还要意识到教师不可替代的重要性。智慧家长善于开展与教师的合作以促进孩子成长。

　　除了母亲的角色，我还是一名教师。我深深懂得良师对于孩子成长的重要性。虽然，我一直强调家长是孩子的首任教师和终身导师，但是，教师对于孩子的影响无疑是家长无法替代的。

　　东东在成长过程中，非常幸运地遇到了很多优秀的老师。正如东东在Punahou 学校高中毕业年册上为了感谢恩师而写的："感谢您在知识的海洋里滋养我。没有您的指导我不会成为今天的我。"这短短的两句发自孩子内心深处的感言，饱含着对老师们的深情厚谊，足以看出老师在他成长中的重要意义。

　　但是，作为家长，我们千万不能想当然地认为我们把孩子送进学校，就意味着把孩子的教育推给了老师，未成年孩子教育的主体责任一直都在家长那里。学校教育是家庭教育的延伸，而不是结束。基于此，我认为家长要主动担任孩子与老师之间的联络员。

　　本文重点记录了我与Punahou 学校三位老师互动并助力东东成长的故事。目的有二：一是通过三个案例展现三位老师的教育情怀与教育水平；二是鼓励家长主动当好师生的联络员，实现家校共育，确保孩子更好地发展与进步。

一、Robinson 老师静待花开，帮助东东改掉粗心习惯

Punahou 学校从小学到初中部的六年级都是实行"班主任"管理制，七年级及以上年级实行"导师制"，每个任课老师负责管理大概 11~13 个学生，为九年级以上高中部的"走班制"下的导师责任制奠定基础。"走班制"是指学生走动到不同教室上不同的课程，这样做是为学生进入大学学习做准备。

Robinson 老师是东东七年级的数学老师兼导师。在接任东东七年级数学和导师工作时，她已经在 Punahou 学校工作了三十八年，是一位教育教学经验相当丰富的资深教师。

六年级是小学到初中的过渡年级，学习任务相对轻松。七年级各科教学难度加大，同时，还增加了外语课程，学习任务明显加重。东东六年级通过考试进入学校的初中部数学队。但这个位置没有保障，每年都要重新考试选拔。七年级开学不久，通过筛选考试，东东继续留在数学队。Robinson 老师也是数学队的一位指导老师，东东十分幸运地分到由她担任导师的小组。

为了顾及儿子的感受，我没有像小学阶段那样，经常去学校当面与老师交流。当然，进入 Punahou 学校学习后，东东的语言早已过关，也不需要我经常去他学校了。我开始采用电子邮件的方式与老师保持互动与联系，及时了解东东的学习和表现，也及时把我所掌握的东东的情况和需求反馈给老师，以便得到老师的帮助和支持。

为了了解七年级数学队的要求和期望，我尝试着给 Robinson 老师写了一封邮件咨询，几个小时后就收到了她的回复。我的一位教授曾经在课堂上强调，从回复邮件可以看出一个人的修养和素质。她告诫我们不论多忙，都要第一时间回复邮件，哪怕是一个字或一句话。

Robinson 老师在邮件里首先对东东的学习态度和能力给予了肯定和赞赏，这些肯定与赞赏都是基于非常具体且细节的观察与描述。然后，她介绍了本学年数学队的赛事，还介绍了一个数学竞赛网站，并建议东东注册。她还补充，如果有问题她下周一可以指导东东完成注册。此外，她还告诉我她那里有很多"大陆数学联赛"往届竞赛试题可以给东东练习，还说她

会和东东一起检查测试结果。在信的结尾，Robinson 老师还对我主动给她发邮件表示特别感谢，表示她非常愿意尽其所能指导东东的数学学习。最后，她表示希望我能随时把东东的发展与进步情况告诉她，非常愿意也非常高兴与我一起见证东东的成长。

Robinson 老师的回信超出了我的预料，她不仅回答了我关于数学队赛事的问题，还给了很多额外的信息，并且还就如何帮助我的孩子提出了周详具体的方案。此外，还表示愿意参与孩子的成长。我想如果不是 Robinson 老师对学生的真心关爱和教育情怀，她这样做在很多人看来就是没事找事。Robinson 老师的回信让我深深感动，我也为东东能遇到这样的好老师而感恩。

东东从小就比较粗心，做作业只求速度和效率，经常出错。因为粗心，没少吃亏。我和东爸多次教育和提醒，但还是效果欠佳。为此，我给 Robinson 老师写信求助。Robinson 老师回信告诉我，她也注意到了东东做题有时会粗心。接着写道："这是该年龄段学生常常出现的情况。但是，东东对概念的掌握是牢固的，他的解题能力远远超过其他学生。这一点是十分重要的，也是我和你们需要达成的共识。东东的数学很优秀，他的学业表现已经证明了。"

在第二段里，Robinson 老师继续写道："随着孩子的成长，他解题的准确性会不断加强。我希望东东本人以及你们都不要因此而困扰。我希望东东继续保持他对数学的热爱。我也会和他谈谈准确性的问题，但我更愿意强调他对数学的饱满热情、他所建立起来的极好的数字感以及他在数学俱乐部与数学队的优秀表现。"

在 Robinson 老师的关爱和指导下，东东不断进步，粗心的坏习惯也逐渐克服。也正是在 Robinson 老师任教的这一年里，东东在学习上取得了一系列的成绩，多次在檀香山市和夏威夷州的大小数学比赛中获得荣誉。当年，东东还被学校选派参加美国天才儿童中心的天才搜寻，因为数学高分而荣获本州唯一"杰出天才奖"。

二、Sujimoto 老师严中有爱，鼓励东东文理兼修

Sujimoto 老师是东东八年级的语文老师，东东和他同学喜欢称他为 Suji

老师。八年级开学不久，我在学校开放日活动中认识了 Suji 先生。他个子不高，身材敦实，属于外冷内热、严中有爱那种类型的老师。

由于英语是东东的第二语言，经过几年的学习和融入，他的英语能力有了很大的提高。但与母语为英语的美国同学相比，还存在一定的差距。特别是在遣词造句和词法语法为重点教学内容的语文课上，与母语者的差别就更加明显，不足也暴露无遗了。

八年级开学后，我几次听到东东抱怨 Suji 老师的严格和挑剔。我内心却感到高兴，因为我一直期盼东东能遇到一位水平高且要求严的语文老师，在进入高中学习前，希望他的英语有一个大的提升，逐渐达到本族语者的程度。结果，天遂人愿。东东遇上了 Suji 老师。同时，我也担心 Suji 老师可能会由于不了解东东是一位英语非母语的学生这一情况，因而对他的语文能力和学习态度表示质疑，担心对孩子的发展和成长不利。

于是，我给 Suji 老师写了一封邮件，把东东的情况、性格和学习特点等给老师做了比较详细的汇报。Suji 老师很快回信，内容流露出一位爱岗敬业的教师对学生特有的爱护和赏识。他首先赞扬了东东好学上进的学习态度以及他的思维敏捷、旁征博引和写作修辞的能力。接着表示，他会针对东东的特殊情况给予关心和指导。Suji 老师对我作为家长，对孩子成长的关心以及主动与老师配合的行动表示感谢。

在家校共育的良好氛围下，在家长和老师的共同关怀中，东东的语文学习快速进步。东东对 Suji 老师的态度也出现了 180 度大转弯，从抱怨到赞颂，从疏远到亲近。儿子逐渐体会到了，Suji 老师严肃外表和严格作风下惠风和畅的魅力与爱生如子的柔情。

八年级下学期，他们语文课的主要内容是英语诗歌赏析与创作。东东在课堂上完成的习作《母亲》得到 Suji 老师的高度评价，被推荐参加当年的全美中学诗歌比赛，荣获了一等奖，并刊发在公开发行的诗集 *A Celebration of Poets* 上。后来这项国家级的大奖也成为东东被哈佛大学录取的理由之一。

我一直不知道东东的习作获奖这件事，直到东东把荣誉证书带回来。当晚我给 Suji 老师写了一封电子邮件表示感谢，感谢他对儿子的指导和举荐。不到十分钟，Suji 老师就回复了。

他在信中这样写道："感谢你们为 Punahou 学校输送了一名优秀的学生，东东的进步是不可思议的。一个英语非母语的学生能够在课堂短短的时间内，一气呵成创作出如此感人的一首诗，让人难以置信。这首诗理应获得一等奖。我为班上有这样的学生感到自豪。你们养育了一位优秀的孩子。"

Suji 老师不仅表扬了东东，还把我们当家长的也赞扬了一番。我心里清楚，东东的诗歌创作之所以获奖，主要归功于 Suji 老师。一是 Suji 老师教学有水平，能够激发孩子创作出佳作；二是 Suji 老师专家的眼光和大力推荐。千里马常有，而伯乐不常有。

八年级快结束时，Suji 老师还推荐东东参加暑假在斯坦福大学举办的全美优秀中学生夏令营活动。我们收到邀请函之后，才从文书上发现推荐人是 Suji 老师。这次旅行也是东东第一次单独旅行，从中受益匪浅。

可见，有良好的家校共育做保障，孩子的进步便是水到渠成的事情。

三、Georgi 老师老当益壮，成为东东的终身榜样

东东九年级的社会科学课程"世界文明"的任课教师 Georgi 老师也是 Punahou 学校的一位老教师。他六十多岁，个子不高，精神矍铄。听东东说他是德国犹太人后裔。Georgi 老师的经历非常丰富，年轻时当过美军海军陆战队员，退伍后受益于当时的 GIBill 法案，获得了博士学位。

东东在新学年开始一段时间，特别愿意与我分享他的新任课老师情况，曾多次提起 Georgi 老师。当孩子愿意主动跟我们分享时，家长一定要做一名优秀的听众。无论来自他们的是好消息还是坏消息，我们都要认真地倾听。孩子与家长主动交流说明孩子信任我们，家长要牢牢把握与孩子沟通的这扇信任之门。经常与孩子交流，可以随时掌握孩子的思想动向和想法，从而有的放矢地给予帮助与指导。

从与东东的谈话中可以看出他很喜欢 Georgi 老师。首先，Georgi 老师知识渊博，游历广泛，据东东说他去过朝鲜。这对美国人算是一种冒险经历。其次，Georgi 老师一直坚持体育锻炼，身体素质极佳，经常鼓励学生参加体育运动，他自己还是 Punahou 学校越野队的教练。受 Georgi 老师的启发和带动，东东也参加了越野队，并且坚持了四年，直到高中毕业。实

际上，越野跑已经成为东东的生活习惯，他现在还经常进行越野跑。最后，Georgi 老师非常关心学生的成长与发展，常常给学生们提出有建设性的建议，成为受学生爱戴的人生导师。

"世界文明"是一门集历史、地理、政治、文化等为一体的综合性社会学课程，需要老师具有全面的知识、丰富的经历。一位好老师会把这门课变得生动有趣，反之则会把这门课上得单调乏味。

Georgi 老师的教学特点是活学活用，上完每一个章节后，都会有一个课题让学生去做。比如学完了东南亚主题后，要求学生就"殖民最终对东南亚国家是好还是坏"进行讨论，学生们可以各抒己见，谈论自己的观点。显然，在这个过程中，学生对所学的知识进行了全面的复习，并且得以升华。这个事例当然也是东东回家后与我分享的，我也从与儿子的交流中了解到很多新的东西。

也许是因为对 Georgi 老师的敬佩，加之东东本来就很喜欢拓展知识面的阅读，因此，东东非常喜欢这门课，也很愿意在这门课上花时间。有一次，Georgi 老师给学生布置了家庭作业，要求涉及文化、宗教、教育、政治和科学这五个方面的任何三个方面，写一篇与之相关的致力于推动人类文明进程的论文。

当天回到家后，东东就兴致勃勃地着手准备。他首先跟我和东爸开展了讨论，希望听取我们的看法和建议。然后，在网上大量地收集资料。经过反复论证和思考，东东决定从教育、科学和宗教三个方面介入。结果，东东完成一篇漂亮文章，获得了高分。还有一次是欧洲主题学习时，要求学生写一篇关于北欧联盟的文章，东东也是查询了很多资料，写出了较好的研究型论文，获得 Georgi 老师的赞赏。

学生如果喜欢一位老师，那么很容易喜欢这位老师所教授的课程，也很愿意尽可能地把这门课程学好。正所谓"亲其师，信其道"。九年级上学期的评语中，Georgi 老师给了东东这样的评价："你获得了我所教授的'世界文明'这门课程五十一位学生中的第二个最高分，你展示出了驾驭这门课程所覆盖内容的实力。希望你继续保持你的好成绩，并成为其他学生学习的榜样。"

Georgi 老师不仅在教学上是一个好老师，而且他对东东的影响是多方面的。Punahou 学校的体育项目在美国私立学校排名第一。课外活动的体育项目种类繁多，而且不用另交学费，且每个赛季都会参加夏威夷私立学校联赛。九年级时，东东分别在不同的赛季参加了游泳队、田径队和越野队。在赛季的每天下午放学后都要参加训练，天黑才一身臭汗地回到家。

越野队训练期间，每天要训练跑步大概四到六英里，相当于六到九公里。东东曾对我说："妈妈，我希望等我老了的时候，还能像 Georgi 老师那样健康，还能坚持每天的越野跑。"这句话足以表明东东对 Georgi 老师的景仰程度，也彰显了良师强大的榜样效应。

作为家长，我们首先希望孩子具有健康的身体，健康永远是第一位的。体育项目的训练可以磨炼孩子坚忍不拔的品质和持之以恒的精神，这些优点都可以正迁移到孩子成长的方方面面。

高中阶段是孩子的重要发展时期，也是世界观、价值观和人生观初步建立的阶段。孩子在这个阶段开始具备较强的批判思维能力，对理想与未来也开始关注和思考。

因为受到 Georgi 老师的启发，东东开始思考他的发展方向。如何为社会进步和人类发展做出贡献等成为东东跟父母经常谈论的话题。看着健康成长的东东，我打心眼儿里感激 Georgi 老师。

遇见一位好老师是孩子一辈子的幸运。好老师除了传道授业解惑，还会教孩子明理与做人，会引领生命成长。家长要配合教师开展教育，主动做师生的联络员，在家校共育以及家长与教师的通力合作下，孩子一定能朝着理想的彼岸奋进。

心得体会

母亲的智慧

 　　母亲的角色之于孩子的重要性不言而喻，母亲的言传身教对孩子的成长影响十分巨大。当代女性不仅承担养育儿女的重担与责任，还要在职场中打拼与发展，需要足够的智慧来平衡好事业与家庭。

　　有一位妈妈找我咨询说："职场妈妈很难做，爸爸要拼事业，妈妈在照顾孩子和拼事业之间很难两全。我家老大六周岁，这六年里我自己的工作就是打酱油。逆水行舟不进则退，想重新拼事业，又不想放弃两个孩子的照顾和教导。"我特别理解这位兼顾事业和家庭的年轻妈妈。像她这样的妈妈千千万万，她们辛苦地奔走在职场与家庭之间。在养育孩子阶段，我也是这样，所以我感同身受。我想借美国前总统奥巴马母亲的智慧，结合个人经历分享几点心得。

　　奥巴马于 2008 年当选为美国第 44 届总统，也是美国历史上第一位有黑人血统的总统。奥巴马的身世及其早年成长故事迅速在全世界引起了关注。当时，东东正在奥巴马的母校 Punahou 学校读书。奥巴马竞选获胜后，东东还激动地说他和美国总统是校友了。

　　奥巴马的父母于 20 世纪 60 年代初毕业于夏威夷大学马诺主校区，那里也是我的母校。老奥巴马来自非洲的肯尼亚，是该校的第一位来自非洲的留学生。奥巴马的母亲邓纳姆则是一位来自美国肯萨斯州的美国白人。他们在本校的俄语课上相识并相爱。邓纳姆冲破层层阻力最终嫁给了老奥巴马。但是，在奥巴马一岁时，老奥巴马毅然离开妻子和年幼的儿子，只身赴哈佛大学继续学业，他们的婚姻也在 1964 年 1 月走到尽头。此后，奥巴马一直跟着母亲及外祖父母一起生活。

从奥巴马幼年的成长经历来看，童年的环境对其成长并不十分有利。第一，单亲家庭。奥巴马的父亲根本没有承担家庭责任，没有参与他的幼年成长。第二，经济拮据。奥巴马的母亲当时是没有经济来源的大学生，一直靠父母接济。第三，居无定所。奥巴马出生后不久，便随母亲在美国西部的西雅图生活。1961 年秋季到 1962 年 6 月，当时他母亲在华盛顿大学选修课程。一年后，母子返回夏威夷，他母亲继续在夏威夷大学马诺分校完成学业。六岁又随母亲去了印度尼西亚。四年后，又返回夏威夷。

尽管外部环境和条件对奥巴马的成长不利，但是，他从来没有缺失过母爱，奥巴马一直都在母亲的关怀下成长。亲子之爱是心灵的沟通、精神的互动。奥巴马多次对媒体谈及母亲对他成长的正面影响，也在其自传中大量提及他与母亲之间亲密的关系。

2007 年，在接受美国《芝加哥日报》记者采访时，他说："母亲是我童年时代重要的引领者。即使当我步入政界时，她教给我的价值观仍然是我的做人标准。"奥巴马还这样评价她的母亲："我认为，她是我所知道的最仁慈、拥有最高尚灵魂的人，我身上最好的东西都要归功于她。"后来，奥巴马曾在其总统竞演中还如此说：一生中对自己影响最大的人是母亲，一位来自美国中西部地区的白人女子。一位总统能够给予自己的母亲这样高的评价，足以体现奥巴马的母亲在养育孩子和家庭教育方面的高明之处，一定是值得我们家长学习和借鉴的。

家庭教育最客观的评价者是孩子，亲子之爱的最佳评估者也是孩子。我对邓纳姆的育儿之道和家教方法产生了浓厚的兴趣，开始查阅资料，还凭借作为 Punahou 学校的家长和东西方中心博士的特殊身份，深入到 Punahou 学校和东西方中心，去调查走访与邓纳姆有过交往的同时代人士。认真研究了邓纳姆本人以及她对幼年奥巴马的养育经历。基于所了解掌握的资料，我总结出了以下几点。

首先，邓纳姆自己是一位有大爱、有情怀、热爱生活、勇于探索、吃苦耐劳、不断进取的学者和梦想家。

从 1960 年上大学开始，一直到 1992 年获得博士学位，时间跨度长达三十二年。其间，邓纳姆一边学习一边工作，还要养育一双儿女。奥巴马曾形容她是"一个集工作、求学和养育儿女于一身的母亲"。儿子对母亲的描述再贴切不过了。虽然在生活上遭遇了很多困难，她始终没有放弃作为母亲的职责和作为学者的追求。在印尼收集博士论文数据期间，邓纳姆曾一度失业，生活非常艰难。但是，她坚持了下来，最终完成了她的博士论文，52岁时获得了博士学位，成为一位美国杰出的人类学家。

显然，母亲的孜孜以求和不言放弃的人生态度，给孩子们树立了优秀的学习榜样，她是孩子们引以为豪的母亲。邓纳姆完美兼顾了自己的学业、工作和养育孩子的任务，培养了两名优秀的孩子：儿子奥巴马当选了美国总统，女儿玛雅是夏威夷大学马诺分校教授。

其次，作为母亲，邓纳姆用自己独特的方式带给孩子们正面积极的影响，引领他们成长。

在家庭教育上，邓纳姆既怀揣理想主义，又要求严格。她一直教导奥巴马要为人正直、言谈直率和独立思考。在印尼生活时，她规定儿子凌晨四点钟起床，赶在上学前，让他网络远程学习美国的课程。通过收听美国著名黑人歌手马哈利娅·杰克逊的录音以及马丁·路德·金的演讲，让奥巴马为自己的黑人血统感到自豪。这一切给奥巴马留下深刻印象。

玛雅回忆母亲时说："我的母亲相信，人们虽然拥有不同肤色，但本质是一样的，人生来平等。"玛雅还记得自己儿时的玩具："妈妈给了我很多玩偶，有黑人小姑娘，有因纽特人，有穿木屐的荷兰男孩，看起来就像个小联合国。"这样的耳濡目染，促使两个孩子从小就自尊自信、善解人意、宽容大度且拥抱多元文化，为他们长大后建立正确的三观、具备宽广的胸襟与格局奠定了坚实的基础。

再次，从邓纳姆的婚姻生活来看，她先后遭遇了两次不顺的婚姻，经历了两次离婚，一次是在1964年，另一次是在1980年。但是，她都尽量把失败的婚姻对孩子们造成的不利影响降到最低。

邓纳姆从来没有表现出对老奥巴马怨恨，也从不在儿子那里说父亲的坏话。相反，她都是说老奥巴马的优点，比如健谈、幽默、擅长演讲和弹奏乐器等。结果，老奥巴马身上的优点都显现在奥巴马的身上。在印尼生活期间，邓纳姆也积极促使奥巴马与继父建立良好的关系。虽然相处只有短暂的四年，奥巴马还是从继父那里学到人生重要的东西。对于继父当年的教诲，奥巴马在几十年后接受记者采访时说："我的继父是个好人，他所教给我的东西让我受益匪浅，其中就有他对这个世界运行法则的冷静分析。"

最后，邓纳姆很注意也很善于处理亲子关系。她要儿子明白，爸爸、妈妈和孩子三人之间有三种关系，包括爸爸妈妈的关系、爸爸和儿子的关系、妈妈和儿子的关系。

父母离婚是爸爸妈妈之间的关系出现了问题，不会因此而影响到父子关系和母子关系。爸爸妈妈还会一如既往地爱他，甚至会更爱他。她还告诉老奥巴马，她不会阻碍他和儿子的联系，并鼓励他们彼此相爱。

当然，邓纳姆之所以能培养出两位优秀的孩子，也与她的父母，即奥巴马的外祖父母的支持分不开。从邓纳姆的父母对他们的女儿和外孙们所做的点点滴滴来看，我们就可以看到两位老人对女儿无条件的爱。当年，他们是极力反对女儿和老奥巴马的结合。但是，当女儿需要帮助时，他们坚定地站出来，倾其所有地提供支持。奥巴马曾在一次竞选中深情地提到外祖母："她和母亲一起养育了我，她一而再再而三地为了我做出牺牲，她爱我就像她爱整个世界。"由此可见，良好的家风是可以发扬与传承的。如今奥巴马和妹妹玛雅兄妹都拥有了成功的事业和幸福美满的家庭。

奥巴马母亲邓纳姆的成功经验确实值得我们当母亲的学习和借鉴。家庭教育一直是我最感兴趣和最钟爱的研究领域。自从有了孩子，我坚持学习科学育儿知识和先进的家教理念，学做智慧母亲，并且努力成为让孩子感到自豪的妈妈。在近距离了解了邓纳姆的事业与家庭的平衡之道后，我把学习心得和收获用于生活实践当中。与邓纳姆颇为相似的是在养育孩子的十八年里，我的工作和事业也一直处于不断变更和发展之中。关于如何应对事业与家庭的关系，我想为妈妈们提出以下五点作为参考。

第一，加强时间管理能力，凡事提前计划和安排。

时间是有限的。对于母亲来说，时间分配犹如划分一块蛋糕，要从事业、工作、家庭、孩子和老人等方面进行分配，当然还有自己的休息和健身等。时间管理能力对于职场妈妈十分重要。

　　我通常会制订一个时间计划和安排表，落实到每天、每周、每月，还会制订年度计划。这样就可以让自己在繁忙的生活中不至于慌乱和措手不及。当然，有时候计划没有变化快，但意外的发生毕竟是小概率。养成制订计划和按计划办事的习惯可以帮助我们保持头脑清醒且有条不紊地应对生活的千头万绪。

　　赴美留学深造后，作为妈妈博士生，除了自己的学业和工作，我还需要照顾和辅导儿子。特别是东东刚来美国的那段时间，我每天几乎都在高强度和高压力之下生活，忙忙碌碌，时间安排精确到了分秒。幸好我养成了制订计划和管理时间的习惯，才确保我在学习、工作和养育孩子上不至于慌乱。

第二，划清工作与家庭的界限，陪伴孩子要用心专心。

　　在尽量兼顾事业和家庭的同时，我较好地划分了两者之间界限。比如：我会在上班时间内尽量把工作完成，提高单位时间的工作效率。如果遇到实在没有完成的工作需要带回家继续完成的时候，那我也会先陪伴孩子，等孩子入睡后，我再继续工作或者第二天早起完成。当然，如果偶尔出现需要全力以赴完成的任务，比如临时要求的第二天急需上交的材料等，我也一定事先把情况告诉孩子，以便得到孩子的理解和支持。

　　我常常听到妈妈们诉说自己的工作和家庭都不如意，孩子教育也不理想，经常出现这样那样的问题。进一步了解后发现，她们中很多人都习惯把工作和家庭混为一体，要么带着孩子加班加点，搞得母子俩都疲惫不堪；要么回家接着完成当天工作，根本不理会孩子的感受，导致亲子关系的疏离。工作和家庭界限不明确，工作做不好，孩子的教育也会受到影响。一旦回到家里，我们就该把孩子放在第一位。

　　陪伴孩子不是指与孩子在一起，而是要达到增进亲子关系和加深亲子感情的高质量效果。在很多场合，我注意到妈妈在陪伴孩子的时候，不是把注意力放在孩子那里，而是专注于手机。我的一位好友经常占用与儿子在一起的宝贵时间，用手机回复邮件和微信。表面上看是在陪伴孩子，实际上是在继续工作。她上二年级的儿子曾经对我说他的妈妈不爱他，更爱手机，因为妈妈跟他在一起时总是看手机。儿子和她说话，她只是应付地用"嗯嗯"来敷衍，眼睛始终盯着她的手机。我指出好友这样做是不对的，建议她陪伴孩子要用心要专心。好友后来改变了她的做法，母子感情也加深了。

第三，在挑战与困难面前，妈妈的态度决定孩子的态度。

刚到美国的头两年，我本人的语言与文化的适应和重返校园学习的压力以及儿子的学校适应与过渡等，都是我必须面对的挑战和困难。我清楚地知道不管挑战有多大困难有多少，我都必须坚定地面对。因为我深知妈妈的态度决定孩子的态度，此时妈妈如果退却，很有可能让孩子产生一遇到挑战和困难就退缩的心理，从而影响孩子的发展与进步。

东东刚到美国上小学时，在最初的适应期，我每晚都会陪伴在他身边，鼓励他，支持他。儿子完成作业睡觉后，我才开始自己的学习。我非常清楚这个阶段是儿子的关键时期，顺利适应对他自信心和自我认同感的保持与发展至关重要。母亲积极乐观的态度感染并激励了孩子，东东也鼓起了主动战胜困难的勇气，顺利走过了最艰难的过渡阶段，逐步适应并融入了校园学习与文化当中。

第四，把自己的事情和陪伴孩子巧妙地结合起来，达到一石二鸟的效果。

在美国读研读博期间，征得教授同意后，晚课时我都带着儿子进课堂。我们上课时，东东就坐在教室角落空闲的课桌前做作业。课间，他还会主动向教授提问以及跟我的同学们交流，成为我们研究生课堂受欢迎的小学生。我的博导 David Ericson 教授笑谈我带东东上课是实现了意大利教育专家蒙台梭利提出的"混龄成长"的教育法则。还说东东体验的是小学生上研究生课程的"超级混龄成长"。的确，东东在与成年人交往时的不卑不亢与有礼有节或许与他这个阶段的"超级混龄"体验有关。

第五，让孩子有机会参与大人的决策，并聆听孩子的建议。

2010 年 1 月，时任美国国务卿的希拉里在去太平洋岛国和日本进行外事访问的途中，顺道来夏威夷祝贺东西方中心成立五十周年的庆典，并举办一个媒体演讲会，地点定在东西方中心，由东西方中心负责承办。演讲结束时，承办方安排了一个问答环节，将由东西方中心的三位博士生代表提问。我幸运地被选为其中的一位，另外两位分别是来自夏威夷本地的男生与来自巴布亚新几内亚的女生。

关于提问的事情我征求东东的意见，东东思考了一会儿，对我说："我觉得，第一，不要问涉及希拉里个人及她家庭隐私的问题。第二，既然东西方中心选你作代表，当然也最好不要涉及让东西方中心尴尬的问题。第三，不要涉及美中两国之间过分敏感的问题。"

东东的三点建议让我和东爸感到十分惊讶。儿子毕竟不过是一位八年级的少年，能够提出这样成熟睿智的建议，或许与我们的家教方式有一定关系。在我们家，所有的家庭成员都是平等的，遇到事情都会一起商量后再做决定。东东从小就参与家庭大小事情的商议和决策，对提出自己的观点和意见已经习以为常了。特别是让孩子参与父母工作与事业方面的决策，传递给孩子的暗示是：孩子，我在意你的看法。这样做相当于巧妙地创设了一个跨越年龄、跨界的现场教育情境，十分有益于培养他们对复杂问题的思考和决断能力。

实际上，如果妈妈们能够把自己的事情和陪伴孩子合理地兼顾起来，常常可以收获意想不到的有益孩子成长的教育效果。希望通过分享奥巴马母亲以及我本人的心得，为正在职场上打拼同时需要兼顾家庭的母亲们提供一些借鉴和启发，做到事业发展与孩子教育两不误。

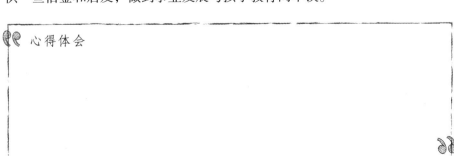

心得体会

谁的青春不叛逆

家长要意识到几乎每个孩子都会经历叛逆的青春期，只是表现的程度不一而已。青春期的孩子往往性情大变，家长要给予他们无条件的爱，要保持冷静，多思考应对办法。经常与孩子交流和倾听孩子，有助于了解孩子的内心需求。帮助青春期叛逆的孩子需要父母合一的力量。

卢梭在其教育名著《爱弥儿》里对青春期做了如下生动的描述："就像远处的一场风暴到来之前大海会发出轰隆隆的咆哮一样，高涨的欲念和强烈的感情也发出这样的低鸣，宣告这场骚动即将来临。持续翻滚的暗流在警示我们危险即将到来。"[①]

2009 年 4 月，微软创始人比尔·盖茨的父亲老盖茨接受了《华尔街日报》记者的采访，首度谈论了如何培养比尔·盖茨的故事，其中提及比尔·盖茨叛逆的青春期。步入青春期的比尔·盖茨试图摆脱母亲的控制，对保持房间整洁、准时吃饭、别咬铅笔头等要求产生抵触情绪，母子之间时常发生争执。比尔·盖茨的父亲回忆，十一岁后的儿子成了让家长头疼的孩子。母子矛盾在比尔·盖茨十二岁的一天达到高峰。那天，他和母亲发生了摩擦，并在餐桌上对母亲粗鲁地大喊大叫，言辞充满了讥讽和不成熟的自以为是。一直以来冷静的调停者老盖茨终于被激怒了，端起一杯凉水，泼到儿子脸上，喊叫顿时停止。回过神来的比尔·盖茨突然对父亲说："谢谢淋浴。"

---

① （法）卢梭，《爱弥儿》，叶红婷译，北京：台海出版社，2016 年 9 月第 1 版，第 339 页。

盖茨一家对这次"一杯水"事件记忆深刻，它不仅成为比尔·盖茨人生的一个重要转折点，也改变了他父亲对子女教育的认识。做律师的老盖茨即使在家也习惯保持严谨与冷静，不易亲近。这件事发生后，老盖茨夫妇带着儿子接受心理咨询，比尔·盖茨告诉心理医生他想和父母争夺控制权。医生认为孩子最终会赢得这场争取独立的战争，于是建议老盖茨夫妇让孩子独立。

比尔·盖茨的小学是在西雅图的公立学校度过的。为了让儿子更好地发展，老盖茨夫妇决定送他去私立中学湖滨学校就读，在这里，比尔·盖茨有机会接触到最早的计算机，他也开始意识到不必在父母那里争取自己的位置，而应该向世界宣告我所做的事情。从此，开启了他精彩的人生。[①]老盖茨夫妻俩默契配合教育儿子，最后帮助比尔·盖茨成功地度过叛逆的青春期，成就了一代 IT 奇才。

卢梭笔下虚构的学生爱弥儿的青春叛逆期是在十五岁，比尔·盖茨在十二岁，我家东东则开始于十四岁。此时的东东刚升入 Punahou 学校高中部学习。东东的初升高的过渡比较顺利，升入高中后被分配到荣誉课程班级，还通过竞选当上了高中学生会的议员。可谓少年学子，踌躇满志。

一个多月后，我参加了家长开放日（Open House），了解到东东所学的各门课程，认识了每门课程的老师。凭我多年做教师的直觉，我感觉这几位老师都很不错，他们专业知识扎实，对教育有情怀对学生有真爱。在几位老师中，东东特别喜欢他的语文和数学老师，英语老师是一位非常敬业且有激情的三十出头的漂亮女教师，数学老师是一位有丰富教育教学经验且面孔慈祥的老教师。

九年级的第二学期，由于侧重内容不同，语文课换了老师。东东告诉我，他的新语文老师和经常在周末挨家挨户敲门传播一种奇怪教义的女士长得很像，年龄也相仿，都是五十多岁。每次她来敲门，都是东东开门出去应付，有礼貌地跟她聊上几句。

我从东东的话里听出他对这位老师的感觉不是太好。于是就劝导东东

---

①   Guth, R.A.(2009). Raising Bill Gates. (Retrieved on March 10, 2016 from) http://www.wsj.com/articles/
SB124061372413054653.

不能以貌取人，不要对人偏见。如果这样，对别人不公平，对自己也没有益处。东东虽然口头上接受了我的建议，但我还是有几分担心。凭借多年的教育经验，我知道对这个年龄段的孩子来说，如果他们喜欢某位老师，那么他们就很容易喜欢该老师教授的课程；反之，就可能出现难以预测的各种问题和麻烦。

我的预感和担心并不是多余的。开学后不久，便发生了"护花使者"事件。东东的英语老师布置了一个三人小组项目，要求每组阅读并分析一篇阅读材料，然后面向全班同学汇报。至于如何阅读和如何分析，老师给每位同学发放了参照标准。东东担任小组长，分配了各自的任务，并约定三天后碰面。他们第二次见面讨论后，就开始完成自己那部分的PPT，第三次碰面进行汇报演练。

终于轮到了东东那一组汇报。在汇报过程中，老师对他们组里女生的发言提出了疑问，认为那部分偏离标准。为了维护那位女生的自尊及全组的利益，东东竟然与老师争执起来，坚持认为他们是经过认真准备并一起审查了每个环节，不存在任何偏离标准的可能性。

放学回家，东东情绪激动地给我分享了经过，他偏激地认为老师对他们组存在偏见，故意刁难他们，评价学生不公平。唠唠叨叨地说了一通。东东还打开电脑，在网上搜寻这位老师的学生评价，并告诉我这位老师的评分很低，很多学生留言说她教学方法单一枯燥，对待学生不公平等，还一定要我亲眼看看。东东似乎想把这个世界上能够证明这位老师不是好老师的证据全部搜寻出来。

这可是东东自上学后从来没有的情况，他一贯尊重老师，一路走来，与各位老师从来都是相处融洽，也从来都没有表达过对老师的意见和不满。看着儿子失控的情绪，听着他的抱怨。我一下子想起了卢梭在《爱弥儿》第四卷开头的描述："性情大变，怒气频频爆发，思想烦乱不安，让这个孩子变得几乎难以管教。以前对他说话，他会乖乖服从，现在却充耳不闻。他好像变成了一头发狂的狮子。他不再尊重他的老师，他再也不想受人管束了。"[1] 我想东东这些反常的举止应该就是卢梭笔下的青春期叛逆的表现，

---

[1] （法）卢梭，《爱弥儿》，叶红婷译，北京：台海出版社，2016年9月第1版，第339页。

我十四岁的儿子遇上了他的青春期叛逆了。

为了让儿子清醒过来，我在一张白纸上画了一条大河，一艘大船承载了一些大人和一个男孩，正准备向对岸方向行驶。然后，我让东东解读这幅图。东东的领悟力一向不错，再加上当时的情景，他立即猜出了我的用意，说那个男孩一定是他，大人们一定是他的老师和父母。我顺势引导地对东东解释说："九年级的老师们正在齐心合力地完成他们那个阶段的航行，希望顺利地把船上的孩子交给十年级的老师。而此刻，那位孩子和负责航行的工程师发生了争执，很有可能影响到航行，最严重可能导致翻船。"

我接着问东东他现在应该怎么办。看着妈妈的良苦用心，东东的心结终于被打开了。他这样回答："我明白妈妈的意思，船上的孩子应该马上停止他的行为，确保航行顺利。"儿子的回答让我如释重负。

在此基础上，我还告诉东东在今后的求学过程中还可能遇到个性特点与教育方法都不一定与自己合拍的老师，在今后的工作中也会遇到这样的领导或同事，要记住不要在自己无法改变的方面去耗费时间和精力，要努力适应。同时，建议他一定要把宝贵的时间和有限的精力用在自己有能力掌控的方面，尽量提升自己的学识和修养。

东东返回房间开始学习，我也舒了一口气。但我心里明白，这个事件只是儿子青春期叛逆的序曲，我必须更多地查阅有关青春期的书籍，提高自己的理论水平，随时做好迎接挑战的准备。

青春期的孩子，随着第二性征的出现，他们会变得特别敏感，开始注意自己的相貌与身份，渴望有自己的时间和空间，追求独立与个性，希望挣脱家长的管制，开始在家庭以外寻找自己的归属感，并深受同伴影响。他们内心希望树立一个积极向上的个人形象，但又往往遭遇成长之痛的困扰。他们有时认为自己是孩子，有时认为自己是大人，纠结于小孩与大人之间。他们既希望长大，又害怕长大。一方面，由于内心那份未泯的童心，他们还希望抓住童年的小尾巴；另一方面，青春期孩子的自尊促使他们在学习和表现方面都给自己提出新的要求，而且情窦初开的孩子为了吸引异性，可能会做出偏激和冒险的决定，或者制定一些在短时间内难以企及的目标，他们幻想自己是有自控力的大人，完全可以实现。当他们最终因自控力不足而放弃计划，或不能按计划去实现目标时，会怨天尤人，甚至出现自信危机。

美国家庭咨询专家查普曼指出青春期的孩子常常和父母生气，而父母也常常和他们青春期的孩子生气。那么我们为什么会彼此生气呢？查普曼认为是青少年不断增加的用于推理的知识和批判性思考问题的能力，促使孩子用与他们小时候完全不一样的方式质疑家长的判断与决定。这种知识与能力的增长伴随着孩子走向独立和自我认同，这些可能导致青少年不仅质疑我们的判断与决定，而且选择不顺从与不服从。他不仅开始了独立思考，还自作主张。这往往使青少年与父母发生冲突，从而引起与父母的愤怒，这样的愤怒在以前从未发生过。[①]

青春期叛逆的程度因孩子个体差异而不同，有的孩子反应可能不太强烈，有的孩子的反应则非常强烈。青春期的顺利过渡，对孩子以后的成长与发展十分重要。查普曼博士甚至给出了一个时间表，他认为孩子在青春期出现的叛逆如果不在十六岁以前解决，那么以后就很难解决了。美国青少年专家斯坦伯格和莱文还指出，家长与孩子之间的冲突高峰期通常发生在八年级或者九年级，以后就会逐渐减少。[②]

面对青春期的孩子，家长必须首先改变自己。任何的责骂和体罚对孩子都毫无意义，只会带来更多的反叛和报复。家长不要被专制与高压带来的暂时的风平浪静所迷惑，变成"鸵鸟家长"。据查普曼的研究，很多在青春期被打骂或责罚过的年轻人，为人父母后会用相同的方式去对待他们的子女。无节制的愤怒方式常常会代际相传。[③]因此，我奉劝家长们，如果你不希望你的孩子在他们为人父母后打骂或责罚你的孙子，就不要这样对待你的孩子。

根据应对和帮助青春期叛逆阶段儿子的经验，我总结出六点建议，供家长参考。

第一，家长要清楚地认识到青春期叛逆是孩子成长的必经之路，也是成长的阵痛期。在孩子进入青春期前，家长就要主动学习有关青春期的常识，参加针对青春期孩子的家长辅导班，遇到棘手问题时一定要咨询家教专家。同时，家长要更细心周全地关爱孩子，掌握他们的身心变化情况及需求。青春期能否顺利度过，决定着孩子以后的自我认同和生活质量，也

① Chapman, G. (2010). *The 5 Love Languages of Teenagers*. Chicago, IL: Northfield Publishing. p.146.

② Steinberg, L., & Levine, A. (1997). *You and Your Adolescent*. New York: Harper.p.150.

③ Chapman, G. (2010). *The 5 Love Languages of Teenagers*. Chicago, IL: Northfield Publishing. p.174.

影响着家长和孩子的亲子关系。

第二，家长要给孩子无条件的爱。在这个时期，孩子的言谈举止可能会让你不舒服、不愉快，甚至痛苦和伤心。即便如此，家长依然要接纳孩子，并且做到爱孩子的心始终不变。爱孩子不是取决于孩子是否带给我们好消息，而是我们始终爱孩子这个人。孩子叛逆是对我们是否真爱孩子的最好考验，也检验出父母对孩子是有条件的爱还是无条件的爱。

第三，面对青春期叛逆的孩子，家长要始终保持淡定。青春期的孩子往往性情大变，家长要保持冷静，多思考应对办法。进入青春期后，性格开朗的孩子突然间变得不爱说话，一向温顺的孩子突然变得狂躁易怒等等。面对熟悉又陌生的孩子，面对出言不逊又不知所云的孩子，家长千万不能以牙还牙，以眼还眼。那一刻，我们不能被孩子的愤怒点燃，而是应该积极开展头脑风暴，想出解决问题的办法，并付诸行动。

第四，家长应尽量找时间与青春期孩子沟通与交流，了解他们学习与交友等方面的情况。家长容易说得多，听得少。学会聆听就向智慧家长大大迈进了一步。孩子敞开心扉既有利于亲子关系的加深，还可以让我们时时掌握孩子的内心动向，确保把孩子的偏差意识有效地控制在外显于行动之前。如果发生了问题，家长要了解孩子对事件起因以及应对的看法。家长一定要就事论事，不要翻旧账。更不能直指孩子本人，上纲上线，进行人身攻击。交谈中要注意鼓励孩子多发言。反思性和总结性的交流有益于孩子青春叛逆阶段的顺利度过。

第五，在征得孩子同意时，家长可以作为团队成员，参与孩子的学习与生活，参与孩子的学习目标制定与实施，并承担孩子实现目标过程中的监督与督促任务。计划一定要切实可行，先制定一个可以够得着的小目标，再慢慢向前推进，让孩子在实现一个个小目标中获得自信心与成就感。

第六，帮助青春期叛逆的孩子需要父母合一的力量。孩子顺利度过青春叛逆期，离不开夫妻俩的携手与合作。当一位家长与孩子陷入争执和矛盾时，需要另一位家长作为冲突调停者出场来化解。因此，父母一定要在青春期孩子的教育上达成一致和共识，齐心合力。只有这样，才有助于孩子的健康成长。

我相信一分耕耘，必然有一分收获。在家长的努力下，孩子们一定能顺利度过青春的叛逆期，不断走向成熟。

注：此文缩略版曾以《应对青春期叛逆》为题发表于《中国教育报》2017 年 11 月 30 日第九版。

心得体会

少男少女的心思

　　即将进入青春期的孩子的父母如果都具备青春期常识，知道青春期孩子身心将会发生哪些变化，懂得少男少女的内心藏着哪些小心思，并且能掌握积极应对的方法和策略，那么青春期情感萌动就没有我们想象得那么难以应对了。

　　东东十一年级春季学期的一个周末，我们一起散步时他提起，最近同学都在谈论情人节买礼物。我顺势笑着问："你是不是也有了送礼物的对象呀？"东东略带羞涩地说："有个女孩，她一直是我 AP 课程的同学，也是为数不多的几个女生之一。不仅学习好，还是学校排球队的队员。"我心里顿时掠过一丝小得意，夸赞儿子有眼光。然后，我顺势发问："那你决定送什么礼物给她呢？"这时的东东已经自然多了，他回答说："我也不是太了解她的喜好，可能还是送花和巧克力比较合适吧。"我对东东的想法表示了赞同，玫瑰花和巧克力是情人节比较流行的礼物。

　　歌德曾说：哪个少男不钟情，哪个少女不怀春。实际上，东东在十年级就遇到了热情奔放的美国女孩们的热烈表白。

　　在美国，无论公立还是私立中小学在学年结束时都会给学生发放年册作为纪念。年册里除了收录每位学生的大头照、班级全体学生合影以及全年级学生的合影，还收录一学年来学校组织的各类活动的照片。最后几页是空白，留给学生互写赠言。

　　每次带回年册时，东东总会给我详细介绍每一张有他的照片，津津乐道地回忆每一个开心时刻。然后翻到最后几页，让我看同学们给他的留言。

但十年级结束那天回家后，东东没有像往常那样主动让我看他的年册，而是不声不响地把年册藏进了他书桌的抽屉。

晚餐时，我故意对东东说："今年和往年不一样了，年册带回来也不给妈妈看看。年册里的小秘密你就是不说，我都能猜个八九不离十。"儿子笑着对我说："那您就猜猜吧。"我回答说："年册里面一定有女孩子写给我家帅哥的小情书，比如 I love you 之类的吧？"东东带着吃惊的神态说："我妈一定是美猴王转世，火眼金睛，有透视能力吧。"

眼看年册的秘密被我识破，东东取出年册给我看。果然有好几位女生大胆地表达了对东东的爱慕之情。有一位女生还用画笔画了一支丘比特箭射中了一个心来大胆表达感情。东东虽然最终把年册拿给我看了，但他把年册藏起来的行为让我意识到孩子长大了，进入青春期了，心中开始有不愿意和父母分享的情感小秘密了。

一个周末，我参加夏威夷妇女教育社团活动，活动地点在社团主席 Sally 女士位于檀香山钻石山头脚下的别墅。Sally 告诉大家不要去她家二楼的办公室。原因是她十四岁的外孙 Henry 和他的女友正在那里一起完成家庭作业。

会后我特意留下来和 Sally 女士讨论青春期孩子的情感话题。Sally 开门见山地说，孩子青春期的情感萌动如同春天种子要破土而出一样，是无法阻挡的。青春期孩子由于荷尔蒙使然，喜欢异性是很自然、很正常的事情。不管大人看不看得惯、愿不愿意，孩子们都有可能交往男朋友或者女朋友。但是，家长的态度会影响孩子们交往时所采取的方式。家长如果理解他们，思想开明，孩子们就愿意公开他们和异性的交往，这样家长也可以更好地掌握情况，以便更好地从正面引导他们。家长如果反对，思想保守，孩子们就可能暗地里私下交往，反而不利于掌握孩子的情况。

她还说她的外孙 Henry 能够有女孩子喜欢，说明他身上有吸引女孩的优点。同时，为了赢得女孩的青睐，Henry 很有可能会把身上的缺点逐渐改掉。实际上，他已经有了改变，而且是变得更好了。此外，Henry 愿意把他的女朋友带回家来，是希望得到家人的理解和认可，希望家人分享他们的美好情感，也说明孩子对家人的信任。

Sally 特别强调，把家里最舒适的海景办公室让出来给 Henry 和他女友一起学习，是出于对他们的爱护，也是对他们的保护。因为如果家里不提供合适的环境，他们势必就要到外面去。外面存在着各种安全隐患，还有许多不良诱惑。做家长的必须考虑到这些，他们毕竟还未成年。家长的不理解和不支持的态度相当于不负责任地把孩子们赶出家门。

Sally 还告诉我 Henry 的父母和女孩的家长都有互动，两家大人都心照不宣地关爱着孩子们的成长。晚上 9 点左右，女孩的家长就会来接女儿。如果 Henry 去了女孩家，Henry 的父母也会在约定时间把儿子接回家。

Sally 最后提到孩子们也需要借助与异性间的交往，逐渐变得成熟，懂得自己的责任，增加阅历。只有经历过才会慢慢明白自己应该成为怎样的男生或女生，也才会明白到底什么样的男生或女生适合成为自己人生路上的伴侣。

与 Sally 的交流，让我对青春期孩子的情感问题有了新的认识，为我指导正处于青春期情感萌发阶段的儿子提供了宝贵的借鉴和参考。根据 Sally 的观点，美国家长对青春期孩子的情感问题都是采用正面积极引导法，因势利导。实际上，Sally 的观点后来在美国的一位华裔家长那里也得到了印证。

一次偶然的机会，我认识了一位来自台湾的钢琴老师 Alice。Alice 是一位开朗健谈的女士，当我们谈到孩子的早恋现象时，Alice 很坦然地告诉我，她十一年级的儿子交了女朋友，当晚两人正在檀香山市的一家影院看电影。为了孩子的安全，她晚餐后需要提前离开，开车去影院接儿子和他女友。

Alice 指出，家长在对待处于两性情感萌芽期的孩子，一定要正面引导，切忌采取压制的态度和手段。虽然家长不提倡也不鼓励孩子早恋，但早恋不是洪水猛兽，而是青春期孩子最纯洁最美好情感的自然流露。她还特别提到，因为与女孩稳定的感情，她儿子的很多不良习惯都改掉了，比如睡懒觉、乱扔东西、不整理床等。同时，儿子还变得更加懂事和更有责任心，正在变成一个成熟的男生。

卢梭在《爱弥儿》的第四卷里这样说过："想要被人爱，一个人就必须可爱；要想得到别人的偏爱，一个人就必须比别人更加可爱，至少在他所爱的人眼中看来比其他所有人都更加可爱。"[1] 我想 Alice 儿子的改变一定是因

---

[1]　卢梭，《爱弥儿》，叶红婷译，北京：台海出版社，2016 年 9 月，第 346 页。

为他的女朋友。当然，也与 Alice 和家人对孩子的理解与支持分不开。

美国家长在对待孩子早恋和青春期情感问题方面比我们更开明，这与他们对孩子作为独立生命体的尊重是分不开的。同时，美国家长对青春期的知识有较好的理解和掌握，对孩子所表现出来的关爱、理解和支持，确实值得国内家长借鉴和学习。

基于青春期情感萌动的特点，我想给家长们提出以下五点注意事项。

一、青春期的孩子需要属于自己独立的空间。

青春期的孩子既是家庭的一个成员，同时，他们也希望有独立于家庭之外的机会。他们需要有自己独立的房间，他们有了不愿意告诉父母的小秘密，他们也开始有隐私的概念，他们有自己的思考，有自己的想法。

如果家长喜欢翻看孩子日记，检查孩子的抽屉和书包，那么现在最好停止这些行为。如果家长习惯随便进入孩子房间，那么现在最好学会进去前先敲门。如果家长善于在家里发号施令，主宰一切，那么现在最好在发言做决定前和孩子商量。总之，属于孩子的物品，我们不要未经许可而随意乱碰。属于孩子的空间，我们不要随便闯入。属于孩子的事情，我们不能随意地替他们做主。这既是对孩子的尊重，也是对他们的信任。

二、孩子需要思想情感上的独立。

在幼年时期，孩子可能会毫无保留地告诉家长很多事情，包括学校的逸闻趣事、好友的情况以及遇到的困难等。他们会在父母面前笑，也会在父母面前哭。还可能会直率地表达对父母的感情。进入青春期后，他们可能不再跟父母分享这些。如果你想了解他们的交友状况，他们可能会觉得你疑神疑鬼的。和他们多聊上几句，孩子们就会觉得我们啰唆。

东东十岁时曾说过让我这辈子都难以忘记的一句话："我最不希望看到的事就是让妈妈伤心难过。"但是，在儿子读初中特别是读高中后，我就再也听不到这样暖心的话了。孩子不说，并不是他们不再爱你了，而是他们长大了，他们不再习惯对自己的父母那样直白地表达。他们要寻求独立与自我，企图挣脱父母的管束，向父母和全世界宣告他们长大了，不再是小孩子了。

三、青春期的孩子在寻求独立的同时也需要家长的关爱。

青春期的孩子虽然会在各方面追求独立，但是他们毕竟是未成年人，毕竟缺乏经验，卢梭指出青春期孩子既不是一个小孩，也不是一个大人，而且不能发出他们之中任何一个人的腔调[1]因此他们仍需要父母给予的爱和帮助。

在这个特殊时期，家长要从更多方面去关心爱护孩子，除了学习与吃喝拉撒温饱安全等方面的问题，还要关注他们的生理、心理、学习以及社会性发展等方面。可以告诉他们："如果想和妈妈交流，任何时间都可以。""如果需要帮助，请告诉爸爸。"让他们感觉到既被父母深深地爱着又独立于父母之外。

四、青春期的孩子开始寻求社会交往上的独立。

记得东东小时候，无论我们一家人参加什么样的社会活动，他都愿意跟在父母身边。但是进入青春期后，他常常不愿意和我们一同参加活动。比如以前他最喜欢在周末和父母一起去购物，特别喜爱去大型超市 Costco 挑选他喜爱的食物，后来就不愿意去。对于那些不得不一起参加的活动，到达现场后，他马上会跟父母分开，选择和同龄人坐在一起。青春期的东东越来越多地参与到社区服务活动当中，周末很少在家。青春期的孩子希望通过参加独立于家庭和父母以外的社会活动来证明自己的独立担当和自我价值。家长对孩子的行动计划和决定要给予理解和支持，不要过多地限制他们，而应该帮助他们，为以后能够顺利地融入社会打下良好基础。

青春期的孩子随着抽象思维的快速发展和见识阅历的不断增加，他的知识结构和判断力也得到提升和加强。他们开始质疑家长、老师以及其他大人。在儿童时代，家长告诉孩子什么是对的和什么是错的，孩子们是毫

---

[1]　（法）卢梭;《受弥儿》，叶红婷译，北京:台海出版社，2016 年 9 月第 1 版，第 340 页。

不怀疑地相信家长的信念。青春期就完全不同，孩子们会想探索背后的原因和证据。

家长需要注意自己言谈举止的一致性，因为你面对的不再是当年的小朋友，而是一名具有批判性思维和逻辑判断能力的青少年。他们也懂得不仅要听其言，还要观其行。因此，家长对待孩子一定要注意言行一致，而且要做到言必信，行必果。否则，我们很容易失信于孩子。信任一旦缺失，那么亲子关系势必出现问题。到了那时，再去弥补裂痕，就需要加倍地努力了。

五、青春期的孩子由于生理和心理发展需求，渴望爱情和友谊是本能。

卢梭说："一颗洋溢着丰厚情感的心会喜欢向外扩张，一开始他需要恋人，不久就会产生一种需求，想拥有朋友。"[①]家长对这一正常的需求首先要本着理解和包容的心态，其次就要积极地从正面加以引导。

美国著名婚姻与家庭咨询专家查普曼还指出，来自家长的情感上的关爱对青春期的孩子非常重要，特别是来自异性家长的关爱。如果一个青春期女孩感觉到被自己的父亲深爱着，她一般不会去寻找早恋对象。一个青春期男孩如果感觉到被母亲深爱着，他也不太会去为了他自己的情感或者身体快感去利用一个青春期女孩。[②]因此，家长对孩子的关爱是关键。

当然，如果孩子真有了喜欢的异性，并且在悄悄地发展感情，家长也不要过于紧张，要争取和对方家长见面协商，尽量把他们的感情引导到促进彼此学习进步上。

只要对孩子无条件爱的初心不变，不断提升自己家教的知识和技能，我们一定能游刃有余地应对孩子青春期的早恋现象和情感问题，引领孩子顺利走过他们人生的重要阶段。

---

① 卢梭，《爱弥儿》，叶红婷译，北京：台海出版社，2016年9月，第346页。
② Chapman, G. (2010). *The 5 Love Languages of Teenagers*. Chicago, IL: Northfield Publishing.p.207–208.

千万别给孩子贴标签

　　具有固定型思维模式的孩子逃避挑战、轻易放弃、害怕失败、寻找借口、关注限制、喜欢舒适、不愿努力。他们的发展很早就停滞不前，无法取得自己本来能取得的成就。而具有成长型思维模式的孩子善于迎接挑战、不言放弃、错中学习、主动承担、寻找机会、崇尚探索、终生成长。家长有意或无意给孩子贴标签的做法，促使他们形成固定思维模式。

　　美国斯坦福大学德韦克教授指出人类的思维模式分为两种：一种是成长型思维模式，一种是固定型思维模式。人们有意识或无意识的思维方式蕴含着无限的能量。

　　具有固定型思维模式的孩子往往害怕失败，担心自己在别人眼里看起来不那么聪明能干，而拒绝接受挑战和面对苦难，由此他们的发展潜力会受到限制。然而，那些具有成长型思维模式的孩子则相信通过自己的努力可以改变现实，相信自己的潜力是无限的，困难和失败只是帮助自己进步的挑战，他们对学习充满热情，对未来充满希望。具有成长型思维的人未来更有可能取得成功。

　　显然，没有人想做一个具有固定型思维模式的人，更不愿意自己的孩子是这样的人。那么究竟是什么原因导致了固定型思维模式的存在呢？我认为很大程度上是大人给孩子有意或无意所贴的标签造成的。标签可以分为正面标签和负面标签，相对于负面标签，正面标签对孩子的危害性常常是隐蔽的。

在德韦克教授的书里，她介绍了所认识的一位四十九岁读者的故事。这位读者在小时候因为出色的智力被选拔成为美国"天才儿童中心"的天才儿童，因此一直被身边的人赞为"神童"。但是这位神童后来的发展却不尽如人意，为此他本人也十分懊恼。

德韦克教授指出这就是给孩子贴所谓的"正面标签"带来的潜在危害，造成了孩子认为智商高的人不需要努力便可成功。这位读者认为他少年得志缘于超常智商，同时还被大人褒扬，这些"正面标签"成长，反而成为他发展的拦路虎。他向德韦克教授剖析了自己存在的问题：后来的一切不顺利并不是因为自己的智力，而是经验与技能的缺失。

固定思维的孩子更加在意别人的评判，是在外因的驱使下而学习。他们学习的动力是为了获得高分，进而获得老师和家长的好评和表扬。而拥有成长型思维的孩子能够掌控他们的学习。他们学是为了求知，而不是单纯为了应付考试，获得高分。事实上，由于学习的自控力与内驱力，具有成长型思维的孩子更容易获得高分，获得成功。

固定型思维的人一旦失败，便给自己贴上"失败者"的标签。他们始终走不出标签的魔咒。很多时候，当遭遇的失败超出自己的承受能力时，他们要么郁郁寡欢，要么人格分裂。在更为严重的情况下，他们会制造出伤害别人和伤害自己的不堪事件。这样的例子不胜枚举。比如：上海复旦大学林森浩投毒案和云南大学马加爵故意杀人案以及频频发生的大学生自杀等。而且，这样的极端案件存在向低龄化发展的趋势，中小学生因为家长或老师一句不太恰当的批评或教导而跳楼自决的惨剧也时有发生。

给孩子贴正面标签有危害，那么贴负面标签更是摧毁性的。德韦克教授分享了她本人的成长故事。她从小数学都很好，直到高中一位数学老师认为女孩子不可能擅长数学。在这位数学老师对女生所贴的负面标签影响下，她受到很大的挫败，从此对数学不感兴趣了。

诸如此类的事情常常发生。读者朋友们不妨回忆一下自己的成长经历，是不是也曾经有过因为被家长或老师贴标签，被打击、挖苦和讽刺而倍感压抑，从而毁掉了原本可能学得更好的学科或特长呢？很多家长和老师都持有这样的错误观点：为了让孩子们做得更好，就得先要让他们感觉更糟。[1]基于此，给孩子贴负面的标签就成为家常便饭了。这恐怕也是"好心办坏事"的典型吧。美国正面管教专家尼尔森在其著作《正面管教》中对这种错误观点给予了严肃批评。

此外，家长或老师也常常会随性随意地给孩子们贴标签。看见某个孩子绘画好，我们就有可能给孩子贴上"未来的毕加索"的标签；再看见某个孩子喜欢科学，我们就给贴上"未来的爱因斯坦"的标签。诸如此类的标签都可能导致孩子们的固定型思维的形成，遏制孩子的健康发展。

此外固定型思维的人只是希望简单地修复自己的自尊心，而不是试图从自己的失败中学习和改进。在考试不理想时，他们会把注意力放在那些比他们考得更糟糕一些的学生身上，通过这样的方式来自我慰藉。作为家长，我们有可能被孩子这样的想法和做法蒙蔽，还认为是自己孩子乐观。家长必须反思自己是不是无意识地用"褒扬天赋贬低努力"促使孩子形成了固定型思维。

固定型思维的人还会在失败后通过怪罪他人或者找借口来修补他们的自尊心，认为失败永远不是他的错。既然不是自己的错，他们也就不会从自身找原因，也就不可能去提高专注力和情绪控制的能力。拥有成长型思维的人在面临压力时，他们会付出更多的行动去面对，他们会更加认真地对待学业和生活，挫折与失败让他们变得更加坚强。他们坚信"凡是没有击垮我的都会让我变得更加强大"。

家长是孩子生命的缔造人。为了孩子，我们愿意付出一切助他们成功，这世上没有不希望自己孩子获得成功的家长。然而，由于没有经验和缺乏辅导，我们的建议、指导和鼓励常常带给孩子们错误的信息，无意中给孩子贴上了标签，导致事与愿违。而孩子对父母的言谈举止常常非常看重。

我们因为褒扬孩子的聪明和智商而强加给他们的正面标签会加强他们的固定型思维。当你夸孩子聪明的时候，孩子会倾向于自己先天很聪明，

---

[1]　Nelsen, J.(2006). *Positive Discipline*. New York: Ballantine Books, an imprint of Random House Publishing Group, a division of Random House, Inc. p.110.

因此，他们就有可能忽略自己的努力。那么，当他在某个方面遇到挫折的时候，他就有可能选择放弃努力，从而达到规避失败的偏差目标。

然而，在现实生活中，家长和老师夸奖孩子的时候，都习惯夸孩子"聪明"，而不是夸孩子"努力"，这应当引起我们特别的重视。事实上，家长和老师送给孩子们最好的礼物就是教会他们热爱挑战、敢于试错、勇于冒险和勤奋坚持。这样的教育理念有助于孩子们关注自己的兴趣和内驱力，并建立自尊心和自信心。

如果不能表扬孩子的聪明和其他天赋，那么我们应该如何表扬孩子？表扬哪些方面呢？我们的表扬应该落脚在孩子的自我成长方面，比如孩子们通过训练、学习、坚持取得的成绩。我们应该把话题重点引向需要孩子们做出努力与决策的事情上。那么，孩子获得的信息是：才能和成就来源于承诺和努力。

在东东取得成绩时，我不会表扬他的聪明和天赋，因为我深知孩子被贴标签的种种弊端。我通常会细节性、情景性地表扬他在获奖方面的努力、承诺与贡献。东东从小数学能力就比较突出，在国内上小学时，每期的数学竞赛，他都能获奖。当儿子带回他的奖状时，我会对他说："儿子一直保持对数学的热爱和专注力，这让妈妈为此感到自豪。"

来到夏威夷后，当东东获得最佳进步奖时，我对他说："妈妈非常欣赏你迎难而上、奋勇拼搏的精神。"当儿子荣获 Punahou 学校的高中校长奖时，我对他说："这个奖是表彰志愿者精神和服务意识的。我很高兴看到儿子愿意为他人服务。"即使在儿子高中毕业前被哈佛大学提前录取后，我也是这样对孩子说："哈佛大学给了你宝贵的学习和深造的机会，是因为你对学习的热情、服务意识和坚毅品质。进了大学后，你要更加努力学习，不断进取，成为对社会有益的人才。"

前面谈到我们如何表扬孩子，如何规避给孩子贴上正面标签，那么接下来就该谈谈在孩子面对失败和挫折时，家长应该如何规避给孩子贴负面标签。

德韦克教授给了一个很好的例子。九岁小姑娘 Elizabeth 第一次参加体操比赛。她身体素质很不错，是一个难得的体操苗子。她也期望着拿到奖牌。但是，Elizabeth 并没有达到预期目标，与奖牌擦肩。非常庆幸的是

Elizabeth 有一位智慧父亲，他不仅明确地告诉了孩子眼前面临的事实，还教育她如何从失败中学习，为了将来的获胜需要做哪些准备。Elizabeth 爸爸这样对她说：

> Elizabeth，我理解你此刻的心情。带着希望而来，同时也尽力了，但是没有获胜，这个事实是十分令人失望的。但是，你要知道你还没有完全准备好。那么多女孩子练习体操的时间比你长，付出的艰辛比你更多。如果你很看重获胜，那么你必须要更加勤奋地训练。

Elizabeth 的爸爸还让孩子知道，如果她认为练习体操只是玩玩而已，也是可以的。但是，如果想在比赛中获奖，那就必须有更多的付出。

后来，通过勤奋训练，Elizabeth 获得了一系列大奖。我们可以看出，爸爸智慧的话语让孩子懂得了没有任何成功是轻而易举获得的。同时，他也没有把自己的意愿强加给孩子，而是把选择决定权完整地交给孩子，从而很好地调动了孩子的内驱力。

整段话都是在实事求是地陈述事实，帮助孩子分析形势，没有给孩子贴任何标签。Elizabeth 的爸爸是一位智慧家长，是大家学习的好榜样。

在现实中，很多家长认为批评、责骂和惩罚孩子是为孩子好。比如："今天一定要好好教训教训你，让你长长记性。""你再不听话，我要打断你的腿。"事实上，我们只是在告诉孩子：如果他们的行为违背了家长的规定或者超出了家长的认知范围，他们不仅要被惩罚，还要被贴上"坏孩子"的标签。这样做并没有教给孩子解决问题的有效方法，并没有教给孩子如何做出明智的决定，并没有帮助他们增强责任心，并没有助力孩子成长。相反，这样做等于摧毁了孩子的自尊心，挫败了孩子的自信心，还可能给孩子贴上永久的负面标签，最后使孩子形成固定型思维模式，从而错失成长良机。具有成长型思维的家长不应用这样的语言评判自己的孩子，而应以开放、发展和成长的心态对待孩子以及他们可能出现的问题。

总之，父母对待孩子的态度和言行直接影响着他们的自我认同与发展。无论是表扬还是批评，都要注意是否会给孩子贴上标签。事实上，无论是正面标签还是负面标签都对孩子具有危害性，最大的危害就是容易导致孩子固定型思维模式的形成，并因此严重阻碍孩子的健康成长。千万别给孩子贴标签。

心得体会

猴妈不输虎妈

 每一个孩子都是独特的生命个体，没有万能的教育方法，每一种教育方法都没有绝对的好与坏。家长要耐心仔细地了解自己的孩子，根据孩子的特点来培养孩子，开展家庭教育。

2010年圣诞期间，我的一位美国朋友转给我一篇在《华盛顿邮报》上公开发表的文章，作者是耶鲁大学法学院华裔教授蔡美儿。这篇文章是她为自己的新作《虎妈战歌》所做的宣传。蔡美儿毕业于哈佛大学，获得了文学学士和法学博士学位，现任耶鲁大学法学院终身教授。她的先生也是耶鲁大学法学院教授。他们养育了两个女儿Sophia和Louisa。《虎妈战歌》很快出版发行，我也在第一时间拜读了这本颇具争议的家教书。

作为移民的第二代，蔡美儿本人的成长经历就是一个家庭教育成功的案例。她的父母对孩子管教非常严厉，四个女儿在事业上都非常成功。蔡美儿一直很感激她的父母，所以也用了相似的方法严厉教育她自己的两个女儿。《虎妈战歌》出版前，蔡美儿的大女儿Sophia已经高中毕业并被哈佛大学录取。

《虎妈战歌》书里提到，蔡美儿为两个女儿立下严格的家规，包括所有学术课程必须都拿A、不能玩电脑游戏、不能碰钢琴和小提琴以外的乐器、不能自主选择课外活动等等。她还规定孩子们必须按时上中文课，在家必须说中文，每天必须练习钢琴和小提琴。书中更是爆料了七岁的小女儿Louisa，因为一首钢琴曲弹得不好，被强迫从晚饭后一直练到夜里，中间不许喝水和上厕所。

《虎妈战歌》出版后立即在美国教育界引发了一场地震，特别是在家庭教育领域。因为蔡美儿严厉的中式教育方法与美国家庭教育理念是背道而驰的。这本书也成了我所在的美国妇女教育社团的推荐书目，读书会上还专门讨论了中式家教与美式家教的差异。

社团成员们对蔡美儿的家教方法持有不同意见，有的赞成，有的反对。Meghan 十分欣赏蔡美儿的做法，她说如果她的父母当年对她要求更严格一些，她的人生平台或许会更高一些，在事业上也会更有追求一些。Meghan 大学毕业后没有找工作，很早就结婚生子，成了一位全职太太。之后也一直没有进入职场。Meghan 表示蔡美儿的家教方法给了她很多启示，可以用于对她两位女儿的教育。Meghan 的祖父是超市用购物推车的发明者。因此，Meghan 可以说是含着金汤匙降生的，是一位"信托基金宝贝"，一生都不用为生计操心。

Heather 则表达了反对的观点。她说自己从小就在父母的赏识和关爱下成长，父母凡事都会跟她事先商量，这样的方法更有利于调动孩子的主动性和积极性。她十分反对家长采用高压专制的家教方法。Heather 本科毕业于范登堡大学，工作几年后，考入哈佛大学商学院攻读硕士。毕业后在加州一家著名金融公司工作了好几年，后来偶遇在加州大学伯克利分校执教的 Chunk 博士，两人相爱并结婚。婚后育有一对十分可爱的双胞胎女儿。为了孩子更加健康幸福成长，他们搬到夏威夷生活。在交往中，我发现 Heather 和她先生在对孩子的教育上十分注重尊重、信任和鼓励。同时，他们每天都会关心孩子们在学校的表现和学业情况。夫妻俩还早早预测到中国的强盛，鼓励孩子们学习中文和中国文化。

不久，我把这本书介绍到我们的研究生课堂，也把蔡美儿给女儿们定的十条戒规分享给教授和同学们。他们个个瞠目结舌，大呼不可思议。同样，我们也对不同文化背景下的家庭教养方式展开了热烈的讨论。与我们社团成员的反馈不同，我的同学和老师全部持反对意见。或许是因为他们基本都是经过专业训练的教育者，谙熟引领生命成长的各种教育理论与实践。

就在《虎妈战歌》一书在美国热卖时，我从网上读到了一则坏消息。

澳大利亚一位十九岁的华裔男生杀死了他四十一岁的亲生母亲。报道说是因为男生母亲对他的要求过于严厉，期望值太高导致了弑母悲剧的发生。

同样的家教方法导致了天壤之别的教育结果，让人们唏嘘的同时也令人深思。生命的构成与发展都是极为复杂和微妙的，成长中先天条件与后天养育共同作用。正如蔡美儿的家教方法对大女儿Sophia非常有效，但是，同样的方法在小女儿Louisa那里就行不通。可见，在开展家教时，父母一定要耐心仔细地了解自己的孩子，根据孩子的特点来培养，开展积极有效的家庭教育。

《虎妈战歌》一书也引发了我对传统中国式家庭教育的思考。我本人从小接受的是典型的传统中国式家教，父母对我们要求非常严格。在严格的家教之下，一方面我们养成了上进和自律的习惯，另一方面总觉得有一种无形的枷锁在制约着自己，特别是在超越常规的勇气和冒险方面。

后来，我读到了由美国两位发展心理学家Roberta Michnick Golinkoff和Kathy Hirsh-Pasek所著的《塑造卓越：如何科学地培养成功的孩子》。书中指出如果我们养育的孩子不敢冒险，我们的教育就没有成功。显然，传统中国式的家教不提倡孩子冒险意识的培养，学校教育也不十分赞成学生的标新立异。好奇心和冒险精神恰好是创造性思维和创新精神的前提条件。因此，Roberta和Kathy在他们的书里也大胆地提出了忠告。

此时，正值东东进入青春期。东东在进入高中九年级后，各方面表现都很不错，还荣获了诸多奖项。然而，在九年级结束和十年级开始的一段时间，一向懂事乖巧上进的儿子突然出现了一些状况，表现为情绪上的萎靡不振、积极性下滑以及缺乏动力等。看在眼里，我愁在心里。当初为了我自己的发展，年幼的东东不得不离开他熟悉而舒适的环境，经历了很多的困难与挫折。如果他出现任何成长不顺利的问题，我内心将会陷入无尽的内疚和深深的自责。

对于孩子突然出现的反常，我也比较彷徨。但我猜测我和孩子可能都面临着新的问题与挑战。我对孩子的了解可能滞后于他的生长发育。另一方面，我面对的是一个既受过中国文化熏陶又深受美国文化影响，同时又处于童年向青春期过渡的孩子，我的家庭教育可能出现了盲点，在与儿子对接上发生了错位。

我一直希望在中国式严厉管教与美国式民主养育中寻找一种中西结合的家教方式，坚持一边学习，一边实践，尝试把所学用于自己孩子的养育当中，也认为自己在孩子幼儿及童年时代的成长过程中做得不错，收获了一些教育成果。但是，现在孩子处于一个关键的过渡性年龄阶段，他的生理、认知和社会心理三个方面[①]都随着年龄的增长出现了变化。我逐渐意识到我的家教方法也应该随之调整。在我读完《虎妈战歌》后，决定把这本书推荐给儿子。希望儿子读完这本书后，能够引起一场关于家庭教育的谈论，从而找出一个达成共识的互动方法，形成一套符合东东成长与发展的与时俱进的家教方法。

东东利用一个周末上午，很快就读完了《虎妈战歌》。我提议我们就这本书进行讨论。没有想到，《虎妈战歌》引发东东很多思考与感言。首先，东东展现了他惯有的冷幽默对我说：感谢妈妈没有让他经历不准喝水和憋尿，感谢我允许他自主选择课外活动，还感谢我理解他作为"网络原住民"可以在"双规"的前提下玩电脑游戏等。

然后，东东结合他自己的情况开始了反省。他说自己现在就处于一种尴尬且艰难的过渡阶段。一方面是对快乐童年渐渐远去的惆怅，他希望能够抓住童年的小尾巴，有时甚至希望自己不要那么快地长大。另一方面内心承受着由自己的学业和成长的责任带来的压力。他希望拼搏进取，但有时又会感到力不从心，有一股力量在拖他后腿。东东还坦率地说他的内心仿佛有两个自我在轮流左右他，所以，他这一段感到迷茫和彷徨。

最后，东东表示他会尽快调整好心态，甩掉童年的小尾巴。他还风趣地补充说《虎妈战歌》让他感觉到，他比蔡美儿家的孩子幸运，因为他的妈妈是猴妈，不是虎妈。相比虎妈的权威和严厉，猴妈更胜一筹的是机智和尊重。还建议我把他的成长写一本书，取名为《猴妈育儿》，去PK《虎妈战歌》。

东东的这些《虎妈战歌》读后感一部分在我的意料之中，还有一部分却在我的意料之外。我起初的想法是找到一个教育平衡点，有的放矢地帮

---

① Berger, S. K. (2016). *Invitation to the Lifespan*. Worth Publishers; Third edition.

助他成长进步。在这一点上，东东的反应算是在我的意料之中。但是，他的自我检查出乎我的意料，他内心存在的苦闷也算找到了一个发泄的管道。更没有想到的是，东东还能上升到建议我写书，提出不一样的教育理念，展示不一样的家教方法。

从这次互动中，我深深意识到，家长应该经常开展与孩子之间平等的对话，对孩子出现的问题要巧妙地解决，特别是面对青春期的孩子，我们更要注意方式方法，切忌动辄打骂和责罚，那样简单粗暴的方法非但达不到教育效果，还会埋下孩子对家长怨恨和报复的种子。

实际上，家长可以假借外力，比如一部书、一篇文章或者孩子信任的长者等，慢慢地启发孩子，这样有利于引发孩子思考和自评，既保护了他们的自尊心，也增进了亲子交流。通过这些悉心周详的措施，让孩子感受到父母对他们的重视以及无条件的爱。

虎妈的严厉作风把两个女儿送进了哈佛大学，猴妈的协商做法也把儿子送进了哈佛大学。虎妈的家教方法得到了女儿的认可和感激，猴妈的家教方式也得到了儿子的认可和感激。虎妈和猴妈虽然所用的家教方法不一样，但也算是殊途同归，她们的孩子都具备较好的自律能力和坚忍不拔的毅力，都入了世界一流大学招生官的法眼，脱颖而出。

这个戏剧性的结局告诉我们每一个孩子都是独特的生命个体，没有万能的教育方法，每一种教育方法都没有绝对的好与坏。男孩和女孩的教育方法可能不同，大宝和二宝的教育方法可能不同，同性别大宝二宝与不同性别的大宝二宝的家教方法也可能不同，甚至双胞胎孩子的教育也需要采用不一样的方法。家长在学习和掌握了普遍教育原理之后，还需要把理论与实践相结合，不能盲目照搬，采用拿来主义，照葫芦画瓢。家长要耐心仔细地了解自己的孩子，根据孩子特点来开展家庭教育。

不管家长采取什么方式来教育自己的孩子，最重要的一点是要给予孩子无条件的爱，并且保证让孩子有所感知。家长对孩子可以要求严格并确立界限，但同样要全面关爱孩子、尊重孩子、包容孩子和支持孩子。在这样的家庭氛围里长大的孩子，他们的记忆中不仅有父母的规范管教，更有父母的浓浓爱意，这样的孩子人格才更加健全，性格也更加健康。

音乐会引发的思考

 　　教育的本质是培养人，助力生命个体的全面发展与健康成长。无论是学校教育还是家庭教育，都应该回归到教育的本质上来。无论是教育者或教育政策的制定者，还是父母与监护人，都需要常常审查我们的所作所为是否符合教育的本质。

　　Punahou 学校每年 12 月上旬都会举办圣诞音乐会，不同年级和不同级别的乐队和合唱队按照安排，在学校的多功能演出厅每晚轮流汇报演出。家长们会在两周前收到邀请函，演出面向家长和亲友免费开放。儿子所在的十二年级的乐队演出安排在 12 月初。这场音乐会也是儿子在 Punahou 学校的最后一场音乐会。

　　进入 12 月 1 日，美国就进入了圣诞节庆祝季。街道上、商业区以及家庭都会按照圣诞节的庆祝方式布置圣诞树，张灯结彩，一派节日气氛。我和东爸提前到达 Punahou 学校音乐厅。Punahou 学校音乐厅的布置也洋溢着浓厚的圣诞气息，播放着经典的圣诞音乐。

　　音乐厅观众席分为上下两层，为了更好地观摩，我们大部队决定去二楼。因为要摄像，我和东爸坐在第一排。汇报演出是十二年级的铜管乐队和合唱队的联合表演。前半场是乐队演出，后半场是合唱队演出。

　　舞台上厚重的黑色天鹅绒幕布终于徐徐拉开。这时乐队成员已全部坐好，服装统一为黑白两色。报幕员很有礼貌地请出了乐队指挥 Brigulio 老师。Brigulio 老师高大英俊，身着黑色燕尾服，风度翩翩，艺术家气质十足。发表了简短的演说后，Brigulio 老师随即登上了指挥台。只见他指挥棒一上扬，全体乐队成员整齐地起立，观众席上发出了掌声。指挥棒一下落，学生们全体落座。接着开始了演出前乐器的试音。

演出正式开始。由于是圣诞音乐会，所以圣诞传统乐曲自然是演出的主要组成部分。这些曲目包括《平安夜》《铃儿响叮当》《圣诞快乐》等。中间他们还表演了柴可夫斯基的胡桃夹子组曲《糖梅仙子之舞》。

演出开始一会儿后，我听一位女士用中文问："今晚演出是哪个年级的学生？"一位男士也用中文回答："今晚的学生都是 Punahou 学校十二年级毕业班的学生。"估计回答者是带队来参加音乐会的人。这位女士继续说："十二年级不是要面临考试和升学吗？还有精力学音乐和举办音乐会？"

另一位男士接过话题："就是，排练这么一场音乐会需要花费很多时间的。"这时一位女士大声喊道："你们快看，后面那个吹法国小号的还拄着拐杖，居然也让他上台演出。"然后发出怪异的笑声。

下半场是合唱队演出时间。合唱的节目有男女混合多声部的大合唱和小合唱，还有男女生分开的演唱。合唱队的学生们非常投入，充满激情。这时，耳旁又传来了熟悉的中文。一位男士说道："你看第一排右边那个女生那么胖，就不该安排站第一排的。"一位女士回应："是啊，太显眼了。实在影响整体形象。"这位女士接着说："你们再看前排左边顺数第二的那位男生，那形象也太难看了吧。"一位男士开腔说："我们学校合唱队成员个个颜值高，身材好，都是严格选拔出来的。"语气中充满着自豪感。

从他们的谈话和交流，我猜出他们应该是从国内来学习和参观的基础教育阶段的教育工作者。整个演出他们一直不停在议论，议论的都是与音乐及音乐会没有丝毫关系的内容，而且声音还挺大的，以至于引起了我身边的观众不断回头。除了他们几位，其他观众除了鼓掌之外，全程都保持安静。

他们的议论让我感到很不舒服。我想他们的观点一定程度上反映了国内的教育现状。音乐会结束后，我把他们的议论话题进行了梳理：其一，高中毕业班的主要任务应该是为升学考试准备，教育教学应该为考试和升学服务，其他不相关的事情都应该停止。其二，学校教育机会基于选"优"。颜值高和身材好可以进入合唱队，分数高成绩好可以享受特殊待遇。基于此，我认为有两个对应的重要问题值得探讨。

第一，基础教育到底应该注重学生全面发展还是应试教育？

随着我国经济发展和物质条件的不断改善，现在的孩子从小就开始学习音乐或其他特长。这本来是非常好的兴趣培养和教育投入。但是到了初中后学习和练习的时间会大大减少，到了高中基本都不得不停下。放弃的主要原因是随着年级的不断上升，应试教育的压力逐渐凸显。在高考作为基础教育尤其是高中教育指挥棒的前提下，孩子根本没有时间和精力去继续他们的特长学习和艺术追求了。艺术学习也成了少数艺考生的专属和特权。

回国后，我曾参加过一次研究生的面试工作。当一位女生被问及有何特长与爱好时，她告诉我们她从五岁就开始学习钢琴，钢琴是她最大的爱好。但是，从初三开始，基本就没有时间练习了。因为练钢琴的时间都被参加补习班和刷题占用，必须为高考做准备。她非常遗憾地告诉我们由于多年没有练习，她的钢琴技能已经很生疏了，她非常希望能有机会重拾钢琴技艺。

在美国，艺术方面的课程通常是基础教育阶段的必修课。美国十分重视学生音乐素养的培养，音乐课从幼儿园到高中都是必修课。幼儿园到小学开设普通音乐课，进入中学后，学校根据学生的爱好和特长开设特色课程。而且课时随着年级的上升而增加，这与国内刚好相反。

以 Punahou 学校为例，他们开设了四个方面的音乐课程，包括音乐欣赏与创作、合唱、铜管乐以及弦乐。学生采取自愿的方式选课。每个方面的课程都是兼顾个人积累与集体合作的项目。Punahou 学校的教育者们认为可以通过这种兼顾个人勤奋与集体合作的训练，培养学生的坚毅品质和团队精神。

关于音乐学习，我曾经和一位美国妈妈聊过。她告诉我她之所以非常重视培养孩子的音乐素养，是因为音乐有治愈功能。人的一生难免遇到逆境和挫折，父母不可能随时在孩子的低谷陪伴他们，更不可能陪伴孩子一辈子。而从小培养的音乐素养和技能可以帮助孩子医治受伤的灵魂，可以陪伴孩子一生。

我第一次听到把音乐提升到医治功能层面的说法，让我耳目一新，觉得很有道理。我禁不住把中国的孩子们为了高考而不得不放弃从小学习的音乐特长的现实问题分享给这位美国妈妈，她带着惊讶的神情说："不可思议！为什么呢？教育究竟是为了什么？"

显然，这位美国妈妈不了解中国的大学招生和学生分流是基于一场全国性的统考。那么，要深入探究为什么美国普遍重视音乐等艺术方面的教育以及为什么美国孩子可以一直不间断地进行课外特长的学习等问题，我认为还需要从美国的人才选拔和高校录取去寻找答案。

美国高校招生注重考查学生的全面情况，而非单一的考试分数和学业成绩，并且实行个性化评估的方法。通常需要提早大半年提交大学申请。大学招生官会综合地全面了解学生，他们会考查学生的学业，包括高中四年的累计平均成绩（GPA）、课程的难易程度、全国统一高考 SAT 或 ACT 的考分、AP 课程成绩，SAT 和 ACT 考试可以多次参加，选用最好的分数申请大学。此外，还需要两位高中任课教师的推荐信。招生官还会考查学生在社区服务、特长爱好、课外活动和领导才干等方面的表现。在这些方面，相对于参与的广泛性，他们往往更重视参与某项活动的时间长度、连续性和是否承担重要职责等，并要求提供相关领域两位指导老师的推荐信。

此外，招生学校还要求学生撰写自我陈述和短文，以便尽可能全面地了解一个学生。如此周到细致的个性化考核，目的是让学生找到适合自己的高校，也让高校选拔适合他们人才培养目标的最佳人选。申请学校没有数量上的限制，学生可以同时申报多所高校。因此，在这个过程中，选择权在学生手中。

不仅如此，美国大学还允许学生自由选择专业和转换专业。即使被录取到一所不满意的大学，也还有机会转换学校。转校申请与新生申请类似，可以在同级别的学校转校，也可以从低排名院校向高排名院校转校。实际上，包括哈佛大学在内的名校每年都有专门的指标给转校学生。只要你不断进取，表现足够优秀，总能获得发展的良机。

基于这样人性化的大学招录政策和高等教育制度，美国学生自然就从应试教育下解放出来，能把时间和精力更科学地进行分配，在最大化地挖掘自己潜能的同时兼顾全面发展。

第二，学校教育到底应该是少数教育还是全体教育？

从几位国内教育工作者对他们学校实行的乐队和合唱队的人员选拔政策来推断，国内学校很多的优质资源和教育机会只对少数学生开放。关于这一问题，我想跟读者朋友分享一下我的博士论文。我的博士论文采用了量性和质性结合的混合研究法，主要研究中国高等教育扩招背景下的教育机会与公平。其中一组数据的来源是对国内应届高中生的访谈。

在访谈前，我告诉受访学生他们的个人信息将得到保护，他们便敞开心扉把心里话都说了出来。我多次听到来自不同地区不同学校的学生提到他们学校的尖子班。成绩好的学生可以享受到特殊待遇，包括最好的师资、灵活的作息时间和安静的学习生活环境等，有的学生还提到学校为个别尖子生单独开小灶补课的情况。这些做法给大多数没有获得这些特殊待遇的学生带来很大的负面影响。他们认为学生被分为三六九等，成绩好的学生就是学校和老师的宠儿，成绩不好的学生都是没有受到关注的二等公民。[1]

很有意思的是，在收集博士论文数据时，我认识了一位当年刚被北京一所著名大学录取的女生小颖。小颖跟我分享了她在学校受到的种种特殊待遇以及由此带给她的压力。她说如果高考没有考好，如果没有被名校录取，她的内疚感会陪伴她终身。作为一名优等生，小颖的学校为了让她能够安静备考，在校内免费给她配置了一套教师公寓，让其父母照顾饮食起居；还安排高考把关教师为她进行一对一的特殊辅导。这些特殊待遇给小颖的学习和生活带来了很多福利，但是，也给她带来了诸多烦恼。

自从学校提供给她特殊待遇后，同学们都不再愿意和她交往，她的闺蜜也找各种借口不跟她来往了。小颖说她那段时间其实很不开心，因为她必须同时承受高考复习、特殊待遇和被孤立这三座大山带来的压力。

来自学生们的真实分享让我内心久久不能平静。教育公平是最大的公

---

[1] Jia, Q., & Ericson, D. (2017). Equity and access to higher education in China. *International Journal of Educational Development*. 52. 97–110.

平，教育公平带给人们希望，而教育公平最重要的就是教育机会的公平。如果学校对学生实行差别教育和差别对待，那就违背了先贤提出的"有教无类"的教育思想，更是违背教育要面向全体学生的教育原则了。

当然，学校有学校的难处，校长有校长的苦衷。因为升学率、重本率以及清北率（升入清华和北大的学生比例）都是评估的指标，这些指标决定着学校的发展、高级教师名额的分配、教师职称评定以及校长的升迁等等。

为了宣传，很多学校公开公布本校考上重点大学的学生信息。这样公开宣传升学情况在美国是绝对不可能出现的。第一，任何有关学生的个人信息都受到法律保护，学校绝对不允许公开泄露学生信息。第二，升学不是一考定终身的。前面介绍过，每个学生手里都会有好几所大学的录取通知书，选择权和决定权都在学生那里。第三，美国高校办学灵活，转系或转校是很平常的事情。

最后回到那位美国妈妈对"教育到底是为了什么"的质疑。从词源学上看，教育对应的英文、法文和德文单词都是源于拉丁语 Educare。E 表示 from,outof（出，源于）,duc 表示 lead,conduct（引领，执行）。意思即把自然人所具备的潜在素质和潜能引发出来，并成为现实的能力。

在我国，教育一词最早出现在《孟子·尽心上》"得天下英才而教育之"。《说文解字》中解释为：教，上所施，下所效也；育，养子使作善也。儒家经典《礼记》指出"学者，觉也，以反其质"。即通过学习让人觉醒明智。

古希腊哲学家柏拉图指出，教育是一项高尚的行动，是为生活所进行的训练，它使人向善。英国教育家斯宾塞也认为，教育即为未来人的完美生活做准备。意大利著名儿童教育家蒙台梭利指出，教育就是激发生命和充实生命，协助孩子用自己的力量生存下去，并帮助他们发展这种精神。科学家爱因斯坦更是指出，教育就是当一个人把在学校所学全部遗忘之后剩下的东西。

由此可见，教育应该真正回归到促进学生全面发展上来，规避以考试为目的的应试教育，从教育评价、大学招生以及高等院校制度建设上不断改进，彰显以人为本的教育原则。

　　教育的本质是培养人，助力生命个体的全面发展与健康成长。无论是学校教育还是家庭教育，都应该回归到教育的本质来。无论是教育者和教育政策制定者，还是父母与监护人，都需要常常审查我们的所作所为是否符合教育的本质。希望我们的教育都能回归到教育本质，希望每个孩子都能健康幸福地成长。

心得体会

偶遇老人摔倒

在关乎是非和品德的原则问题上，家长一定要态度坚定地为孩子把好关，用正能量去浇灌孩子的心灵，激发孩子的良知和正义感。这样的引领可以在平等民主的家庭讨论中开展与进行。

近年来，国内网络媒体的讨论热点集中在老人摔倒扶不扶以及如何开展见义勇为行动方面，这也自然成为我们家的讨论话题。因为我特别想知道进入青春期的儿子面临道德和人性抉择时的态度，以便有的放矢地引导孩子成长。东东进入高中后的九年级开学不久，我们家里就此问题展开了一场家庭讨论。

"儿子，你注意到国内最近在讨论'老人摔倒该不该扶'的问题吗？"

"嗯，我有所关注。"儿子回答。

"那请谈谈你的看法吧。"

"如果遇到老人摔倒，我肯定会毫不犹豫地去扶的。"东东不假思索地果断回答。

"那万一你碰到碰瓷的老人或被诬陷怎么办？"我继续试探儿子。

"那是老人的事了。不扶，就是我的事，我于心不安。"东东态度坚定地说。

"那你如何应对被人碰瓷和诬陷呢？"我进一步往深处挖掘儿子的观点。

"我会实事求是地描述当时发生的情况。何况在公共场所，肯定会有目击者的。"东东理性地说。

"如果恰好没有目击者可以证明你的清白呢？"东爸把我也刚好想追问

的问题提了出来。

"要是没有目击者，我也会施救。救人肯定永远是第一位的，剩下的事情之后再去处理和应对。我相信清者自清。"东东态度坚定地坚持着他的观点。

"妈妈完全同意你的观点和看法。救命的确必须放在首位。诬陷救助者的人毕竟是极少数的，我相信绝大多数人都是有良知和底线的。"

我对儿子在原则问题上的态度给予了表扬。我一直相信善良比聪明更重要。因此，在家庭教育中，我非常重视对儿子道德品质的培养。此番与儿子的对话让我了解了孩子内心深处的良知与美德。作为母亲，我深感欣慰。

没有想到，在我们讨论这个话题一年后的暑假里，我和东东在檀香山市还真的遇上了老人摔倒事件。那天下午3点左右，我和儿子去超市购物，我们行走在离超市大概一百米的人行道上。这时一辆白色面包出租车在距离我们四十米左右的前方停下，车门打开，下来一位瘦弱的老人，只见他右脚刚踏在地面，左脚准备下来时，身体失去平衡，摔倒在机动车道和人行道交界的石槛上。

出租车司机赶快推门下来，绕着车尾跑到老人身边，把老人扶上了人行道站着。我可以清楚地看见老人头上鲜血直流，顺着面颊往下淌。但是，那位司机没有和老人说一句话，也没有采取任何措施，马上返回车内，以最快的速度发动车子离去了。当时前后刚好都没有其他行人，我和东东见状，立即加快了步伐，跑到老人身边。老人很虚弱瘦小，看样子也是一位亚裔，年龄应该在八十岁左右。

我们慢慢地把老人扶到人行道边上坐下，我拿出餐巾纸替老人堵住头上的伤口。一包餐巾纸都用上了，还是堵不住流血，伤口的鲜血几乎呈井喷状往外涌，老人满脸都是鲜血，情况万分危急。我一边安抚着老人，一边观察着儿子。东东一边拨打911电话，一边跑到街道对面。原来，在我们对面刚好有一个消防站。在美国，紧急求救电话911同时连接着医院救护车、警察局的警车和消防队的消防车。但是，这所消防站面向我们这个方向的卷闸门紧闭，细心的儿子发现卷闸门右边有一个按钮，就立即按下了按钮，这时警报声高声地鸣响起来，同时卷闸门也徐徐启动。

随着卷闸门打开，走出来一位消防员。东东一边用手指向我和老人所在的位置，一边给消防员解释。一会儿，几个消防员抬着担架赶过来救助老人。他们首先用消毒纱布对老人的伤口进行了包扎，然后把老人抬到担架上。我悬着的心也终于放了下来。

这时，警车和救护车也相继到达。从警车上下来一位警察，他手里拿着记录本，来到老人担架边做笔录。在询问了老人的姓名、年龄、联系电话以及家庭住址之后，他接着询问了事情的经过。老人如实地回顾了刚才发生的事情，说他打的士过来是为了赴下午 3：15 的牙医预约，下车时不小心自己摔倒在地。接着警察询问了儿子的个人信息，并查问了刚才发生的事情。东东把我们作为目击者所看到的事件做了详细的介绍。

那位警察也问了我的个人信息，最后，他补充说以后如果需要，还有可能电话联系我们。笔录完毕，警察对我们表示了感谢，感谢我们对老人的救助和报警。在消防队员帮助下，老人被送上了救护车，随诊的医务人员对老人进行了检查和询问。很快，救护车离去，然后警车离去。我们最后与消防员们告别，他们纷纷向我和儿子表示感谢。

我和东东走向超市购物。我好奇地问东东，既然已经拨打了 911 电话，为什么还跑过街道去找消防员？如何发现那个不起眼的按钮的？东东告诉我，他看到老人当时血流如注，那么虚弱，感觉情况非常危急，不能耽误。他注意到对面刚好有个消防站，虽然是车库的后门，但也值得跑过去看看，争取以最快的速度帮助老人获得救治。面对车库紧闭的卷闸门，他毫无办法。于是，他心里希望能有一个按钮可以打开门，于是，就在周围的墙面上寻找。没想到，在大门右侧果然找到了一个按钮，他就试着按下，警报器和卷闸门同时启动。

东东回答完我的问题后，从裤子口袋里拿出他的手机，给我看了几张老人摔倒时拍下的照片。我当时只顾急急忙忙地跑向老人，根本没有想到要拍照。我也没有注意到东东什么时候抢拍的照片。东东告诉我，他是在我们跑向老人时，顺便拍下来的。因为他当时环顾了周围，除了我们娘儿俩，恰好没有其他人。他一下子回想起一年前我们关于这个问题的讨论，果然出现了我和东爸说的没有其他目击者的情况。东东告诉我，他担心万一出现状况，估计我们俩是不能作为有效证人的。确实，从这几张照片看，我们当时是在几十米以外，可以证明我们与事件完全没有关系，纯粹是救助者。

我表扬了东东的谨慎和理智。从他毫不犹豫地跑过去帮助老人，到拨打911电话，再到按下消防队车库按钮，最后到与消防员以及警员的互动和交流，我在一旁清清楚楚地观察了整个过程，东东一直都保持着淡定和沉稳，他助人为乐的善意与果敢，以及他推理判断的精准和周全等，让我作为一位成年人对他刮目相看。那一刻，我真心为儿子感到自豪。

十年级开学后不久，儿子有一天回来，兴奋地告诉我，他们的公民课上刚好学习了《好撒玛利亚人法》。他告诉我在美国和加拿大，《好撒玛利亚人法》是给伤者、病人的自愿救助者免除责任的法律，目的是让人们在做好事时没有后顾之忧，不用担心因过失造成伤亡而遭到追究，从而鼓励旁观者对需要救助的人士展开必要的援助和救治。

该法律的名称来源于《圣经》"路加福音"中的一个寓言：一个犹太人被强盗打劫，受了重伤，躺在路边。有祭司和利未人路过但不闻不问。唯有一个撒玛利亚人路过，不顾教派隔阂，善意照应他，还自己出钱把犹太人送进旅店。"好撒玛利亚人"因此成为基督教文化的一个著名成语和口头语，意为好心人、见义勇为者。晚饭后，我们一家人就这部法律以及救死扶伤和见义勇为话题展开了讨论。

《好撒玛利亚人法》是一部非常好的法律，可以打消旁观者救助伤病人士时的犹豫和顾虑，对实施救死扶伤和见义勇为的好人给予免责和保护。"我再度提起了这个话题。

"如果国内也有相应的法律来保护好心人和见义勇为者，我想就不会出现'老人摔倒不扶'的问题了。"东东把话题引到了国内网络热门话题上。

"当生命危在旦夕时，一个毫不相关的路人出手相救，这本应是天大的恩情。对好人的诬陷是一个社会最悲哀的事情。"东爸有些激动地说。

"是的。救命之恩当没齿难忘。这是最起码的做人根本。"我回应着。

"这是正常人的认知和思维。一个社会总会有一些不正常的人。我认为还是需要相应的法律做保障。"东东理性地表达他的观点。

"对的。必须有法律保护，让每一个有爱心、有良知的人能放下包袱，不再担心做好事被诬陷。人人都乐于做好事，人人都敢见义勇为。"东爸赞同地说。

"国内发生的一系列事件会引发全社会的思考和觉醒。对好人好事不保护和不认可，就是对坏人坏事的纵容和默许。相信国内一定会出台类似《好撒玛利亚人法》法律的。"我总结性地表达了观点。

"不过，在救死扶伤和见义勇为的过程中，还需要有自我保护意识，要智慧地应对，不能以损失自己的生命为代价。"东爸强调性地进行了补充。

"那是必须的。"东东懂事地回应着东爸。作为独生子，他明白父亲这番话的用意和分量。

讨论结束，我们各自去做自己的事情，家里变得安安静静。在我们家里，常常会对时事新闻和近期国内外发生的重大事件开展家庭讨论和思想交流。在家庭讨论中，我们的关系超越了夫妻、父子和母子，我们全家人以平等的讨论小组成员的身份进行沟通与交流。我们可以自由地陈述自己的观点，做到知无不言，言无不尽，没有任何长幼的约束与辈分的限制。我们的观点有时可能一致，有时也可能出现分歧。观点不一致时，我们也会激烈地争论，但绝不会上升到人身攻击，而是就事论事。很多时候，在这样的争论中，我们每个人都会获得一定的启发和灵感。由于新思想和新观念的注入，常常引发对自己固有观念的反思，常常是受益匪浅。

我认为民主平等的家庭氛围对孩子的成长是非常重要的。在这样的家庭里，孩子被认定为一位有能力有贡献的家庭成员，因而受到足够的尊重和认可，孩子有话语权、知情权、参与权及决策权。在这样的家庭里，家长不再是权威人物，而是知识型的引路人、指导者、倾听者以及合作者；在这样的家庭里，亲子关系成了伙伴关系和朋友关系；在这样的家庭里，家长和孩子都获得了成长和进步。

心得体会

初心不改的志向

 大学申请关乎孩子的事业和人生，父母要鼓励孩子自主选择。当父母和孩子的观点不一致时，父母要尊重孩子的选择。同时，父母要尽可能广泛而全面地收集大学的信息和资料，为孩子提供参考，帮助孩子做出明智的决定。

在美国，大学申请往往要从毕业时间往前倒推一年。Punahou 学校为了充分做好大学申请的准备工作，十年级开始就为学生们开设大学升学辅导课，由专任大学指导老师担任教学任务。Punahou 学校的大学升学指导办公室共有六位老师，他们都是拥有硕士研究生学历以上的专业人士。十年级结束前，大学升学指导办公室专门组织了该年级的全体家长召开了大学申请要求与程序的专题家长会。

进入十一年级就意味着进入大学申请季。我很早就开始着手查询美国大学网站的信息，广泛地收集大学招生信息，并做好记录，然后与东东商量和讨论。十一年级下学期开学，大学申请进入倒计时阶段，东东本人也开始重视这件事，经常上网查询，并与老师和同学讨论大学的选择等。

Punahou 学校的升学指导也在十一年级下学期正式启动。为了了解学生情况，升学指导老师事先给每个学生填写一份表，内容包括十二年级预修课程、暑假活动计划、预选择的院校、可能选择的专业以及希望讨论的问题。表上按录取可能性把院校分为四类，第一类，很有可能的，即有90%~95% 录取可能性；第二类，可能的，指 75% 录取可能性；第三类，抛硬币的，即 50% 录取可能性；第四类，跳起来争取的，即 5%~10% 录取可能性。

　　我们召开家庭会议，讨论东东报考的院校。哈佛大学一直是东东的梦想院校，但是，哈佛大学也是全世界优秀学子的梦想。大学申请竞争的激烈程度可想而知，录取的概率也是极小。由于东东作为一名中国留学生孩子的身份，申请哈佛之类的名校比美国籍孩子要艰难很多。因此，除了哈佛大学之外，我们按照信息表上的四个分类，大致选了十二所大学。

　　在一对一的见面会上，东东的升学指导 Obenchain 老师主要谈到进入十二年级前需要完成的各类考试，包括 AP 课程考试、SAT 综合考试和 SAT 单科考试等。Obenchain 老师还建议东东加考 ACT。SAT 和 ACT 是美国使用的两种类型的全国高考。Obenchain 老师告诉我们名校的竞争往往很激烈，招生官往往是优中选优，他们经常通过 SAT 和 ACT 两类统考来考核学生，所以也希望申请人能提供更多的信息证明自己的卓越与独特。

　　虽然 SAT 和 ACT 都是标准化考试，但还是存在区别。SAT 重点考查阅读、写作、分析和解决问题的能力。ACT 则着重考查对高中阶段课程知识的掌握、独立思考和判断能力。SAT 包括阅读、语法、数学和写作。ACT 包括英语、数学、阅读、科学和写作（选考）。ACT 除了数学难度要比 SAT 大以外，还考查科学学科知识和能力。SAT 总分 1600，其中数学 800 分，阅读和语法共 800 分，写作另外计分。ACT 考试的每个部分总分为 36 分，总成绩是四个考查部分的平均分，满分为 36 分，写作同样另外计分。

　　此外，作为英语非母语的学生，Obenchain 老师建议东东参加托福考试。美国绝大多数大学对在美国读书超过五年的外国学生豁免托福考试，而东东在美国学习时间已经远远超过五年。但是，根据 Obenchain 老师的意思，他希望东东考托福，确保他大学申请材料的完整性和不可挑剔性。

　　见面会结束后，东东就开始着手网上报名以及考试准备工作。美国高考都是社会化考试，考生自己上网注册，自选考试地点和时间，然后缴费。十一年级下学期可以说是东东的考试季。3 月 9 日考了 SAT；5 月 4 日上午连续考了三门 SAT 单科，包括数学、物理和美国历史；5 月底又考了两门 AP 大学先修；6 月 8 日接着考了 ACT。没过多久，各种考试结果相继出来，成绩都还不错。

　　十二年级刚开学，Punahou 学校升学指导老师就建议学生和家长预约一小时的个性化见面会，讨论大学申请的细节。东东提早完成了信息表的填写，为见面会做好了各种准备。这次见面会非常重要，大学申请基本要在这次会上敲定下来。

信息表的第一部分是学校活动的最新信息，第一项要求填写十二年级的所修课程，并要求对荣誉课程或 AP 大学先修课程进行标注说明。东东共七门课，五门主课中的三门是 AP 大学先修课程。它们分别是西班牙语、大学微积分和物理。第二项是了解学生暑期活动。第三项是了解学生十一年级的见面会之后取得的成绩、奖励、承担的责任以及其他方面的突出表现。第四项是自十一年级见面会后有何意外或困难。第五项是是否考虑申请提前录取，如果考虑，会申请哪所大学。第六项是可能就读的专业。第七项是见面会需要讨论的其他事项。

第二部分是学生计划申报的大学信息，包括大学录取需要的考试、申请截止日期、专业以及申请材料要求。当时儿子把哈佛大学排在首位，并且作为提前申请的大学。此外，他还选了麻省理工学院、耶鲁大学、普林斯顿大学、斯坦福大学、达特茅斯学院、约翰·霍普金斯大学等。

10 月底，东东参加了托福考试，毫无意外地拿了高分。Obenchain 老师告诉我们东东的个人情况不错，再加上老师推荐信和个人陈述及大学申请文章，就是一套优秀的大学申报材料。在会上，东东和 Obenchain 老师一起确定了两位推荐老师：一位是十一年级的数学老师，一位是十二年级的历史老师，兼顾了文科和理科。

Obenchain 老师把东东预申请的大学做了前四名的排序，他建议东东把哈佛大学的提前录取放在首位，因为提前申请材料递交日是 11 月 1 日。其余的大学都是常规录取，截止日是元旦那天。排在第二的是普林斯顿，第三是斯坦福，第四是约翰·霍普金斯。他还建议东东增加了哥伦比亚大学。

接下来，Obenchain 老师根据东东的情况，按照录取的四类可能性把这些院校进行了分类。他把哈佛大学和其他几所名校列入录取可能性在 5%~10% 的院校，把约翰·霍普金斯和达特茅斯学院列为 50% 可能性院校，波士顿大学等列为 75% 可能性院校，阿姆斯特学院等列为 90%~95% 可能性院校。

东爸当时已经回国，东东大学申请的事情基本是我们母子俩一起面对。

晚上我和东东再次商量，决定把原来选的那几所把握性更大的院校都加上去。与常规申请允许申报多所院校的情况相比，同一所大学的提前申请的录取率通常要比其常规申请高。如果东东能拿到提前录取的通知书，就意味着获得了第一志愿院校的录取，或者根本不用再去申请别的大学了。因此，提前录取的院校选择十分关键。

关于提前录取院校的选择，我与东东发生了分歧。我认为哈佛大学录取的概率太小，建议他不要把哈佛作为提前录取志愿。同时，我还考虑到哈佛大学本科招录的全是世界最优秀的学生，学习压力可想而知。我一直都认为孩子最好的、最稳妥的成长是留有余地的呈现螺旋式上升的可持续性成长，一步登天或者过于顺风顺水实际上并不见得对孩子有利。于是，我尝试和东东交流，希望他放弃哈佛大学，选择优质的专注本科教育的文理学院，比如达特茅斯学院和威廉学院。在这一点上，我的博导 Ericson 教授也是支持我的。他认为以本科教育为主的文理学院往往规模小，生师比通常较低，学生可以得到教授们更多的关注，对孩子的成长十分有利。事实上，相对于哈佛大学，文理学院的竞争要小很多，录取的可能性也要大很多。

但是，我的建议并没有被东东采纳。东东对我说哈佛大学是他从三岁起就向往的高等学府。一路走来，考入哈佛一直是他战胜困难不断前进的动力，是他从来就不曾改变过的志向。最后，东东态度坚定地对我说："妈，我一定要申报哈佛。录取了，算我幸运；被拒了，我也接受现实。"东东是个有主见的孩子，这个决定当然由他自己做。作为妈妈，我就是再担心，也只能在心里默默祈祷儿子心想事成、梦想成真。

在提前录取截止日期前，东东完成并递交了所有材料。接下来，就是等待面试通知。在东东做出决定后，我就开始为他的面试做准备工作了。我认真地研究了哈佛大学本科学院及其通识教育，结合我的博士学习经历，经过反复思考与斟酌，编写了近二十道面试题。我给儿子进行模拟面试，但是，都没有收到好的效果。面对扮演哈佛大学面试官的妈妈，儿子每次都嘻嘻哈哈的，我也会因他的滑稽幽默而忍俊不禁。后来我特地邀请了一位在夏威夷大学任研究员的好友张女士来家里给东东进行模拟面试，我悄悄地在门后面偷听。模拟面试中规中矩地进行着，东东对每一道题都严肃认真地回答。

在递交了哈佛材料两周后，我们接到了面试通知。面试将由一位在本州当律师的哈佛校友主持。面试进行了快两个小时。回来时，东东露出了考试后特有的开心表情，高兴地跟我分享他的面试经过。面试官主要询问了东东的学习情况、爱好特长、家庭背景，还问了东东为什么选哈佛大学和他希望就读的专业以及未来计划等。东东还激动地告诉我很多问题都与我编写的面试模拟题相似，所以他回答起来游刃有余。东东把我也好好地夸奖了一番。

没过几天，麻省理工学院也发来了面试通知。我们觉得很奇怪，因为东东只是从网上传送了通用申请和自我陈述，还没有完成学校的申请文章，是一份未完成的申请，怎么可能就安排面试呢？后来一想，能面试反正是好事。

有了哈佛面试的成功经验，东东非常自信地赶去面试地点。面试官是檀香山皇后医院的一位外科医生，麻省理工医学院毕业的医学博士。面试地点就在他的办公室。我开车送儿子去面试，儿子面试时，我索性就在一楼大厅看书等他。这次面试时间大概持续了四十分钟。东东告诉我面试的内容基本和哈佛一样。不久之后，耶鲁大学也伸来了橄榄枝。

哈佛提前录取的发榜日很快来到。那天是星期四，我和东东照例上班上学。分手时，东东告诉我接到哈佛的发榜邮件后，他会在第一时间把消息转告我。波士顿时间的下午 3 点相当于夏威夷时间的上午 10 点。坐在办公室电脑前的我，满脑子都是哈佛发榜的事情，没有心思做事。随着时间一分一秒地临近，我的心都快跳出喉咙了。我相信儿子也一定非常紧张。

我的眼睛一动不动地盯着电脑屏幕，10 点已过，还没有消息。我有些按捺不住，就拨通了儿子的电话，他没有接，估计在上课。过了一会儿，我收到儿子的手机留言："妈，不用担心，一有消息我就告诉你。邮件的发出和传送都需要时间。不用担心啊。"东东知道妈妈此刻的心情，所以他连续用了两个"不用担心"。那种语气给我的感觉好像是胜券在握一样。

儿子之前就给我打了预防针，他告诉我："妈，如果你看到邮件的第一句话是 Congratulations，就说明我录取了。您就高兴吧，不需要再往下看了。如果是 Thank you，就证明我被拒了，就更不用往下看了。"

　　10：05，我终于等到了儿子转发来的邮件。我焦急地打开邮件寻找第一句话，我看到的是 Congratulations。顾不了此刻人在办公室，我大声吼了一句："太好了！"我的美国同事不懂中文，一下子都围过来，问我："你还好吧？"我用英文告诉他们我的儿子被哈佛大学录取了。他们都愣了一下，但马上向我表达了祝贺，并一一跟我拥抱。

　　傍晚，东东几乎和我同时到家。我紧紧地拥抱儿子，向他表示祝贺。接下来，儿子出乎我意料地说了这样一番话："妈，感谢您这么多年的养育以及对我无私的付出。我被哈佛录取了，我长大了。今后您可以更多地关心自己、专注自己的事业啦，我支持您。"我顿时热泪盈眶，儿子的话带给我的喜悦与感动，不亚于哈佛录取书。

心得体会

美国大学申请

美国高校招生实行个性化的招录政策，招生官将对申请人进行全方位和多维度的考核，包括高中学业成绩、课程难度、标准化考试成绩、个人陈述和申请文书、老师推荐信和课外活动等。智慧家长懂得从成长而非升入名校的角度去指导孩子为大学申请做准备。

通过全程参与东东的大学申请，我对美国各类大学都有了较为全面的了解，还成功地指导了一些亲朋好友的孩子申报美国大学，孩子们最后都去了心仪的大学。因此，我也想把关于美国大学申请的心得纳入这本书。本文由三部分组成：美国大学分类情况、美国大学申请注意事项和美国大学招录政策。

一、美国大学分类情况。

根据所有权与办学经费来源划分，美国大学可以分为公立学校和私立学校。公立大学通常就是州立大学，由五十个州分别独自设立，单独运作。每个州的公立教育都有一套独特的教育系统，入学要求、收费标准以及学位颁发都不尽相同。公立大学的经费主要依靠州政府税收拨款，同时联邦政府也会给予各种补助。此外，公立大学也接受校友捐赠。由于公立大学办学资金主要来自本州的纳税人，因此本州居民可以享受优惠的本州学费，大概相当于国际学生学费的三分之一。

很多时候，相邻州或协议州之间达成共识，学生统一享受本州学费标准，还可以互相交流选课和互相承认学分。有的州立大学为了吸引国际学生，也会设立国际学生奖学金。比如：我的母校夏威夷大学马诺分校为本校招录的国际本科生提供非常优惠的奖学金，本科就读期间，可以享受到与本州学生相差不大的学费标准。

美国的私立学校与公立学校一样，学费是学校财政来源的一个重要组成部分。私立大学的学费通常高于公立大学。但是，私立大学的经费来源主要是校友的捐赠，以及捐款的投资运作。美国大学排名中，学校的财力是一个重要的考量因素。美国的私立教育非常发达，最著名的八所常春藤盟校都是私立大学。当然，公立和私立并不是判断学校质量好坏的标准。

美国大学还可以按照其提供的学位情况划分为综合型大学、文理学院、社区学院。综合型大学有公立的，也有私立的。通常包括大学本科部、研究生院、商学院、法学院、医学院和教育学院等。一般提供包括本科、硕士、博士等学位。很多综合型大学提供的本科教育也属于文理学院，比如高中生申请哈佛和耶鲁大学的时候，其实申请的是哈佛文理学院和耶鲁文理学院，也就是哈佛大学和耶鲁大学的本科部。美国的综合型大学一般学生人数比较多，规模比较大。本科阶段除了教授授课，还会有在读的博士生担纲助教，为本科生授课。

文理学院大部分是私立的，为学生提供四年制的本科教育，毕业后授予本科学士学位。文理学院通常淡化专业，重视能力和素质的培养。一般不提供硕士或者博士学位的学习。文理学院是美国高校的重要教育种类之一。文理学院的教育内容通常涵盖三类：自然科学、社会科学和人文学科，注重的方面包括自由教育、通才教育和素质培养。基本上是教授授课。由于只提供本科学位，教授可以专注本科教学，也就能把更多的精力放在授课和辅导学生上，学生能得到更多的教授关注。学生人数少和办学规模小是文理学院的显著特点，任何一个学生都有机会和最好的教授交流。美国有的文理学院的声誉非常好，比如：达特茅斯学院和威廉学院。

两年制的社区学院基本是公立的。社区学院提供的课程大致分为两类。一类为过渡性文理课程，相当于四年制大学的头两年，学生完成两年学习并达到学术要求后，可转入四年制大学或学院继续深造。由于有学分携带政策，许多学分被本州公立大学系统内的四年制以上的大学承认。另一类为职业性的技术课程，毕业生在获得副学士文凭后，直接就业。副学士学历相当于我国的大专学历。社区学院的入学门槛非常低，单凭高中毕业证书就可以入读。而且学费也比较低廉，人人都读得起，因此也被称为开放性大学。不足之处是教学设施和师资力量相对薄弱，师生的流动性大，学生的质量参差不齐。年龄差异也很大，有应届高中毕业生，也有工作了几年决定返校充电的成年人，还有退休后圆大学梦的老年人。

二、美国大学申请注意事项。

美国高校招生对申请人高中四年的学习和表现，进行全方位多维度的考核。大学招生官通常会从以下六个方面对学生进行考查，择优录取。如果学生想被美国名校录取，那么在这些方面就要做充分准备，并在申请截止日期之前完成所有资料的递交。

（一）高中阶段的学业成绩。

主要考查学业的 GPA，即平均基点成绩。GPA 是基于考试成绩、学分和总学分计算得到的成绩。课程考试满分为 4 分，极少数科目的满分为 5 分。通常分为五个等级，包括 A（4 分）、B（3 分）、C（2 分）、D（1 分）和 F（0 分）。每个学期考试结束时，学校会根据学生的课程表现与考试成绩，计算出 GPA。

GPA 是大学招生官最重视的学业成绩。因为 GPA 可以反映学生是否具备学术潜力。高中阶段的 GPA 是否呈现不断上升的趋势也是招生官特别审查的指标。如果 GPA 上下浮动较大，招生官会认为这位学生学习的随机性很大或者坚持力不够。即便是有一些合理的理由，比如花了很多时间去做公益或体育项目，都难以说服招生官。他们希望看到即便是花费时间和精力投入到其他事情当中，申请人仍然能保持持续上升的 GPA。

（二）高中选修课程情况。

大学招生官不仅重视高中 GPA，还要看申请人所修课程的难度。名校招生官希望看到申请人选修高中学校要求高、难度较大的课程，并且尽可能地多修，最好是能够把学校所开设的高难度课程全部修完。这些课程包括学校的荣誉课程、大学先修 AP 课程以及国际预科证书 IB 课程等。因为选修这些课程并且获得高分可以证明申请人的学术能力与挑战自我的精神。

（三）高中毕业标准化考试成绩。

美国高中毕业标准化考试通常有两种考试。

一种是由美国大学理事会主办的 SAT 考试，SAT 主要目的是评估高中毕业生的学术能力。很多研究表明，SAT 考试成绩越高，学生进入大学后的学业越好。因此，SAT 成绩成为世界各国申请美国大学资格及奖学金的重要参考。SAT 每年举办七次，学生可以多次报名参加考试。2016 年改革后的新 SAT 总分共 1600 分，分为阅读、文法和数学三部分，写作作为选考部分。由美国考试机构 ETS 的测试专家命题与阅卷。

另一种标准化考试是 ACT。ACT 既是美国大学的入学要求之一，也是大学奖学金申请的主要依据之一，由美国 ACT 公司主办。ACT 也被美国很多大学接受。与 SAT 相比较，ACT 考试更像是一种学科考试，它更强调考生对高中四年所学课程知识体系的掌握，同时也注重考查考生的独立思维和判断能力。ACT 考试由四部分组成：英语、数学、阅读和科学推理。作文为选考项目。ACT 满分为 36 分。由于 ACT 更重视知识性的测试，因此对中国考生更有利，便于在短时间内获得较好的成绩。

如果想要申报名校，申请人最好参加两类考试。SAT 和 ACT 成绩可以对考生的学术能力互为印证，对进入大学后的学习起到更好的预测作用。

除了上述两种综合性统考外，美国大部分名校还要求申请人参加 SAT 科目考试，目的是给大学呈现学生在专门领域的学术水平。此项考试是否作为大学入学要求，申请人要仔细浏览所选报的大学和院系的官网上的招生录取要求。需要 SAT 科目成绩的大学一般要求申请人至少参加两门考试。因此，考生通常会报考三门考试，以便更好地达到标准。中国学生通常会选择高难度的数学 II、物理和化学。生物的词汇量大且冷僻，难度较大。文科类科目包括语言、文学、美国历史和世界历史等。由于语言问题，中国学生选择文科类科目考试的相对很少。

（四）文书准备。

在美国大学申请入学的过程中，个人陈述是很重要的一个环节。个人陈述主要是让大学招生官透过申请人的文字去了解一个鲜活的高中毕业生。

个人陈述通常包括以下五个部分：申请的理由是什么、为什么自己是一名优秀的申请人、申请人的学术背景与申请院校及专业有何相关性、申请人相关的特长与爱好以及申请人有何技能与成就。

在个人陈述的准备阶段，申请人最好提前做好以下三件事。

首先，了解大学对个人陈述的要求，并找到该校个人陈述的范文。大学通常会把个人陈述的要求和范文公布在其官网上。如果找不到，可以发送电子邮件到学校的招生办咨询。

其次，详细地了解大学情况，比如学校的校训、学术要求、校园文化、学生生活以及课外活动等方面的情况，查看是否是最适合自己的大学以及可以通过怎样的方式为学校做出贡献。

最后，在写作之前，列出写作提纲。静下来，好好想想自己一路走来的学习和生活，然后用点句的形式记录下来。招生官通常喜欢听故事，喜欢招录有故事的学生。因此，个人陈述的重点是申请人陈述自己的故事，并且要让自己的故事能够吸引招生官。

做好以上准备后，就可以开始写作了。写作时，请注意以下八点。

1. 排除设限。在写作时，按照提纲集中精力把所要表达的内容完整地写下来，而不要让自己的思维惯性受到文字篇幅要求的影响。个人陈述需要多次修改。

2. 充足时间。一定不要等到最后时刻才开始动笔。一篇优秀的个人陈述是不可能在几个小时或者几天内就能完成的。给自己留下充裕的时间来完成个人陈述。有时需要放上几天，然后修改和润色。

3. 彰显个性。把自己的成长经历、学术背景、个性特点、特长爱好等整合起来，凸显申请人与众不同的个性化特色。

4. 实事求是。个人陈述力求真实，务必本着实事求是的态度来全面展示自己的学识与能力以及个人魅力。一定不能虚构与捏造事实。招生官见多识广，阅人无数，他们能够识别真假。

5. 本人作品。个人陈述一定要申请人本人亲自动笔写作，千万不能请人代笔，这一点非常重要。大学招生官都是有经验的专业人士，他们能够分辨出来是否是学生自己的作品。

6. 校对润色。个人陈述完成后，可以请大学指导老师提出修改意见，并进行校对润色。但范围只是局限在语法、词汇和标点符号的校对方面。主要内容与行文风格还需要保留本人的特色。

7. 大声朗读。当逐字逐句地写作时，申请人可能会忽略比如过渡与连贯性的问题，大声朗读自己完成的个人陈述有利于识别出那些不十分顺畅的部分，然后再做出修订。

8. 最后定稿。定稿后提交前，除了自己阅读外，至少再让另一个人看一遍，确保递交一份质量有保障的个人陈述，以博得招生官的好感。

（五）老师推荐信。

申请人需要了解申请大学要求推荐信的数量和推荐人的资格等信息。美国大学申请通常要求高中阶段两位老师的推荐信。但是，有的学校除了学校学术性课程老师的推荐信以外，还要求有课外活动指导老师的推荐信，以便更加全面地了解申请人。关于推荐信有以下三点建议。

首先，确定写推荐信的老师。

在选择写推荐信的老师之前，要做好知己知彼的调研工作。"知己"是指申请人根据自己的学业和表现，选出自己喜爱的、表现突出的、成绩优异的两门学科。"知彼"是指对选出的这两门学科的任课老师的了解。要确保他们愿意为你写推荐信。同时，推荐信是为申请人起加分作用的。换言之，写推荐信的两位老师要对你不仅了解而且还赏识。他们不仅能够从学科的角度给予大力推荐，还能从其他方面给出细节性的评价。细节性的描述体现了老师对学生了解的深度，最能打动人，有利于大学招生官从不同的视角更好地了解申请人。最好选择十年级以后的学术性课程老师，大学招生官更愿意看到申请人的最近表现。

其次，选择合适的时间与老师沟通推荐信的事情。

选择合适的时间请老师写推荐信也是值得重视的。如果时间太早，老师会先忙其他的事情，甚至可能会忘掉这件事，最后还得提醒和催问老师。如果时间太晚，老师没有充裕的时间专心写，难以保证质量。建议在推荐信截止日期前4~5周由申请人本人去约见老师，咨询他们是否有时间。这样就既能确保老师保持适度的紧迫感，也能保证老师有足够的时间去完成一篇高质量的推荐信。

最后，周到地为老师着想。

在请老师写推荐信时，准备好写好邮寄地址并贴好邮票的信封。最好把申请人写好的自我陈述和个人简历等资料一并交给老师，作为写推荐信时的参考。老师往往会被多个学生邀请作为推荐人，在大学申请季，他们会很忙。做好这些事情既可以为老师带来很多方便，也能够打动老师，从而更有利于收获一篇好的推荐信。当然，现在很多学校已经采用了网上递交推荐信的方式，这样就更方便和省事了。

（六）课外活动情况。

课外活动也是招生官对申请人考查的重要项目之一。课外活动的内容很宽泛，凡是学生在课余时间里所从事的活动都属于课外活动。比如社区服务、特长学习、体育项目、社团活动、家务劳动等。

大学招生官通常重点审查申请人参与课外活动的时间长度和参与深度。也就是说，招生官希望看到申请人长期连续性地从事某项课外活动，并且在其中承担了重要职责。因为从参与课外活动的长度和深度，他们可以了解到申请人是否具备领导力、服务意识、奉献精神、专注力、坚持力以及坚毅品质等。这些特质都是预测学生未来在学习与事业上取得成功的重要指标。如果学生仅仅是成绩好，其他方面没有卓越表现，招生官会认为学生把所有时间和精力都单一地投入到自己的学习中，会将其拒之门外。名校是为了培养致力于改良社会、促进公平和让世界更美好的精英人士，而非精致的利己主义者。

三、美国大学招录政策。

美国大学招生与录取通常分为两类，包括提前申请与常规申请两种方式。提前申请的材料递交一般在 11 月初，录取通知的发放时间一般在 12 月中旬。每个申请人只能申报一所院校。

提前申请又分为提前行动和提前决定。提前行动是指申请人在拿到提前录取通知书后，还可以参加常规录取，申报其他院校。而提前决定是指学生如果拿到申报院校的录取通知后，就不再通过常规录取申报其他院校。简言之，如果申请人通过提前决定的类别选择了一所大学，一旦录取，该申请人就只能去这所大学，提前录取的院校成为学生的唯一学校。当然，如果提前决定申请被拒，则可以继续参与常规申请。

常规申请允许学生随意申报若干所大学。常规申请递交申请截止日通常在第二年的 1 月 1 日。录取通知书的发放则在 2 月初至 4 月初之间。大学补录名单的录取通知书的发放会更晚些。因为往往需要等待那些已经录取的学生做出放弃的决定后，大学才能完成补录。补录名单也是根据学生的综合考核结论，按照从高分到低分的先后顺序排序。申请人大学最后决定的日期一般在 5 月中旬。

美国大学招录是个性化地对申请人全面考核，哈佛大学把他们的招生过程称为"全人考核"。因此，大学申请实际上是一个长期系统的工程，家长必须摒弃急功近利的心态，回归教育的本质引领孩子成长。唯有把升学与成长完美地融为一体的时候，孩子才有可能成为社会的栋梁之材。

心得体会

高中毕业季

 高中阶段不仅是孩子们关键的学习阶段，还是他们培养三观与建立友谊的重要时期。经过精心策划的毕业班系列活动有利于学生们在高度紧张的考试季和升学季后放松身心，有利于师生间和同学间感情的加深，也增进了毕业生对母校的感情。

在美国，高中毕业典礼非常隆重。因为高中毕业表明孩子基础教育的顺利完成，同时，也标志着孩子从少年儿童阶段走向了青年时期。按照国际惯例，十八岁以后的孩子不再需要监护人，他们可以签署各种有法律效力的文件了。因此，高中毕业典礼也算是一个成人仪式。

Punahou 学校的高中毕业相关活动覆盖了十二年级下学期的整个学期。正式的毕业典礼就有两次：一次是学术性的毕业典礼，一次是庆祝兼娱乐性的毕业典礼。前者只邀请学生与家长参加，后者每个学生可以预订 10~12 张入场券，邀请亲朋好友参加。在学校 2 月初狂欢节的大型演出之后，毕业班学生开始了各种毕业活动的准备，毕业庆典正式拉开序幕。

十二年级下学期的 3 月中旬，我们收到了 Punahou 总校长 Scott 博士的信件，告知东东荣获总校长奖，邀请家长于 3 月 31 日下午两点参加颁奖活动，并希望家长配合保密，不要提前告诉孩子。这封信让我想起了东东在九年级时获得的高中校长奖，也是要求家长保密。如同那次颁奖，我依然邀请了我们在夏威夷的好友 Ann & David 夫妇一同见证。

东爸在东东十一年级结束时已经回国，很遗憾他没能参与见证东东毕业的系列活动。我和 Ann & David 夫妇早早就来到会场。颁奖典礼地点与三年前一样，都在 Punahou 学校的室内体育馆。会场的布置与上次几乎一模一样，这也体现了 Punahou 学校的传承与积淀。不论谁任校长，不管时代如何变迁，学校文化与惯例基本不会改变。

学生们鱼贯而入。和上次不同的是，东东和十二年级的同学作为毕业生，被安排坐在了体育馆的比赛场地，其他三个年级的高中生与获奖学生家长都坐在观众席的看台上。当年的高中新生，如今成了毕业生了。一切都仿佛发生在昨天。我不禁感慨光阴似箭，岁月如梭。东东和他的朋友们坐在靠后的位置。会议主题是欢送毕业生暨校长奖颁奖。会议议程与上次也是一模一样，包括毕业班的演唱、班旗交接、颁奖仪式以及校长发言。

5 月 24 日晚上是毕业班学术性毕业典礼，要求学生身着统一定制的毕业正装出席。男生是藏青色西装和黑皮鞋，女生是白色印花无袖长裙和白皮鞋。出席典礼的校长和老师们都身着学位服。那天我第一次看到儿子身穿正装，在四季如夏的夏威夷，东东都是 T 恤加运动短裤。东东那一米八三的身高和多年游泳练就的标准体型，在笔挺的西装映衬下，显得更加高大挺拔和英俊帅气。

整个仪式正式庄重，主要议程包括高中校长和总校长的发言，十二年级两位年级主任发言，教师代表和两位学生代表发言。由于这一届创下了该校有史以来最好的成绩，仅入读哈佛的就有六人，斯坦福大学录取人数多达十五人，还有很多学生被其他名校录取。两位年级主任 Fletcher 博士和 Herzer 先生也因此获得嘉奖与提拔。

5 月 31 日，隆重而盛大的高中毕业典礼在檀香山市多功能音乐厅举行。为了装扮会场，早在两个月前，家校联合会就发出征集鲜花和绿植的通知。家长和校友纷纷捐赠了自家花园或农场的花卉与绿植。据悉，每年都有校友和家长专门种植毕业典礼需要的花卉与绿植。夏威夷土著的大家庭 Ohana文化已经渗透到夏威夷的每个家庭和机构当中，个人都以是大家庭的一员而自豪，每个人都自觉自愿地为大家庭尽力和做贡献。

家校联合会提前三天就开始在现场布置，我也积极加入到家长志愿者队伍，任务是用牙签串上夏威夷常见的黄心白边鸡蛋花，然后插入一个事先准备好的泡沫大球上，形成一个个巨大的花球，一路摆放在入场口通往主席台的通道两旁。主席台上方是毕业生就座的位置，这届毕业生人数是四百三十五人。背景悬挂六个特制的巨型花球，中间悬挂着 Punahou 学校巨型校徽。

毕业典礼晚上 6:30 开始，我和 Ann & David 夫妇以及另一位好友坐在会场中心的亲友席位，其余的八位友人则坐在看台上。会场在专业人士和家长以及校友的共同努力下，布置得充满喜庆，美轮美奂。由于完全采用鲜花和绿植布置，整个会场清香四溢，透露出浓郁的夏威夷特色。

随着乐队音乐的响起，全场瞬间安静下来。学生开始入场，男生手挽女生分别从两个入口进入。在入场口各有一位老师掌控每对学生进场的时间和距离，在细节上做得非常完美。从不同方向入场的两对学生最后在正对主席台的位置会合，两位男生在两边，两位女生在中间，四人手挽手走向主席台后的学生席位。学生们身穿定制的正装，男生们脖子上环绕着夏威夷 Lei，女生们头上戴着夏威夷鲜花头饰。孩子们个个笑逐颜开，精神抖擞。他们的青春靓丽和神采飞扬，迎来了两边家长热烈的掌声。

这次的毕业典礼主要议程包括高中校长和总校长发言。学生发言代表是一位学校足球运动员，他虽然经历了心脏手术，但仍然坚持学习，与同届学生一起毕业。我观察到学校选择学生发言代表时，看重的是学生的个性特色和坚毅品行，而不仅是看学业成绩或录取学校的排名。

发言结束便是颁发学生毕业证书的环节。几位工作人员把放满毕业证书的大长条桌子移到主席台中心，证书用深蓝色天鹅绒覆盖着，上面系了Punahou 学校标志性的蓝色丝带，由两位资深教师共同把丝带和绒布揭开。两位年级主任负责轮流念读学生名单，名单先后顺序按照学生的位置来定，从最前排开始。学生领证出场也是统一规范，由主席台左侧步入，走向站在中间的总校长 Scott 博士。Scott 博士亲自为每个学生颁发证书，校长助理站在证书桌一侧负责为总校长传递毕业证书。高中校长则站在证书桌的另一端，对每位学生再次表示祝贺。学生领证后由右侧回到座位，形成一个非常壮观的有条不紊的人流循环带。每个一丝不苟的小细节都折射出Punahou 学校教育者们对教育的敬畏和对孩子的尊重，反映了这所优质名校的品质与水准。

证书颁发完毕，校长和老师纷纷离开了主席台，把整个舞台交给了学生们。首先是即兴表演的歌曲联唱，学生们非常开心和放松。然后灯光变暗，学生们纷纷从座位下取出准备的充气蓝色和黄色荧光条，这两种颜色也是 Punahou 学校的标志色。学生们统一数数，当数到他们毕业年份的数字时，统一将荧光条和气球抛向空中，狂欢达到高潮。随后音乐停歇，全场逐渐安静下来，聚光灯指向了演讲台，一位男生代表发表简短介绍，他们将作为 Punahou 毕业生为各位来宾演唱最后一首歌曲。他的发言直戳泪点，很多家长和学生都眼眶湿润。学生们一起动情地演唱了献给母校老师和亲友的一首歌《您为我感到自豪吗？》。毕业典礼在最后集体演唱的 Punahou 学校校歌中落下帷幕。

毕业典礼顺利结束。学生们有秩序地移步到另外一个巨大的室内场地，在那里他们将接受亲友们的当面祝福和赠送夏威夷 Lei。大厅内按姓氏首写字母顺序，在不同的区域设有指示牌，方便赶来祝贺的亲友顺利找到学生。我们的中美友人纷纷赶来祝贺，东东和他的同学也互相祝贺，好友张女士和我就像随军摄影记者一样跟着东东拍摄。令我感动的是东东的几位已经在大学学习的 Punahou 学校数学队的好友都前来祝贺，还有他的几位老师也赶来祝贺。

按照通知安排，毕业班全体学生还将在这里度过同学一场的最后一个狂欢之夜。场内安排有电影、游戏、扑克以及各种棋类等，还有吃的喝的。学校安排了很多老师陪伴学生，要求家长次日凌晨 5 点赶来接孩子。

在美国，高中毕业典礼通常是最隆重的典礼。毕业生的系列毕业活动除了校方的典礼以外，通常还会举办家庭毕业派对。我所在的女性教育社团的两位主席 Ann 和 Sally 一定坚持要为东东举办一个家庭派对，她们也是东东成长的重要见证人。我们三人组成了东东毕业派对的组委会。

Sally 早早就预订了特制的横幅标语和印有儿子姓名的餐巾，还特地选了 Punahou 学校的标志颜色黄与蓝。Ann 则特别为派对制作了一张供来宾签名留言的大型纸板，中间是东东笑容灿烂的照片。他们都举办和参加过这样的毕业派对，十分有经验。我从中式餐馆预订了主菜，好友孙女士一家专门为派对包了饺子，好友黄女士则用古筝为派对助兴。

东东的毕业派对一共来了八十多位大人和孩子，包括东东的十多位同学和四位老师。派对气氛活跃，大家兴致极高，一直持续到半夜。东东和他的同学们还爬到屋顶去赏月聊天，那晚孩子们都玩得很尽兴很开心。我很高兴能为东东举办这样一个成功的毕业派对，也算是送给儿子的一个成人礼吧。

高中的最后学期孩子们之所以能够如此轻松愉快地度过，呈现"卸下压力"的无负荷状态，主要归功于以下三点。

首先，美国高中毕业生虽然也需要参加高考，希望升入名校的学生通常还需要参加两类不同的高考。但是，美国高考只是大学招录众多考核指标中的一项指标而已，并非单一的"一考定终身"的评价制度。

其次，美国学生通常提前大半年申请大学，进入毕业最后学期，将陆续收到大学录取通知书，常常是惊喜不断。学生允许同时申报多所高校，也就意味着将获得多所大学的录取通知书，可以从中选择自己心仪的大学。

最后，美国学生进入大学本科采用通识教育，通常大一不分专业，学生自由选择专业，也可以自由转换专业，还可以申请从低等级院校向高等级院校转学。在州立大学系统各院校之间或者协议院校之间都允许学生交流选课，互认学分。这样的以学生为中心的灵活教育政策也大大降低了高中毕业生的升学压力。

仔细观察，我发现美国的教育过程遵循个体在生理、认知以及社会性三方面发展的规律，循序渐进。[①] 在美国，学前阶段主要任务是通过游戏、阅读与探索来激发孩子的兴趣和好奇心。小学阶段鼓励孩子大胆提问和勇敢探索。初中阶段开始系统性知识的学习。高中阶段的学业难度加大，学习要求更高，同时也是为大学升学做准备的阶段，孩子们必须树立严谨的学习态度，勤奋学习。大学本科阶段是重要的人生阶段，孩子们离开父母，开始独立学习和生活。大学四年将在教授们的引领下，完成针对未来职业发展和作为社会人所具备的知识与能力的探索与学习。这些方面确实值得我国教育者学习与借鉴。

---

① Berger, S. K., 2016. *Invitation to the Lifespan*. Worth Publishers; Third edition. p. 8.

实践智力哪里来

　　实践智力是孩子进入社会必不可少的技能，它可以较好地预测孩子未来工作能否成功。家庭是培养实践智力的重要场所，家长要为孩子提供良好的内部与外部环境，不做"直升机式"家长，用"协同培养"的家教模式培养孩子的实践智力。

　　Hawkins 教授是加州大学洛杉矶分校教育学院的教授、博导，并同时兼任东西方中心的高级顾问。2004 年来到夏威夷大学马诺分校读研时，我就认识了 Hawkins 教授。Hawkins 教授是我学术上重要的引路人，也是我五人博士委员会的校外指导老师。

　　东东如愿获得哈佛大学提前录取后，我第一时间把这个好消息分享给了 Hawkins 教授。Hawkins 教授非常高兴地向我表示了祝贺。作为比较与国际教育领域的世界著名学者，Hawkins 教授以东东为例，跟我探讨了孩子的成长与发展所需要具备的条件。他说东东获得成功除了本人的智力优势与勤奋努力以外，还得益于孩子的成长环境与机遇。Punahou 学校的优质教育、夏威夷大学马诺分校的多元文化、东西方中心的学术研究氛围以及檀香山华人社区等都给他提供了良好的成长环境。同时，包括 Punahou 学校和哈佛大学在内的教育机构的公平公正的招录政策也给了东东宝贵的学习机会。

　　Hawkins 教授还表扬了我作为母亲对孩子培养方式方法上的优势。东西方中心带孩子读书的博士生毕竟极少，我作为博士妈妈自然比较引人注目。Hawkins 教授说他观察到我经常带孩子参加各种有益的活动，这些活动让孩子学会如何与人交流合作，学会社区服务的意义，学会公共场合的自我陈述，学会与成年人的相处交流，学会关注当今社会现象和问题等。这样的体验带给东东正面积极的影响，十分有利于孩子成长。Hawkins 教授还指出很多家长并没有意识到身边存在的对孩子有利的机会，而我却很好地把握了这些机会。他最后总结出孩子的成长离不开内部环境和外部环境，更离不开家长的智慧和家庭教育。

Hawkins 教授的一席话，让我想到了我们在夏威夷多年的朋友 Ann & David 夫妇为东东写的推荐信。他们夫妇也见证了东东的成长。在东东申报大学时，Ann & David 夫妇主动提出要给东东写一封推荐信。个人推荐信有别于官方要求的推荐信。大学申请材料没有规定提交个人推荐信，但也不反对递交。东东在获得哈佛大学录取通知后，Ann & David 夫妇也给我分享了他们的推荐信。

信中有一段文字这样写道："东东经常从不同视角跟我们成年人讨论发生在夏威夷以及国际上的大事。他非常关心和照顾他的父母。在我们家里表现非常礼貌。他既可以与大人们进行涉及很多领域的思想交流，也可以与我的孙辈们一起游戏嬉闹。他热爱学校，不愿意错过任何机会。他在学习上经常帮助其他同学，积极参加体育运动，参加俱乐部活动，参加数学竞赛并获得许多奖项和荣誉，他愿意结交朋友，能够与同龄人友好相处。与此同时，他还能保持优异的成绩。东东取得的成绩都是他通过自身努力争取的。他一直目标明确，并且非常努力地去实现这些目标。"

从 Hawkins 教授以及 Ann 和 David 夫妇给予东东的评价中，我发现他们都共同指向了由耶鲁大学 Sternberg 教授提出来的三元智力理论之一的实践智力。[1] 三元智力包括分析智力（涉及判断和评估想法）、创意智力（涉及解决问题的创造力和想象力）和实践智力（涉及使用、利用和应用策略、思想和事实）。[2]

实践智力指的是个体在实际生活中获取经验知识和背景信息、定义问题实质及解决问题的能力，它可以较好地预测个体未来的工作表现。

---

[1]　Sternberg, R.(1988). *The Triarchic Mind: A New Theory of Human Intelligence*. Viking Adult.

[2]　Sternberg, R.(1997). *Successful Intelligence: How Practical and Creative Intelligence Determine Success in Life*. Plume.

Sternberg 将解决问题的能力作为实践智力的核心，认为经验知识是成功智力的一个方面，它可以帮助人们适应周围的环境。由此可见，培养孩子的实践智力也是父母们必修的一课。

《异类：成功的故事》的作者 Malcolm Gladwell 描述了两位天才截然不同的命运，表达了"仅靠智商很难区分两个聪明的孩子，实践智力的缺失很可能扼杀天才"的观点。其中一位天才名叫 Christopher Langan，智商高达195。他的单亲母亲养育着四位不同父亲的儿子，而 Langan 是长子。由于他童年悲剧的成长经历，Langan 的实践智力非常有限，因而他连续两次与大学擦肩而过，苦苦地挣扎在生活底层。另一位天才是 Robert Oppenheimer。他是二战时期美国著名的物理学家，人类第一颗原子弹"曼哈顿计划"的领军人物。Oppenheimer 童年时的智商与 Langan 小时候相当。Oppenheimer 从哈佛毕业后到剑桥大学攻读物理博士学位。在那里，他与导师发生了矛盾，并发展到极端想法，后来因事情败露而被校方询问。经过长时间协商，Oppenheimer 并没有受到制裁和惩罚。

基于两位天才迥异的人生，Gladwell 提出了问题：假如 Oppenheimer 处在 Langan 的位置，他能保住里德学院的奖学金吗？他是否有办法说服教授把课程从早上调到下午？答案是否定的。这并不是他比 Langan 更聪明，而是 Oppenheimer 对于如何获得自己想得到的更有悟性。

Gladwell 认为实践智力具体包括"懂得在面对一个人时，该说什么话、何时说、怎样说才能达到最好的效果"。他进一步阐明这种能力如同一套程序化的概念：不需要知道为什么这样做和如何做，但是却能够自如地应对。这不是关于如何辩解的能力，而是帮助你正确了解形势，从而获得你想得到的东西的能力。这是一种与智商测试所考查的逻辑分析能力完全不同的能力。一个人可能有很高的逻辑分析能力，但缺乏实践智力；也有可能有很高的实践智力却没有逻辑分析能力。或者如同 Oppenheimer 一样幸运，这两种能力都很强。[①]

Gladwell 认为实践智力是一系列可以习得的技能，而获得这些技能的场

---

① （加）格拉德威尔，《异类：不一样的成功启示录》，苗飞译，北京：中信出版社，2014 年 4 月第 2 版，第 83 页。

所是家庭。他借用了美国社会学家 Arnette Lareau 的科研成果，用两种教育模式来区分家庭养育风格不同造就孩子能力的不同：一种教育模式是"协同培养"，另一种是"自然成长"。前者倾向于发掘孩子的天分，培养孩子的主动性和技能。而后者，家长单纯把抚养子女长大看作自己的责任，而把孩子的成长与发展看作是孩子自己的事。[①] 协同成长模式的家庭里，孩子的成长机会更加富足，体验更多。孩子们学会了与他人的合作，能够在复杂的组织与人际关系中应付自如，还学会如何自信舒服地与大人交往，在需要时能够清楚地表达自己的观点。而"自然成长"模式下的家庭孩子常常具有疏离、疑虑和有强迫症的特点。无论在什么情况下，他们都没有办法找到实现自己目标的适当途径与有效方法。

美国著名的特尔曼研究表明，在协同培养的养育方式下长大的孩子与自然成长原则下长大的孩子，行为举止相差极大。研究人员把成年后的研究对象分为三组进行对比研究，A 组是成功人士，有律师、医生、工程师和学者，B 组是 60% 的中等水平的人，C 组的人没有按照预期发挥他们的智力优势，从事平庸职业，有的甚至失业。在父母的帮助下，将家庭文化做得好的方面呈现出来的 A 组孩子，与家长没有这样做的 C 组学生存在很大的区别。那些出身于家长没有养育意识的家庭的天才儿童，几乎没有一个单单凭自己的智力获得成功。

那么作为父母，我们究竟如何在日常生活中培养孩子的实践智力呢？我认为可以从以下三个方面开展：构建内部环境，创设外部环境，规避"直升机式"养育。这三个方面是有顺序的，前一个方面是后一个方面的基础与条件。

首先，为孩子构建一个有利于他们发展实践智力的家庭内部环境。这个内部环境主要体现在民主平等的家庭氛围上。我们培养孩子的核心任务是引领孩子成长，协助他们由自然人成长为社会人。家庭是孩子最早接触的小社会，父母是孩子最先互动的社会人。如果你希望孩子掌握一套适应社会的实践智力，那么你就得从小让孩子获得发掘与训练他实践智力的机

---

① （加）格拉德威尔，《异类：不一样的成功启示录》，苗飞译，北京：中信出版社，2014 年 4 月第 2 版，第 73—77 页。

会。具体来讲，就是要把孩子当成积极的家庭成员，在家庭公约、家庭会议以及任何家庭决定中，确保孩子有一席之位，确保孩子的发言权、知情权、参与权以及决策权。要做到这些，家长必须发自内心地承认孩子是一个独立的生命个体，而不是自己的私人物品或附属品。家长要理解孩子，尊重孩子。在《窗边的小豆豆》一书里，几次提到了大人通过弯下腰让自己和孩子一样高的说话交流方式，就是强调对孩子尊重的重要性。

此外，家长还要规避一些陈旧落伍的教育理念与方法，比如："打是亲来骂是爱""棍棒底下出孝子""不打不成才"等。专制守旧的家庭氛围显然不适合实施美国社会学家 Lareau 建议的"协同培养"。Lareau 指出"协同培养"的父母总是和孩子商量事情，晓之以理，他们不会硬性下达命令。他们希望孩子与他们顶嘴，和他们讨价还价，并站在成人的角度问他们问题。[1]

家长在为孩子建造家庭内部环境时要力求真实，而不是特意为孩子构建一个真空式的成长环境，这样的成长环境既不真实，更不利于孩子实践智力的锻炼。我们都知道环境塑造人。既然孩子终究要离开家庭，走向社会，我们就必须为他们提供有益的训练机会和真实的成长环境。

其次，为孩子创设有利于他们发展实践智力的外部环境。随着孩子年龄的增长，他们对社会化有更高的需求。他们希望走出家门，去认识和交往除了家人以外的大小朋友，去探索外面的世界。家长要顺应孩子的发展需求，为他们的身心健康成长尽可能地创造外部条件和机会，促进孩子的实践智力发展与社会化进程。

家长要确保在孩子走出家门体验人际交往和了解世界之前，在家里给他们足够的实践智力的训练，而不是以一个纯粹自然人的身份一头雾水地走出家门去闯世界，然后处处碰壁，伤痕累累。家长要尽早开展有关法律法规、安全意识、社会公德、人际交往、接人待物、环境保护、个人权利等方面的教育与培训。这些常识都是作为一个社会人以及社会成员必须具备的。家长提早为孩子做准备，做功课，把原则与规则尽早教给孩子，排

---

[1] （加）格拉德威尔，《异类：不一样的成功启示录》，苗飞译，北京：中信出版社，2014 年 4 月第 2 版，第 85 页。

除他们对社会的疏离与疑虑，消除他们对人际交往的胆怯与恐惧，帮助孩子建立与提升社会适应能力、人际交往能力。

最后，家长要规避"直升机式养育"，拒绝做"直升机式家长"。"直升机式养育"是指家长时时刻刻监控孩子的动向，不放过任何一个细节，犹如孩子头顶上低空盘旋的直升机。"直升机式"家长希望牢牢掌控孩子所有的一切。"直升机式养育"是典型的"好动机坏结果"的家教方法，也即"好心办坏事"。

但是，这样的家教方法很难被家长辨别，因为它具有极强的隐蔽性。"直升机式家长"总是任劳任怨、不辞辛劳地为孩子提供各种服务，他们宁可牺牲自己的时间与精力，甚至工作与事业。他们时刻担心孩子是否饿了、渴了、冷了、热了、病了或者痛了。总之，不管孩子是否真的需要，他们就像直升机一样可以整天盘旋在孩子身边，时刻等待孩子的召唤。

"直升机式家长"不顾一切让自己孩子远离伤害和失败，也不愿让孩子从错误中吸取经验教训。他们以为这样才是爱孩子，完全不明白这样做实际上是害孩子。他们在孩子弱小无力挣脱和反抗的时候，一次次剥夺了孩子锻炼成长的机会，让孩子一点一点地变得无能与弱智。

"直升机式养育"最致命之处是对孩子权利的剥夺。Lareau 提出的"协同培养"的家教模式的关键是从小培养孩子的"权利意识"。"权利意识"让孩子懂得如何发出自己的声音，懂得如何引起别人的重视，懂得如何与人合作互动，懂得如何在各种场景中应付自如。这些能力就是实践智力的具体运用和体现。

"直升机式家长"大包大揽了本应孩子自己做的一切，把自己作为孩子的知识性引领人的身份降低为保姆和保镖，把自己的付出作为孩子成长的一部分，而不是为孩子自我学习和自我成长去创造条件。这样，一方面扼杀了孩子实践智力的发掘与发展，弱化了他们在未来社会生存与发展的动力和能力。另一方面，由于习惯于父母羽翼的保护，孩子很容易养成懒惰思想与依赖心理，成为长不大也不想长大的巨婴，最终成为家庭和社会的包袱。

实践智力是孩子实现正常化与社会化的重要方面，也是孩子们走上社会与步入职场必不可少的技能。实践智力是预测孩子未来工作能否成功的重要指标。家庭是培养孩子实践智力的重要场所，父母是培养孩子实践智力的重要老师。希望广大家长把发掘孩子天分与培养孩子主动性和技能为中心的"协同培养"模式用于引领孩子成长，积极主动为孩子构建良好的内部与外部环境，规避"直升机式养育"，成为与孩子一起成长的智慧家长。

❝❝ 心得体会

鼓励孩子报忧

 "报忧不报喜"观念要求家长把注意力放在孩子成长中的问题和困惑，并采取积极措施去处理与解决，以免日积月累产生质变危害孩子。家长可以运用"坏苹果理论"对孩子的问题和困惑进行辨别分析，有的放矢地帮助孩子提高和进步。家长对孩子无条件的爱是实施家庭教育理念的重要保障。

中国人喜欢报喜不报忧，家长总是希望孩子带给我们好消息。大部分家长与孩子交流的开场白往往是："儿子，最近有什么好消息吗？""宝贝，今天给爸爸带来什么好消息？"孩子听话听音，爸爸妈妈想听好消息，那就只报好消息吧。其实，对孩子坏消息的接纳程度，可以看出父母是否真爱自己的孩子。

在儿子即将离家上大学前，我叮嘱他说："儿子，你就要离开家上大学了，希望你能经常给妈妈报报忧呵。""家长都是希望孩子报喜，您却要我报忧，不太明白呢？"儿子纳闷儿地问。

"苹果熟了采摘后，我们一定会分拣，把坏苹果挑出来，把好苹果放进筐内，因为我们不希望坏苹果影响好苹果。这也是我让你报忧的原因。"我解释给儿子听。

"我明白妈妈的意思了，您是把报忧比作挑坏苹果吧。妈妈真是用心良苦呵。"反应敏捷的儿子悟出了我的意思。

"对的。给妈妈报忧，就是让负面情绪找到释放途径，让内心正能量满溢，然后神清气爽地前行。"

"谢谢妈妈的关爱。不过,那我岂不是把妈妈当垃圾桶了吗?"儿子幽默地问。

"妈妈不是垃圾桶,妈妈是分析师和魔法师。我会首先对坏苹果进行分析,看看是什么原因让它坏掉,是阳光不足,是害虫侵犯,还是飞鸟叼食。然后,我会把坏苹果放进有机肥催化器中,作为养料返回给苹果树。"我也采用修辞法回应儿子。

"妈妈不愧是教育学博士啊。我建议把这个道理称为'坏苹果理论'。"儿子幽默诙谐地说。

去波士顿上大学意味着东东真正意义上独立生活的开始。虽然在这之前他参加过好几次暑期活动,但都是短暂的几周时间。从夏威夷到美国东部的波士顿等于中国北京到夏威夷的距离。夏威夷和波士顿还存在十二小时的时差,我睡觉的时候,正是东东起床的时候。

最关键的是哈佛大学本科每年入学的一千多学生都是来自世界各国的最优秀、最出色的年轻人。在这样的高等学府,学习的压力可想而知。就连比尔·盖茨当年也因在哈佛发现居然有人比他更聪明而感到困惑和迷失。

此外,基于我自己的经历,我深知适应新环境他将遭遇四个阶段:蜜月期、沮丧期、调整期和适应期。我也知道有很多学生深陷沮丧期久久不能自拔,在调整期没有达到自己的心理预期,继而出现严重的抑郁,最为痛心的是以终结宝贵生命为代价来解脱。

作为家长,在陪伴孩子成长十多年后,在他们即将单飞之际,我们对孩子所有的期望最终落脚在最简单的四个字"健康平安"。因此,我希望把对儿子的关爱和支持,通过一种反惯例的方式传递给他,引起他的关注,加深他的印象。我很高兴儿子理解了我内心的想法。希望在孩子情绪低落时,母爱能为他打开一扇窗,点亮一盏灯。

儿子大二开学不久,他们校园里发生了一起突发事件。9月11日晚上11时,睡觉前我查阅了儿子学校华人家长微信群,看到家长们在讨论一个令人悲伤欲绝的噩耗:一位才华横溢的华人男孩自杀身亡。我吓出了一身冷汗,赶紧在群里往上爬楼翻阅,证实了这件事发生在美国当地时间9月11日的凌晨。

在哈佛新生家长会上,我还与这位孩子的父母交谈过。这一年多来,我听闻多起发生在美国校园的大学生自杀事件，而且很多都是藤校的华裔学生。但是这次事件里的当事人我认识。我瘫坐在沙发上，悲从心生，泪水悄无声息地流了下来。我为那位青年才俊深感惋惜，为养育了孩子十九年的父母深感难过。突然间，我内心的伤感情绪被一种莫名的慌张完全占据，胡乱地揣测着这起事件可能对儿子带来的各种影响，毕竟他们都是同一届的华裔同学。我必须马上联系上儿子，看看他在哪里，在做什么，跟谁在一起。

我赶忙拨通了东东的手机，儿子很快接了电话。听到儿子声音后，一种仿佛失而复得的幸福与永远失去的悲痛交织在一起，我竟放声大哭起来。那一刻无以名状的复杂心情，让我深深地体会到：对于父母来说，孩儿安好，便是晴天！除了平安，其他一切都是浮云。

我问儿子在哪里，然后问他知不知道这件事。儿子告诉我，他正在波士顿的东部大西洋海边参加他们宿舍楼组织的海边烧烤活动，他和同学们也是刚刚从活动的负责老师那里知道了这件事。

懂事的儿子安慰我他一切都好，不要为他担心，要我赶紧休息。还直截了当地说，他绝对不会那样做，因为他非常感恩父母和生活，他要比世界上很多人幸运太多太多。东东一向是个敏感、洞察力强的孩子，他已经读懂了母亲藏在心底的害怕与担忧。他的一番话让我悬着的一颗心放下来，感到温暖和安慰。

与儿子通话结束后，我陷入了深深的思考之中，彻夜难眠。家长很容易产生一种错觉，认为乖巧优秀的孩子省心，不需要家长更多关注。在家庭教育中，也会出现"会哭的孩子有奶吃"的情况，越是闹腾的孩子越容易得到父母的关注。其实，越是家长认为省心的孩子越是需要家长更为细心的观察和用心的呵护。乖巧省心的孩子往往自尊心很强，不愿意主动打扰和麻烦家长。他们好学上进表现好，不等于他们不会出现问题和困惑。如果家长习惯孩子报喜不报忧，如果家长不懂"坏苹果理论"，如果家长不主动关心孩子，他们的问题和困惑就会积压在心里，日积月累，量变到质变，这些负能量逐渐超出孩子们的承受范围，最后会摧毁我们的孩子。

"报忧不报喜"和"坏苹果理论"是家长需要具备的育儿新理念。先报忧后报喜的态度说明家长愿意敞开怀抱，拥抱孩子，全方位地接纳孩子。

"忧"在前"喜"在后的排列顺序暗示孩子：我们更在意他们的问题和困惑，我们更关心他们成长路上的沟沟坎坎。家长是孩子的首任老师和终身导师，是他们最亲近的人，家长的态度和观点是孩子们最在意和看重的。家长的态度往往决定和影响着孩子们的态度。所以，"报忧不报喜"明确地告诉孩子，我们对他们毫无保留地接纳与宽容。

"坏苹果理论"用于家庭教育，首先，家长需要清醒地意识到在孩子那里，坏消息的存在是正常的；同时，不及时疏导的坏消息对孩子成长是不利的。其次，家长要学会从孩子那里获得的信息中，辩证地看待和分辨好消息与坏消息。因为有时候坏消息可能会披上好消息的外衣，比如孩子因为取得一点成绩而骄傲自满，或者因占一点小便宜而自鸣得意等。再次，家长要具备对坏消息本质的分析能力，比如哪些坏消息涉及孩子的思想品行，哪些涉及孩子的学习态度，哪些涉及孩子的心理健康等。最后，家长要动脑筋想办法，帮助孩子解决他们存在的问题和困惑，提出合理化的观点、有建设性的建议，并确保我们的观点与建议得到孩子的认同与接纳，继而转化为他们自我改进和自觉提高的行为与动力。

在家庭教育中开展"报忧不报喜"和"坏苹果理论"的实践时，家长对孩子无条件的爱是前提条件与基础。鼓励孩子报忧，是对家长是否能无条件爱孩子的检验。因为报喜是对家长有利好，而报忧则是对孩子有利好。报忧远不及报喜带给我们家长的心理舒适度和满足感高。然而，报喜不报忧只可能带给我们暂时的舒适和满足，忽略坏苹果只可能会导致更多苹果坏掉。

家长无条件的爱一定会在孩子那里得到爱的回应和反馈。被家长无条件的爱滋润的孩子在困境中摸索时，在做重大决定时，他们会本能地把父母的感受和承受力纳入他们的考虑之中。孩子小的时候，家长总是会牵着他们的小手，确保孩子走稳不摔跤。孩子长大了，单飞了，家长无条件的爱便化作一根魔力亲情线，一头紧紧地牵在家长手里，另一头牢牢地牵在孩子手里，即使孩子远隔千山万水，也能稳稳地走他们的人生之路。

注：此文发表在《中国教育报》2017 年 10 月 26 日第九版。

写给即将上大学的儿子

亲爱的儿子：

再次祝贺你梦想成真，考进了自己理想的大学。愉快的暑假很快就要结束，你也即将开启丰富多彩的大学生活。这几天妈妈一直在思考给你写封信，希望能够帮助你更准确地定义大学学习，更好地思考你的发展方向。

英国著名教育家怀特海指出，"在大学里，学生们应该站起来并环顾周围"[①]。他还进一步阐明大学的目标是把一个孩子的知识转变成人的力量。[②]

创新工场董事长李开复给进入大学的女儿的信里提到，教育是把课堂上所学全部忘掉后剩下的东西。最重要的不是你学到的具体的知识，而是你学习新事物和解决问题的能力。他建议女儿在大学四年里要全面发展，为今后的生活打下坚实的基础。[③] 东东，你也要记下这些话，要常常思考如何把所学的概念和理论应用于现实，并找准那个抓手。

大学本科学习阶段是人生最美好的时期，除了学业，你要建立正确的三观。三观正，你才不至于偏离方向，你才能走得更远。你还需要学习并具备 21 世纪人才所需要的软实力，包括情绪管理、自我引导、媒介素养、沟通能力、团队精神、批判性思维、适应能力、抗挫能力、创造力、想象

---

① （英）怀特海，《教育的目的》，徐汝舟译，北京：读书·生活·新知三联书店，2002 年 1 月第 1 版，第 47 页。
② （英）怀特海，《教育的目的》，徐汝舟译，北京：读书·生活·新知三联书店，2002 年 1 月第 1 版，第 49 页。
③ 李开复，《准大学生必读：李开复给女儿的一封信》，2014 年 11 月 21 日新浪教育 https://edu.sina.cn/foreign/2014-11-21/.

力、领导力以及冒险精神等。

2013 年，你的哈佛校友，美籍亚裔心理学家、宾夕法尼亚大学副教授安吉拉·达科沃斯提出了坚毅的教育理念，并在 TED 演讲时给出了定义："向着长期的目标，坚持自己的激情，即便历经失败，依然能够坚持不懈地努力下去，这种品质就叫坚毅。"她总结出，正是这种激情与毅力的结合让成功人士脱颖而出。总之，他们具备坚毅品质。①东东，你是一个睁眼看世界、有洞察力、有思想、有理想的年轻人，这些道理你都懂。但是，妈妈还是要提出来，希望作为你的人生指南。

妈妈多次对你说过，人需要有安身立命的本领，你的专业学习便是你立足于世的基础，是你撬起地球的杠杆。现在的你正处于获得知识和技能的重要时期。专注学业时，沉浸式学习方法和深耕式学习态度是必须的。缤纷世界的诱惑多多，但我们时刻都要保持清醒的头脑，不分散精力，不忘初心地朝着自己的目标前进。妈妈经常用诗人汪国真《热爱生命》里的诗句"既然目标是地平线，留给世界的只能是背影"来激励自己。

清代学者王国维在其著作《人间词话》中说："古今之成大事业、大学问者，必经过三种之境界。'昨夜西风凋碧树，独上高楼，望尽天涯路'，此第一境也；'衣带渐宽终不悔，为伊消得人憔悴'，此第二境也；'众里寻他千百度，蓦然回首，那人正在灯火阑珊处'，此第三境也。"所要表达的意思是：事业也罢，爱情也罢，仕途也罢，所有成功通常都要经历三个过程：树立目标，并付出行动追求之；在追求的过程中，遇到困难坚持不放弃；凭借毅力走到最后，取得胜利。成功人士果敢坚忍，百折不挠，因此造就了异类的成功。他们逾越的不仅是人生的境界，更是他们的自我极限。妈妈在漫长而艰辛的博士学习期间，正是用王先生的"三种境界"来勉励自己坚持到最后的。妈妈希望儿子以此激励自己不断前进。

生命属于每个人都只有一次，当珍重、再珍重。妈妈 2017 年 8 月 13 日在《中国教育报》发表了一篇文章《当生死话题猝然降临》，提到珍爱生命就是对父母孝顺的第一步。我们前几天讨论《易经》揭示的人生六个阶段：潜龙勿用、见龙在田、终日乾乾、或跃在渊、飞龙在天、亢龙有悔。通

---

① Duckworth, A. (2016). *Grit: The Power of Passion and Perseverance*. Scribner; 1 edition. p.16.

俗解释就是：潜伏修炼—初露头角—勤学苦练—把握时机—实现理想—功成身退。妈妈希望你顺应天时地利，把握好时机，尽好你的本分，健康成长，不辜负上天的恩赐，不辜负我们所处的时代。在生命即将结束时，不因自己碌碌无为而悔恨。

中国先贤以"立德、立功和立言"为人生目标。立德包含私德和公德，是指一个人要把个人修养和社会担当相结合。立功是指在自己所从事的领域中做出贡献，相当于美国人常说的 make change。立言被放在第三，因为立言必须有立德和立功作为前提条件，否则也只是立空言和空立言。但是，立言是对立德和立功的记录和感悟，是日积月累的过程。湖湘文化奠基人曾国藩的立言就是来自他的日记和心得。因此，妈妈建议你把哈佛大学的所见所闻、逸闻趣事和观察体会等都记录下来。人的记忆毕竟有限，即使你有惊人的记忆力，事后也很难捕捉到当时细微生动的情景和微妙的内心感受。这些资料，即使不写书，不发表，也是留给你自己以及子孙后代的宝贵财富。

东东，妈妈经常会提醒你要注意锻炼身体，身体是一切的本钱。没有强健的体魄，即使有再多的本事，也是枉然。开学后，你要定期定时坚持健身，不要以学习忙活动多为借口。要说忙，奥巴马尚能每天在下午4：30—6：00之间出现在健身房，从不缺席。妈妈希望你把锻炼放在与饮食和睡眠一样的高度来重视。这一点，希望我们共勉。

哈佛大学集聚了全世界幸运且优秀的年轻人，幸运是因为他们恰好符合哈佛的选拔条件，优秀是因为他们身上具有成为未来社会精英的特质。妈妈为什么把幸运放在优秀前面？是因为哈佛大学不到 6% 的录取率不得不把很多优秀学生拒之门外。人在熟悉的场景里待的时间长了，很容易产生审美疲劳而认为一切都理所当然，妈妈之所以重提，是想让你更加珍惜所剩不多的哈佛学习时间。

1983 年哈佛大学教授加德纳提出了多元智能理论，哈佛大学自然很早就把它用于人才选拔和培养方面。哈佛本科学院录取的新生都是具有独特天赋和智能上表现卓越的高中毕业生。你能成功入围，应该有足够的理由自信满满地往前走，走向属于你的那片天地。加德纳教授指出：你的孩子可能只会在某一两个方面的智能特别突出。妈妈想告诉你：你和你哈佛同学是不可比的，或者说你与任何人都是不可比的。因此，儿子，你自己也不要去和同学比较。任何的比较都是无意义的，做最好的自己最重要。不与别人比，但不等于不比。比较是反思，比较是总结。有比较才有鉴别，有比较才有进步。拿今天的自己和昨天的自己相比，看看是不是今天比昨天更有收获；拿新我和老我相比，不断塑造出更好的自己。

妈妈还想在此提提反复讲过的老话：失败是成功之母，挫折是练达之路。失败和挫折是人生路上的必修课，道理如同有白天就有黑夜那样简单。你明白，睡眠让我们恢复体力，是为了休养生息，是为了白天到来后的满血复活。东东，妈妈知道你从小就擅长类比，以此类推到失败之于成功和挫折之于练达，就不是那么晦涩和难以理解。何况今天你认为的失败和挫折在明天或者未来看，可能根本不足挂齿。人变成熟的过程就是对失败和挫折接受程度不断变化的过程。但是，黑夜绝对不等同于黑暗。妈妈希望东东即使身处逆境和苦难时，也能够看到希望，并发现克服困难的有效途径，做一个充满正能量的男子汉！

同时，要学会把自己能够掌控的部分尽力做好，把自己无法掌控的部分交给上天。只要自己尽了本分，对于由外因而致的意料之外的后果，就无须内疚和自责了。这些道理你早就烂熟于心了，但是，要在现实生活中践行，还需要不断地修炼。

时机成熟，妈妈还希望在你大学时代找到自己的心上人，谈一场激励彼此的恋爱，在美丽的查尔斯河畔留下你们青春的回忆。妈妈曾告诉你，每个人的缺点和优点都可以客观地三七开，即三分缺点，七分优点。如果你找到了对的另一半，那么你的三分缺点会变小，七分优点会变大。在湘西凤凰游玩时，你的亮表叔鼓励你遇上自己喜欢的女生要大胆地追，妈妈非常赞同。在对的时间遇见对的人，是人生之大幸也。

踏进哈佛校门，看见那爬满常青藤的古老红砖教学楼和穿梭往来的青年才俊时，妈妈忍不住热泪盈眶，内心激动不已，因为这里也是我儿子上学的地方。此刻，我的儿子或许正坐在某一间教室里听着世界名师上课，又或他就在这熙熙攘攘赶课的人群中。妈妈曾在哈佛大学访学，也走进了哈佛课堂，对哈佛精神有所了解。儿子，作为哈佛大学学生，你一定比妈妈更了解哈佛。哈佛精神体现在哈佛校训上。几百年来，一代又一代的哈佛人前赴后继，为了追求真理，为了让社会变得更加公平，为了让世界更加美好而努力奋斗着。东东，作为哈佛一员，你的肩上也承载着把哈佛精神传扬下去的责任。

怀特海曾指出大学存在的理由是，它使青年和师长融为一体，对学术进行充满想象力的探索，从而在知识与追求生命的热情之间架起桥梁。[①]妈妈希望你架起一座从校园通向生活的坚实桥梁。若干年后，你可以自豪地告诉你的儿孙，你无愧于哈佛人。

儿行千里母担忧。儿子，妈妈希望你能时常给父母报平安。如果功课太忙，微信发一个笑脸就好。争取每周跟爸妈视频一次，跟爸妈分享你学习中的困难收获和生活中的酸甜苦辣。

　　祝
新学年一切顺利！

永远爱你的妈妈

心得体会

---

① （英）怀特海，《教育的目的》，徐汝舟译，北京：读书·生活·新知三联书店，2002 年 1 月第 1 版，第 137 页。

卷尾诗

儿子，妈妈想对你说

儿子，妈妈想对你说

亲爱的儿子，看着你自信阳光的笑容，妈妈想对你说：

妈妈没能保证你足月出生，但教会你从小习武游泳，强身健体，从而不输在起跑线。

妈妈没给你运动员的体魄，但给了你善于学习、勤于求知的大脑，助力你脱颖而出，一路登攀。

妈妈没能让你与兄弟姐妹相伴，但教会了你与人坦诚交往，让世上到处都有你的亲密伙伴。

妈妈没给你一副金嗓子，但给你一双纤长的巧手，将萨克斯悠扬旋律演绎得动人心弦。

妈妈没给你锦衣玉食，但在你的心灵插上理想的翅膀，鼓励你振翅翱翔，直冲云天。

亲爱的儿子，看着你渐渐远去的背影，妈妈想对你说：

妈妈的事业朴实而平凡，但不忘初心的忠诚，不言放弃的执着，希望在你身上发扬承传。

妈妈没能成名成家，但让你从懂事起就走近名人大家身边，早早对名家风采耳濡目染，早早把理想的火种点燃。

妈妈没给你物质财富，但教你向着马斯洛金字塔攀援，获取自我乃至超我的精神财富，日臻完善。

妈妈不能跟随你去波士顿，但我的心啊，无时不装满对你的挂念，无时不在渴望分享你的快乐、分担你的愁烦。

亲爱的儿子，

妈妈知道从此再也追不上你远去的脚步；

但妈妈会永远在你身后目送你。

就像今晚机场的离别，

你一回头，妈妈就在这里。

参考文献

1. 陶行知，《陶行知教育文集》，四川教育出版社，2005 年 5 月第 1 版。

2. 陈鹤琴，《家庭教育》，华东师范大学出版社，2013 年 5 月第 2 版。

3. 尹建莉，《好妈妈胜过好老师》，作家出版社，2012 年 9 月第 2 版。

4. 朱永新，阅读的力量：天下第一件好事还是读书［J］，图书馆志，2014，（4）：9–17.

5. 朱永新，家庭教育需要智慧爱［J］，2017 年中国教育学会家庭教育专业委员会家庭教育国际论坛，2017。

6. 顾明远，《教育大辞典》［M］，上海教育出版社，1998 年增订合编本。

7. 石梦良，国内"超常儿童教育"发展现状及展望［J］，社科学论，2017，（3）：177–178。

8. 赵石屏，《做个懂家教的好家长》，作家出版社，2017 年 5 月第 1 版。

9. 李开复，《准大学生必读：李开复给女儿的一封信》，2014 年 11 月 21 日新浪教育_新浪网 https://edu.sina.cn/foreign/2014–11–21/.

10. 贾琼，我在美国参加家长会［J］，新教师，2019，（7）：16–17。

11. 贾琼，养育孩子需要一个"村庄"的美国实践［J］，少年儿童研究，2019，（3）：54–61。

12. 贾琼，爸爸是孩子的保护圈［J］，中国教育报，2018 年 11 月 8 日第 9 版。

13. 贾琼，写给即将上大学的儿子［J］，中国教育报，2018 年 6 月 28 日第 9 版。

14. 贾琼，6 招应对青春期叛逆［J］，中国教育报，2017 年 11 月 30 日第 9 版。

15. 贾琼，请鼓励孩子报忧［J］，中国教育报，2017年10月26日第9版。

16. 贾琼，当生死话题猝然降临［J］，中国教育报，2017年8月13日第2版。

17.（美）斯瑟蒂克，《胎儿都是天才》，张志军译，学林出版社，1990年5月第1版。

18.（美）都希格，《习惯的力量》，吴亦俊、陈丽丽、曹烨译，中信出版社，2017年5月第2版。

19.（法）卢梭，《爱弥儿》，叶红婷译，台海出版社，2016年9月第1版。

20.（英）怀特海，《教育的目的》，徐汝舟译，三联书店，2002年1月第1版。

21.（加）格拉德威尔，《异类：不一样的成功启示录》，苗飞译，中信出版社，2014年4月第2版。

22.（美）吉诺特，《孩子，把你的手给我》，张雪兰译，京华出版社，2010年4月第3版。

23.（日）黑柳彻子，《窗边的小豆豆》，赵玉皎译，南海出版公司，2011年1月第2版。

24.（美）怀特，《从出生到3岁》，宋苗译，北京联合出版公司，2016年4月第1版。

25.（美）尼尔森，《正面管教》，玉冰译，北京联合出版公司，2016年7月第3次修订版。

26.（美）斯托夫人，《斯托夫人的教育》，宿文渊编译，中国华侨出版社，2013年2月第1版。

27.（苏）苏霍姆林斯基，《给教师的建议》，杜殿坤编译，教育科学出版社，1980年12月第1版。

28.（美）琼斯，约翰霍普金斯大学天才教育中心的天才培养计划 [J]，创新人才教育，2013，5（1）：80。

29. 青年周末：网瘾是对数字原住民的偏见，http://www.techweb.com.cn/column/2009–09–11/438340.shtml.

30. Berger, S. K. (2016). *Invitation to the Lifespan*. Worth Publishers; Third edition.

31. Center on the Developing Child Harvard University. (Retrieved on May 20, 2016 from) https://developingchild.harvard.edu/science/key–concepts/brain–architecture/.

32. Chapman, G. (2010). *The 5 Love Languages of Teenagers*. Chicago, IL: Northfield Publishing.

33. Chapman, G., & Campbell, R. (2012). *The 5 Love Languages of Children*. Chicago, IL: Northfield Publishing

34. Chua, A. (2011). *Battle Hymn of the Tiger Mother*. Penguin Books.

35. Clancy, P., & Goastellec, G. (2007). Exploring Access and Equity in Higher Education: Policy and Performance in a Comparative Perspective. *Higher Education Quarterly*. 61(2).

36. Coon, D., & Mitterer, O. J. (2008). *Introduction to Psychology: Gateways to Mind and Behavior with Concept Maps*. Cengage Learning; 12th edition.

37. Cox, M. C. (1969). *Genetic Studies of Genius, Volume II: The Early Mental Traits of Three Hundred Geniuses*. Stanford University Press.

38. Dewey, J. (2007). *Experience and Education*. Free Press.

39. Dewey, J. (1897). *My Pedagogic Creed*. Massachusetts: Applewood Books. Carlisle.

40. Digital native. (Retreated on July 25, 2017 from) https://en.wikipedia.org/wiki/Digital_native#cite_note–7.

41. Dreikurs, R. (1968). *Psychology in the Classroom*. New York: Harper & Row, Publishers.

42. Dreikurs, R (with Soltz, V.). (1964). *Children: the Challenge*. New York: Penguin Putnam Inc.

43. Dreikurs, R. (1958). *The Challenge of Parenthood*. Published by the Penguin Group. New York: Penguin Books USA Inc.

44. Duckworth, A. (2016). *Grit: The Power of Passion and Perseverance*. Scribner; 1 edition.

45. Duhigg, C. (2012). *The Power of Habit: Why We Do What We Do in Life and Business*. Publisher: Random House.

46. Dweek, S. C. (2006). *Mindset: The New Psychology of Success*. New York: Ballantine Books, an imprint of the Random House Publishing Group, a division of Random House, Inc.

47. Eyre, L., & Eyre, R. (1993). *Teaching Your Children Values*. New York: Rockefeller Center.

48. Flavell, J. H. (1976). Metacognitive aspects of problem solving. In L. B. Resnick (Ed.), *The nature of intelligence* (pp.231–236). Hillsdale, NJ: Erlbaum

49. Flavell, J. H., Miller, P.H., & Miller, S.A. (2002). *Cognitive Development*. New Jersey: Pearson Education, Inc.

50. Fromm, E. (2006). *The Art of Loving*. Harper Perennial Modern Classics; Anniversary edition.

51. Gardner, H. (2011). *Frames of Mind: The Theory of Multiple of Intelligences*. New York: Basic Books.

52. Gardner, H. (1998). *Exceptional minds: Portraits Of 4 Exceptional Individuals and An Examination Of Our Own Extraordinariness*. New York: Basic Books; Reprint edition.

53. Gladwell, M. (2008). *Outliers: The Story of Success*. Little, Brown and Company.

54. Goldstine, H.S. (1982). *Fathers' absence and cognitive development of 12-17 year olds*. Psychological Reports, 51.

55. Golinkoff, M. R., & Hirsh–Pasek, K. (2016). *Becoming Brilliant-What Science Tells Us About Raising Successful Children*. Washington, DC: American Psychological Association.

56. Grcia–Navarro,L. (2017).The Risk Of Teen Depression And Suicide Is Linked To Smartphone Use, Study Says. (Retreated on December 25, 2017 from) https://www.npr.org/2017/12/17/571443683/the–call–in–teens–and–depression.

57. Guth, R. A. (2009). Raising Bill Gates. (Retrieved on March 10, 2016 from) http://www.wsj.com/articles/SB124061372413054653.

58. Heckman, J. (2013). *Giving Kids a Fair Chance*. The MIT Press.

59. Howe, R. K. (1997). *Understanding Equal Educational Opportunity*. New

York: Teachers College Press.

60. Jia, Q., & Ericson, D. (2017). Equity and access to higher education in China. *International Journal of Educational Development*. 52. 97–110.

61. Jellinek, M. Patel, B.P., & Froehle, M.C.(Eds.). (2002). *Bright Futures in Practice: Mental Health—Volume I. Practice Guide*. Arlington, VA: National Center for Education in Maternal and Child Health.

62. Lazare, A. (2004). *On Apology*. New York: Oxford University Press, Inc.

63. McNamee, D. (2014). Childhood reading skills linked to 'higher intelligence' in young adults. (Retrieved on August 20, 2016 from) https://www.medicalnewstoday.com/articles/280193.php.

64. Mischel, W. (2014). *The marshmallow test: Mastering Self-control*. New York: Little, Brown and Company.

65. Mosley, J., & Thomson, E. (1995). Fathering behavior and child outcomes: The role of race and poverty. In W. Marsiglio (Ed.), *Fatherhood: Contemporary theory, research, and social policy* (pp. 148–165). Thousand Oaks, CA: Sage.

66. Nelsen, J. (2006). Positive Discipline. New York: Ballantine Books, an imprint of Random House Publishing Group, a division of Random House, Inc.

67. Nelson, C.A. (2000). Human Brain Development. In Shonkoff, J. P., & Phillips, D.A. (Eds.). *From Neurons to Neighborhoods: The Science of Early Childhood Development*. National Academies Press.

68. Nord, C., & West, J. (2001). Fathers' and mothers' involvement in their children's schools by family type and resident status. (Retrieved on April 17, 2016 from) http://nces.edu.gov/pubsearch/pubsinfo.asp?pubid=2001032.

69. Piaget, J., & Inhelder, B. (1969). *The Psychology of the Child*. Basic Books.

70. Popenoe, D. (1996). *Life without father: Compelling new evidence that fatherhood and marriage are indispensable for the good of children and society*. New York: The Free Press.

71. Prensky, M. (2001). Digital Natives, Digital Immigrants. *On the Horizon*. 9 (5): 1 – 6.

72. Pruett, K.(2000). *Father-Need*. New York: Broadway Books.

73. Robert K. G., Hamilton B., Julie B., & Larry C. S. (2003). *The Servant-Leader Within: A Transformative Path*. Mahwah, NJ: Paulist Press.

74. Sen, A.(2006). *Identity and Violence*. New York : W.W. Norton & Company, Inc.

75. Spencer, H. (1861). *Education: Intellectual, Moral and Physical*. A L Burt Company, Publishers.

76. Sternberg, L., & Levine, A. (1997). *You and Your Adolescent*. New York: Harper.

77. Sternberg, R. (1997). *Successful Intelligence: How Practical and Creative Intelligence Determine Success in Life*. Plume.

78. Sternberg, R. (1988). *The Triarchic Mind: A New Theory of Human Intelligence*. Viking Adult.

79. Stoltz, G. P.(1999). *Adversity Quotient*. New York: Wiley.

80. Terman, L. (1968). *Genetic Studies of Genius: Volume I: Mental & Physical Traits of a Thousand Gifted Children*. Stanford University.

81. Terman, L. (1947). *The Gifted Child Grows Up: Twenty-five Years' Follow-up of a Superior Group (Genetic Studies of Genius, Vol. 4)*. Stanford University.

82. Vygotsky, L. S. (1980). *Mind in society: The development of higher psychological processes*. Cambridge, MA: Harvard University Press.

83. White, B. (2013). Wrote of Child Development. (Retrieved on January 16, 2017 from) https://www.bostonglobe.com/metro/2013/10/17/burton-w hite-believed-children-should-avoid-day-care/DAH01Lkp5efC8pDKOWlKfI/story.html.

84. Yeung, W. J. Duncan, G. J., & Hill, M. S. (2000). Putting fathers back in the picture: Parental activities and children's adult outcomes. In Peters, H. E., Peterson, G. W., Steinmetz, S. K., & Day, R. D.(Eds.), *Fatherhood: Research, interventions and policies*. New York: Hayworth Press.

85. Your Baby's Vision, Hearing and other Senses: 1 month. (Retrieved on June 18, 2017 from) https://kidshealth.org/en/parents/sense13m.html.

后记

哈佛家长周末

儿子终于梦想成真，成为哈佛大学的一名本科新生。

开学两个多月的一个深秋周末，哈佛大学举办了新生家长周末活动，来自世界各国的家长会集哈佛。为了在有限时间内满足几千名家长同时参观的需求，哈佛慷慨地为新生家长们开放了很多设施，安排极为紧凑。我感叹分身乏术，只能尽可能抓住机会，去了解这所美国最古老的世界名校。

在夏威夷飞往波士顿的航班上，我非常激动，心里计划着一定要在哈佛大学校门前留影纪念。

"儿子，带妈妈去你们学校大门拍照留念吧。"见到东东后，我兴奋地对他说。

"您刚才进来的那个小铁门就算哈佛大门。哈佛没有校门，但是有很多这样的小铁门。"东东笑着回答。

看着我困惑的眼神，东东补充说："是真的。哈佛没有标志性的大门。等下参观后，您就会知道的。"

哈佛竟然没有一座雄伟高大的校门，也没有门卫和值班室。一扇普通的铁栅栏就是一个门，而且终年对外开放。每处铁门上都刻有哈佛校训"Ve-Ri-Tas"（真理），恰到好处地表现了哈佛大学的开放包容以及追求真理的精神。

哈佛校园保留着初建时的古朴红砖建筑，秋日下午阳光透过红黄绿交织的树叶，斑驳的光影洒落在红墙和草地上，整个校园显得庄重典雅。

东东首先带我穿过哈佛庭院，来到著名的哈佛雕塑前。看见众多的游人正在排队等待与哈佛雕塑像合影留念。既然没有大门，这个雕塑就成了哈佛大学的象征。铜像基座上刻着"John Harvard, Founder, 1638"。"不对啊。哈佛大学成立于 1636 年，而不是 1638 年。"我纳闷儿地询问东东。"您说的对。这座建立于 1884 年的哈佛铜像藏着'三大谎言'，被称为三大谎言铜像。您刚才已经指出了其中之一。"

在我的好奇的追问下，东东接着说出了余下的两个谎言：第一，这个雕塑并不是哈佛本人，而是哈佛大学的一名叫谢尔曼·霍尔的学生。第二，哈佛本人并非哈佛大学的创建者，他也没有上过大学。他是一位临终前将自己的遗产和图书捐给哈佛大学的牧师。

我们接着来到了哈佛校园北面著名的怀德勒图书馆。这座建筑算是哈佛校园的地标建筑，沿石阶而上，大门外由十二根巨大的柱子支撑，庄严厚重。这座图书馆的全名是"哈里·埃尔金斯·怀德勒纪念图书馆"。我对"纪念"这个词很敏感，东东告诉我图书馆是为了纪念哈佛毕业生怀德勒而修建的。怀德勒不幸在 1912 年的泰坦尼克号沉船事故中遇难，图书馆是怀德勒母亲在他去世后捐赠修建的。怀德勒图书馆藏书三百五十万册，是哈佛大学藏书量最大的图书馆。哈佛大学一共有近八十个图书馆，共有一千八百万册图书。这八十个图书馆合称为哈佛大学图书馆，是美国最古老的图书馆，也是世界最大的图书馆。

进入怀德勒图书馆需要持学生卡，但活动期间新生家长可以凭新生家长徽章进入。图书馆里面到处都摆放着舒适的高靠背沙发，方便学生们随时坐下来阅读。图书馆二楼设计了一个怀德勒纪念馆，我和东东在那里留影纪念。接着，我们来到阅览室。只见两边整齐地摆放着巨大的长方形书桌，桌子上摆放着两盏铜质灯罩的台灯，一边可坐三人，可供六位学生同时学习。阅览室内空很高，显得特别空旷，墙壁四周的落地书架放满了图书。很多学生在此学习，没有一点儿声音，掉一根针在地上都可以听到。走进这样的学习室，你会忘掉一切，如同进入洁净的书香世界，全身都被一种浓厚的学术气息包围熏陶着。我想即使一个不爱读书的人在这里也会不由自主爱上读书的。

怀德勒图书馆的闭馆时间是晚上 10 点。我告诉东东我想去看看网上流传的《哈佛凌晨四点钟》一文所描述的图书馆。东东对我神秘一笑，带我去了拉蒙特图书馆。东东告诉我，拉蒙特图书馆允许带食物和饮料进去，而且是二十四小时开放，更加自由和随意，本科生更愿意去那里学习。果然，拉蒙特图书馆给人的感觉似乎更加轻松一些，年轻人也更多。东东说在考试期间，很多学生几乎吃住都在这里了。我猜想《哈佛凌晨四点钟》大概描述的是考试季的拉蒙特图书馆吧。

怀德勒图书馆的对面是一座有尖尖的白色塔顶的建筑物，那是哈佛纪念教堂。这个教堂的建立是为了纪念在第一次世界大战中牺牲的哈佛学子，后来也纪念在其他战争中牺牲的学生们。每年五月的哈佛毕业典礼就在这里举行。

纪念堂的后面是大一新生的宿舍区。哈佛大学对本科新生特别优待，学生们全部住在哈佛庭院。大一新生宿舍区有十七栋宿舍，这些宿舍楼有的建于18世纪，有的建于20世纪。从宿舍到教室、图书馆、邮件室以及餐厅都在五分钟步行的路程内。东东带我进了他的宿舍楼，一楼住着他们这个宿舍这个单元的宿舍辅导员。宿舍辅导员通常由哈佛大学博士研究生担任，负责为新生提供学业和生活方面的指导。一个单元进去有四层，住40~60个学生。这些学生共享一楼的大厅。大多数宿舍公寓有两个或四个卧室和一个共享客厅，住三到六个学生。少数卧室自带卫生间，但大多数是合用卫浴。一般是两人共享一间卧室，但也有独立卧室。所有的宿舍都禁止吸烟。东东的宿舍在三楼，他与另外三名男生住在一套公寓里，每人都有独立卧室，共用卫浴、客厅和厨房。

11月初的波士顿已经是深秋，寒风刺骨。进入宿舍，温暖如春。卧室里有一张单人床、一套桌椅、一个书架和一个大壁柜。儿子的房间还算整齐，布置得也还蛮温馨的，比我想象的要更好，靠床的墙上挂着夏威夷风情的壁挂。东东在夏威夷生活了足足九年，那里也算是他第二故乡了。

东东一直都没有住校经历，这次上大学也算是第一次离开家独立生活。作为母亲，我一直放心不下。参观了儿子学习和生活的地方，看来我的担心是多余的。实际上，孩子们的适应性和独立性远远超出我们的认知和想象。

第二天，我早早地来到活动中心签到并领取了活动手册，还得到一个

"哈佛新生家长"徽章。这枚徽章相当于新生家长们的哈佛绿卡，可以在三天内免费进入对家长开放的任何场所。

作为攻读教育学的博士研究生，我很早就了解到哈佛本科学院实行通识教育，而且本科教育领军世界。哈佛所有本科生除了专业主修课程，还需完成八大类的通识教育课程，它们分别是美学与解释性理解、文化与信仰、经验与数理、伦理、生命科学体系、物理宇宙科学、世界社会以及美国与世界。

通识教育超越了学科界限，挑战学生跨学科的智力能力，也就是我们常说的文理兼修。同时，通识教育有助于学生了解学术学习与学习以外其他方面的深刻关系。其目标是让哈佛学生可以更好地利用他们所获得的知识和经验，为社会服务，确保最大化地达到谋生与生活的平衡发展。

面向家长开放最早的一堂课是上午10点的数学课。我们几位家长一起直奔在哈佛科学中心的课堂。这栋现代化的建筑楼，处于新旧校园之间，一楼是大厅，很多理工科方面的课程都在这里开设。哈佛大学的理论数学是非常难的课程。教授很快就把六块黑板写满，全是看不懂的数学公式。虽然大一不分专业，数学也是必修课。

中午，我和儿子约了在安纳伯格大楼前见面，一起去那里的新生餐厅午餐。安纳伯格大楼外观宏伟，颇有气势，里面是大一学生食堂与桑德斯剧院。家长周末期间，学校破例允许家长在此用餐。一下子拥入那么多家长，用餐也排起了长队。

新生餐厅里面的风格很像《哈利·波特》里的霍格华兹餐厅，屋顶很高，室内非常开阔，全是高档木材装修而成，每根梁柱都有精细的雕花，两边从高处往下垂挂着巨大而华丽的水晶吊灯，柔和的光线照射在下方两排巨型长条餐桌上。我看得目瞪口呆，这么考究的如宫殿般的地方居然是哈佛新生餐厅。

餐厅是打卡式自助。我观察到学生们都很自觉地遵循"光盘原则"，吃多少拿多少，自己清理餐桌，把餐具放入传送带。餐厅的食物极为丰富，有米饭，也有面包；有牛排，也有宫保鸡丁；有新鲜蔬菜色拉，也有小炒蔬菜。牛奶、饮料和水果也是种类繁多，单单酸奶就有八类之多。我和东东就近在一个餐桌坐了下来。然后，东东走到餐厅中部一个西餐台，那里有事先调制好的制作点心的酱汁，还有各种模具。这群大孩子真是哈佛的心肝宝贝，受到如此周到细心的照顾。

环顾四周，学生们有的三三两两坐在一起小声地谈论，有的一个人在看书，有的戴着耳机边吃边听音乐，还有的拿着电脑在一起做作业。斜对面一个大高个子引起了我的注意，只见他面前叠放着十来个盘子，此刻他仍在津津有味地吃着，看来食欲不错。几分钟后，东东带回了他自制的点心。东东告诉我那位学生是哈佛橄榄球队的主力队员。他们每天都要训练，消耗特别大，所以必须多吃才能保持体能。

东东下午课程的授课地点在桑德斯剧场，由著名经济学教授高利·曼昆讲授"经济学原理"。我也正好要去观摩这堂课。桑德斯剧场就在餐厅隔壁，都在安纳伯格楼里面。曼昆教授还担任美国经济顾问委员会主席。作为一名有世界影响力的经济学家，曼昆教授亲自担任本科生的课程，可见哈佛大学对其本科教育的重视。曼昆教授曾遭遇过哈佛学生有组织罢课的尴尬，原因是学生们抗议他只重视增长，不重视收入分配，不正视贫困。因此，在课堂上他幽默地建议在座的哈佛学生应该与低收入家庭联姻，这样有助于快速缩短贫富差距。引来了学生的一片笑声。

哈佛校训是"真理"，哈佛教授们的务实求真的学术精神折射出他们的校训。后来，我在哈佛大学访学，有一件事让我印象深刻。那是一个寒冷的深秋雨天，我刚走进哈佛校园，就远远地看见前面草地上搭起了一个塑料大雨棚。走近后看见一位年近七十高龄的老教授亲自和一群学生在一个新挖的大坑里忙碌着。在教授的指导下，有的学生在测量，有的在记录，有的蹲下观察，有的还在继续挖掘。他们身上到处都是稀泥，甚至脸上也沾满了，但丝毫没有影响他们的探究与学习。我好奇地放慢了脚步，经打听，教授正在给本科生现场讲授一堂地质与考古入门课。看来哈佛人追求真理的脚步不会因为下雨而停下。

通过儿子的介绍，我进一步了解到哈佛大学关注学生成长与发展的点点滴滴，对我启发非常大。哈佛大学的教授，包括诺贝尔奖获得者都会给本科生上课。本科生的管理体系十分周到健全，特别是针对大一新生的管理，更是细致入微。有学术院长、学业指导、第一代及低收入家庭学生支持、同伴辅导、学监以及新生生活院长等。学生心理辅导老师随时为学生服务。他们为大一新生专门开设了新生学术适应课程。在考试季，学校会为学生安排免费的身体按摩；还会把温顺的小动物比如羊驼和小兔等带入校园，供学生抚摸减压；甚至允许学生在大考来临前的夜晚在校园裸奔。儿子也曾参与其中，不过他是穿着内裤飞奔罢了。据说这种方法能使人的身心完全打开，让压力和负能量得以释放。

接下来的两天是周末，大一学生们都纷纷加入家长队伍，一起参加活动。哈佛大学校长德鲁·福斯特女士在百忙中安排时间为我们做了重要演讲。福斯特校长是美国历史学家，2007年开始担任哈佛大学校长，也是哈佛大学历史上的第一位女校长。她在演讲中指出："哈佛大学的通识教育不在于四年里学生们修了什么课程，而在于他们接触了多少与专业无关的东西。"哈佛本科学院院长瑞凯西·库热纳也做了讲话，他希望学生们"敢于质疑陈规，常提问，多寻依据，并结合考虑多方观点"。

当天下午，家长们都赶去参加哈佛大学著名中国问题专家柯伟林教授《中国能够引领吗？》的演讲。柯伟林是哈佛大学历史系的教授，同时也是哈佛商学院的管理学教授，还兼任费正清研究中心主任和哈佛中国基金会主席。演讲厅内座无虚席，崛起的中国已经引起世界瞩目，从世界各国赶来的新生家长都不愿错过在哈佛校园了解中国的机会。

晚上，我和儿子一同参加了本届哈佛华人家长聚会。感谢一位波士顿本地家长夫妇的热情，他们敞开家门，迎接赶来参加聚会的几十位家长和十几个孩子。这次聚会加深了家长之间以及孩子们之间的了解。

第三天的活动相对轻松。上午在儿子的陪伴下，我们一起参观了哈佛自然历史博物馆。博物馆内藏品惊人，包括各式鸟类、海洋生物、昆虫类、非洲动物的标本，地质矿石、植物、化石骨架、战争武器等。给我印象最深刻的是用玻璃制作的花卉植物标本，堪称博物馆的镇馆之宝。这些玻璃花标本栩栩如生，色彩鲜艳夺目，永不褪色，永不凋零。这些花卉植物有墨西哥仙人掌、瑞士龙胆草、埃及蓝睡莲以及中国牡丹等3000多种，164个科目，共847个物种。这些玻璃标本精细到包括根、茎、叶、果，甚至可以清晰地看到纹理和绒毛。这些玻璃标本出自韩国玻璃工艺大师、博物学家布莱斯契卡父子之手。从1886年开始，父子俩着手制作玻璃花，历经五十年时间陆续完成，成品有4400多件，最后一件玻璃花植物完成于1936

年。只是小布莱斯契卡没有后代，也没有收徒，这项在家族中流传了五百多年的绝技艺术后来失传了。这些作品被伊丽莎白威尔母女捐资资助收藏，最后捐献给了哈佛植物学博物馆。

接着，我们赶去桑德斯剧场，去聆听哈佛大学教育研究院理查德·莱特教授的演讲《如何充分利用大学》。莱特教授连续受四任哈佛校长之托研究哈佛学院本科生的适应与过渡的研究课题。莱特教授通过介绍哈佛本科毕业生与其他院校毕业生的访谈和问卷数据，以及他所研究的九十所大学的本科教育，从学术、导师以及多样性等方面探讨了大学生的体验。莱特教授提出了许多建设性的建议，对哈佛新生的校园适应与过渡帮助很大，与会学生和家长都受益匪浅。

最后的活动是观摩一场常春藤大学赛季的美式足球比赛。红衣哈佛大学对白衣哥伦比亚大学，哈佛大学是主场。赛前举行了盛大的助兴活动 Tailgate Party，校乐队现场表演行进式演奏。比赛中有一批狂热的球迷，在寒风中光着膀子呐喊助威。结果哈佛队以 48∶0 大获全胜。不知道是不是哥大队特意想要给哈佛家长一份好心情，还是哈佛家长拉拉队阵势过于猛烈，使得哈佛轻松获胜。

伴随着全场的欢呼声，哈佛家长周末圆满结束。看着身边高大英俊、阳光自信的儿子，我内心无比欣慰。作为母亲，陪伴儿子十八年成长的历程如同这场比赛一样，圆满结束。在这个过程中，我不仅享受了耕耘的乐趣，而且享受了收获的喜悦。我既收获了儿子的成长，也收获了自己的成长。